文化都昌丛书

主编◎李懋 刘章高

文化都昌

文艺

WENHUA DUCHANG
WENYI JUAN

江西高校出版社
JIANGXI UNIVERSITIES AND COLLEGES PRESS

图书在版编目(CIP)数据

文化都昌. 文艺卷/李懋,刘章高主编. —南昌:江西高校出版社,2019.10（2022.3 重印）
（文化都昌丛书）
ISBN 978-7-5493-8359-7

Ⅰ. ①文… Ⅱ. ①李… ②刘… Ⅲ. ①文化史—都昌县 ②文艺—作品综合集—都昌县 Ⅳ. ①K295.64 ②I218.564

中国版本图书馆 CIP 数据核字(2019)第 030159 号

出版发行	江西高校出版社
社　　址	江西省南昌市洪都北大道 96 号
总编室电话	(0791)88504319
销售电话	(0791)88522516
网　　址	www.juacp.com
印　　刷	天津画中画印刷有限公司
经　　销	全国新华书店
开　　本	700mm×1000mm　1/16
印　　张	19.75
字　　数	270 千字
版　　次	2019 年 10 月第 1 版
	2022 年 3 月第 2 次印刷
书　　号	ISBN 978-7-5493-8359-7
定　　价	58.00 元

赣版权登字-07-2019-114

编委会名单

秀美都昌　等你点赞

——写在《文化都昌丛书》出版的时候

中华民族优秀的传统文化，深深地烙上了五千多年中华文明的印记。这些民族文化，是当代中国、当代中华民族的魂，是习近平新时代文化思想形成的根基和源头。党的十九大报告指出："没有高度的文化自信，没有文化的繁荣兴盛，就没有中华民族伟大复兴。"弘扬和传承民族、民间的优秀传统文化，是国家的战略，是民族的呼唤。《文化都昌丛书》这套书的问世，恰逢其时。

《文化都昌丛书》展示的是都昌民间优秀传统文化的渊源和底蕴。

都昌，历史悠久，文化灿烂。汉武帝之初立鄡阳，唐武德五年(622年)置都昌。都昌有两千多年的沧桑变迁历史，是江西十大古县之一。古鄡阳、古彭蠡泽、古刹老爷庙、古道都景路等，无不留下都昌古老的风骨，见证都昌久远的辉煌。都昌承彭蠡泽的精魂，沐鄱阳水的灵气，孕育出一代又一代的精英人杰：陶母，以"截发筵宾、锉席喂马"名闻天下，成为中国古代三贤母之一；其子陶侃忠守孝悌，以"垂钓侍母"而流芳百世；南宋刘锜以寡敌众，以抗金名将载入史册；南宋江万里以身许国，举家赴止水而殉国；黄灏、曹彦约以弘扬理学的研究成就垂名于中国古代教育史。国士学子，为"举国兴邦平天下"慷慨激昂，勇于担当，铸就了都昌灿烂的名人文化。没有精英模范、英雄豪杰的国度是贫瘠的、软弱的。都昌的先贤为中华民族挺身于世界民族之林，撑起了一方天地。

"鄱阳湖上都昌县"，苏东坡的千古绝句确立了都昌在鄱阳湖上的优越地位。她是鄱阳湖的"中流砥柱"，"北门之钥匙"，位居南昌、九江、景德镇的金三角中心地带，昌九、九景高速紧绕两侧，九景衢铁路穿境而过。都昌发展再造前景，光明远大。这里有八百里鄱阳湖五分之二的水域，有"落霞与孤鹜齐飞，秋水共长天一色"的湖光山色，有凶险莫测的魔鬼湖"东方百慕大"，有"沉鄡阳，浮都昌"传说中的古鄡阳遗址，有道教五十一福地苏山，有千年古村和迷宫围屋，有三尖源绵延百里的原始森林，有皖鄂赣革命根据地旧址望晓源……都昌有了风景独好的山水，就有了历代文人墨客的流连忘返。都昌的名山名水、胜景胜地、古建古迹，到处印刻着谢灵运、舒元舆、李白、苏东坡、欧阳修、黄庭坚、文天祥等人寻山问水时醉迷惊叹的吟唱。

"百里不同风，千里不同俗"，"入乡问俗"，说的就是民风民俗因地而异的特点。都昌的民风民俗古朴淳厚、多姿多彩，极富都昌地域特色。鄱阳湖传统的湖渔风情浓郁纯真，"祭网开渔"、"栽须祭船"、祈求平安的"河灯、渔火"、闹端午的"花龙船"等彰显的尽是古朴的湖风渔俗；都昌的民风民俗以人为本，至今还在沿袭的生日、戏周、寿庆、嫁娶、丧葬、上梁、安座、出天方、拜谱年等全都是成套的人生礼仪习俗，在日常生产、生活中还传承着"宜陶则陶，宜稻则稻"的环保习俗。民风民俗是草根文化，有着最接地气、最原生态的韵味和魅力。民风民俗是一个地区、一方民众所创造的生活文化，随着社会的进步、文化

的积淀，有的在继往开来，有的在隐没淡逝。这是文化长河的必然流向。

都昌的民间演艺，是一朵奇葩，是都昌非物质文化遗产的宝贵财富。都昌老戏“高腔”（即青阳腔）已被列入国家保护名录，清末发展至鼎盛；源于宋盛于清的“都昌鼓书”是都昌独有的特色乡音，成为盛行的说古道今、颂唱英模人物的民间文艺形式；百年文词戏是都昌遍地演唱的乡戏，剧本家存户有，演唱妇孺皆通；源于隋末的都昌《打岔伞》等六个民间舞蹈入选《中国民族民间舞蹈集成 · 江西卷》；都昌民歌《奉香茶》《红绣鞋》唱进了中南海，享誉华东六省一市。都昌的民间演艺，折射着都昌的风土人情，反映了民众的喜怒哀乐。跳一曲民舞《扎花子》，便再现了旧社会花子乞讨的苦楚；一句鼓书开唱“万贯家财都在鼓板中”，道出了说书人的无奈；一首“日头哥哥快下山，俺打长工好不难”的民歌，诉说着旧社会长工的艰难。都昌不少的民间歌、舞、戏精品成了地方经典。

都昌的传统技艺，名目繁多，工艺精湛，影响深远。瓷都景德镇的文化脉根在都昌。都昌瓷业人创造了景德镇瓷业的举世辉煌。始于民国初年的珠贝业，让都昌成了闻名全国的“珍珠之乡”，孕育出都昌的百年珠贝文化，珠贝产品享誉东南亚；起业于明末清初的都昌九山村的木雕工艺传授到塞北江南，能工巧匠的精湛雕技走进了人民大会堂；“都昌豆参”是独特的地方美食辅料，独有工艺绝招，入选国家地理标志保护产品，从舌尖上感动了中国。流传在都昌的传统技艺，大多出于民间匠人之手，他们不仅构思缜密独到，而且制作精益求精，其“勿精不舍，勿妙不弃”的精神，就是大国工匠精神。

都昌的民间传说，丰富多彩，流传广泛。鄱阳湖的传说是一道最绚丽的风景，最显都昌地域特色；都昌的一山一水，都有一歌一传说，鄱阳湖中一鱼一禽，都有一叹一故事；人文陈迹的传说是最亮色彩中的“精彩”，其中最有影响的是红色故事、名人逸事、元末明初的鄱阳湖大战和风俗传说，具有深厚的文史内涵；“都昌味道”是都昌民间传说中最值得“点赞”的，它的内涵绝不只是一道美食佳肴，更是独具特色的鄱阳湖菜肴文化。一个地方的民间传说，与民风民俗紧密相连，或许可以说是一个地域的文化名片。有幸听讲一回都昌的民间传说，你可以得到一次田园味的身心愉悦。

《文化都昌丛书》囊括了“闻人”“山水”“风俗”“演艺”“技艺”“传说”六大板块，将都昌传统的自然美和人文美完美统一。她的美不可以复制，但可以激活，可以传承，可以再造，可以发扬光大。我们编纂出版这套书，就是要留下都昌优秀的文化因子，植下都昌的文化大树，再造新时代都昌文化大繁荣、大发展的明天；就是要让《文化都昌丛书》成为开怀扬臂、迎接八方来宾的名片。

醉美了，我的都昌！这个美，在这套书里读得到，品得到，就等着你来点赞。

灵山秀水踏歌声

都昌这块田肥水润的土地，上种稻，下捕鱼，遇风调雨顺，可谓鱼米之乡。又滨湖而居，通五水达东西。这便利于人流贸易，文艺繁荣。

史载立县两千年余，在都昌今之文化艺术中可见更早遗踪，譬如：从唐初都昌县遗址王市出土了商周陶片；春秋战国时的古越文字——鸟虫字在都昌依然书写，只不过是当作艺术欣赏；民歌中多有《诗经》的四字句式，“无使尨也吠”演变为“莫等黄狗闹昏昏”……

从都昌现存的民间文艺中，可见都昌人自古至今从未停止过艺术创作。隋末唐初李世民的传说，演变成都昌的民间舞蹈《打岔伞》；明代的都昌高腔，成为妇孺皆知的乡曲，且化入今代的大鼓鼓书和民舞《大撒帐》，更名为“青阳腔”而被誉为国宝；源于宋盛于清的都昌鼓书，曾成为二十世纪五十年代至七十年代建设祖国的战斗号角，成为今人的精神食粮；民国年间的文词、采茶戏等戏剧在都昌生根开花，名伶辈出；共和国初期，赣剧弹腔声播都昌南北，坐唱曲团数百个，创作了器乐曲《花操台》《打十番》等大型艺术精品；当代的各种艺术会演赛事，都昌人屡获佳绩，自二十世纪五十年代至今，高腔、舞蹈、民歌等项多次获得全省、全国嘉奖。

都昌的民间文艺，折射着历史社会面貌，反映出人们的喜与悲。一串《过山丢》，穿垅过畈，在山水间回荡，叹尽劳动人民的苦楚；一段鼓书头，“万贯家财都在这副鼓板中啊”，道出艺人的无奈和辛酸；民舞《扎化子》，把旧社会叫花子的贫穷与乞讨表现得淋漓尽致；农舞《玩春牛》，则把农民与牛的耕作情趣典型地展示；民歌《带儿》，“屎里困来尿里眠”，让人无不念及父母养育之恩；一曲“绣条大路郎骑马，绣条小路进姐房”，可见都昌妹子的心灵手巧，对爱情的美好愿望；“十想”“十劝”“十恨”，表达着对爱的执着、对家的爱护、对社会的负责。都昌的灯调，就是他乡的“情人节”“三月三”，歌手就是牵魂的神。听着都昌民歌，心灵为之融化，或爱或恨，或改邪归正，或走进婚姻。

听唱都昌民间文艺，还能获得许多历史知识。在多数农民不能上学的时代，他们对中国历史的了解不是通过书本，而是通过看戏听曲获得。都昌的戏曲和各类艺术唱本中，上及“盘古开天地”，中及历朝各代，下至“打倒东洋兵”，正传野史，民间趣话，无所不包。

说都昌是灵山秀水，绝非文词修饰，确系史载传记及地貌。腹中岛山，为“晋有仙女名岛，游此因名”；西北苏山，乃苏耽修仙之处；东北武山，“大佛山，小佛山，张果老，一担担”；县城印山、南山，皆为玉帝仙气所化。土塘河、徐埠镇、周溪湖，处处碧波荡漾，润土滋人。恰恰是这些代表性的山水之地，孕育了无以计数的民间艺术。走进这片山水，就走进了都昌民间艺术的宫殿，而各个区域就是一个个各具特色的展馆。土塘的弹腔、灯调，徐埠的文词、采茶戏，周溪、苏山的小调，大港的民舞，县城的鼓书，他们既有传统的区域所长，又相互渗透。高腔、鼓书在全县流行，以鼓书为例，岛山山系以东流行大鼓鼓书，以西多为小鼓鼓书。尤其惊喜的是，2017 年，和合乡湖滨村竟组建了一个高腔曲团，老中青二十余人。其娴熟的演唱，高亢的伴奏，再现明代古风，也让今人欣赏到精美的国粹。

笔者从童年起，到后来从事文化工作的职业，无不感到都昌乃名实相副的歌舞之乡。所访之人，多系文盲，却能张口就来，歌之蹈之，且如流水不绝……

今值都昌县政府推出大型人文风物丛书之际，是为传承和推介本土文化艺术，千秋事业，遂不敢懈怠，历时两年，主编此册文艺卷，以飨读者并艺人。

因篇幅有限，载不下都昌所有文艺，只能在各类中代表性地选取。遗憾之处和因学浅艺薄所误，期待后人居上。

刘章高

二〇一八年十月一日　于九江

目录

一、戏　曲

001 | 1. 都昌高腔
001 | (1)都昌高腔概述
003 | (2)唱腔简介
004 | (3)剧本《面本送剑》
008 | (4)曲谱
017 | (5)剧目
017 | (6)原始老剧本、演唱照片
020 | 2. 都昌文词
020 | (1)都昌文词戏概述
022 | (2)唱腔简介
022 | (3)剧本《蔡金花》
025 | (4)曲谱
049 | (5)剧目
049 | (6)剧本、剧照
052 | 3. 都昌采茶戏
052 | (1)都昌采茶戏概述
053 | (2)唱腔简介
053 | (3)剧本《山伯访友》选段

二、民间歌曲

三、都昌曲艺

一、戏　曲

1. 都昌高腔

(1)都昌高腔概述

都昌高腔　千年老戏

高腔,都昌人叫高腔曲,戏名青阳腔,是古老稀有的我国地方戏曲之一。至今,都昌农村许多地方逢新婚、寿庆、乔迁、丧葬等红白喜事,还盛行着坐堂唱曲的习俗。虽然唱的内容变了,但形式仍保留着高腔的样子。

高腔曲,大多出于文人之手,文词高雅,博奥精深。其演唱多为名师授传,曲调高亢,奔放激昂。器乐有喇叭、锣鼓钹,行腔有靠腔和多人帮腔(即吊尾)。

高腔,历史悠久,年代久远,在戏曲盛世元朝时,便有蜚声朝野的海盐、弋阳、余姚和昆山四大声腔体系。至明嘉靖年间,风行于浙赣一带的弋阳腔已发展至鼎盛时期,并与浙江的余姚腔一起,相继传入青阳(今属安徽)等地,经与当地民间曲调融合——青阳腔(高腔)便诞生了。

据有关资料记载:青阳腔又称池州腔,大约在明万历三十八年(1610年),由于大批都昌瓷业工人往返于景德镇和故乡都昌,便把青阳腔也从皖南带入了都昌,并在都昌得到了快速发展。一时间,青阳腔这个南北时尚的徽池雅调,在都昌风行城乡,与都昌民间曲调相融合,逐渐形成了本地特色的都昌高腔。

都昌高腔,先是以唱曲的形式出现在农村的红白喜事上。曲文由文化人编写，有古代传奇故事。文辞精辟，深得群众传诵，手抄本家藏户有。在广泛深厚的群众基础上，都昌高腔便由坐堂唱曲转为半职业班社演出。演出的剧本日渐增多，名伶名流，脱颖而出，影响跨越界域。清咸丰三年（1853 年）的“德庆班”，同治末年的“秀兰班”，及民国二十一年（1932 年）的高腔老艺人的手抄剧本、曲牌等，名目繁广，数量之多，遍及全县，是任何地方剧种无可比拟的。故都昌古有俗称：“高腔曲，弹腔戏，采茶文词打零配。”

至二十世纪五十年代，都昌高腔戏空前繁荣，一方面表现在声腔曲调的完美和剧目的丰富，另一方面表现在表演技巧的成熟和规范。1956 年 8 月，江西省召开第一次剧目工作会，都昌县文化馆干部江常烈和高腔老艺人段道厚、王遇水等出席了会议，并将一百二十多个高腔演出手抄剧本献给大会，轰动了与会代表。消息传开后，全国戏剧界为之震动。专家们认为，这一大批产生于明代的高腔剧本在国内实属罕见。新华社于同年九月发布了一则《江西都昌艺人献出一批明代青阳腔（高腔）剧本》的专电，称赞了地方古老剧种青阳腔的珍稀和宝贵，指出了挖掘这一古老剧种的重大意义。会上，江西省省长邵式平亲自授予奉献剧本的段道厚奖金 200 元。1957 年第四期《戏曲研究》刊载了流沙等同志撰写的《从江西都昌、湖口的高腔看明代的青阳腔》专题学术论文，精辟地阐述了都昌高腔形成的历史渊源和发展繁荣的轨迹。

为更好地挖掘高腔这一地方老剧，进一步发展都昌的戏剧事业，1957 年 11 月，都昌县委、县政府决定：将一批民间造诣较深、技艺精湛的高腔老艺人调集起来，又另选了一批年轻的民间演唱骨干，成立了都昌县高腔戏剧团。县财政一次拨专款 10 万元，用于购置服装、盔头、道具等。经过短期集训，剧团便正式登台演出。1958 年 10 月，所演《鹿台记》《古城会》《红梅阁》等剧目在九江地区剧团会演中获大奖，为都昌高腔戏的进一步开拓打响了第一炮。

都昌县高腔戏剧团的成立和演出成功，立即引起了专家和各级领导的重

视。《江西日报》刊登了张愚、万子两位戏剧专家的文章《红花应时开——喜看古典剧青阳腔首次演出》，江西省文化局局长石凌鹤做出指示，将该剧团的骨干演员安排到江西省戏曲学校培训。为深入研究都昌高腔戏曲，进一步提高演唱技艺，扩大都昌高腔戏的影响，1958 年 10 月，经省委、省政府批准，省文化局又将都昌县高腔戏剧团的十几位老艺人和部分学员上调，组建成立了“江西省古典戏曲实验剧团”。不久，该剧团带着经过整理改编的 5 个高腔折子戏进京演出，载誉归来。这在青阳腔的史册上是破天荒的第一次。

都昌高腔一直唱到了二十世纪六十年代中期，后因“文革”而偃旗息鼓。随着国家对非物质文化遗产的重视，2017 至 2018 年，都昌县文化广播新闻出版局副局长潘敏祚、文化副研究馆员刘章高、彭焱初（音乐）、文化馆馆长董晓霞、余坚（摄影）等人，多次深入都昌农村寻访老艺人，采录了从清朝至当代大量手抄剧本，演唱录音录像。2017 年 9 月，和合乡滨湖村成立高腔曲团，现有老中青男女演员二十多人，热情高涨，活动频繁，深受群众欢迎。

（詹玉新）

（2）唱腔简介

都昌高腔戏曲调高亢，奔放激昂。

主要腔系是南曲五声系“曲牌体”（按文辞上的元曲格式固定），流入都昌后发展形成“滚调”声腔，产生了“快板”“流水”“漏板”（二行）及各种“平板”，使原来的“曲牌体”有了板式和节奏。其唱腔丰富，俗言“七十二板三十六腔”，常用的有一板一眼、一板三眼、导板、流水等。

行话说“《蓝关走雪》九板十三腔”，意指《蓝关走雪》戏中集中了高腔最多最全的唱腔。

都昌高腔演唱特征是一唱众和，独唱与靠腔、帮腔结合。

都昌高腔演唱时，只用喇叭加鼓锣钹伴奏，不用其他管弦乐。

（詹玉新、刘章高）

(3)剧本《面本送剑》

面本送剑

面　　本

皇门：（白）一字青云上九霄，如今身挂紫罗袍。若非对册三千卷，怎向军门候早朝。老夫，皇门。今早当朝，文武进奏，朝堂伺候。

林冲：（上，白）牙排象简，闪闪金貂，公侯宰相，文武群僚。下官，林冲，只因高俅纵子淫乱，修成本章，待我进奏。吾主万岁！

皇门：（白）殿下何卿奏事？

林冲：（白）臣，林冲有本冒奏。

皇门：（白）当殿奏来。

林冲：（白）容奏。（唱）祝皇家福禄永昌，愿黎民年丰岁康。君正民安定，花市且泰宁。左丞右相，卑职谎言，焉敢奏上状。念林冲生身草莽，蒙圣恩御林执掌。望穹苍万岁山呼！国乱淫为首，焉有虚言，又焉敢丹墀吊谎。

皇门：（唱）中良将不须察访，把本章奏上龙颜。（下）

林冲：（白）大人传奏去了，待我望阙一拜。（唱）望龙廷金门拜祷，听论因传宣早降。望吾主准了本章，剿除奸贼，四方平静，重见日光。

皇门：（上，白）林将军。

林冲：（白）大人。

皇门：（白）圣上本乃准了你的本章，只因高相在一旁参透几句呵。（唱）他道你官小敢把龙颜犯。

皇门：（白）林将军。

林冲:(白)大人。

皇门:(唱)谨提防奸臣恶党。

林冲:(白)大人,万岁今在哪里?

皇门:(白)已在后宫。

林冲:(白)待我面奏。

皇门:(白)林将军,你既可面奏,要我老夫皇门做甚?

林冲:(白)大人此言差矣。有道国以民为本,民以食为天。你看四方寇乱纷纷,怎奈高俅复征钱粮,学生奈何、奈何?(唱)忧虑心痛酸,全不照覆盆之下万民皆受殃。尽都是谗言佞语,一个个猫鼠同眠,好叫我耳闻心酸目睹可怜。俺林冲情愿不做官甘受责,贬与黎民改倒悬就是天地也枉然。(白)今日奏不准,改日面龙廷,俺道回。(下)

送 剑

高俅:(上,白)执掌朝纲威名四海扬,口似蜜糖心如刀,身似狼虎未长毛,杀人不用青锋剑,全凭三寸舌当刀。老夫,高俅,曾命承局叫林冲送剑,怎的未见前来?

承局:(上,白)报,承局进。太尉爷在上,承局参。

高俅:(白)林冲可到?

承局:(白)已在府门。

高俅:(白)传他报名而进。

承局:(白)领命。报,承局出,有请林将军。

林冲:(上,白)有劳大人一同报名而进。报,林冲进。太尉爷在上,林冲参。

高俅:(白)林冲到此何事?

林冲:(白)奉命送剑。

高俅:(白)剑在哪里?

林冲:(白)剑在身旁。

高俅:(白)将剑呈上。

林冲:(白)在此。

高俅:(狂笑)咱咱咱,照吓,哈吓,哈吓,哈哈哈吓吓……将剑入库。

林冲:(白)大爷,为何将剑入库?

高俅:(白)林冲,来此什么所在?

林冲:(白)白虎节堂。

高俅:(白)唔,既知白虎节堂,为何身带宝剑入封堂,刺杀上官是何道理?

林冲:(白)太尉爷,吾乃奉命送剑,何为刺杀?

高俅:(白)休得强辩,拿下,一捆重责四十!

林冲:(白)哎呀不好了……呵,一十,呵,二十,呵,三十,呵,四十。

高俅:(白)林冲林冲,(唱)说不尽巧语嗤嗤,哪怕你盖世英雄。哎林冲小畜生,你今身为武士又通文理,为何身带宝剑擅入封堂,刺杀上官是何道理?小畜生,军门谁敢轻来到?(白)先前只说老夫遭与你手,谁知反被吾擒。(唱)这都是冤家路窄鱼投罗网,在吾衙巧语嗤嗤。

林冲:(唱)翁相从来觅贤良,念林冲生身草莽。太尉爷你乃高堂廊庙,威名不亚于天朝。林冲身为武士,幼年曾读诗书,焉有知法犯法的道理?太尉爷,军门谁敢轻来到?(白)想我在家,整顿人马操演。

高俅:(白)就该操演。

林冲:(白)忽听承局报到,叫我前来送剑,与公人做样。

高俅:(白)谁叫你送剑!

林冲:(白)呀呀呸!(唱)我若不是奉命送剑,慢道带剑进府,就是府门经过,也是不敢抬头,仰观以内详察此情。太尉爷龙腹之中岂不参详?

高俅:(白)抓将下去。

林冲:(白)这贼子将我抓将下来,想我在家起程之际,夫人说道,剑去人莫去,人去剑莫随。

高俅:(白)就该听妻之言。

林冲:(白)呀呀呸!(唱)我只道圣命为重,今将妻言一旦付与流水。早听吾妻之言,不致遭与贼手,被他们陷入在虎穴龙巢。

高俅:(白)抓将上来。

林冲:(白)这贼子将我抓至朝上,想我大丈夫,宁可一死,岂肯屈膝于你,奸贼高俅、高俅!

高俅:(白)唔。

林冲:(唱)我本是英雄豪杰,任由你宝剑在前油锅在后,俺林冲何曾惧怯。(白)此事我已明白了。

高俅:(白)明白何来?

林冲:(白)哪是叫我送剑,分明是恨我上本之故。

高俅:(白)那也差不多了。

林冲:(白)呀呀呸!(唱)我拿本章奏到,暂提花市,乃是为国爱民,谁知你这贼子,无故设此奸计,骗我进府,坑陷忠良,你心何忍?我意何安?贼也贼,分明是挟私仇,假把公仇报。任由你万刃剑,将我头来切,俺林冲粉身碎骨何用说?

高俅:(白)承局,

承局:(白)有。

高俅:(白)我这里有书信一封,送往军征司衙内,叫他照书行事。

承局:(白)领命。(下)

高俅:(白)林冲林冲,(唱)任你浑身俱是胆,看你何处把冤伸?

林冲:(白)哎,贼吓,(唱)千年万载把你恨……

(陈玉龙、刘章高　整理)

(4) 曲谱

万象恩波浩

1=C 4/4 2/4

演唱 王朝象
记谱 程功启

慢

2 2 1 - | 6 6 5 - | 2 2 1 - | 6 6 5 - | 哆 哆 | 2 353 |
万　福　来　朝　千

2 16 | 2 21 | 665 | 5 31 | 3 1 2 | 31 212 | 0323 |
祥　普　照　光华　耀，职受

5· 6 | 5·35 | 05 32 | 323 0 | 6·12 53 | 2·12 6 | 5 …… ‖
灵　霄，万象　恩　波　浩。

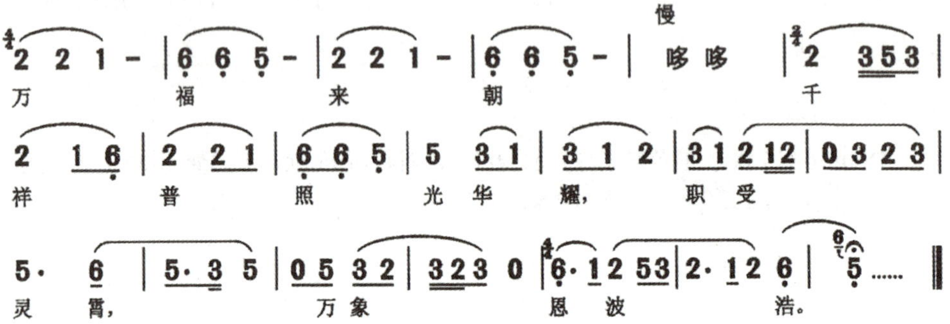

万代祥光

1=♭A 2/4 3/4

演唱 王朝象
记谱 程功启

2 - | 3333 | 2 - | 26 5 | 2353 | 2 - | 2 61 | 2 53 |
喜　滋滋　财源　广　耀，列　金

2 61 | 2 61 | 6 5 | 5 0 | 6165 | 32 5 | 3231 |
银　万　库　千　箱，珠幢在

2 035 | 232 | 0323 | 5· 6 | 535 | 61 5 | 6· 1 | 5· 6 |
朝，玉　带　金　章，翠　山　围　画

565 | 235 | 235 | 332 | 2 - | 5 3 | 2 0 | 112·1 |
堂。锦　锦　绣，绿　油　油，翠

615 | 5· 6 | 1 1 | 5· 6 | 5 5 | 235 | 3 02 | 1· 2 |
竹　绕　回　廊。珠　帘　玉　瑶　光，紫

615 | 6165 | 32 5 | 32312 | 3 1 | 656 | 5 - ‖
霞　飘　香，祥云瑞霭，万　代　祥　光。

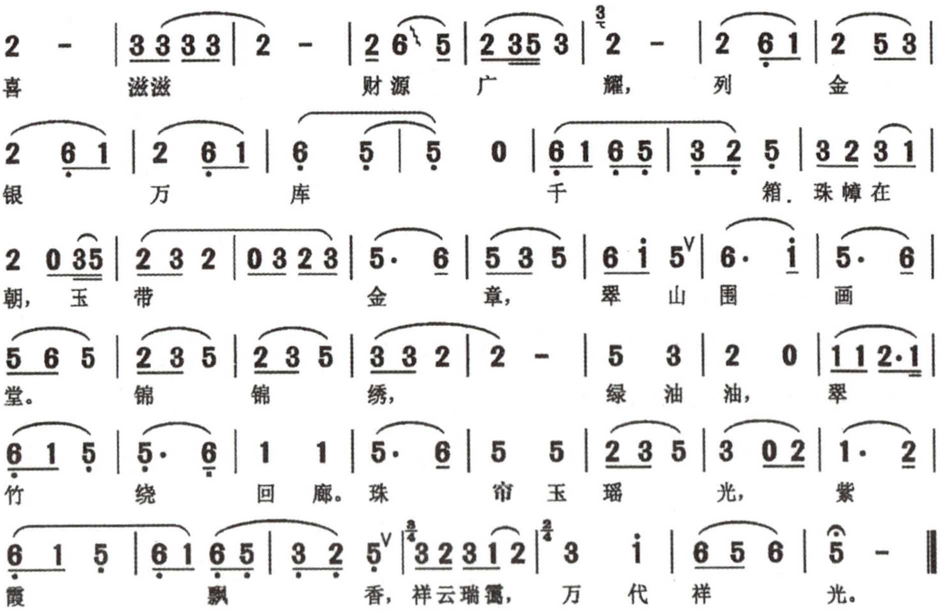

送　　子

1=D（降E）$\frac{2}{4}$

演唱：傅列琪
记谱：彭焱初

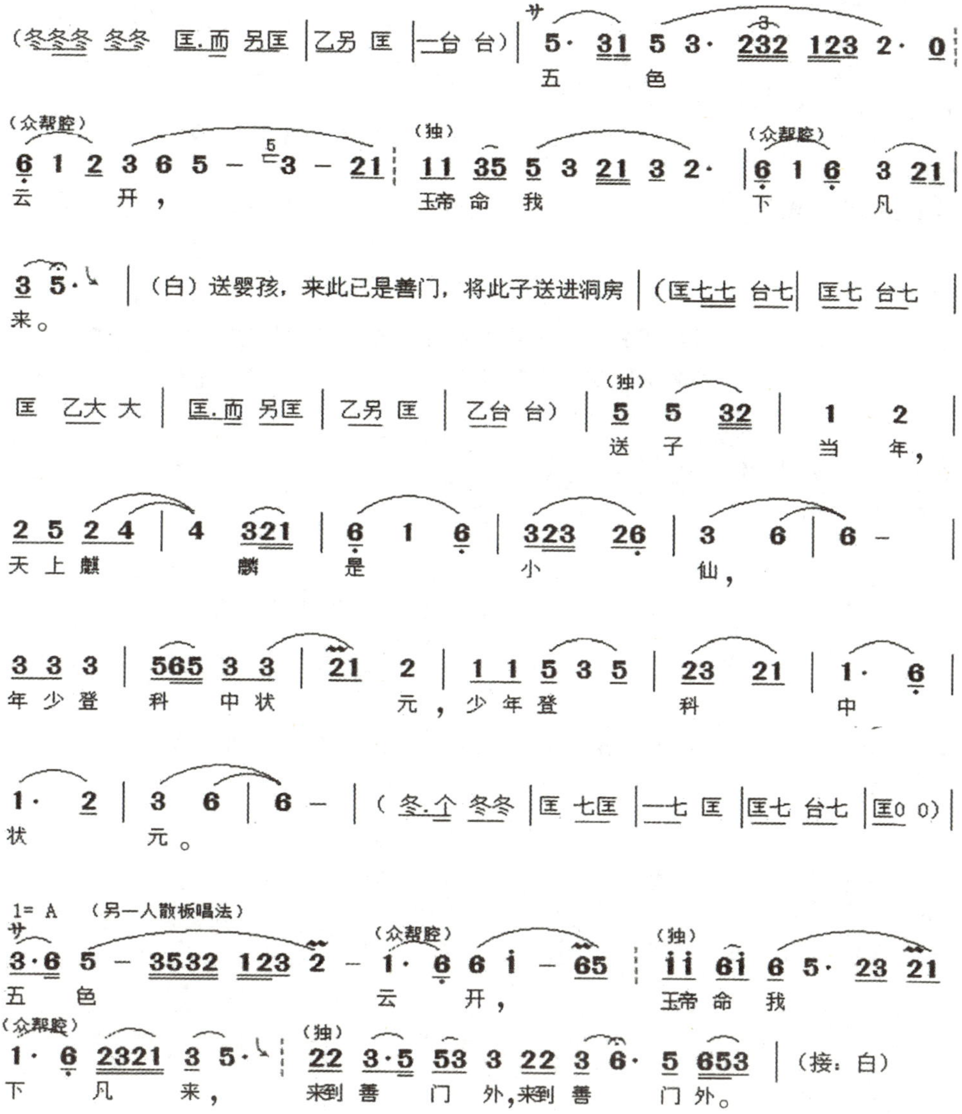

（冬冬冬 冬冬 匡.而 另匡 | 乙另 匡 | 一台 台）| サ 5· 31 5 3· 232 123 2· 0 |
五　色

（众帮腔）
6 1 2 3 6 5 – 3 – 21 | （独）11 35 5 3 21 3 2· | （众帮腔）6 1 6 3 21 |
云　开，　玉帝 命 我　下　凡

3 5· | （白）送婴孩，来此已是善门，将此子送进洞房 | （匡七七 台七 | 匡七 台七 |
来。

匡 乙大 大 | 匡.而 另匡 | 乙另 匡 | 乙台 台）| （独）5 5 32 | 1 2 |
送 子　当 年，

2 5 2 4 | 4 321 | 6 1 6 | 323 26 | 3 6 | 6 – |
天 上 麒　麟　是　小　仙，

3 3 3 | 565 3 3 | 21 2 | 1 1 5 3 5 | 23 21 | 1· 6 |
年 少 登 科 中 状　元，少 年 登　科　中

1· 2 | 3 6 | 6 – | （冬.个 冬冬 | 匡 七匡 | 一七 匡 | 匡七 台七 | 匡0 0）|
状　元。

1= A　（另一人散板唱法）
サ 3·6 5 – 3532 123 2 – （众帮腔）1· 6 6 i – 65 | （独）ii 6i 6 5· 23 21
五 色　云　开，　玉帝 命 我

（众帮腔）
1· 6 2321 3 5· | （独）22 3·5 53 3 22 3 6· 5 653 | （接：白）
下　凡　来，　来到 善　门 外，来到 善　门 外。

2017年9月采风，彭焱初录音，刘章高校词

尉迟恭夜访白袍

1=C 2/4

演唱：胡小霞
记谱：彭焱初

2017年9月采风，彭焱初录音，刘章高校词

薛仁贵救主

1=♭A 2/4

演唱：刘述荣
记谱：彭焱初

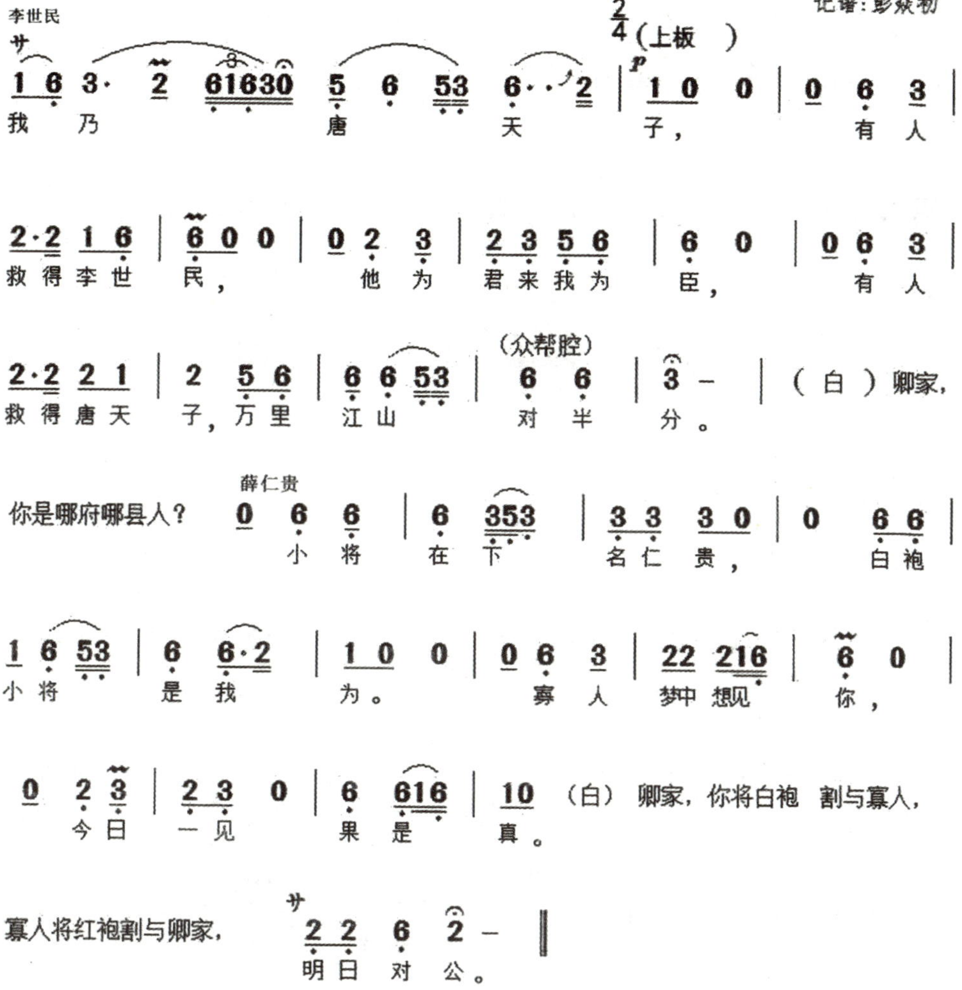

李世民

サ 1 6 3· 2 61630 5 6 53 6·· 2 | 2/4（上板） 1 0 0 | 0 6 3 |
我 乃 唐 天 子， 有 人

2·2 1 6 | 6 0 0 | 0 2 3 | 2 3 5 6 | 6 0 | 0 6 3 |
救得李世 民， 他 为 君来我为 臣， 有 人

2·2 2 1 | 2 5 6 | 6 6 53 | （众帮腔） 6 6 | 3 – | （白）卿家，
救得唐天 子，万里 江山 对 半 分。

你是哪府哪县人？

薛仁贵

0 6 6 | 6 353 | 3 3 3 0 | 0 6 6 |
小 将 在 下 名仁 贵， 白 袍

1 6 53 | 6 6·2 | 1 0 0 | 0 6 3 | 22 216 | 6 0 |
小 将 是 我 为。 寡 人 梦中 想见 你，

0 2 3 | 2 3 0 | 6 616 | 10 （白）卿家，你将白袍割与寡人，
今 日 一 见 果 是 真。

寡人将红袍割与卿家，

サ 2 2 6 2 – ‖
明 日 对 公。

2017年10月采风，彭焱初录音，刘章高校词

小 天 官

1=♭B $\frac{2}{4}$

主　　唱：詹冬初
记谱 整理：彭焱初

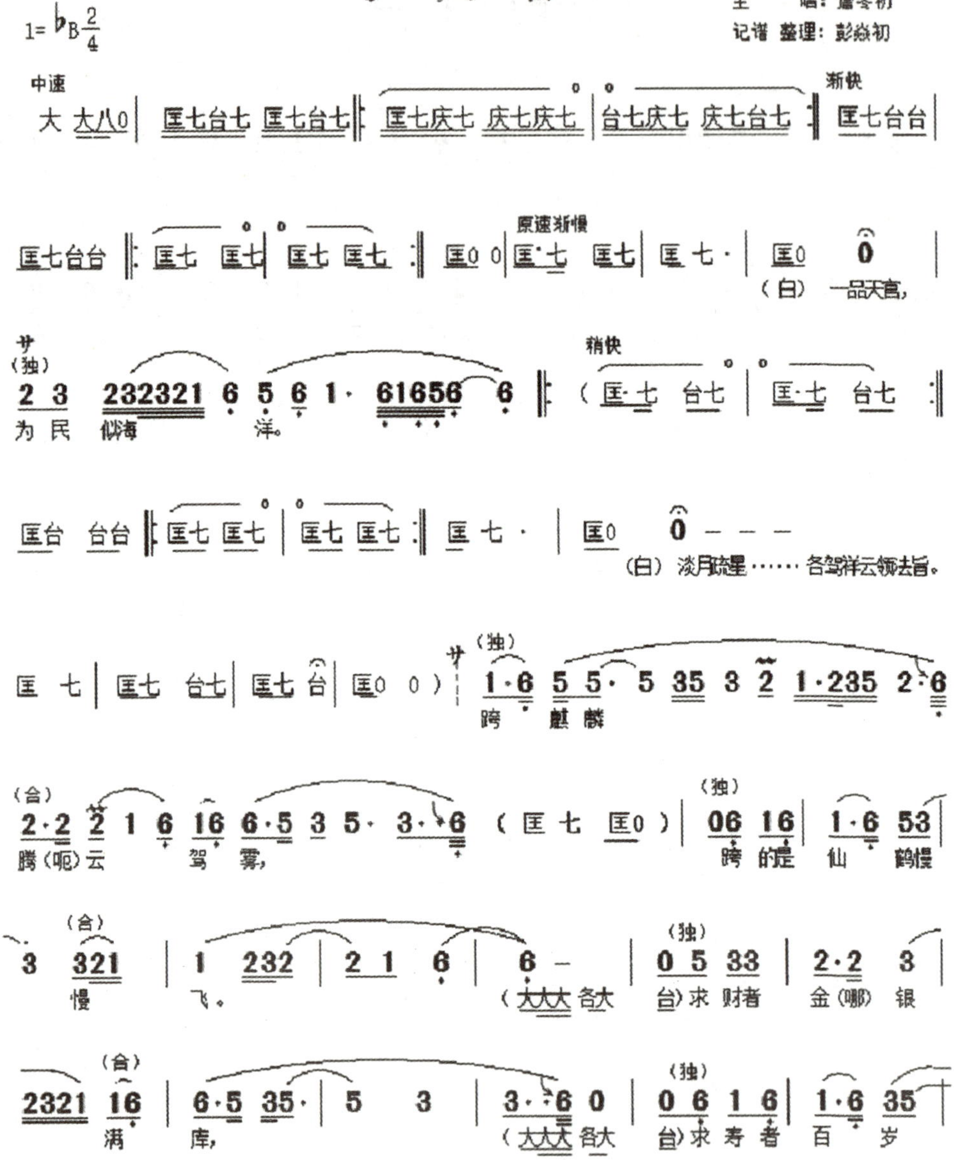

中速　　　　　　　　　　　　　　　　　　　　　　　　　　　　渐快
大 太八0 | 匡七台七 匡七台七 ‖: 匡七庆七 庆七庆七 | 台七庆七 庆七台七 :‖ 匡七台台 |

　　　　　　　　　　　　　　　　原速渐慢
匡七台台 ‖: 匡七 匡七 | 匡七 匡七 :‖ 匡0 0 | 匡·七 匡七 | 匡 七· | 匡0 0 |
（白）一品天官，

サ（独）　　　　　　　　　　　　　　　　稍快
2 3 232321 6 5 6 1· 61656 6 ‖:（匡·七 台七 | 匡·七 台七 :‖
为 民 似海 洋。

匡台 台台 ‖: 匡七 匡七 | 匡七 匡七 :‖ 匡 七· | 匡0 0 — — —
（白）淡月疏星……各驾祥云领法旨。

匡 七 | 匡七 台七 | 匡七 台 | 匡0 0） サ（独）1·6 5 5· 5 35 3 2 1·235 2·6
跨 麒 麟

（合）　　　　　　　　　　　　　　　　　　　　　　　（独）
2·2 2 1 6 16 6·5 3 5· 3·6 （匡 七 匡0）| 06 16 | 1·6 53 |
腾（呃）云 驾 雾， 跨 的是 仙 鹤慢

（合）　　　　　　　　　　（独）
3 321 | 1 232 | 2 1 6 | 6 — | 0 5 33 | 2·2 3 |
慢 飞。（大大大 各大 台）求 财者 金（哪） 银

（合）　　　　　　　　　　　（独）
2321 16 | 6·5 35· | 5 3 | 3·6 0 | 0 6 1 6 | 1·6 35 |
满 库，（大大大 各大 台）求 寿 者 百 岁

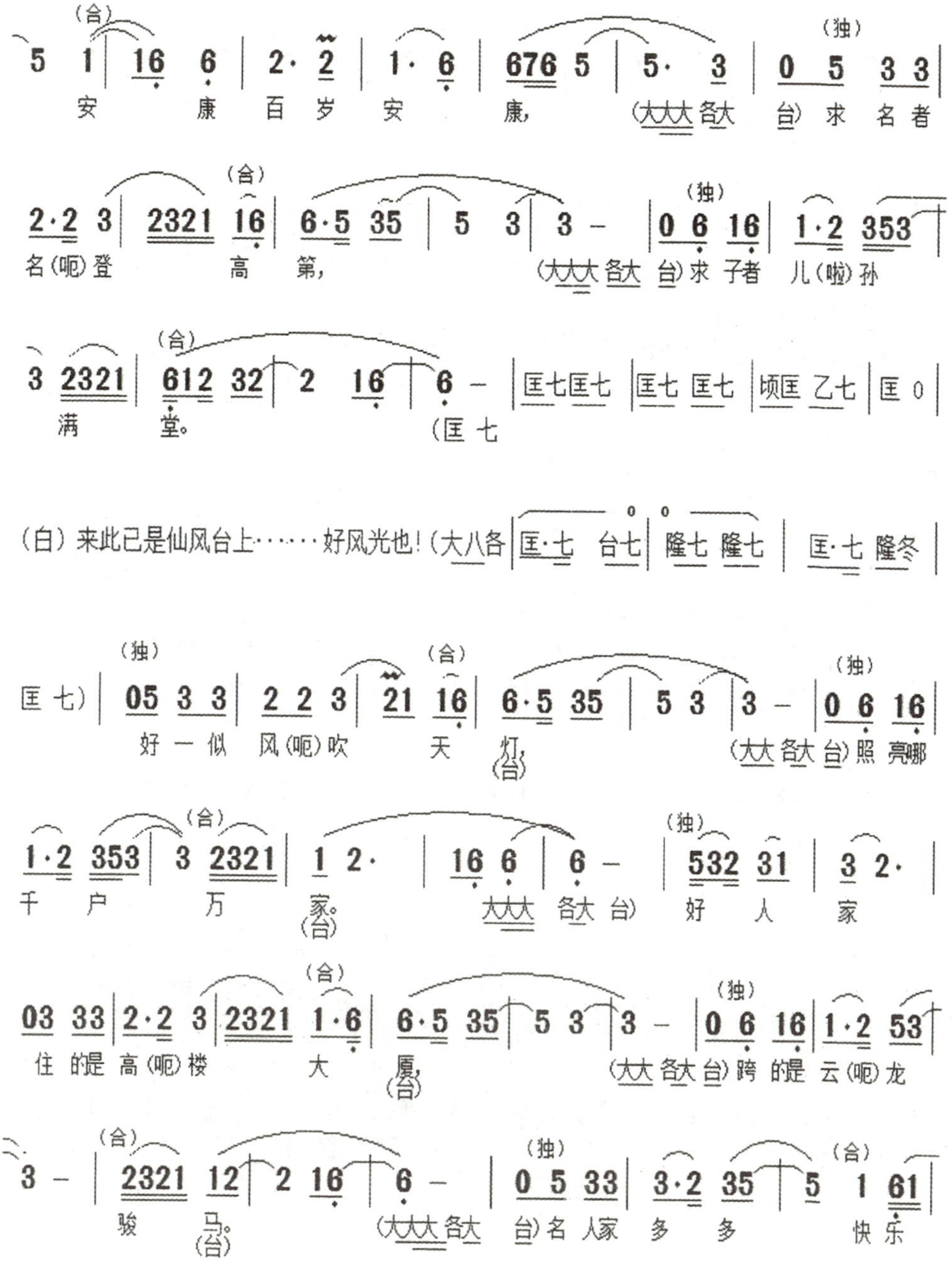

（合）　　　　　　　　　　　　　　　　　　　　　　　　（独）
5 1 | 16 6 | 2· 2 | 1· 6 | 676 5 | 5· 3 | 0 5 3 3 |
安　康　百　岁　安　康，　（大大大 各大　台）求 名 者

（合）　　　　（独）
2·2 3 | 2321 16 | 6·5 35 | 5 3 | 3 – | 0 6 16 | 1·2 353 |
名（呃）登　高　第，　（大大大 各大　台）求 子者　儿（啦）孙

（合）
3 2321 | 612 32 | 2 16 | 6 – | 匡七匡七 | 匡七 匡七 | 顷匡 乙七 | 匡 0 |
满　堂。　（匡 七

（白）来此已是仙风台上……好风光也！（大八各 | 匡·七 台七 | 隆七 隆七 | 匡·七 隆冬 |

（独）　　　　（合）　　　　　　　　（独）
匡 七）| 05 3 3 | 2 2 3 | 21 16 | 6·5 35 | 5 3 | 3 – | 0 6 16 |
好 一 似　风（呃）吹　天　灯，（台）　（大大 各大 台）照 亮哪

（合）　　　　　　（独）
1·2 353 | 3 2321 | 1 2· | 16 6 | 6 – | 532 31 | 3 2· |
千　户　万　家。（台）　大大大　各大 台）　好　人　家

（合）　　　　（独）
03 33 | 2·2 3 | 2321 1·6 | 6·5 35 | 5 3 | 3 – | 0 6 16 | 1·2 53 |
住 的是 高（呃）楼　大　厦，（台）　（大大 各大 台）跨 的是 云（呃）龙

（合）　　　　（独）　　　（合）
3 – | 2321 12 | 2 16 | 6 – | 0 5 33 | 3·2 35 | 5 1 61 |
骏　马。（台）　（大大大 各大　台）名 人家　多　多　快 乐

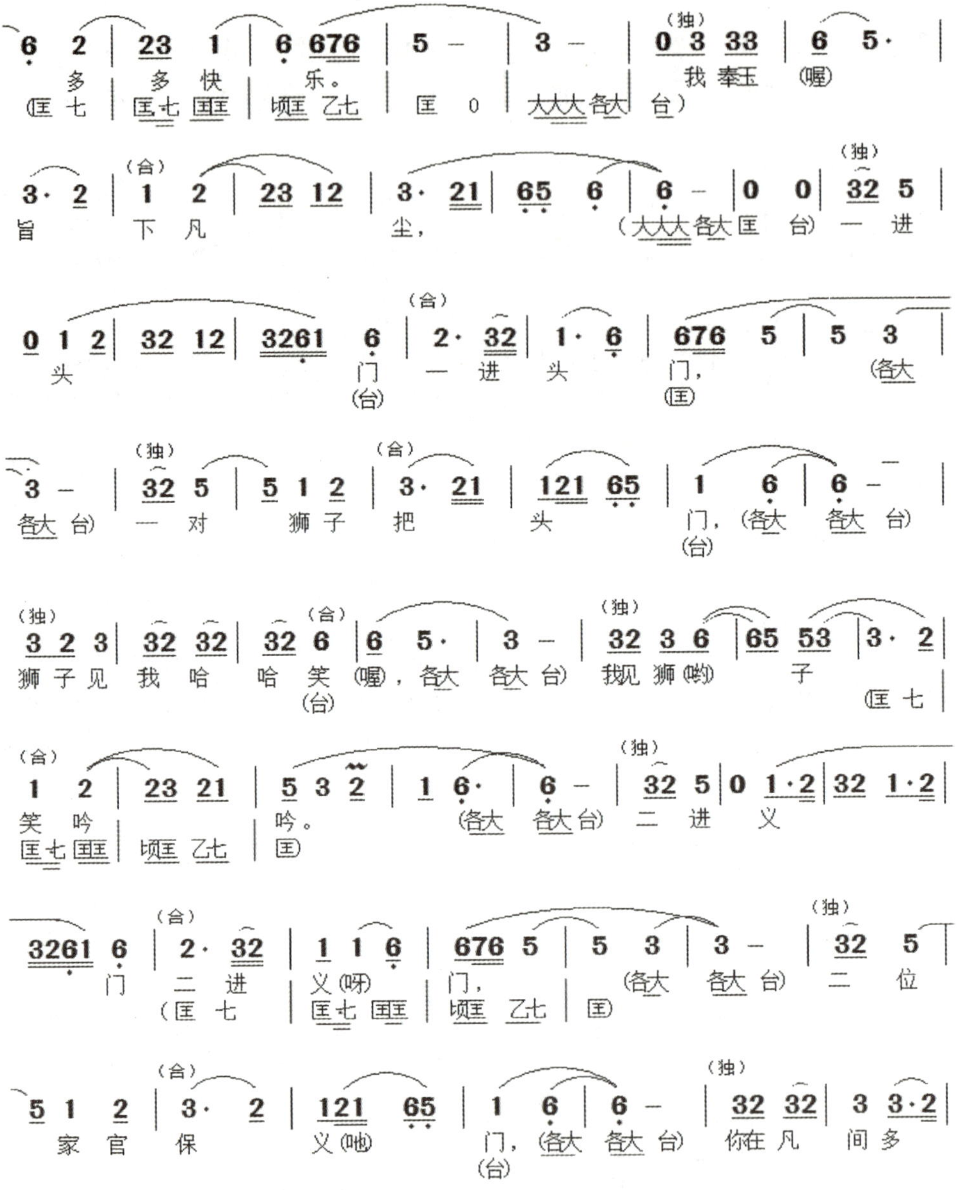

6 2 | 23 1 | 6 676 | 5 – | 3 – | (独) 0 3 33 | 6 5· |
多 多 快 乐。 我奉玉 (喔)
(匡 七 | 匡七 匡匡 | 顷匡 乙七 | 匡 0 | 大大大各大 | 台)

3· 2 | (合) 1 2 | 23 12 | 3· 21 | 65 6 | 6 – | 0 0 | (独) 32 5 |
旨 下 凡 尘， (大大大各大匡 台) 一 进

0 1 2 | 32 12 | 3261 6 | (合) 2· 32 | 1· 6 | 676 5 | 5 3 |
头 门 一 进 头 门， (各大
(台) (匡)

3 – | (独) 32 5 | 5 1 2 | (合) 3· 21 | 121 65 | 1 6 | 6 – |
各大 台) 一 对 狮 子 把 头 门，(各大 各大 台)
(台)

(独) 3 2 3 | 32 32 | 32 (合) 6 | 6 5· | 3 – | (独) 32 3 6 | 65 53 | 3· 2 |
狮子见 我 哈 哈 笑 (喔)，各大 各大 台) 我见 狮(哟) 子
(台) (匡 七

(合) 1 2 | 23 21 | 5 3 2 | 1 6· | 6 – | (独) 32 5 | 0 1·2 | 32 1·2 |
笑 吟 吟。 (各大 各大 台) 二 进 义
匡七 匡匡 | 顷匡 乙七 | 匡)

3261 6 | (合) 2· 32 | 1 1 6 | 676 5 | 5 3 | 3 – | (独) 32 5 |
门 二 进 义(呀) 门， (各大 各大 台) 二 位
(匡 七 | 匡七 匡匡 | 顷匡 乙七 | 匡)

5 1 2 | (合) 3· 2 | 121 65 | 1 6 | 6 – | (独) 32 32 | 3 3·2 |
家 官 保 义(哋) 门，(各大 各大 台) 你在 凡 间 多
(台)

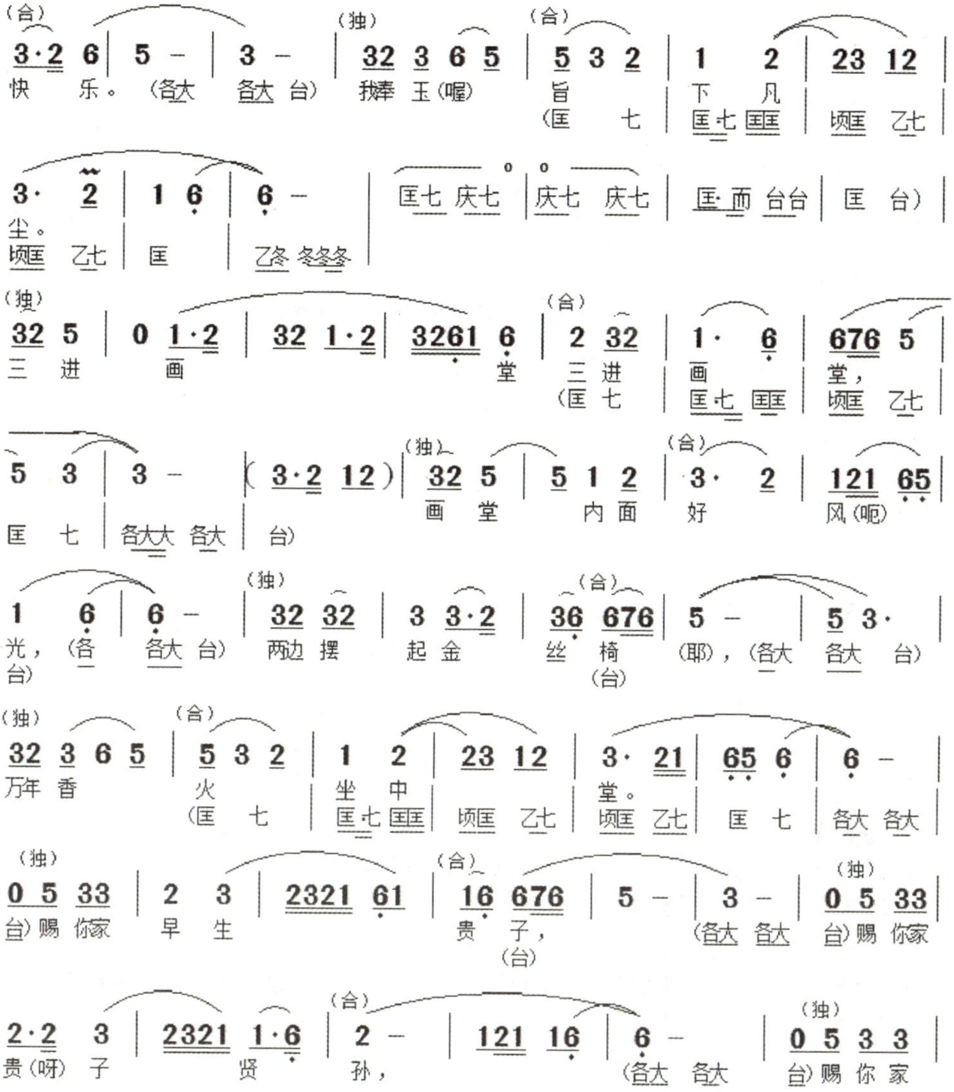

(合) 3·2 6 | 5 – | 3 – | (独) 32 3 6 5 | (合) 5 3 2 | 1 2 | 23 12 |
快 乐。(各大 各大 台) 我奉 玉(喔) 旨 下 凡
(匡 七 | 匡七 匡匡 | 顷匡 乙七 |

3· 2 | 1 6 | 6 – | 匡七 庆七 | 庆七 庆七 | 匡·而 台台 | 匡 台) |
尘。
顷匡 乙七 | 匡 | 乙冬 冬冬冬 |

(独) 32 5 | 0 1·2 | 32 1·2 | 3261 6 | (合) 2 32 | 1· 6 | 676 5 |
三 进 画 堂 三 进 画 堂,
(匡 七 | 匡七 匡匡 | 顷匡 乙七 |

5 3 | 3 – | (3·2 12) | (独) 32 5 | 5 1 2 | (合) 3· 2 | 121 65 |
画 堂 内 面 好 风(呃)
匡 七 | 各大大 各大 | 台)

1 6 | 6 – | (独) 32 32 | 3 3·2 | (合) 36 676 | 5 – | 5 3· |
光,(各 各大 台) 两边 摆 起 金 丝 椅 (耶),(各大 各大 台)
台) (台)

(独) 32 3 6 5 | (合) 5 3 2 | 1 2 | 23 12 | 3· 21 | 65 6 | 6 – |
万年 香 火 坐 中 堂。
(匡 七 | 匡七 匡匡 | 顷匡 乙七 | 顷匡 乙七 | 匡 七 | 各大 各大 |

(独) 0 5 33 | 2 3 | 2321 61 | (合) 16 676 | 5 – | 3 – | (独) 0 5 33 |
台)赐 你家 早 生 贵 子, (各大 各大 台)赐 你家
(台)

2·2 3 | 2321 1·6 | (合) 2 – | 121 16 | 6 – | (独) 0 5 3 3 |
贵(呀) 子 贤 孙, (各大 各大 台)赐 你 家

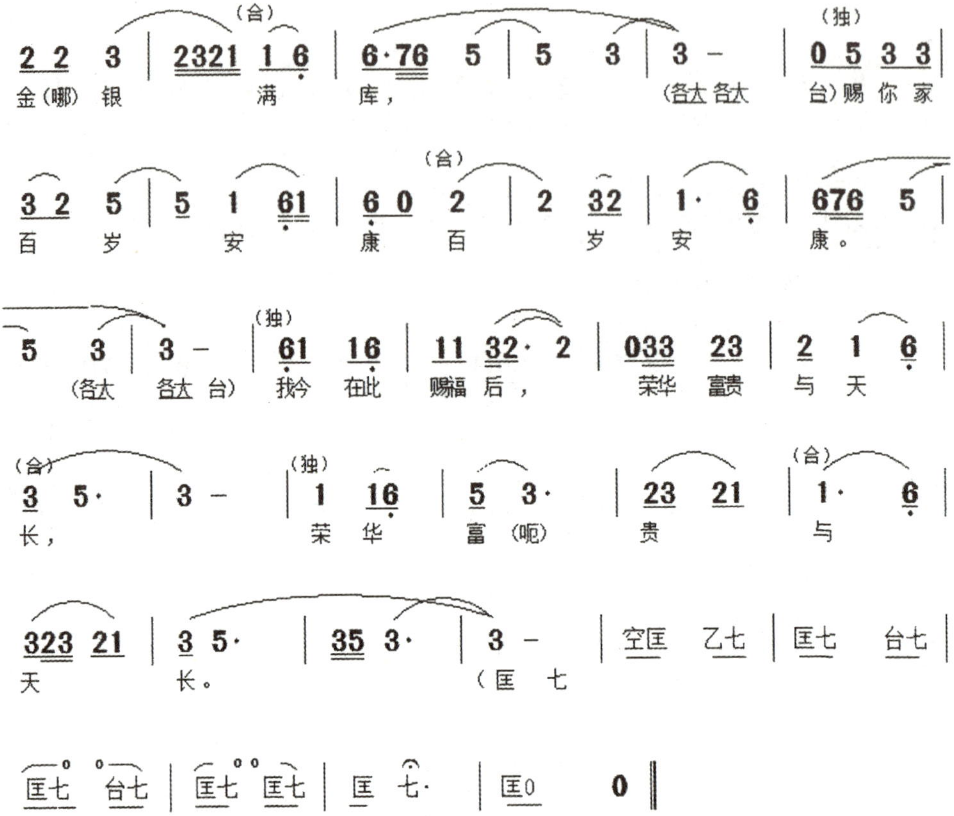

(合)　　　　　　　　　　　　　　　　(独)
2 2 3 | 2321 1 6 | 6·76 5 | 5 3 | 3 - | 0 5 3 3 |
金(哪) 银　满　库，　　(各太 各太　台)赐 你 家

(合)
3 2 5 | 5 1 61 | 6 0 2 | 2 32 | 1· 6 | 676 5 |
百　岁　安　康　百　岁　安　康。

(独)
5 3 | 3 - | 61 16 | 11 32· 2 | 033 23 | 2 1 6 |
(各太　各太 台) 我今 在此 赐福 后，　荣华 富贵 与 天

(合)　　　(独)　　　　　　　　　(合)
3 5· | 3 - | 1 16 | 5 3· | 23 21 | 1· 6 |
长，　　荣 华　富 (呃)　贵　　与

323 21 | 3 5· | 35 3· | 3 - | 空匡 乙七 | 匡七 台七 |
天　长。　　(匡　七

匡七 台七 | 匡七 匡七 | 匡 七· | 匡0 0 ‖

伴奏乐器配置说明：

1. 武场乐器：高音梆子、堂鼓、（中虎音）大锣、京钹、大京钹、小锣。

2. 文场乐器：中、低音唢呐。

乐曲中部分锣鼓谱演奏说明：

1. 冬：堂鼓；　2. 各大八：高音梆子；　3. 匡：大锣、小锣或加京钹、大京钹同击；
4. 七：京钹、小锣或加大京钹同击；　5. 台：小锣单击；　6. 而：虚词或小锣轻击；
7. 隆：堂鼓、大京钹、小锣同击；　8. 顷：大锣、钹、小锣同轻击；　9. 乙：休止；
10. 庆：大京钹、小锣同击。

(5)剧目

正本:《薛仁贵征东》《薛丁山征西》《尉迟恭夜访白袍》《三英战吕布》《三请诸葛亮》《刘备叙谱》《蓝关走雪》《面本送剑》《李后求子》《天官赐福》《三叔劝考》《长坂坡》《桑林会》《李三娘》《蔡伯喈》《全十义》《夺状记》《金蝉谱》《阴阳界》《三元访》《龙凤剑》《仙姬配》《香球记》《三积德》《观星斗》《大团圆》《鹿台》《古城》《潘阁》《斩妾》《赠婚》等。

折子:《秋胡试妻》《逼嫁投江》《鲁班贺屋》《尼姑下山》《小和尚下山》《朱买臣打掌吵嫁》《懒烧锅》《僧妮调》《花烛》《赏月》《指示》《祝寿》《庆贺》《送子》《夜等》《追舟》《戏卜》《拜月》等。

(6)原始老剧本、演唱照片

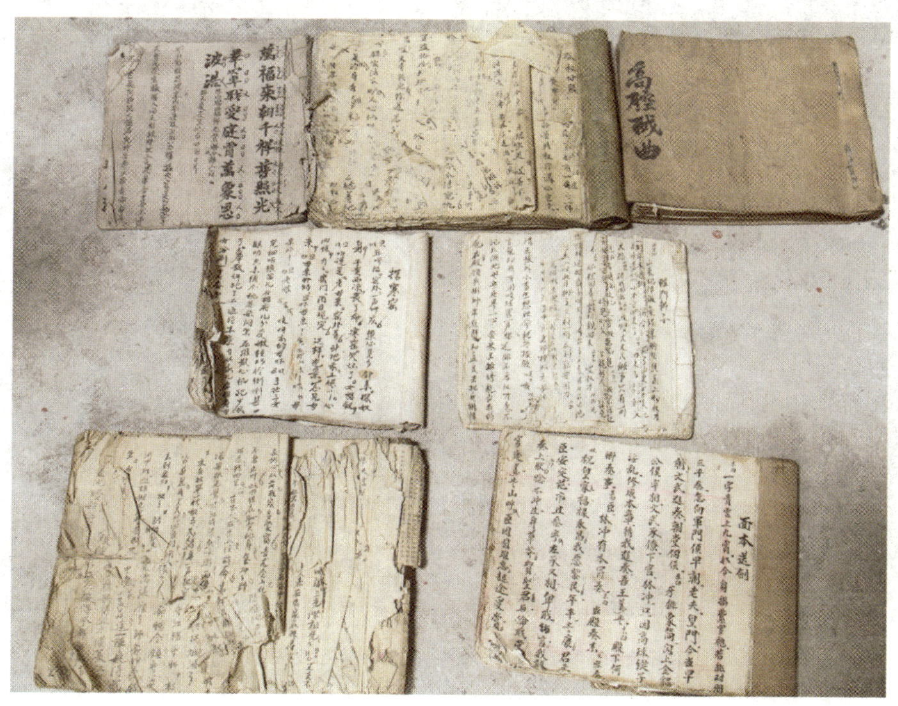

图1-1　2017年9月采风(余坚　摄)

图 1－2　2017 年 9 月采风（刘章高　摄）

图 1－3　刘章高等采访高腔老艺人傅列祺、胡小霞、傅典早等。（余坚　摄　2017 年 9 月）

图1-4　刘章高采访高腔老艺人刘述荣。(余坚　摄　2017年10月)

图1-5　和合乡滨湖村高腔曲团演唱(刘章高　摄　2018.3.14)

2. 都昌文词

(1)都昌文词戏概述

都昌文词　成在都昌

都昌文词,又叫文南词,老百姓又称之为文明戏,是都昌独有的地方戏曲。

都昌文词至今百余年历史。据《都昌县戏曲志》载:清道光年间,鄂皖地区频发水灾,灾民流入赣东北各县,其中不少人以卖艺为生。他们走村串户,坐堂演唱,一人多角,男女搭档,自拉自唱,曲调大多是湖北的文曲。流入都昌后,唱腔和曲牌不断与都昌的民歌调兼蓄融合,一些赣剧的唱腔也被吸收进去,便逐渐形成了在语言、声调、行腔、曲牌等方面与湖北文曲不同的都昌文词,被称之为文南词。

可以说,文词源于湖北,成在都昌。

都昌文词,与都昌的采茶戏联袂为文词采茶两姊妹。曲调清新舒展,行腔优美动听,唱词通俗易懂。在演唱技巧上,拖腔、甩腔及平仄音相结合,吸收了赣剧弹腔真假嗓音转换的唱法,很有特色。都昌文词曲牌多样,有“正板”“平板”“秋江调”“正四板”“哭四板”“数板”“快板”“南词”等,能表现各种感情和叙事,具有独特的韵味和魅力。都昌文词的伴奏可以“八音齐全”,也可“二胡两把”,伴之以鼓锣钹等打击乐。定弦——正调(5—2 弦)、反调(2—6 弦),抑扬顿挫,正反和谐,很有特色。

因为文词戏演唱简便,加上多半用都昌方言吟白演唱,句式又是以五字、七字、十字的四句为主,剧目的内容多以爱情生活、民间传说及宫廷史话等为主

题，无论从形式到内容，大都贴近民俗民情，所以为群众喜闻乐见。

据老艺人介绍，都昌文词戏剧目有三十六大本、七十二小折。

二十世纪三四十年代，都昌的文词戏发展兴盛。1933 年，徐埠乡正湾村办戏班，请湖北黄梅县逃荒来的蒋云山教文词戏。徐金泉、徐银泉两兄弟当时十二三岁，但天赋出众，一年便能担主演，乡人称之为“十四红”。次年他们就成立了“银泉戏班”，农忙务农，农闲演戏，俗称“草台班”。从此，文词戏走出了只唱不登台的格局，从坐堂演唱走向舞台演出。“二徐”红及都昌、彭泽、星子、鄱阳、景德镇等县、市，被观众誉为“都昌梅兰芳”。盐田乡段兴椿学会了全套文南词戏所有演出剧目和演唱曲牌，扮演角色惟妙惟肖，真声假嗓运用自如，领班行艺足迹遍及都昌、鄱阳、彭泽。土塘乡杨子凌，自幼专攻文词，东西两厂，生旦兼精，教出一大批农民文词戏团。

《都昌县戏曲志》载：1942 年，国民党都昌县县长曹兆徵、社会科科长傅翘松倡导发起，组建了第一个由地方政府兴办的文词剧社。颇负盛名的文词艺人徐银泉也来该剧社领师带班，排练演出了文词正本戏《玉堂春》《水漫金山》《平贵回窑》《苏文表借衣》《吕洞宾戏牡》《宋江杀惜》《活捉三郎》等，插折戏《王婆数鸡》《尼姑下山》等，很受群众欢迎。后来，县长太太（饰苏三）与演员刘鹤（饰黄金龙）关系暧昧，县长一怒之下关押了刘鹤，剧社因此解散了。

不久，徐银泉等一批文词艺人又组建了一个专为宣传抗日救亡的剧社，排练演出了《花子拾金》《打倒东洋兵》等几出自编自演的宣传戏（现代戏），深得百姓拥护。1945 年抗日战争胜利后，徐银泉将剧社改名为“胜利同乐班”。

地方政府除抗日战争时期组建过文词剧社，虽然再没有过国办专业文词戏曲团体，但民间文词戏剧社团十分繁荣昌盛，尤以徐埠乡徐银泉兄弟的“草台班”、之后的“胜利同乐班”，及盐田乡段兴椿的文南词戏团等最负盛名。至二十世纪五六十年代，都昌的民间文词戏剧团几乎遍地开花。多宝乡枫庙村、土塘镇杨垅村、徐埠镇白果村、盐田乡万年詹家、大沙镇沈家垅等文词戏团享誉全县。

2010 年 10 月，大沙镇银芳文词戏剧团成立，每年演出两百多场，《江西艺术史》对此有过专门研究，《江西日报》《九江日报》等多家媒体载文报道。

（詹玉新）

(2) 唱腔简介

都昌文词曲牌多样，行腔优美；注重拖腔、甩腔及平仄音，真假嗓转换等演唱技巧。

“正板”用真假嗓结合演唱，舒展流畅；“平板”拖腔和甩腔结合，华丽委婉；“秋江调”快慢结合，欢快明亮；“正四板”欢悦激昂，“哭四板”哀伤悲戚；“数板”“快板”“花板”活泼轻松幽默；“导板”先声夺人，“南词”“北词”高亢悠长；还有“浪里跳”“满江红”“鸳鸯调”“拾金钗”等与剧情相应的腔调。

伴奏可“八音齐全”，也可二胡两把，伴以鼓锣钹等打击乐。

唱词多用都昌方言吟白演唱，句式多为五字、七字、十字的四句结构，长段则反复此句式。

(3) 剧本《蔡金花》

蔡　金　花

王文龙：（上，引白）困苦文庄，难过时光。（坐白）小生生来命运薄，好比破船过江河，船到江心失了舵，叫我如何渡上坡。小生，王文龙，家住福州东平府，余安县人氏。父亲，王日新，母亲刘氏。只因父亲在朝为官被奸贼所害，斩首午门，只有我兄弟二人逃奔在外，困苦文庄，难于度日。我看今日天气晴和，我不免山中打猎一回。还要叫出贤弟看守门户，贤弟那里走来——

王文虎:(上,白)忽听兄长叫,忙步到前堂。参见兄长——

王文龙:(白)贤弟,休要见礼,一旁坐下。

王文虎:(上,白)谢兄赐座。(坐白)不知哥哥唤出小弟有何吩咐?

王文龙:(白)贤弟,今日天气晴和,为兄要去山中打猎,你在家中看守门户。

王文虎:(白)小弟知道,哥哥你要早去早回。

王文龙:(白)为兄知道。(唱)王文龙困文庄心中烦闷,怎叫我兄弟们难过光阴。实可叹二爹娘早年丧命,丢下我兄和弟久困文庄。身背着弓和箭家门来出,我要到荒郊外打猎谋生。(下)

王文虎:(唱)又只见我兄长走出门庭,王文虎才九岁看守家门。将身儿我只得后堂来进,等只等我兄长打猎回程。(下)

蔡笔达:(上,引白)告职归故里,回家享安康。怎记当年在朝堂,丹心一片保宋王,锦绣文章腹内藏,保定我主振国邦。(坐白)老夫,蔡笔达,当初在朝为官,所生二子一女,长子蔡金,次子蔡银,女儿蔡金花。老夫当初在朝将女儿终身许配王日新之子王文龙,可恨日新被奸贼所害,责至午门问斩。只有兄弟二人逃奔在外,不知生死存亡,我心想将女儿另选一婿。今日打坐二堂,将女儿终身一事,细谈一回,有何不可。(唱)想当初在朝中为官主政,将女儿许配与文龙为婚。千匹绫万匹缎备办嫁妆,包文正丞相爷做媒证人。但不知文龙婿今在哪里,兄弟俩终身事又靠谁人?将身儿我只把后堂来进,再探看我女儿怎生安顿。(下)

王文龙:(上,唱)今日里在荒郊将猎来打,见飞禽与走兽满山逃奔。身背着禽与兽将家回转,叫一声我贤弟快来开门。

王文虎:(上,唱)耳听得我兄长高叫一声,急忙忙打开了两扇家门。叫一声好兄长请你走进,接飞禽与走兽共同来临。(白)兄长回来了?

王文龙:(白)贤弟,我回来了。

王文虎:(白)请哥哥到后堂用饮。

王文龙:(白)正要用饮。(二人同下)

蔡金花:(上,白)罗裙扫地,绣带飘香。(坐白)闺中少女不知愁,梳妆打扮上高楼。时日,耳听人言,我的公婆被奸贼所害,不知我夫文龙生死如何?思想起来,好不焦闷也。(唱)蔡金花坐绣楼自思自叹,想的是文龙夫身在何边?恨奸贼害得我公婆问斩,害得我夫妻俩不得团圆。倘要是夫妻俩能得见面,就是死也心甘同赴黄泉。暂且下我只得绣楼来上,但愿得我夫妻早日团圆。(下)

王文龙:(上,引白)明珠土内藏,何日放明光。(坐白)想我爹爹在朝,与蔡笔达同殿为官,他将女儿许配于我。他家倒也富贵,我心想去到他家,一来求亲,二来借些银两,我兄弟也好度日。贤弟,为兄去到蔡府借些银两,你在家好好看守门户。

王文虎:(内白)兄长你要早去早回。

王文龙:(白)为兄知道了。(唱)王文龙走出了自家门外,我要到蔡府内前去认亲。撒开了大步走往前来奔,不却是来只在蔡府大门。开言来我只把高声叫应,尊一声门官爷我有话明。(白)门上哪一位?

家院:(上,白)忽听人言语,近前看分明。你是何处人氏?

王文龙:(白)你予我通禀你家老爷,就说王文龙女婿求见。

家院:(白)少站一时。报、报、报。

蔡笔达:(上,白)家院报高声,近前问分明。家院所报何来?

家院:(白)外面有女婿王文龙求见。

蔡笔达:(白)好哇,传他自进。

家院:(白)外面听着,我家老爷传你自进。

…………

(刘章高　根据银芳文词戏团剧本整理)

(4)曲谱

基本唱腔

文词男腔正板(一)

1 = C　　（选自《苏文表借衣》苏文表［生］唱段）　　段兴椿演唱
陈发科记谱

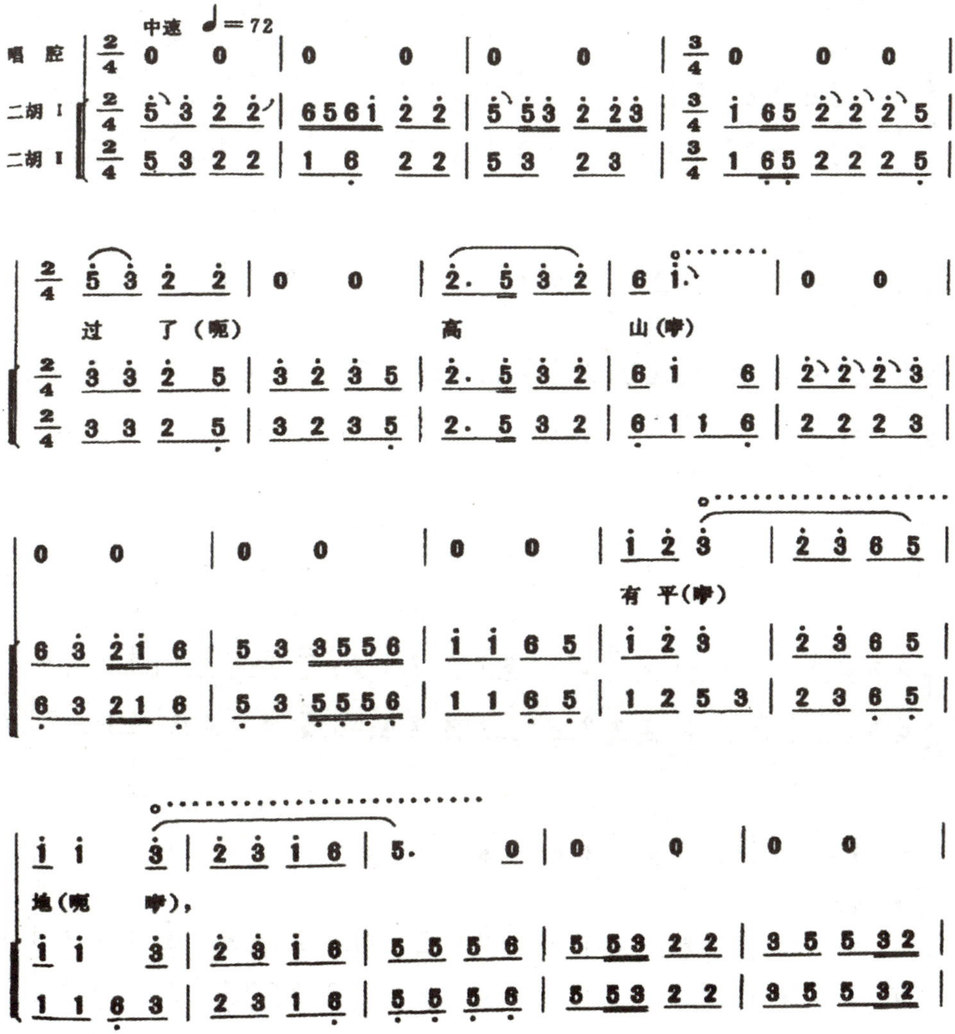

中速 ♩＝72

唱腔

二胡 I

二胡 II

过　了（呃）　高　山（哼）

有　平（哼）

地（呃　哼），

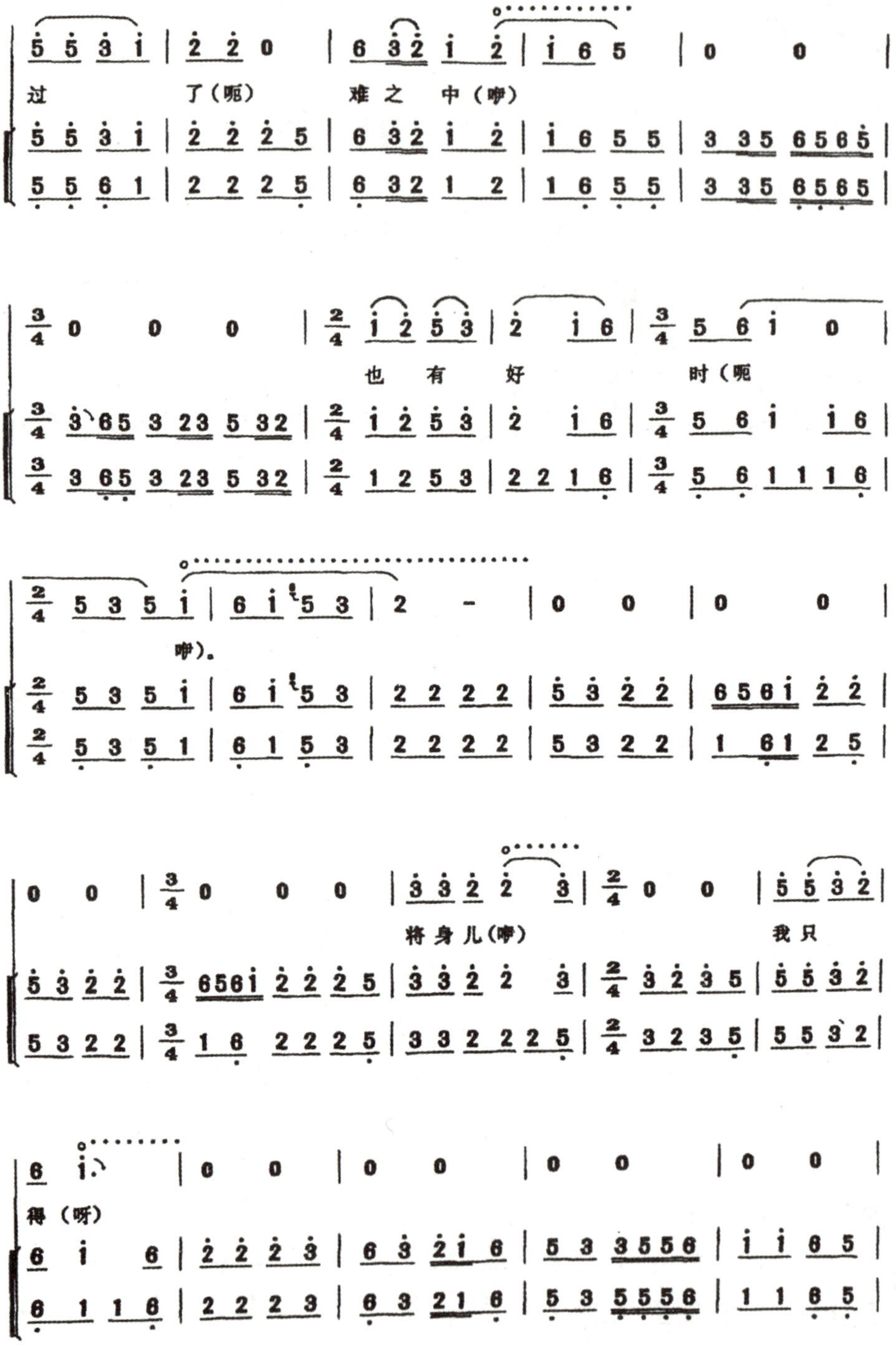

| 5 5 3 1 | 2 2 0 | 6 3 2 1 2 | 1 6 5 | 0 0 |

过 了（呃） 难之 中（咿）

| 5 5 3 1 | 2 2 2 5 | 6 3 2 1 2 | 1 6 5 5 | 3 3 5 6 5 6 5 |

| 5 5 6 1 | 2 2 2 5 | 6 3 2 1 2 | 1 6 5 5 | 3 3 5 6 5 6 5 |

| 3/4 0 0 0 | 2/4 1 2 5 3 | 2 1 6 | 3/4 5 6 1 0 |

也 有 好 时（呃

| 3/4 3 6 5 3 2 3 5 3 2 | 2/4 1 2 5 3 | 2 1 6 | 3/4 5 6 1 1 6 |

| 3/4 3 6 5 3 2 3 5 3 2 | 2/4 1 2 5 3 | 2 2 1 6 | 3/4 5 6 1 1 1 6 |

| 2/4 5 3 5 1 | 6 1 5 3 | 2 – | 0 0 | 0 0 |

咿）。

| 2/4 5 3 5 1 | 6 1 5 3 | 2 2 2 2 | 5 3 2 2 | 6 5 6 1 2 2 |

| 2/4 5 3 5 1 | 6 1 5 3 | 2 2 2 2 | 5 3 2 2 | 1 6 1 2 5 |

| 0 0 | 3/4 0 0 0 | 3 3 2 2 3 | 2/4 0 0 | 5 5 3 2 |

将身儿（咿） 我只

| 5 3 2 2 | 3/4 6 5 6 1 2 2 2 5 | 3 3 2 2 3 | 2/4 3 2 3 5 | 5 5 3 2 |

| 5 3 2 2 | 3/4 1 6 2 2 2 5 | 3 3 2 2 2 5 | 2/4 3 2 3 5 | 5 5 3 2 |

| 6 1 | 0 0 | 0 0 | 0 0 | 0 0 |

得（呀）

| 6 1 6 | 2 2 2 3 | 6 3 2 1 6 | 5 3 3 5 5 6 | 1 1 6 5 |

| 6 1 1 6 | 2 2 2 3 | 6 3 2 1 6 | 5 3 5 5 5 6 | 1 1 6 5 |

文词男腔正板（二）

1＝C

（选自《宋江杀惜》宋江［生］唱段）

段兴椿演唱
陈发科
袁其昌记谱

中速 ♩＝72

有宋江（呢） 打坐 在（耶）

书 位 之

上（呃）， 我要

把 梁山书信 （哪）

细 看 分（呢） 明（勒）。

用手儿

在怀 中（呃）

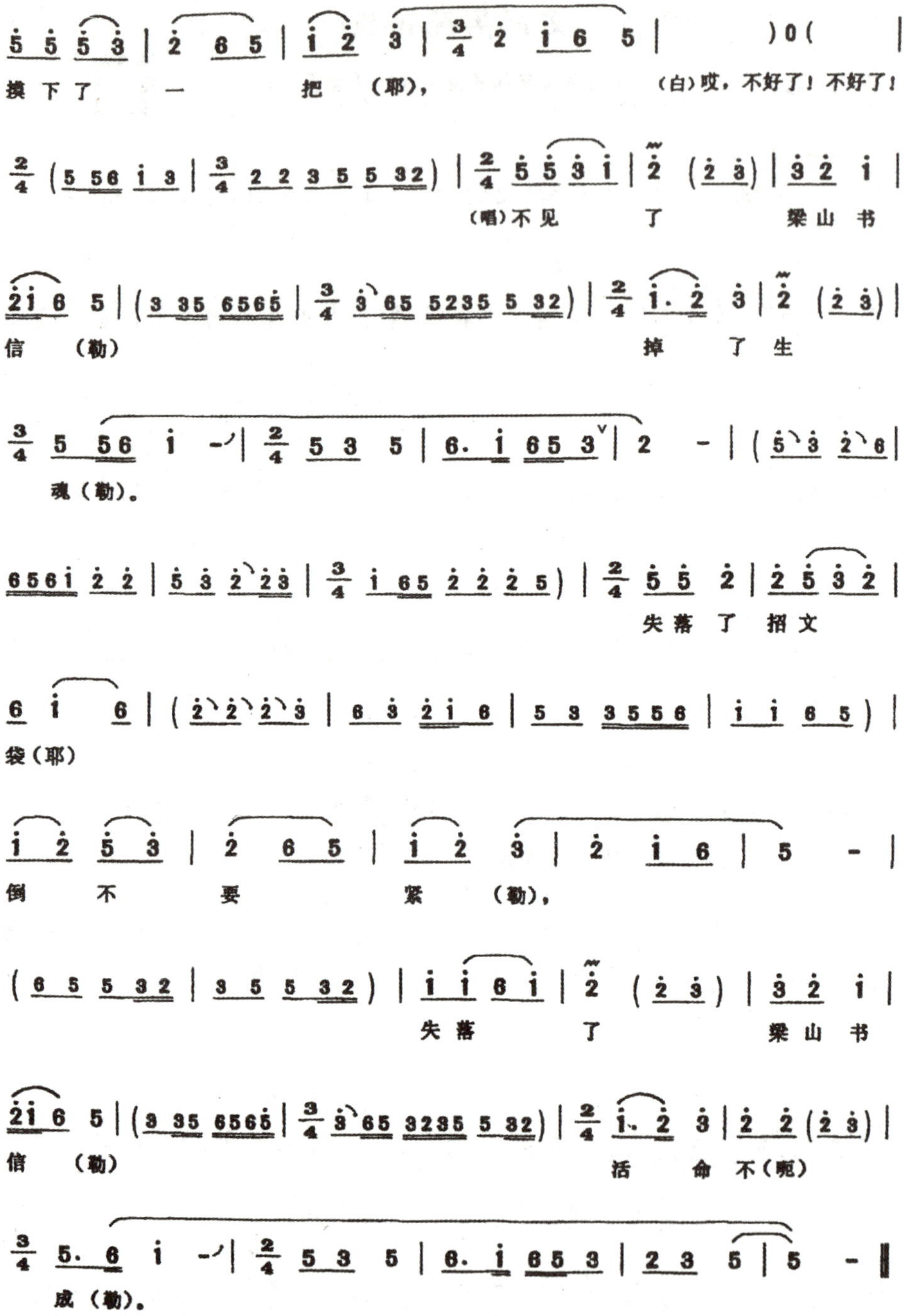

摸下了 一 把（耶），（白）哎，不好了！不好了！

（唱）不见 了 梁山书

信 （勒） 掉 了生

魂（勒）。

失落了招文

袋（耶）

倒 不 要 紧 （勒），

失落 了 梁山书

信 （勒） 活 命不（呃）

成（勒）。

据1994年都昌县文化馆的采风录音记谱。

文词女腔正板

1＝C

（选自《宋江杀惜》阎惜姣［旦］唱段）

段兴椿演唱
陈发科记谱

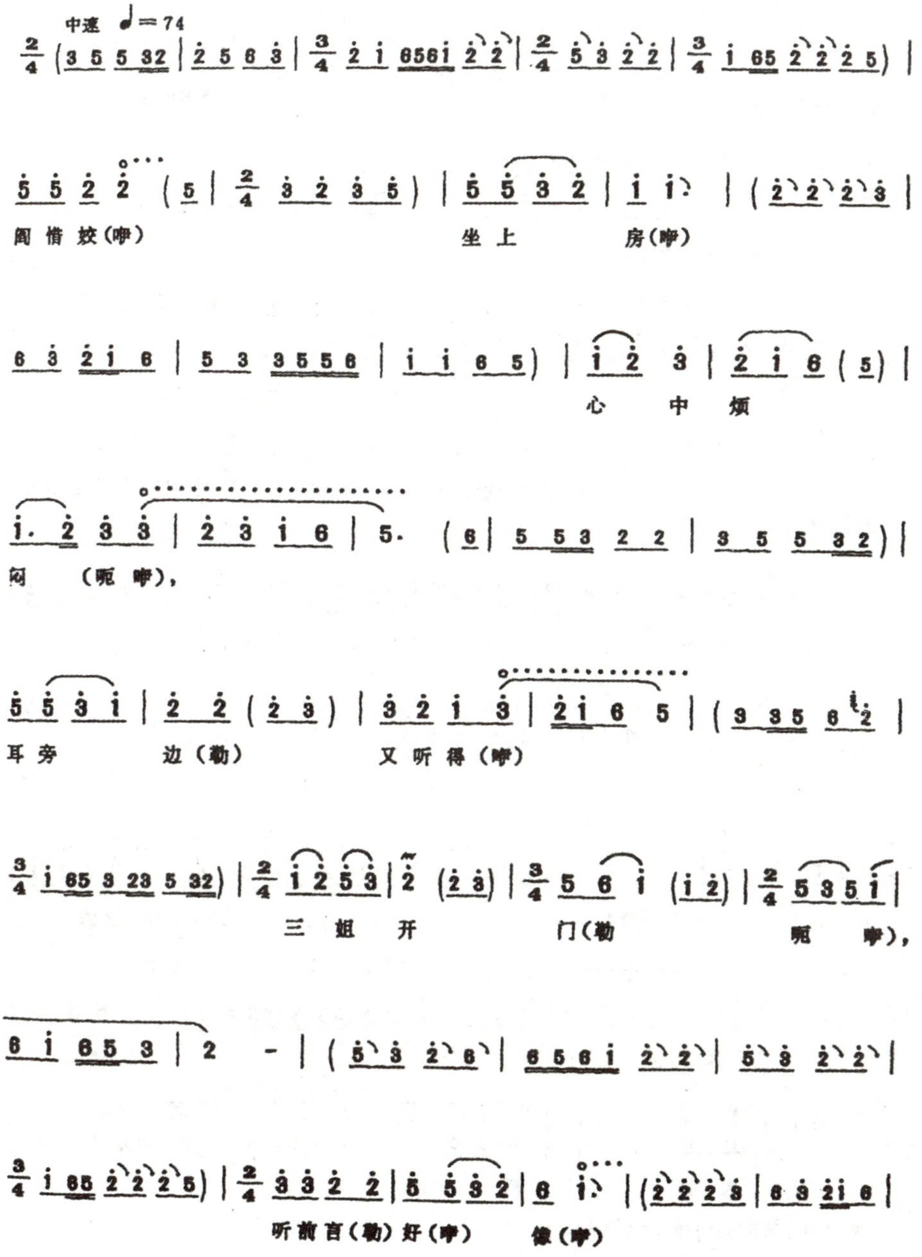

中速 ♩＝74

阎惜姣（哼） 坐上 房（哼）

心 中 烦

闷 （呃 哼），

耳旁 边（勒） 又听得（哼）

三 姐 开 门（勒 呃 哼），

听前言（勒）好（哼） 像（哼）

5 3 3556 | i i 6 5) | i. 2 3 5 | 2 3 6 5 | i 2 3 5 | 2. 3 i 6 | 5 - |

张 文(咿) 远(哎 咿),

)0(| (5 56 i 3 | 3/4 2 2 3 5 5 32) | 2/4 5 5 3 i |

(宋江白)难道本人的声音你也听不到吗？ (阎惜姣唱)听后

2 (2 3) | 3 2 i 3 | i 6 5 | (3 35 6565 | 3/4 3 65 3 5 5 32) |

音 好(咿)像(咿)

2/4 i. 2 3 | 2 (2 3) | 3/4 5. 6 i - | 2/4 5. 3 5 i | 6. i 5 3 | 2 - |

宋 公 明(勒 咿)。

)0(| (5 3 2. 6 | 656i 2 2 | 5 3 2 2 | 3/4 i 65 2 2 2 5) |

(宋江白)阎大姐你开门哩！

2 3 2 2. | 2/4 (3 2 3 5) | 5 5 3 2 | 6 i | (2 2 2 3 |

(阎惜姣唱)是 与(咿) 不(呃) 是(咿)

6 3 2i 6 | 5 3 3556 | i i 6 5) | i 2 3 | 2i 6 (6 5) | i i 3 |

开 开门 看(哪 咿),

2 3 i 6 | 5 - |)0(| (5 56 i 3 | 3/4 2 2 3 5 5 32) | 2/4 5 5 3 i |

(白)喂呀！ (唱)却原

2 (2 3) | 3 2 i 3 | i 6 5 | (3 5 6 2 | 3/4 i 65 3235 5 32) | 2/4 5 5 3 |

是 老宋江(咿) 对头

2 (3) | 3/4 5 6 i - | 2/4 5 3 5 i | 6 i 65 3 | 2 3 5 | 5 0 ‖

之 人(勒 啊 咿)。

据1994年都昌县文化馆的采风录音记谱。

文词男腔平板

（选自《宋江杀惜》宋江［生］唱段）

段兴椿演唱
陈发科、袁其昌记谱

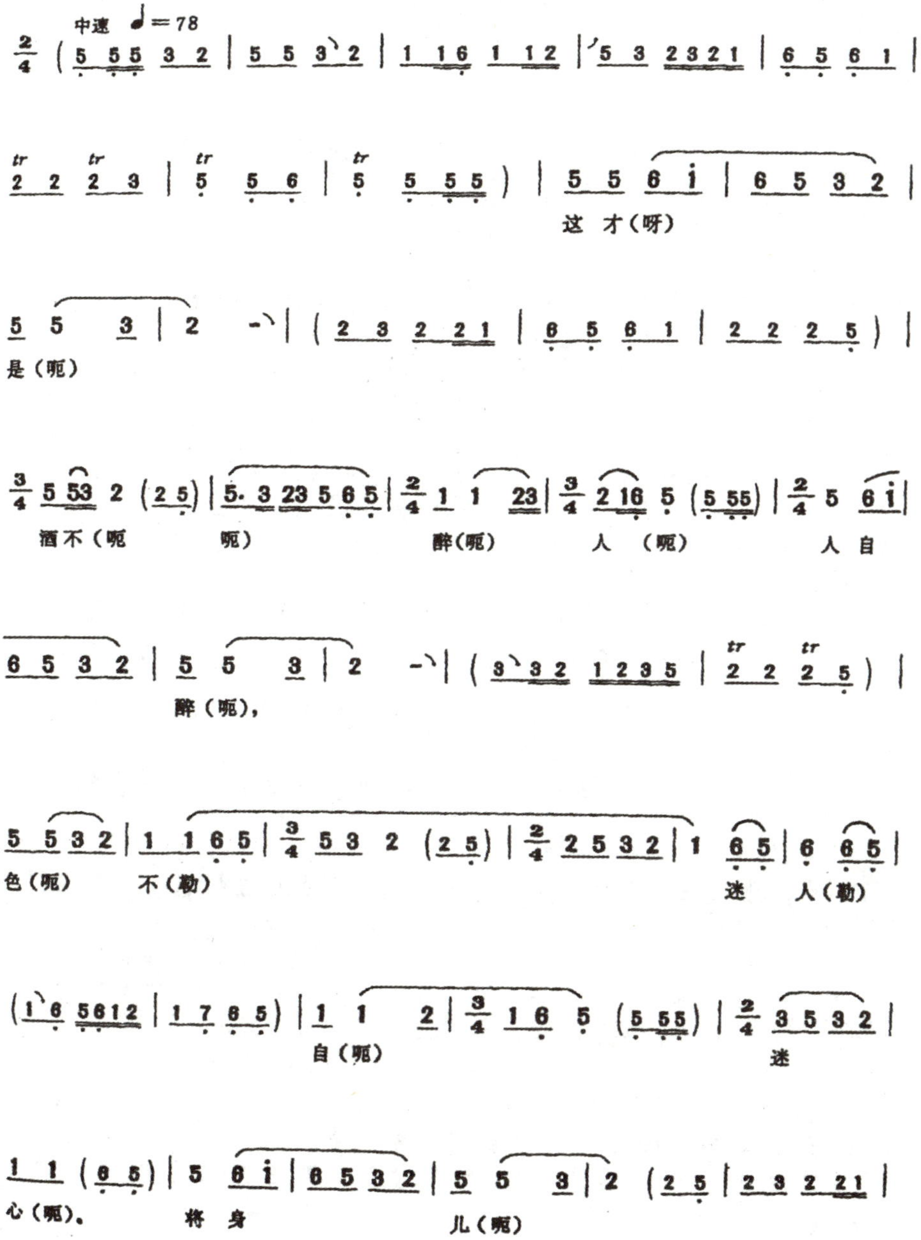

1＝F

$\frac{2}{4}$ 中速 ♩＝78

这 才（呀）

是（呃）

酒不（呃 呃） 醉（呃） 人 （呃） 人 自

醉（呃），

色（呃） 不（勒） 迷 人（勒）

自（呃） 迷

心（呃）。 将 身 儿（呃）

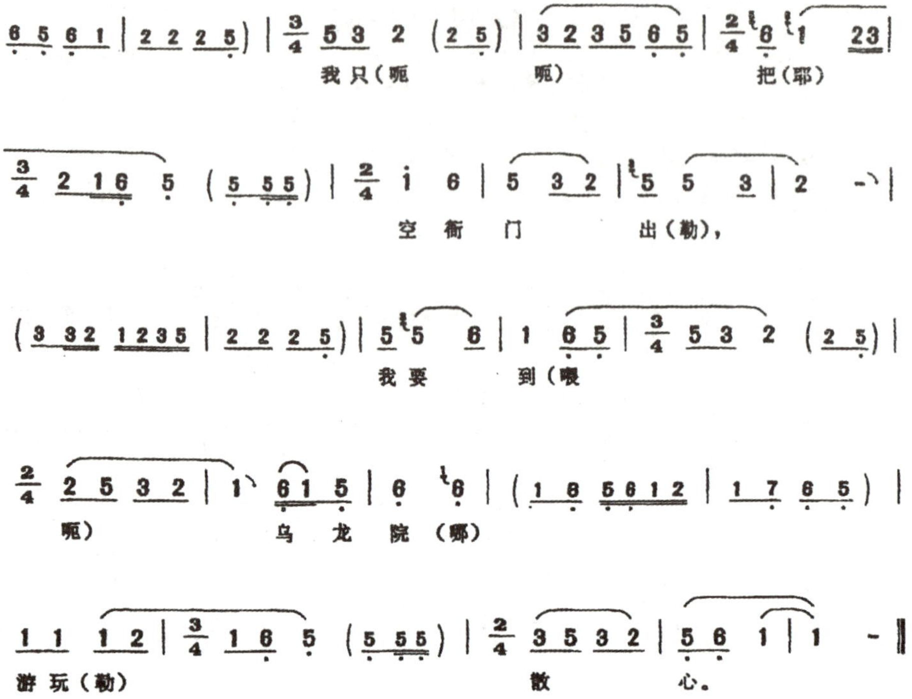

我只（呃 呃） 把（耶）

空 衙 门 出（勒），

我要 到（喂

呃） 乌 龙 院（哪）

游 玩（勒） 散 心。

据1994年都昌县文化馆的采风录音记谱。

文词女腔平板

1＝F （选自《宋江杀惜》阎惜姣［旦］唱段） 段兴椿演唱 陈发科记谱

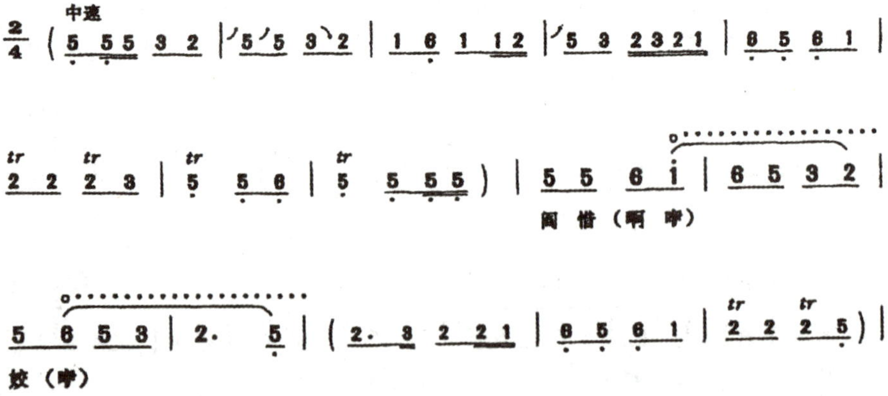

中速

阎 惜（啊 哼）

姣（哼）

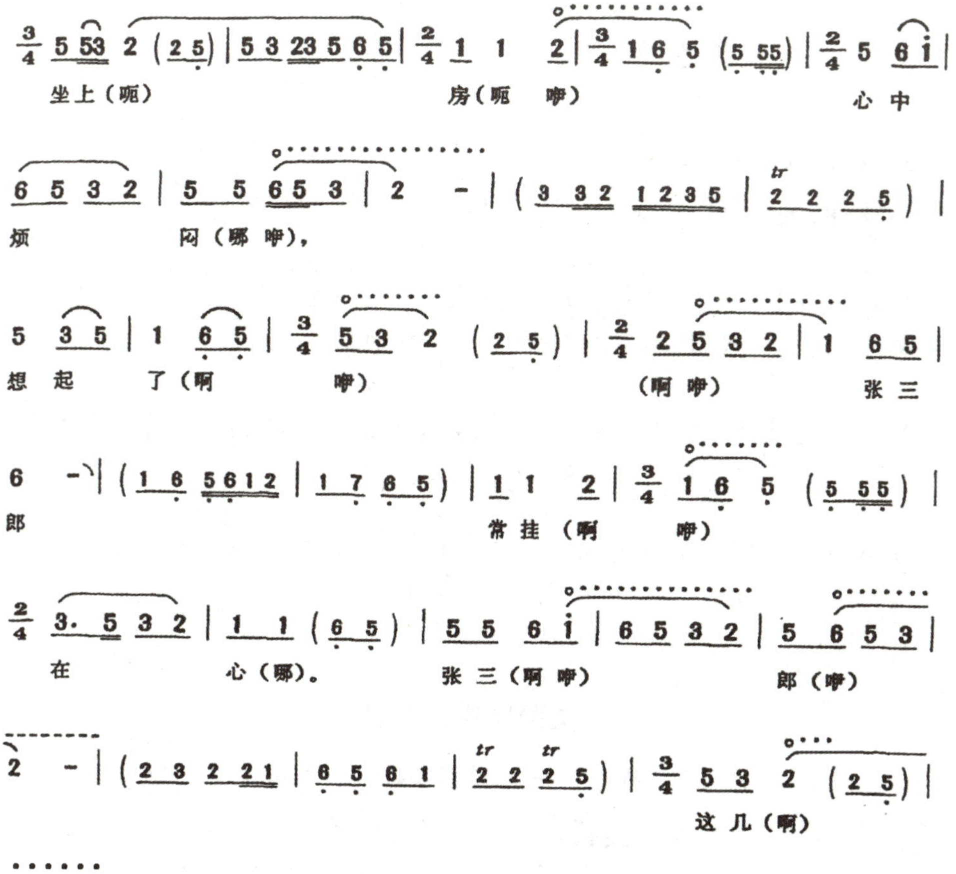

3/4 5 53 2 (2 5) | 5 3 23 5 6 5 | 2/4 1 1 2 | 3/4 1 6 5 (5 55) | 2/4 5 6 i |
坐上（呃）房（呃 咿）心中

6 5 3 2 | 5 5 653 | 2 - | (3 32 1235 | tr 2 2 2 5) |
烦 闷（哪 咿），

5 3 5 | 1 6 5 | 3/4 5 3 2 (2 5) | 2/4 2 5 3 2 | 1 6 5 |
想 起 了（啊 咿）（啊 咿） 张 三

6 - | (1 6 5612 | 1 7 6 5) | 1 1 2 | 3/4 1 6 5 (5 55) |
郎 常 挂（啊 咿）

2/4 3. 5 3 2 | 1 1 (6 5) | 5 5 6 i | 6 5 3 2 | 5 6 5 3 |
在 心（哪）。 张 三（啊 咿） 郎（咿）

2 - | (2 3 2 21 | 6 5 6 1 | tr 2 2 tr 2 5) | 3/4 5 3 2 (2 5) |
这 几（啊）

……

文词数板

1=A　　（选自《宋江杀惜》宋江［生］唱段）

段兴椿演唱
陈发科
袁其昌记谱

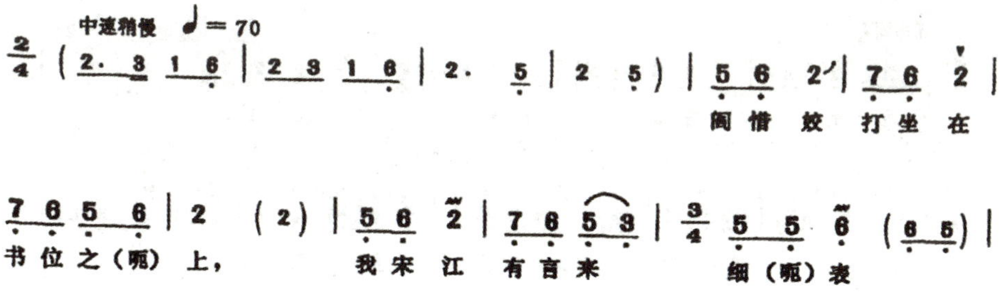

中速稍慢 ♩=70

2/4 (2. 3 1 6 | 2 3 1 6 | 2. 5 | 2 5) | 5 6 2 | 7 6 2 |
阎 惜 姣 打 坐 在

7 6 5 6 | 2 (2) | 5 6 2 | 7 6 5 3 | 3/4 5 5 6 (6 5) |
书 位 之（呃） 上， 我 宋 江 有 言 来 细（呃）表

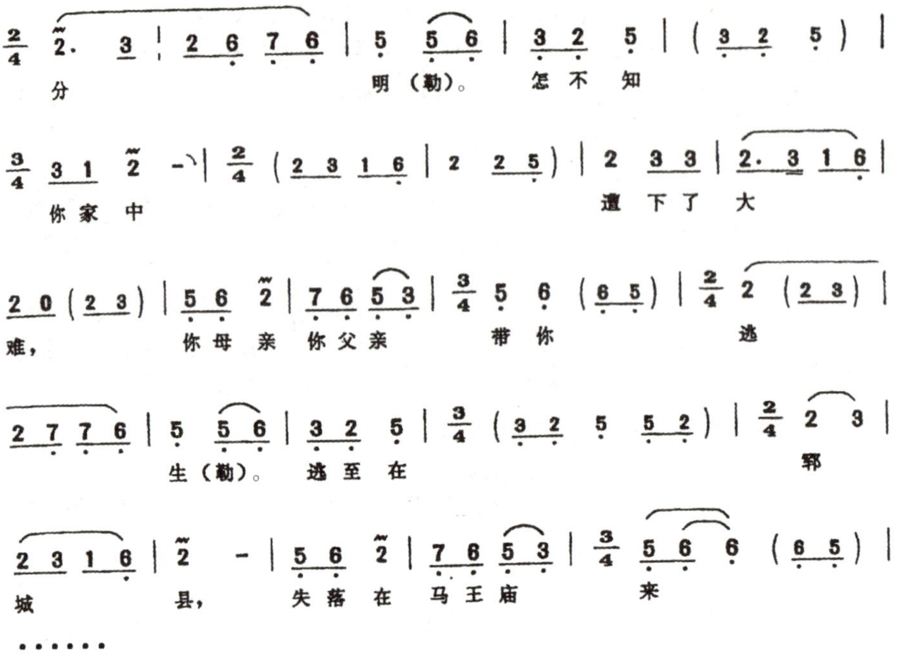

2/4 2. 3 | 2 6 7 6 | 5 5 6 | 3 2 5 | (3 2 5) |

分 明（勒）。怎不知

3/4 3 1 2 - | 2/4 (2 3 1 6 | 2 2 5) | 2 3 3 | 2. 3 1 6 |

你家中 遭下了大

2 0 (2 3) | 5 6 2 | 7 6 5 3 | 3/4 5 6 (6 5) | 2/4 2 (2 3) |

难，你母亲你父亲 带你 逃

2 7 7 6 | 5 5 6 | 3 2 5 | 3/4 (3 2 5 5 2) | 2/4 2 3 |

生（勒）。逃至在 郓

2 3 1 6 | 2 - | 5 6 2 | 7 6 5 3 | 3/4 5 6 6 (6 5) |

城 县，失落在马王庙 来

……

文词导板、花板

1=F （选自《尼姑下山》陈杏春［旦］唱段） 段兴椿演唱 陈发科 袁其昌记谱

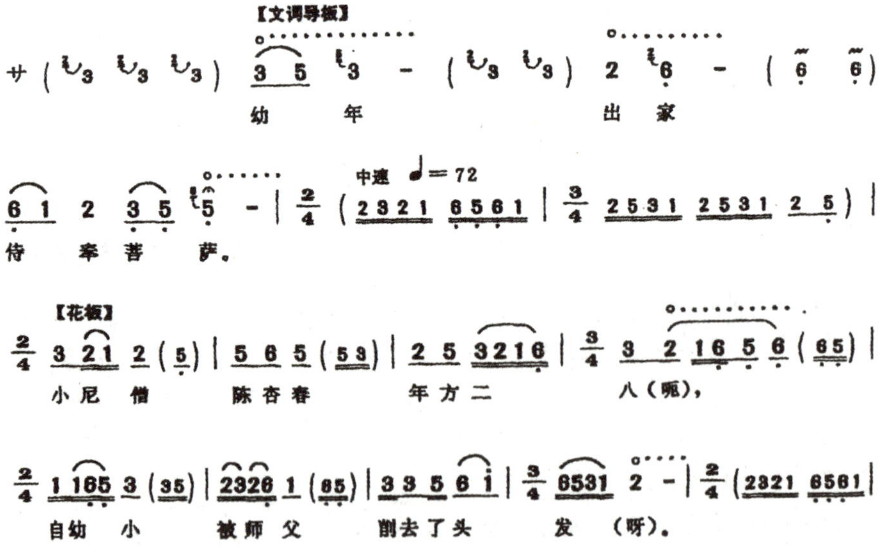

【文词导板】

艹 (3 3 3) 3 5 3 - (3 3) 2 6 - (6 6)

幼 年 出 家

6 1 2 3 5 5 - | 中速 ♩=72 2/4 (2321 6561 | 3/4 2531 2531 2 5) |

侍 奉 菩 萨。

【花板】

2/4 3 21 2 (5) | 5 6 5 (53) | 2 5 3216 | 3/4 3 2 16 5 6 (65) |

小尼僧 陈杏春 年方二 八（呃），

2/4 1 165 3 (35) | 2326 1 (65) | 3 3 5 6 1 | 3/4 6531 2 - | 2/4 (2321 6561 |

自幼 小 被师 父 削去了头 发（呀）。

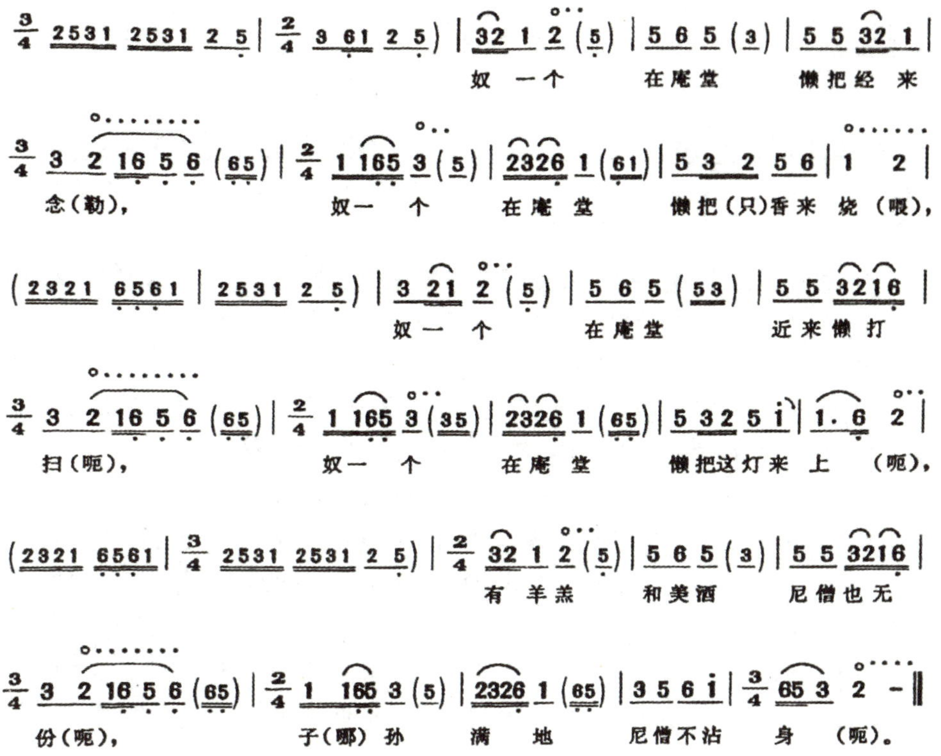

3/4 2531 2531 2 5 | 2/4 3 61 2 5) | 32 1 2 (5) | 5 6 5 (3) | 5 5 32 1 |

奴 一个 在庵堂 懒把经 来

3/4 3 2 16 5 6 (65) | 2/4 1 165 3 (5) | 2326 1 (61) | 5 3 2 5 6 | 1 2 |

念(勒), 奴一 个 在庵 堂 懒把(只)香来 烧(喔),

(2321 6561 | 2531 2 5) | 3 21 2 (5) | 5 6 5 (53) | 5 5 3216 |

奴一 个 在庵堂 近来懒打

3/4 3 2 16 5 6 (65) | 2/4 1 165 3 (35) | 2326 1 (65) | 5 3 2 5 i | 1. 6 2 |

扫(呃), 奴一 个 在庵 堂 懒把这灯来 上 (呃),

(2321 6561 | 3/4 2531 2531 2 5) | 2/4 32 1 2 (5) | 5 6 5 (3) | 5 5 3216 |

有 羊羔 和美酒 尼僧也无

3/4 3 2 16 5 6 (65) | 2/4 1 165 3 (5) | 2326 1 (65) | 3 5 6 i | 3/4 65 3 2 - ‖

份(呃), 子(哪)孙 满 地 尼僧不沾 身 (呃)。

据1994年都昌县文化馆的采风录音记谱。

文词男腔快板

1 = F （选自《尼姑下山》和尚［丑］唱段）

段兴椿演唱
陈发科
袁其昌记谱

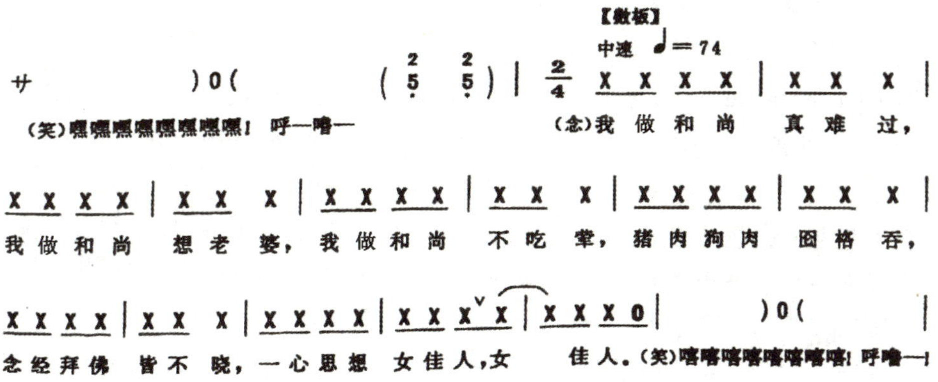

【数板】
中速 ♩= 74

サ)0((2/5 2/5) | 2/4 X X X X | X X X |

(笑)嘿嘿嘿嘿嘿嘿嘿嘿! 呼—噜— (念)我 做 和 尚 真 难 过,

X X X X | X X X | X X X X | X X X | X X X X | X X X |

我 做 和 尚 想 老 婆, 我 做 和 尚 不 吃 荤, 猪 肉 狗 肉 囫 格 吞,

X X X X | X X X | X X X X | X X X X | X X X 0 |)0(|

念 经 拜 佛 皆 不 晓, 一 心 思 想 女 佳 人, 女 佳 人。(笑)嘻嘻嘻嘻嘻嘻嘻嘻! 呼噜—!

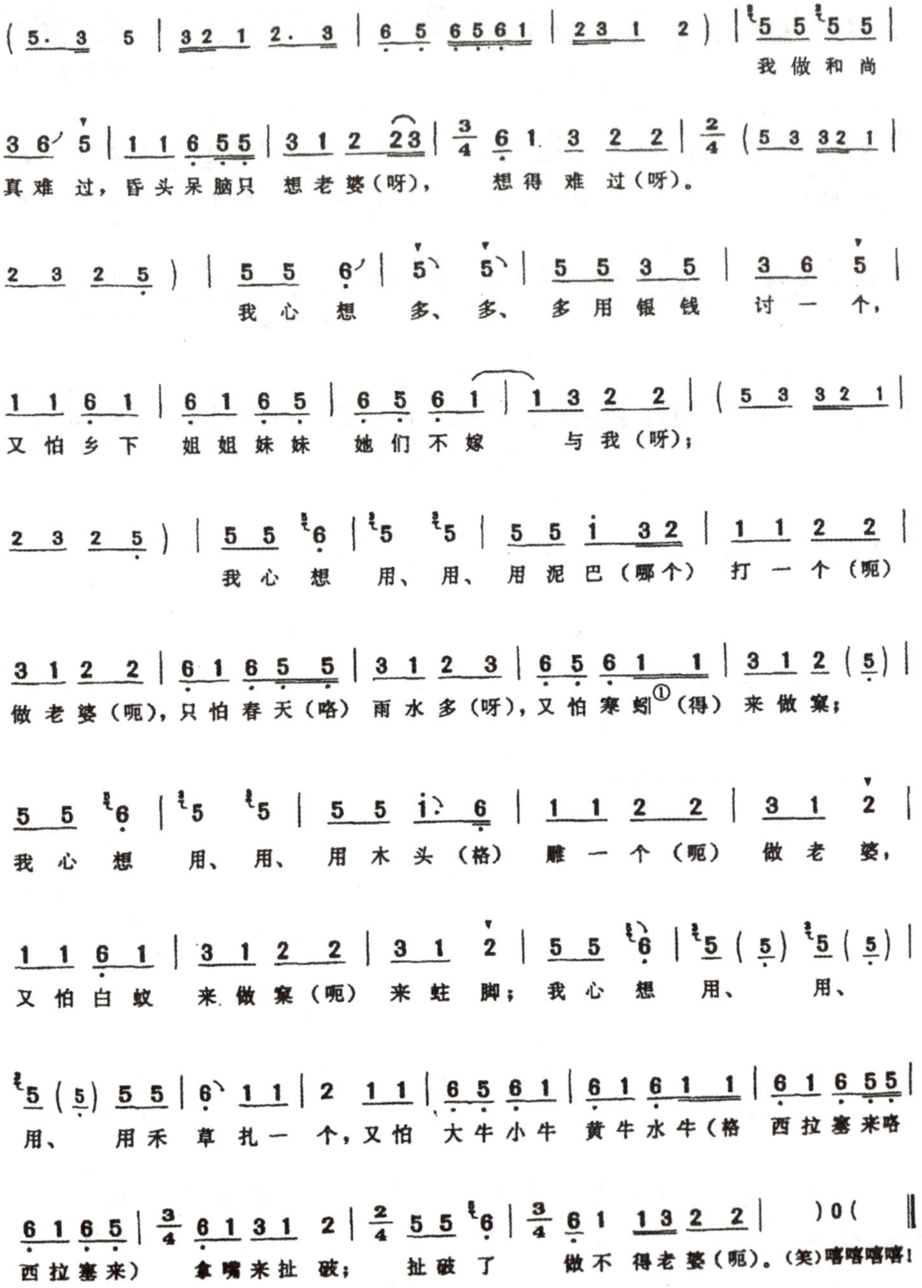

(5. 3 5 | 32 1 2. 3 | 6 5 6561 | 23 1 2) | 5 5 5 5 |

我做和尚

3 6 5 | 1 1 6 55 | 3 1 2 23 | 3/4 6 1 3 2 2 | 2/4 (5 3 321 |

真难过，昏头呆脑只想老婆（呀），想得难过（呀）。

2 3 2 5) | 5 5 6 | 5 5 | 5 5 3 5 | 3 6 5 |

我心想多、多、多用银钱讨一个，

1 1 6 1 | 6 1 6 5 | 6 5 6 1 | 1 3 2 2 | (5 3 321 |

又怕乡下姐姐妹妹她们不嫁与我（呀）；

2 3 2 5) | 5 5 6 | 5 5 | 5 5 i 32 | 1 1 2 2 |

我心想用、用、用泥巴（哪个）打一个（呃）

3 1 2 2 | 6 1 6 5 5 | 3 1 2 3 | 6 5 6 1 1 | 3 1 2 (5) |

做老婆（呃），只怕春天（咯）雨水多（呀），又怕寒蚓[1]（得）来做窠；

5 5 6 | 5 5 | 5 5 i 6 | 1 1 2 2 | 3 1 2 |

我心想用、用、用木头（格）雕一个（呃）做老婆，

1 1 6 1 | 3 1 2 2 | 3 1 2 | 5 5 6 | 5 (5) 5 (5) |

又怕白蚁来做窠（呃）来蛀脚；我心想用、用、

5 (5) 5 5 | 6 1 1 | 2 1 1 | 6 5 6 1 | 6 1 6 1 1 | 6 1 6 55 |

用、用禾草扎一个，又怕大牛小牛黄牛水牛（格西拉塞来咯

6 1 6 5 | 3/4 6 1 3 1 2 | 2/4 5 5 6 | 3/4 6 1 1 3 2 2 |)0(‖

西拉塞来）拿嘴来扯破；扯破了做不得老婆（呃）。（笑）嘻嘻嘻嘻！

① 寒蚓，即蚯蚓。

据1994年都昌县文化馆的采风录音记谱。

文词女腔快板

1＝F　　（选自《尼姑下山》陈杏春［旦］唱段）　　段兴椿演唱
陈发科记谱

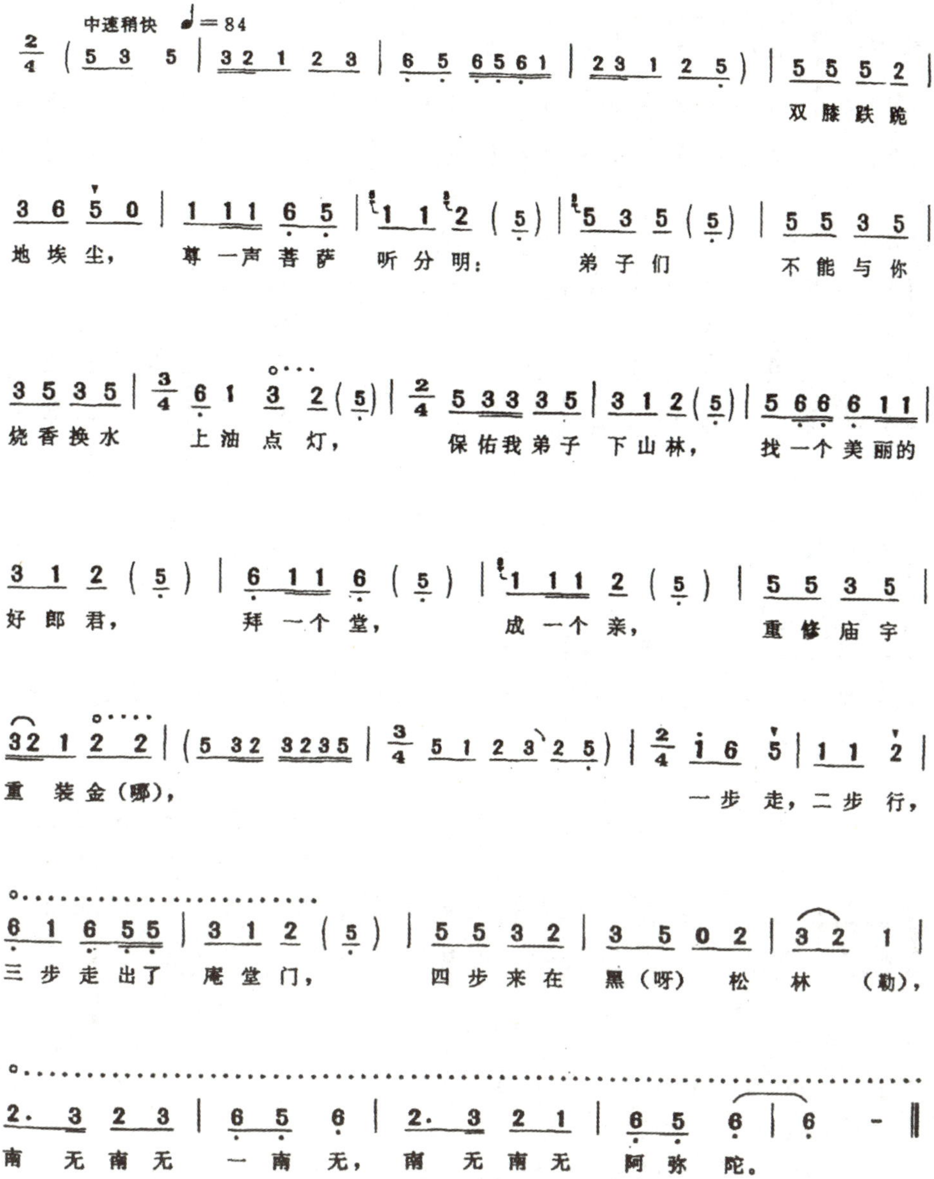

中速稍快 ♩＝84

双膝跌跪

地埃尘，尊一声菩萨听分明：弟子们　不能与你

烧香换水　上油点灯，　保佑我弟子　下山林，　找一个美丽的

好郎君，　拜一个堂，　成一个亲，　重修庙宇

重装金（哪），　一步走，二步行，

三步走出了　庵堂门，　四步来在黑（呀）松林（勒），

南无南无一南无，南无南无阿弥陀。

据1994年都昌县文化馆的采风录音记谱。

南词男腔正板

1＝C （选自《吕洞宾戏牡》白云龙［生］唱段） 段兴椿演唱 陈发科记谱

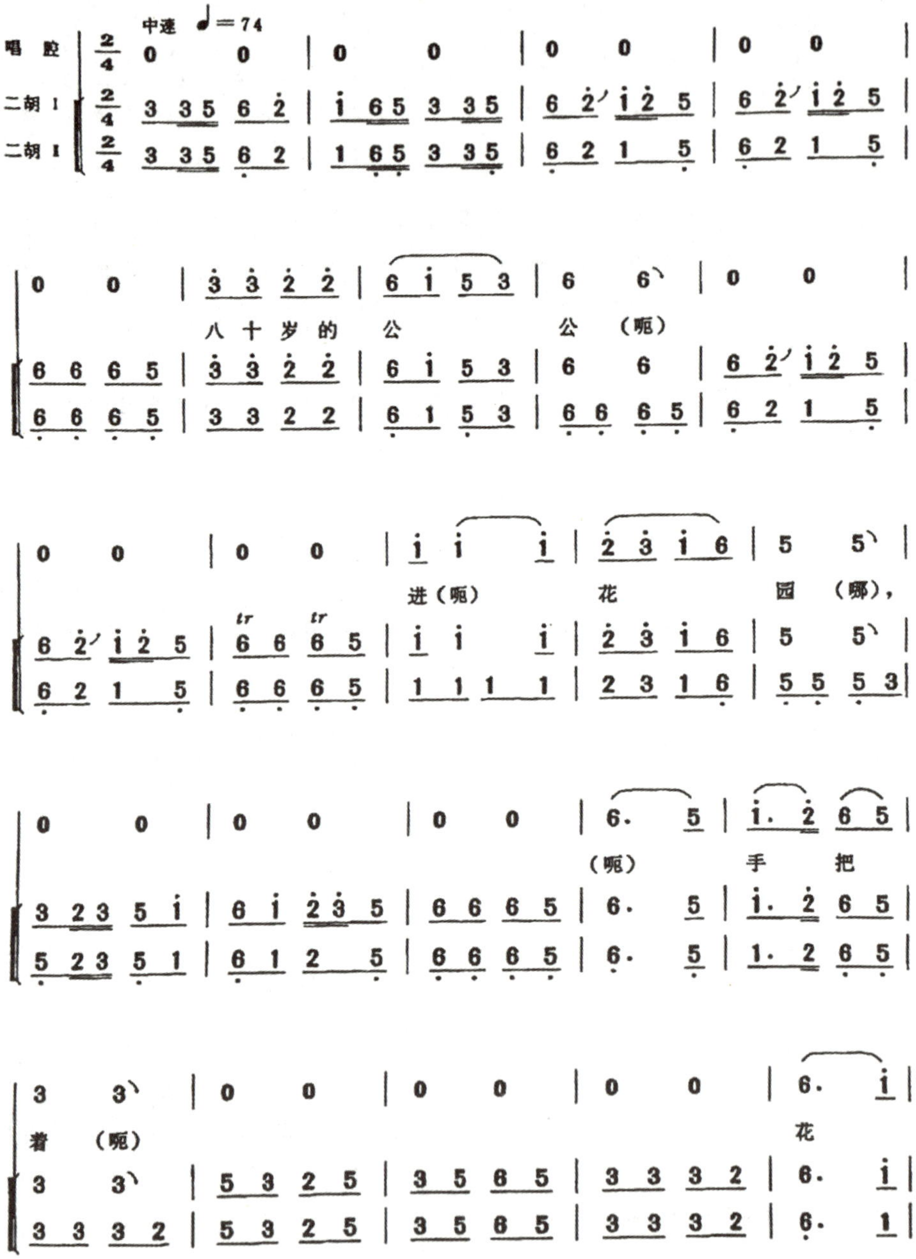

中速 ♩＝74

唱腔 2/4

二胡Ⅰ 2/4

二胡Ⅱ 2/4

八十岁的公 公（呃）

进（呃） 花 园（哪），

（呃） 手 把

着 （呃） 花

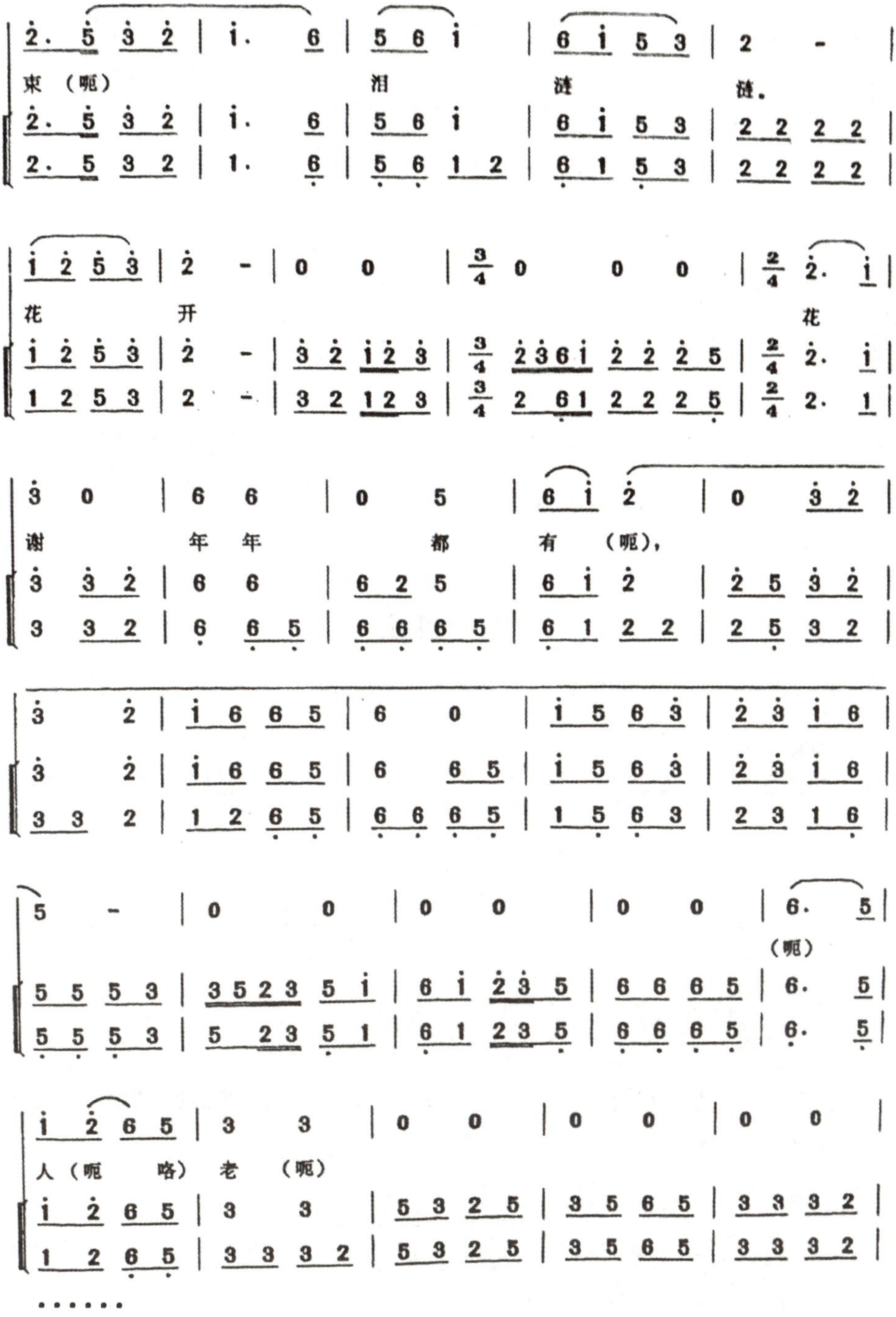

2. 5 3 2 | 1. 6 | 5 6 1 | 6 1 5 3 | 2 - |
束（呃） 泪 涟 涟。
2. 5 3 2 | 1. 6 | 5 6 1 | 6 1 5 3 | 2 2 2 2 |
2. 5 3 2 | 1. 6 | 5 6 1 2 | 6 1 5 3 | 2 2 2 2 |

1 2 5 3 | 2 - | 0 0 | 3/4 0 0 0 | 2/4 2. 1 |
花 开 花
1 2 5 3 | 2 - | 3 2 1 2 3 | 3/4 2361 2 2 2 5 | 2/4 2. 1 |
1 2 5 3 | 2 - | 3 2 1 2 3 | 3/4 2 61 2 2 2 5 | 2/4 2. 1 |

3 0 | 6 6 | 0 5 | 6 1 2 | 0 3 2 |
谢 年 年 都 有 （呃），
3 3 2 | 6 6 | 6 2 5 | 6 1 2 | 2 5 3 2 |
3 3 2 | 6 6 5 | 6 6 6 5 | 6 1 2 2 | 2 5 3 2 |

3 2 | 1 6 6 5 | 6 0 | 1 5 6 3 | 2 3 1 6 |
3 2 | 1 6 6 5 | 6 6 5 | 1 5 6 3 | 2 3 1 6 |
3 3 2 | 1 2 6 5 | 6 6 6 5 | 1 5 6 3 | 2 3 1 6 |

5 - | 0 0 | 0 0 | 0 0 | 6. 5 |
（呃）
5 5 5 3 | 3523 5 1 | 6 1 2 3 5 | 6 6 6 5 | 6. 5 |
5 5 5 3 | 5 23 5 1 | 6 1 2 3 5 | 6 6 6 5 | 6. 5 |

1 2 6 5 | 3 3 | 0 0 | 0 0 | 0 0 |
人（呃 咯）老 （呃）
1 2 6 5 | 3 3 | 5 3 2 5 | 3 5 6 5 | 3 3 3 2 |
1 2 6 5 | 3 3 3 2 | 5 3 2 5 | 3 5 6 5 | 3 3 3 2 |

……

| 0 0 | 0 0 | 6 6 i | 2 5 3 2 | i - |
四 乡 人 (呃)
| 3 5 6 5 | 3 3 3 2 | 6 6 i | 2 5 3 2 | i - |
| 3 5 6 5 | 3 3 3 2 | 6 6 1 | 2 5 3 2 | 1 - |

| 5 6 i | 6 i 5 3 | 2 2 | 3 5 6 i | 5 - ‖
到 来 临 (呃)。
| 5 6 i | 6 i 5 3 | 2 2 | 3 5 6 i | 5 - ‖
| 5 6 1 1 | 6 1 5 3 | 2 2 | 3 5 6 i | 5 - ‖

据1994年都昌县文化馆的采风录音记谱。

南词女腔正板

1＝C （选自《吕洞宾戏社》白牡丹［旦］唱段） 段兴椿演唱 陈发科记谱

中速 ♩＝76

2/4 (3 35 6 2 | i.265 3235 | 6 2 i2 5 | 6 2 i.235 | 6 6 6 5) |

3 2 i | 6 i 5 | 6. (5 | 6 2 i2 5 | 3/4 6 2 i2 5 6 2) |
丫 鬟 带 路

2/4 i i 6 | i 23 2i 6 | 5 5 | (3 23 5 i | 6 i 23 5 | 6 6 6 5) |
往(呃) 前 行（哪），

6. i | 3 3 5 | 6 i 5 3 | 2 - | (3 2 3 6 | 5 5 3) |
（呃） 我 去 到 （咯） 二（呃） 堂

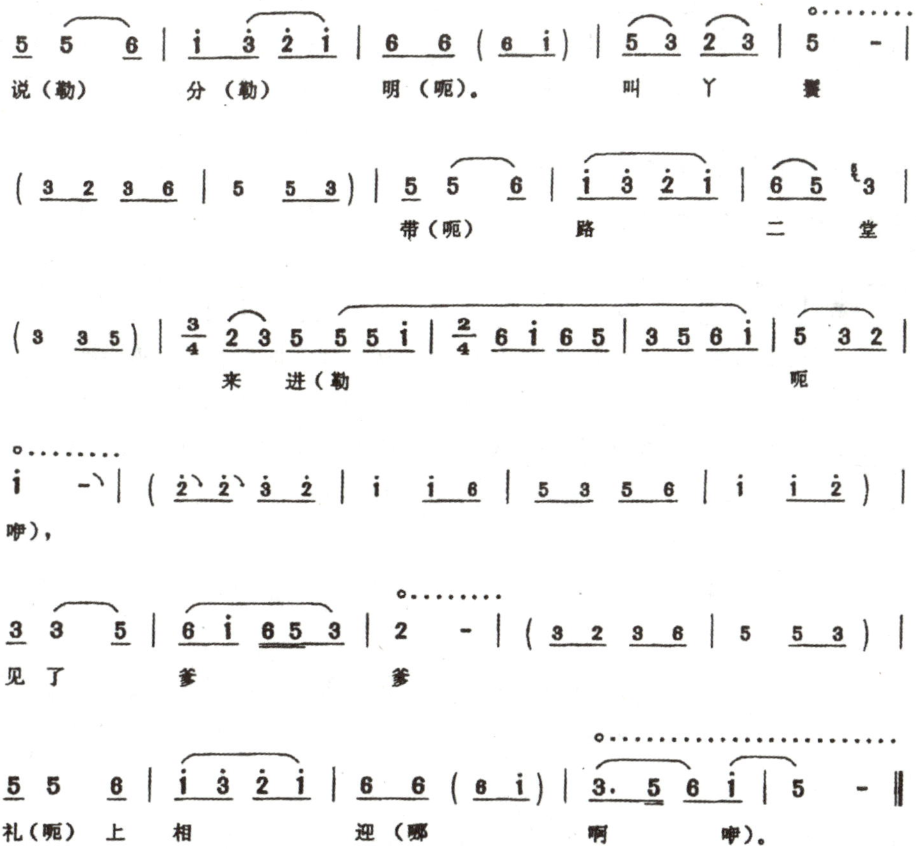

说（勒）分（勒）明（呃）。叫丫鬟

带（呃）路二堂

来进（勒 呃

咿），

见了爹爹

礼（呃）上相迎（哪 啊 咿）。

据1994年都昌县文化馆的采风录音记谱。

南词对板

1＝C

（选自《吕洞宾戏牡》吕洞宾［生］白牡丹［旦］唱段）

段兴椿演唱
陈发科、袁其昌记谱

中速 ♩＝82

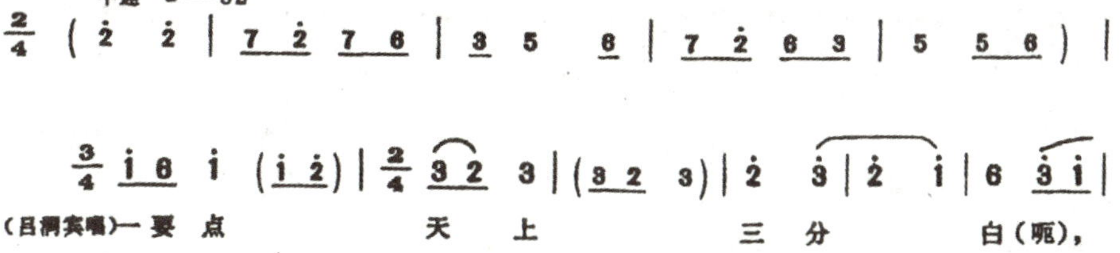

（吕洞宾唱）一要点天上三分白（呃），

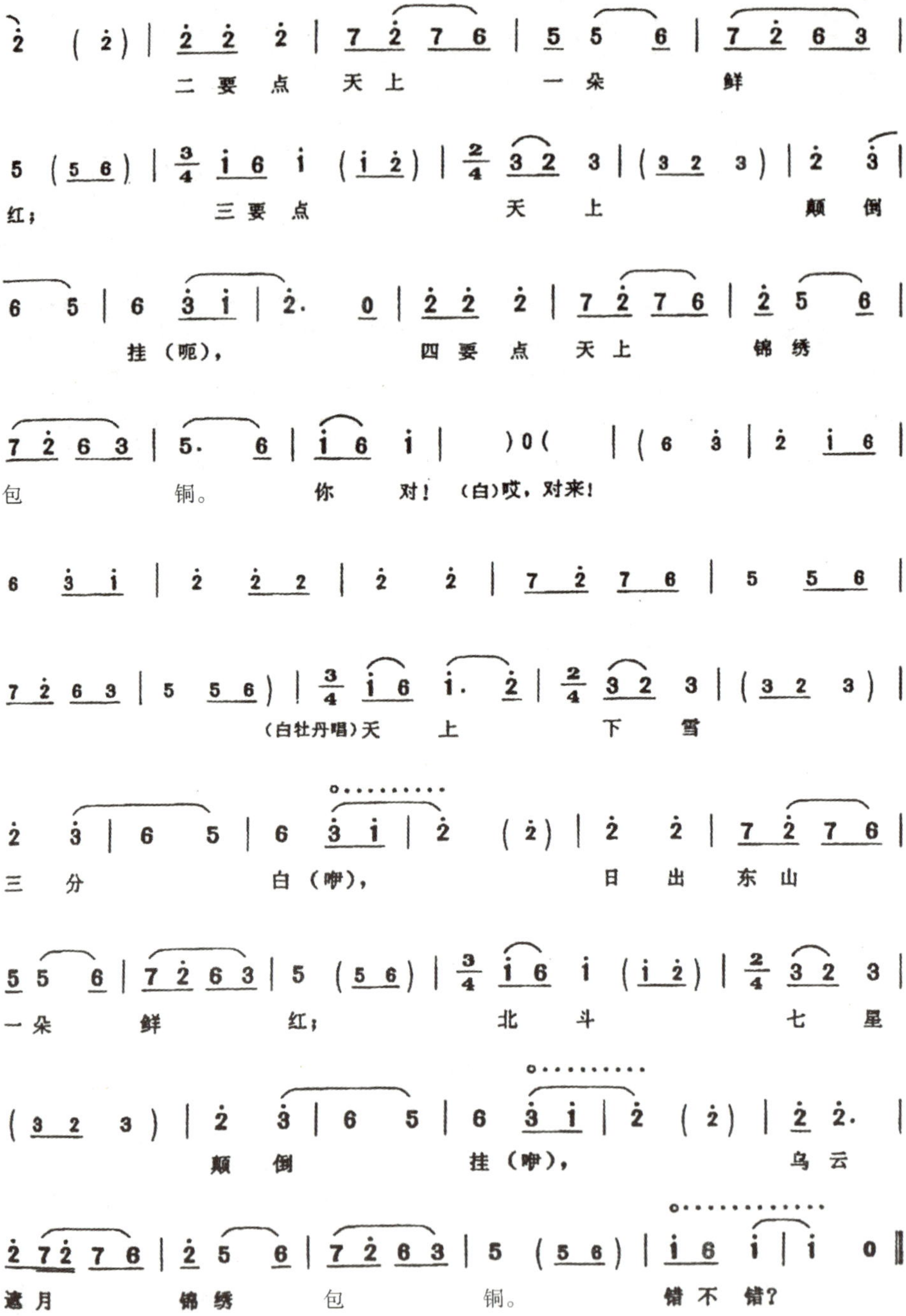

二要点天上一朵鲜

红；三要点天上颠倒

挂（呃），四要点天上锦绣

包铜。你对！（白）哎，对来！

（白牡丹唱）天上下雪

三分白（咿），日出东山

一朵鲜红；北斗七星

颠倒挂（咿），乌云

遮月锦绣包铜。错不错？

据1994年都昌县文化馆的采风录音记谱。

北　　词

（选自《吕洞宾戏牡》吕洞宾［生］唱段）

段兴棒演唱
陈发科
袁其昌 记谱

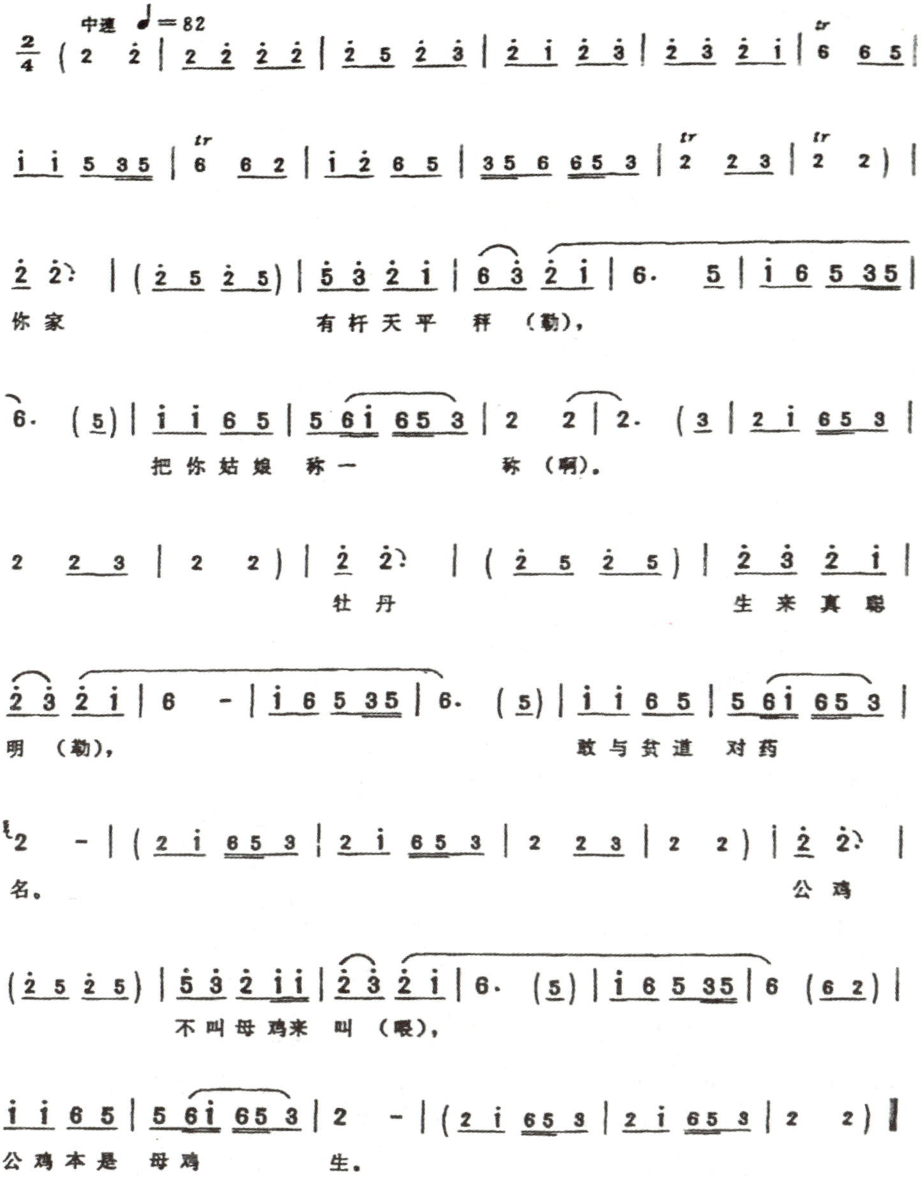

1＝C

2/4　中速 ♩＝82

你家有杆天平秤（勒），
把你姑娘称一称（啊）。
牡丹生来真聪明（勒），
敢与贫道对药名。
公鸡不叫母鸡来叫（哏），
公鸡本是母鸡生。

据1994年都昌县文化馆的采风录音记谱。

四音南词*

（选自《活捉三郎》阎婆惜［旦］唱段）

1＝C

徐银泉演唱
姜精良记谱

中速稍快 ♩＝84

三魂渺（哎）渺
归地府，
（呀）七魄茫茫
走阴曹，
走阴曹。恨宋江不该
将我杀害，
我要到书（呀）房
活捉三郎。

---

* 此唱段全部用假嗓演唱。

据1994年都昌县文化馆的采风录音记谱。

文词导板转秋江调

1＝G　　（选自《秋江》陈妙常［旦］唱段）　　朱毛仔演唱　陈发科记谱

中速 ♩＝72

4/4 (33. 3 6 61 2532 | 1.235 2176 5 -) | 【文词导板】2 5 3212 3 - | 2 5 3216 2 - |

闷坐南（呃）楼，道姑忧（呃）愁

2 1 2 6 0 | 6 1 6 5 - | 2/4 (5653 23 1 | 6516 32 1 | 6326 1 16) |

（哎）。

【秋江调】

3 21 2 3 | 5 6 5 3 | 2356 3216 | 3 2 16 5 | 6 (1651 | 6. 5 6 6) |

陈妙常（呀）坐南楼　前思并后　想（呃），

1 1 12 3 (5) | 5 1 6 1. 1 | 5 5 6 | 1 3 2 | (5635 23 1 | 6516 32 1 |

想（呃）起了　潘必　正（是）无义　才郎（呃）。

6326 1 61) | 1 1 2 (23) | 5 61 5 3. | 2 3 5 6 3216 | 3 2 16 5 |

牡丹花　未曾　开（呃）先被你（咯）潘郎　采（耶），

6 (1651 | 6. 5 6 6) | 1 12 3 3 | 2 2 35 1 | 5 5 6 | 1 3 2 ‖

半路　上（呃）抛撇奴　家　该不　该（呃）？

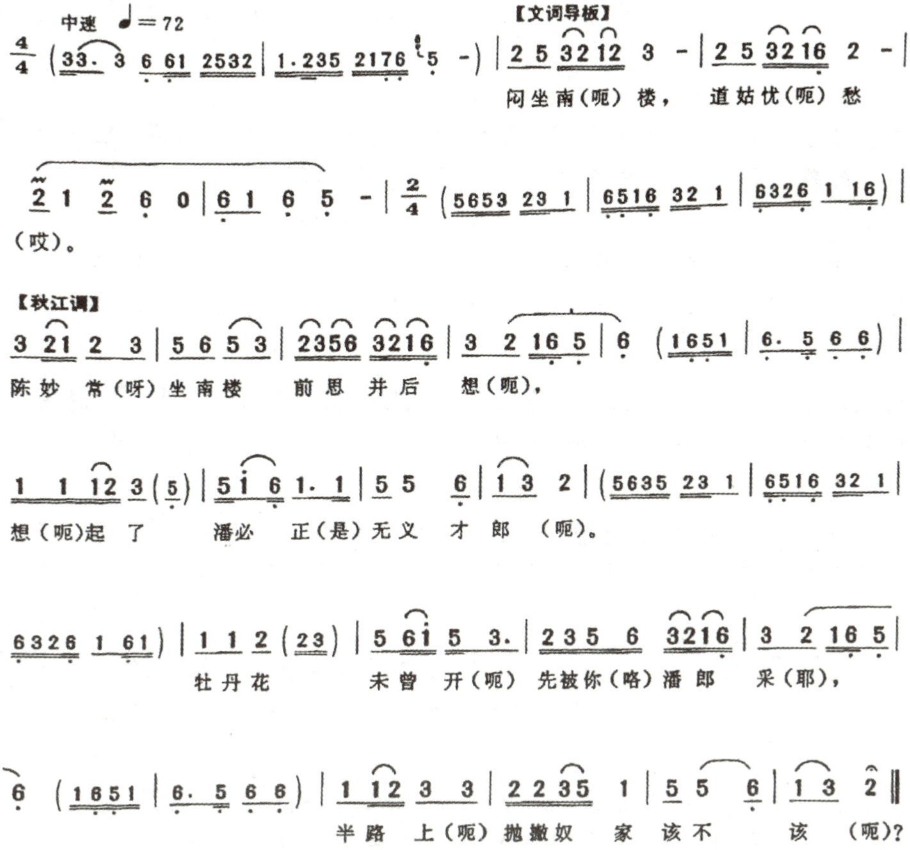

据1994年都昌县文化馆的采风录音记谱。

浪里调*

1＝G　　（选自《秋江》老艄公［丑］唱段）　　朱毛仔演唱　陈发科记谱

中速 ♩＝72

2/4 (5635 23 1 | 6516 3216 | 6326 1 6) | 5 56 5 3 | 5 3 2 2 |

小小　渔船　一孤舟（呃），

(6561 2 5) | 6 5 6 1 | 6 3 2·2 | 5553 2 2 |
小小渔船 浪里游（呃 得儿龙冬游呃

6561 2 2 | X XX X XX | X XX X | 6 61 6 11 |
嘻嘻哈哈游呃）。网到了大鱼就 街上去卖，网到了小鱼就

3331 2 | 5553 2 2 | 6561 2 2 | X X X XX |
二人沽美酒（得儿龙冬游呃，嘻嘻哈哈游呃）。前头下了个

X· X X | 6 1 6 1 | 5 3 3 2 | 5553 2 2 |
金丝网，后面下了 钓鱼的钩（得儿龙冬游呃，

6161 2 | X· X X XX | XXXX X | 1 1 5 35 |
嘻嘻哈哈游）。螺蛳蚌壳就 滚你妈的蛋，金丝鲤鱼

6161 2 | 5553 2 2 | 6161 2 | XXXX X |
上了老汉钩（得儿龙冬游呃 嘻嘻哈哈游）。闲来又无事，

2 22 2 35 | 1 1 2 | XXXX X | 6161 2 |
二艄公饮酒 在船头，伢儿吃一盏，老汉吃一斗，

X X XXX | 222 2 35 | 2 5 3212 | 3 3 (3 3) |
"抢手!""五金魁!"二艄公饮酒 抬头来观 看（哪），

2 23 3212 | 3 0 2223 | 2161 3 3 |)0(|
就见那外湖 上，来了一只 蛮大的钩（呃），（陈妙常白）是道姑姑哟！

渐慢

)0(| 2 5 3 2 | 1 - ‖
（老艄公白）噢，原来是道姑姑哟！ （唱）（哎）！

* 此唱段紧接〔文词导板〕转〔秋江调〕之后。

据1994年都昌县文化馆的采风录音记谱。

满　江　红

（选自《吕洞宾戏牡》白牡丹［旦］吕洞宾［生］唱段）

朱毛仔演唱
陈发科记谱

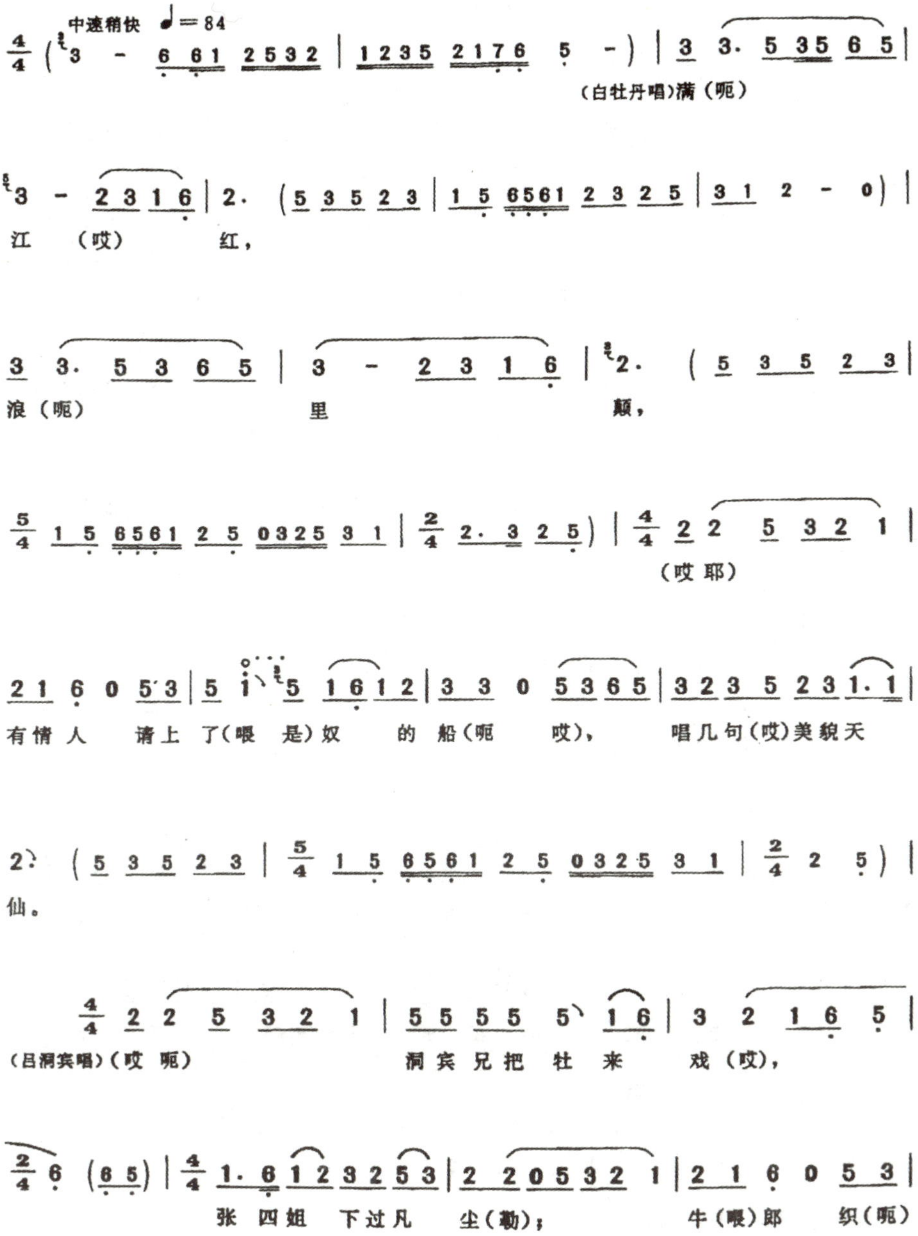

1 = F

4/4 中速稍快 ♩= 84

(3 - 6 61 2532 | 1235 2176 5 -) | 3 3. 535 65 |

（白牡丹唱）满（呃）

3 - 2316 | 2. (5 3 5 2 3 | 1 5 6561 2 3 2 5 | 3 1 2 - 0) |

江　（哎）　红，

3 3. 5 3 6 5 | 3 - 2 3 1 6 | 2. (5 3 5 2 3 |

浪（呃）　里　颠，

5/4 1 5 6561 2 5 0325 3 1 | 2/4 2. 3 2 5) | 4/4 2 2 5 3 2 1 |

（哎 耶）

2 1 6 0 5 3 | 5 i 5 1612 | 3 3 0 5365 | 323 5 23 1. 1 |

有情人　请上了（喂　是）奴　的船（呃　哎），　唱几句（哎）美貌天

2 (5 3 5 2 3 | 5/4 1 5 6561 2 5 0325 3 1 | 2/4 2 5) |

仙。

4/4 2 2 5 3 2 1 | 5 5 5 5 5 1 6 | 3 2 1 6 5 |

（吕洞宾唱）（哎　呃）　洞宾兄把牡来　戏（哎），

2/4 6 (6 5) | 4/4 1. 6 1 2 3 2 5 3 | 2 2 0 5 3 2 1 | 2 1 6 0 5 3 |

张　四姐　下过凡　尘（勒）；　牛（喂）郎　织（呃）

5 5 1̇ 1 6 1 2 | 3 0 5 3 6 5 | 0 3 2 3. 2 3 1 1

女（呃 是）年 年 来 相 会 （哎）， 楚 襄 王 夜 梦 巫 山

2 (5 3 5 2 3 | 5/4 1 5 6561 2 5 0325 3 1 | 2/4 2. 3 2 5)

眠。

……

4/4 2 2 5 3 2 1 | 5 5 5 5 3 2 1 1 | 5 2 1 6 5 |

（白牡丹唱）（哎 呃） 蜜 蜂 只 把 花 心 来 采（哎），

2/4 6 (6 5) | 4/4 1 1 2 3 2 5 3 | 2 2 0 5 3 2 1 |

花 开 （是）满 园 香（哎），

2 1 6 0 5 3 | 5 5 1̇ 1 6 1 2 | 3 - 5 3 6 5 |

蝴 蝶 儿 飞 来 飞 去 （是）花 心 间 （哎），

3 2 3 5 3 2 1 | 2 (5 3 5 2 3 | 5/4 1 5 6561 2 5 0325 3 1 |

郎 要 采 花 等 到 来 年。

2/4 2. 3 2 5) | 4/4 2 2 5 3 2 1 | 5 5 5 5 3 2 1 6 |

（吕洞宾唱）（哎 呃） 光 阴 似 箭 催 人

5 2 1 6 5 | 2/4 6 (6 5) | 4/4 1 6 1 2 3 2 5 3 | 2 2 5 3 2 1 |

老（哎）， 千 金 难 买 美 少 年（呃），

6 5 6 (7 6 7) | 3/4 2 2 7 6 5 | 4/4 2 2 (7 6 7) |

千 里 姻 缘 似 线 牵（呃），

7 6 2 7 6 7 2 | 7 6 5 6 - | 3 2 3 0 3. 3 3 3. |

（呃） 月 到 十 五 就 会 团 圆，（白牡丹 吕洞宾 同唱）千 里 姻 缘 似线

5 6 5 - | 渐慢 3 2 3 5 2 3 1 6 | 2 - - - ‖

牵 （勒）， 月 到 十 五 就 会 团 圆。

据1994年都昌县文化馆的采风录音记谱。

(5)剧目

《秋江》《玉堂春》《潘金莲》《白蛇传》《出龙阁》《回龙阁》《大登殿》《斩黄袍》《碧玉带》《红丝错》《莺歌记》《梅龙镇》《僧尼会》《珍珠衫》《蔡金花》《大放牛》《小放牛》《满堂福》《三击掌》《荞麦记》《错进洞房》《三司会审》《宋江杀惜》《活捉三郎》《状元游街》《马三借衣》《传说拜相》《关王庙会》《尼姑下山》《吕洞宾戏牡》《苏文表借衣》《刘文英中状元》,抗日战争期间有《花子拾金》《打倒东洋兵》等。

(6)剧本、剧照

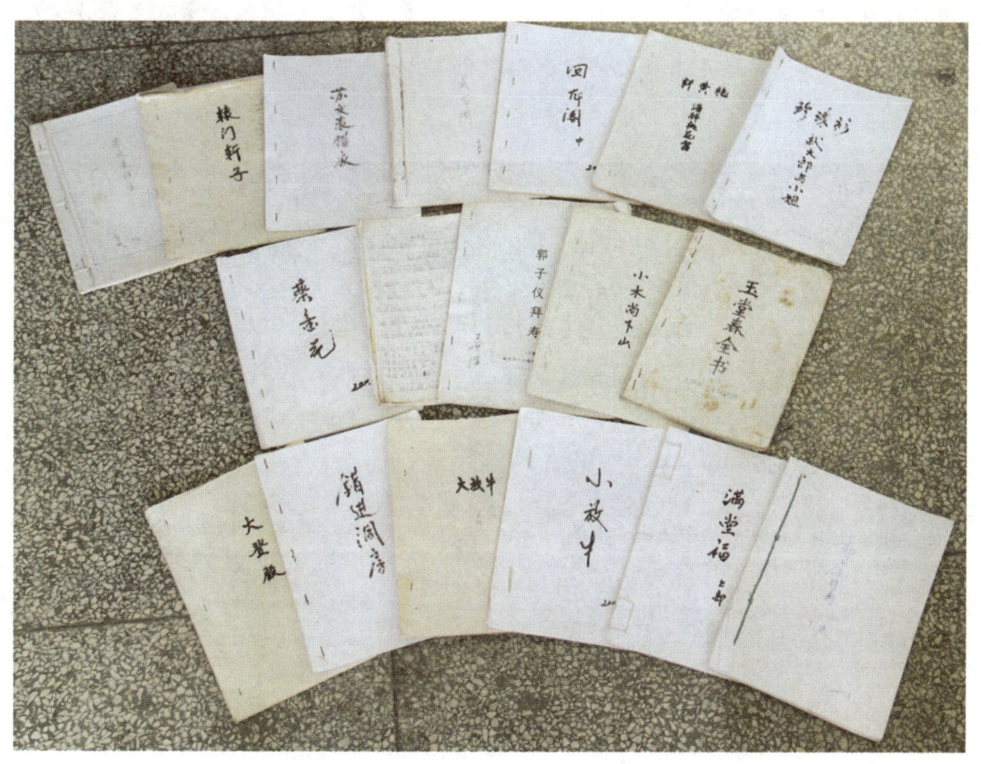

图1-6 银芳业余文词戏剧团演出剧本(余坚 摄 2017年10月)

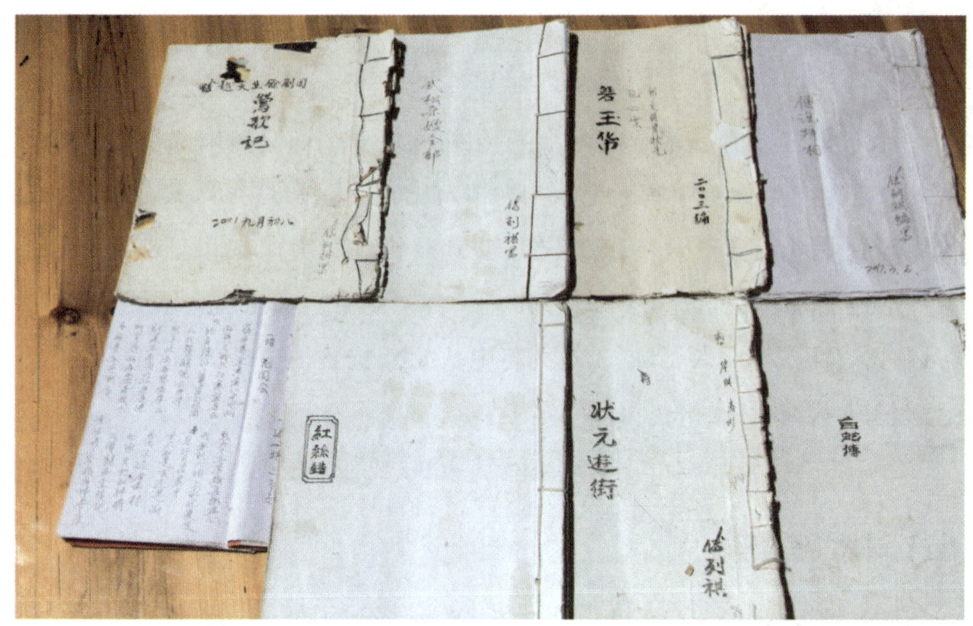

图 1－7　傅超灵业余文词戏剧团演出剧本(余坚　摄　2017 年 9 月)

图 1－8　2013 年九江市首届艺术节，大沙镇银芳业余文词戏团演出《三击掌》。(汪志勇　摄)

图 1－9　2017 年九江市“非遗”戏曲精品新作大展演，都昌左里镇业余文词戏团演出《荞麦记》。（汪志勇　摄）

3. 都昌采茶戏

(1)都昌采茶戏概述

《都昌县戏曲志》载:元末明初,都昌本地普遍流传一种“采茶歌戏”,又称为“灯戏”,不唱堂子,也不登台演出,只在元宵节随灯彩走村串户演出,又称为“踩地戏”,延续三百余年。

清代中期,因鄂、皖灾民流入,湖北的采茶戏传入,都昌的“采茶歌戏”得以南北融合,形成了独具都昌特色的采茶戏。所演唱的曲调大多是民间小调、民歌等。始初,演出节目短小,没有一定的故事情节,一般是当地的民间趣事。表演形式开始为“一旦一丑”或“二旦一丑”,旦主唱,丑插科打诨,走村串户“踩地戏”,称“三角班”。

至民国初年,都昌采茶戏发展兴盛,“生、旦、净、末、丑”五行齐全,出现了正规剧本,开始登台演出,成为真正的地方戏种。剧本题材多为爱情故事、断案审疑、生活趣闻等,深受民众喜爱。采茶戏与都昌文词戏并称为都昌两姊妹地方戏。

1930 年,名旦江腊梅与名丑段会日,合并刘瑶生(生)、段四得(旦)、但妹(旦)等组建采茶戏班,影响渐大,在景德镇唱红各“堂子”。后在都昌会馆开设戏棚,得到了广大都昌籍瓷业工人的捐助。后由徐银泉兄弟加盟,戏班进一步扩大。中华人民共和国成立初期,景德镇采茶戏剧团就是在这个戏班的基础上组建的。

都昌采茶戏出过大量名伶,从民国至二十世纪八十年代有:徐银泉(旦)、徐

金泉（二花）、徐杏泉（武生）、周百喜（大丑）、徐寿亭（正生）、王卖牛（小生）、江腊梅（旦）、段会日（丑）、刘瑶生（生）、舒传西（旦）等。

（2）唱腔简介

采茶戏曲分南河、北河两个流派，都昌采茶戏属南河派，唱腔有平板、正板、火工、二流、抠字、垛子、花腔、汉腔、杂腔、金鸡吊等类式。

用于叙事类的唱腔绵柔悠长，乐段反复；表现生活趣味的唱腔，诙谐幽默。

（3）剧本《山伯访友》选段

祝英台：（唱）梁兄哥来路远客堂打坐，
提起了杭州事话却不多。
尊母命上绣楼挑花绣朵，
杨氏嫂上绣楼观看针脚。
绣芙蓉和牡丹一概不错，
凤凰鸟少三针这却为何？
杨氏嫂彼时间将针接过，
凤凰鸟加三针好看几多。
小弟弟见嫂嫂彼时起火，
现结下三针线誓与绫罗。
这绫罗不窖在别方所处，
窖只在后花园牡丹之脚。
我要是下杭州有甚差错，
这绫罗见英台烂成泥河。

我要是下杭州无有差错，
这绫罗见英台鲜艳更多。
手捧罗裙客堂走过，
二爹娘见英台喜笑呵呵。
清早起头不梳足也懒裹，
一心思下杭州去把书磨。
人心女扮作了书童一个，
你小弟扮秀才好像大哥。
一马儿来只在长亭上过，
长亭上遇好友山伯大哥。
梁兄哥表家乡三阳县上，
你小弟表家乡祝家庄上。
论派行名叫九娘，
叙起来亲还不亲，哥啊！

（4）曲谱

张宝童送茶

1=C $\frac{2}{4}$ 都昌采茶

中速

5 5 5 | 6 5 | 3 - | 3 0 | 2 2 2 | 2 5 3 |
1.春（哪）风 一 （呀） 起 秋 水（也）

3 2 1 | 6 1 | 3 2 1 | 5 - | 5 0 | 5 5 |
落 河。 二 八

6 5 3 | 3 5 | 1 1 6 | 5 6 3 | 2 3 2 3 | 5 - |
女 （哟） 坐 上 房（是）心 事 更 多。

5 0 ‖: 3 5 6 1 | 5 3 | 0 3 5 | 6 1 5 | 5 3 2 3 |
1.怎（呐）不（喔） 记 （哟） 三（呐） 月 三 母（哏）女（也）
（5 | 1 16）
2.宝 童 哥 （哟） 生 得 好（哏） 面 无（也）
3.奴 心 想 （哦） 与 大 哥（呀）红 罗（也）
4.这 茶 盘 （呐） 好 一 似（哟）穿 针（呐）

2 3 5 | 0 3 5 | 6 1 5 1 | 5 6 5 3 | 3 0 3 | 5 6 3 |
1.两 个， 在 桑 园（哪）收 来 了 （是）宝 童
2.一（呀）破， 赛 过 了 南 海 庙 （是）一 尊
3.共 帐， 但 不 知（呀）宝 童 哥 （是）心 事
4.引 线， 这 茶 盘（呐）好 一 似 （是）带 马

2 3 2 3 | 5 - | 5 0 :‖ 3 3 5 | 6 1 5 | 0 6 |
1.大 哥。
2.佛 罗。
3.如 何。 回 头 来 将 茶 盘 办
（5 5）
4.媒（哟） 婆。 手 捧 茶 盘 将 门

5 3 | 3 2 1 | 3 2 1 | 5 - | 5 0 | 3· 5 |
3.过 呵 嗬 嗡， 这 茶
4.行 过 呵 嗬 哎， 走 过

6 3 2 | 2 5 | 6 1 6 1 | 5 6 3 | 2 3 2 3 | 5 - |
3.盘 （呐） 办 得 好（是）喜 笑 呵罗 呵。
4.了 （喔）

5 0 :‖ 5 1 | 1 6 5 | 6 1 5 | 3 0 | 3 5 6 1 |
4.三 里 （也） 桃 花（哟）店 呐， 行 过

6 1 6 1 | 3· 2 | 3· 5 | 6 3 2 3 | 5 - | 5 0 |
了 五（呃） 里 （是）杏 （哎）花 村，

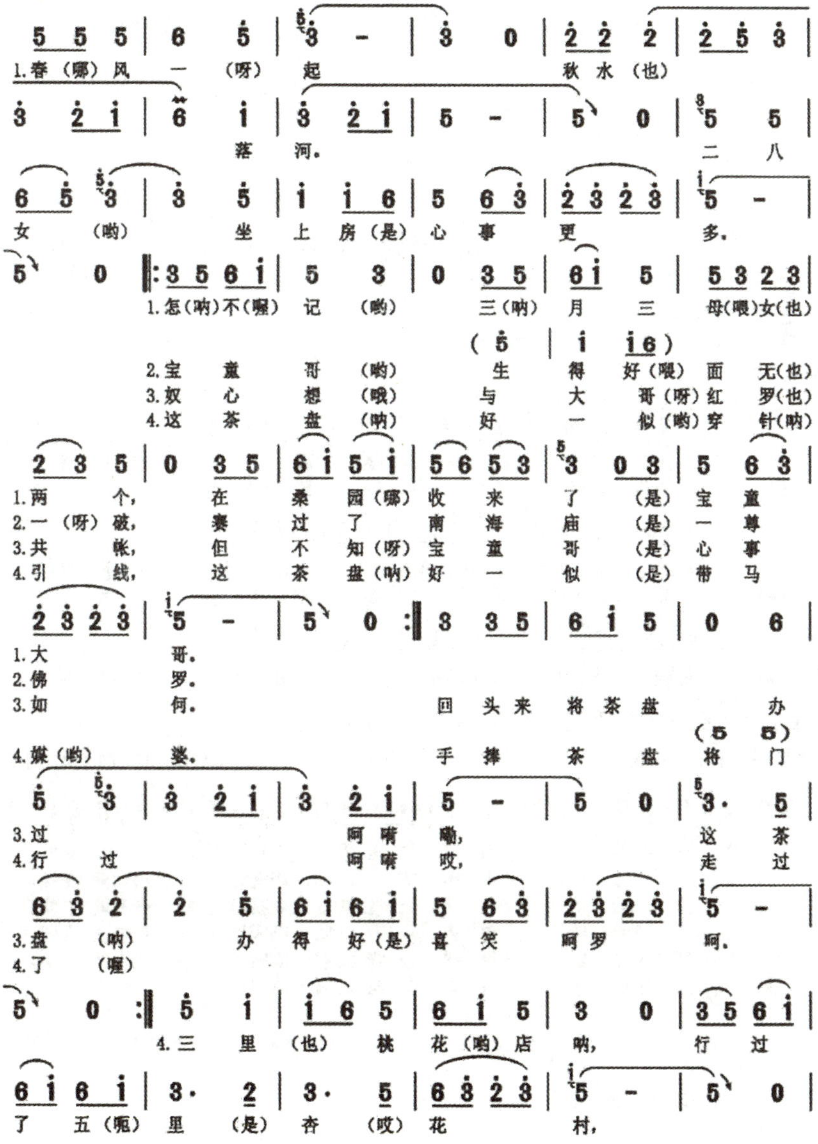

3 5 6 i | 5· 3 | 0 5 | 6 i 6 i | 5 5 6 | 2· 3 |
行 来 在 (哟) 南 学 门，人 声 叫 应，

0 3 5 | 6 i 5 | 5 0 2 | 2 5 3 2 | 3 5 i 6 | 0 0 |
宝 (喂) 童 哥 莫 (哟) 攻 书 (哎) 过 呀，

5 3 2 | 5 3 | 2 i 6 | i 3 | 2 i 5 | 5 3 ‖
妹 到 (哎) 南 学 哎 咳 哎。

(曹英仙 唱 刘章高 记)

夫妻观灯

1=G $\frac{2}{4}$

欢快地

都昌土塘

i i |: i i6 5 5 | 3 31 2 2 | 5 31 2 | 5 5 3 2 |
1.(得 得 得) 你的 妻 呀， 梳 一次 头 哇， 裹 一个 脚， 梳 头 裹 脚
2.(得 得 得) 妈妈 妻①呀， 梳 什么 头 哇， 裹 什么 脚， 糊 里 糊 涂

(5 53 5 3 | 5 56 5 3 | 1 16 1 6 | 1 3 2 2)
3.(得 得) 忸忸 怩怩 走出 来呀，回头 拔上 红绣 鞋呀， 披 着 罗 红
4.(得 得) 妈 妈 妻 呀， 站 堂 前 哪， 看 一看 你， 耍 你 春 风

(5 53 5 3 | 5 56 5 3 | 1 16 1 6 | 1 3 2 2)
5.(得 得) 夫妻 二人 出家 门哪，回头 带上 两扇 门哪， 夫 妻 双 双

(5655 | 3122 | 5535 | 112 | 5650 | 1120 | 1 16 1 6 | 132)
6.急忙走哇，急忙行呀，不觉来在汴梁桥，汴梁桥， 造得好， 玉石 栏杆 两边排，中 间 造 起

5 ^{35}2 | 0 5 2 | 5 32 | 1· 0 | i i | 6·1 6 5 | 335 6 6 | 335 6 6 ‖
人 哪 人 前 过 呀哈 哈， 得 得 依 嗬 依咳 嗬嗬里 咳咳 嗬嗬里 咳咳。
人 哪 人 前 过 呀哈 哈， 得 得 依 嗬 依咳 嗬嗬里 咳咳 嗬嗬里 咳咳。
身 哪 身 下 摆 呀哈 哈， 得 得 依 嗬 依咳 嗬嗬里 咳咳 嗬嗬里 咳咳。
真 哪 真 容 艳 呀哈 哈， 得 得 依 嗬 依咳 嗬嗬里 咳咳 嗬嗬里 咳咳。
看 哪 看 花 灯 呀哈 哈， 得 得 依 嗬 依咳 嗬嗬里 咳咳 嗬嗬里 咳咳。
娘 呀 娘 娘 庙 呀哈 哈， 得 得 依 嗬 依咳 嗬嗬里 咳咳 嗬嗬里 咳咳。

(杨恩武 唱 刘章高、李俊 记)

① 妈妈妻：都昌传统里一种对妻的叫法，现已不用。

小癞痢磨豆腐

1=D $\frac{2}{4}$ $\frac{3}{4}$　　　　　　都昌土塘

中速

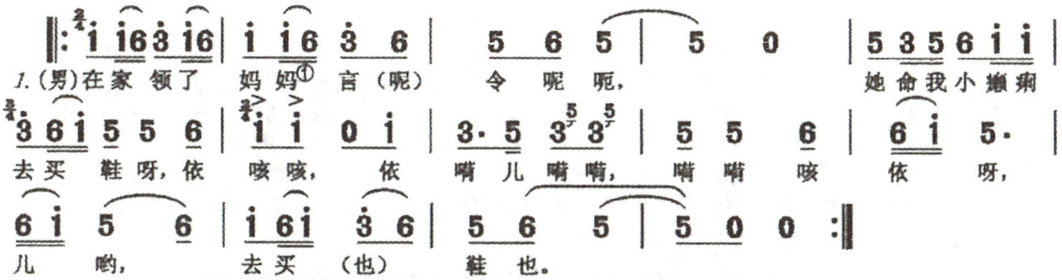

1.（男）在家领了妈妈①言（呢）令呢呃，她命我小癞痢去买鞋呀，依咳咳，依啃儿啃啃，啃啃咳依呀，儿哟，去买（也）鞋也。

2.（男）我在大街将身（呢）进呢呃，一街两巷闹沉沉呃。
3.（男）将身来在黄沙（呃）岭呢呃，装起（格）黄沙哄妈妈也。
4.（男）妈妈不要乱骂（也）人呢呃，我是小癞痢转家门呢。
5.（女）听说小癞痢转家（也）门呢呃，放下棉纱就动身呢。
6.（男）将身就把磨房（呃）往呢呃，去到磨房磨豆浆呃。
7.（男）叫声妈妈听我（也）话呢呃，磨得我小癞痢眼放花呃。

（张立松、张义森　唱　　李俊、刘章高　记）

① 妈妈：都昌传统里对妻子的一种称呼。

染围裙

1=G $\frac{2}{4}$　　　　　　都昌土塘

中速

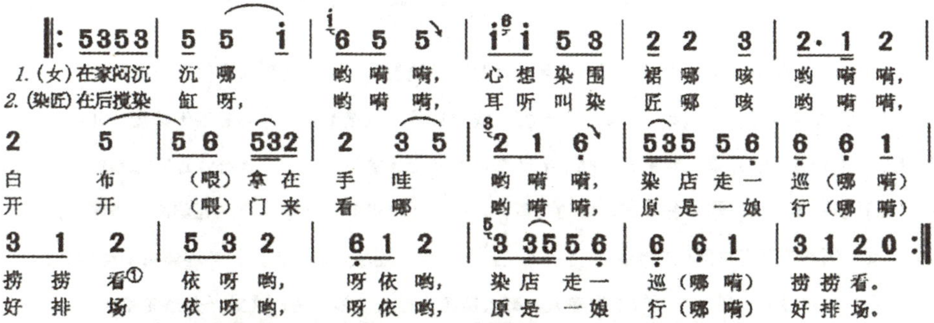

1.（女）在家闷沉沉哪　哟啃啃，心想染围裙哪咳　哟啃啃，白布（喂）拿在手哇　哟啃啃，染店走一巡（哪啃）捞捞看①　依呀哟，呀依哟，染店走一巡（哪啃）捞捞看。

2.（染匠）在后搅染缸呀，哟啃啃，耳听叫染匠哪咳　哟啃啃，开开（喂）门来看哪　哟啃啃，原是一娘行（哪啃）好排场　依呀哟，呀依哟，原是一娘行（哪啃）好排场。

3.（女）一进染匠门，作揖把礼行。师傅将我问，我是染围裙，染好些。
4.（染匠）双手接围裙，放在染缸心，围裙我染好，总要讨个情，好不好？
5.（女）本等依从你，怕你远传名。若要我依你，何不把誓盟，盟誓不？
6.（染匠）大姐真把稳，要我把誓盟。若要欺骗你，死在染缸心，不是人！
7.（女）只见把誓盟，奴家放宽心。将身后堂进，二人说事情，你来吧。
8.（木匠）我是王木匠，染店去打床。五尺拿在手，赶紧去量床，量床去。
9.（染匠）染匠真倒霉，不该染围裙。将身店房进，再不干此事，也罢了。

（舒传西　唱　刘章高、李俊　记　章高　整词）

① 捞捞看：都昌方言，即出去探探看。

补背褡

1=G $\frac{2}{4}$　　　　　　　　　　　　　　　　　　都昌土塘

中速

3 32 1 16 | 1 23 1 0 | 5·6 1 3 | 2· 1 1 | 1 1 6535 |

1.单身 汉(哪) 真好苦， 三十多岁 （也 咳 咳） 无(喂) 妻
2.背褡 烟筒 拿在手， 一心要往 （呃 咳 咳） 干妹家 中
3.单身 汉(哪) 出门庭， 回头带上 （呃 咳 咳） 两(呃) 扇
4.一步 走(哇) 两步行， 三步来在 （哟 嘀 嘀） 干妹家 中

(5 61 5 3 | 5 61 5 3)

5.这几 天(哪) 绣荷包哇 绣手巾哪，耳听门外 （也 咳 咳） 叫(喂) 开

2 2· | 53 5 56 | 1 23 1 6 | 5 1 653 | 5 1 6 5 0 |

子 呃， 背 褡(那个) 破 了 无是无人 补喔，
走 喔， 有 人(那个) 知 道 这也不为 丑喂，
门 呐， 门 上(那个) 加 锁 锁上又加 封呀，
门 呐， 大 叫(那个) 三 声 干妹来开 门呐，
门 呐， 开 开(那个) 门 来 看看是何 人呵，

53 5 56 | 1 23 1 6 | 5 1 653 | 5 16 5 ‖

背 褡(那个) 破 了 无是无人 补喔 呃。
有 人(那个) 知 道 这也不为 丑喂 咳。
门 上(那个) 加 锁 锁上又加 封呀 哈。
小 叫(那个) 三 声 干妹来开 门哪 嘀。
却 原是 干 哥 干哥哥我家 行呐 嘀。

6.（女）忙把椅子拖几拖，叫声干哥你请坐，我到厨房倒茶干哥喝，我到厨房倒茶干哥喝。

7.（男）干妹妹真贤惠，未曾坐下香茶又一杯，我吃香茶干妹接茶杯，我吃香茶干妹接茶杯。

8.（女）忙把背褡牵几牵，背褡破了几个洞咚圈，补补连连穿也不好穿，补补连连穿也不好穿。

9.（男）新三年，旧三年，补补连连旧的当新穿，三三九年旧的当新穿，三三九年旧的当新穿。

10.（女）叫声干哥听言因，三十多岁何不讨头亲[①]？补补连连总要请别人，补补连连总要请别人。

11.（男）我本等讨头亲，中间缺少做媒人，有人做媒许她五两银，另外许她一条过冬裙。

12.（女）我隔壁有头亲，年纪轻哪，正青春哪，为佳人哪，厨前灶后爱干净，我与干哥做个好媒人，只要干哥一条过冬裙。

13.（男）你隔壁这头亲，确确实实是佳人，干妹与我做个好媒人，多谢干妹帮我来成亲。

（舒传西　唱　　刘章高　记）

① 讨头亲：都昌方言，指娶一个对象。

补碗

1=G $\frac{3}{4}$ $\frac{2}{4}$　　　　　　都昌土塘

稍快

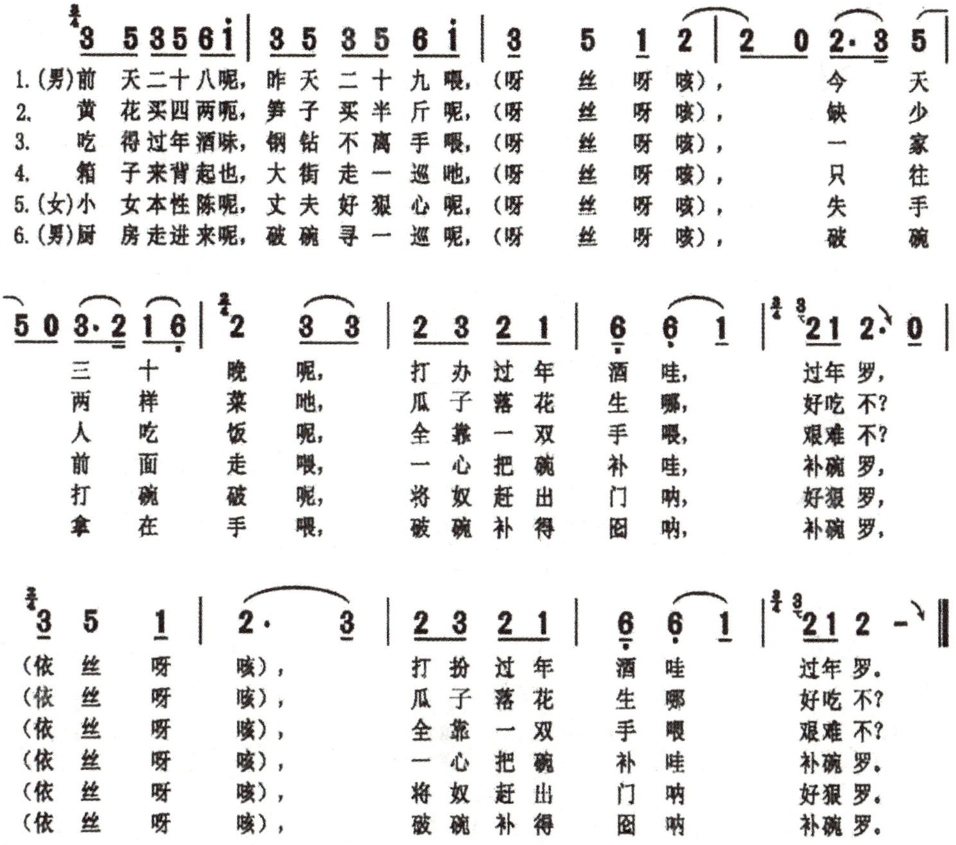

1.（男）前天二十八呢，昨天二十九喂，（呀丝呀咳），今天三十晚呢，打办过年酒哇，过年罗，（依丝呀咳），打扮过年酒哇过年罗。

2. 黄花买四两呃，笋子买半斤呢，（呀丝呀咳），缺少两样菜吔，瓜子落花生哪，好吃不？（依丝呀咳），瓜子落花生哪好吃不？

3. 吃得过年酒味，钢钻不离手喂，（呀丝呀咳），一家人吃饭呢，全靠一双手喂，艰难不？（依丝呀咳），全靠一双手喂艰难不？

4. 箱子来背起也，大街走一巡吔，（呀丝呀咳），只往前面走喂，一心把碗补哇，补碗罗，（依丝呀咳），一心把碗补哇补碗罗。

5.（女）小女本性陈呢，丈夫好狠心呢，（呀丝呀咳），失手打碗破呢，将奴赶出门呐，好狠罗，（依丝呀咳），将奴赶出门呐好狠罗。

6.（男）厨房走进来呢，破碗寻一巡呢，（呀丝呀咳），破碗拿在手喂，破碗补得囫呐，补碗罗，（依丝呀咳），破碗补得囫呐补碗罗。

（刘光西　唱　　李俊、刘章高　记）

打哑谜

（一）

1=A $\frac{2}{4}$

稍快

都昌土塘

1.什么（哟）开花（哟）细（哦）蓬蓬哦？什么(是)开花蓬缠（呐）蓬哦？

什么开花头（喔）头望下哟？

什么开花一口（喔）钟哦？

2.自(呃)动(哦呵)
3.自(呃)动(哦呵)
4.自(呃)动(哦呵)
5.自(呃)动(哦呵)

自归(哟)什么（哟）机哟？着红着绿什么（哟）
自归(哟)什么（哟）船哟？着红着绿什么（哟）
自归(哟)什么（哟）人呐？着红着绿什么（哟）
自归(哟)什么（哟）鱼哟？着红着绿什么（哟）

鸡哟？爬山过岭什（呢）什么鸡咆？
船呐？爬山过岭（呢）什么船呐？敲
人呐？爬山过岭（呢）什么人呐？敲
鱼哟？爬山过岭（呢）什么鱼哟？敲

敲敲打打打打敲敲什么（哟）箕哟？
敲敲打打打打敲敲什么（哟）船呐？
敲敲打打打打敲敲什么（哟）人呐？
敲敲打打打打敲敲什么（哟）鱼哟？

此系女唱，男唱曲二，女问男答，分段对唱。

1=A 2/4　　（二）

稍快

5 3 5 | 6 3̇ 2̇ | i̇ i̇6 6 5 | 3 3 0 | 3 35 6 i̇ | 3 3 5 |

1.辣 椒（喂） 开 花（也） 细蓬（哎） 蓬 呃， 丝瓜 开花 蓬（哎）缠
2.自 动（哦） 自 归（哟） 是飞（哟） 机 哟， 穿红 着绿 是 凤
3.自 动（哦） 自 归（哟） 是轮（哟） 船 呐， 穿红 着绿 是 凤
4.自 动（哦） 自 归（哟） 是仙（哟） 人 呐， 穿红 着绿 是 女
5.自 动（哦） 自 归（哟） 是鳌（哟） 鱼 哟， 穿红 着绿 是 鲤

6 ⁵6 | 6·3̇ 216 | 5 - | 5 5 6 5 | 6·5 3 | 3 5 5 |

（呃） 蓬 呃， 茄子 开花 头 （喂） 头望
（呃） 鸡 哟， 爬山 过岭 是 （呃） 是野
（呃） 船 呐， 爬山 过岭 是 （呃） 赶马
（也） 人 呐， 爬山 过岭 是 （呃） 是野
（也） 鱼 哟， 爬山 过岭 是 （呃） 是团

6 i̇ 2̇ | 6 5 6 0 | 3·5 6 6 | i̇6i̇ 665 | 3 5 | 6 - |

（i̇ 3 | 6 - ）

下 呃， 南瓜 开花 一 口 （喂）
鸡 哟， 敲敲 打打 打打 敲敲是 捞 饭 （呢）
船 呐， 敲敲 打打 打打 敲敲 是 龙 （呃）
人 呐， 敲敲 打打 打打 敲敲是 造 桥 （喂）
鱼 也， 敲敲 打打 打打 敲敲 是 木 （喂）

6·3̇ 2̇16 | 5 - ‖

钟 呃。
箕 哟。
船 呐。
人 呐。
鱼 也。

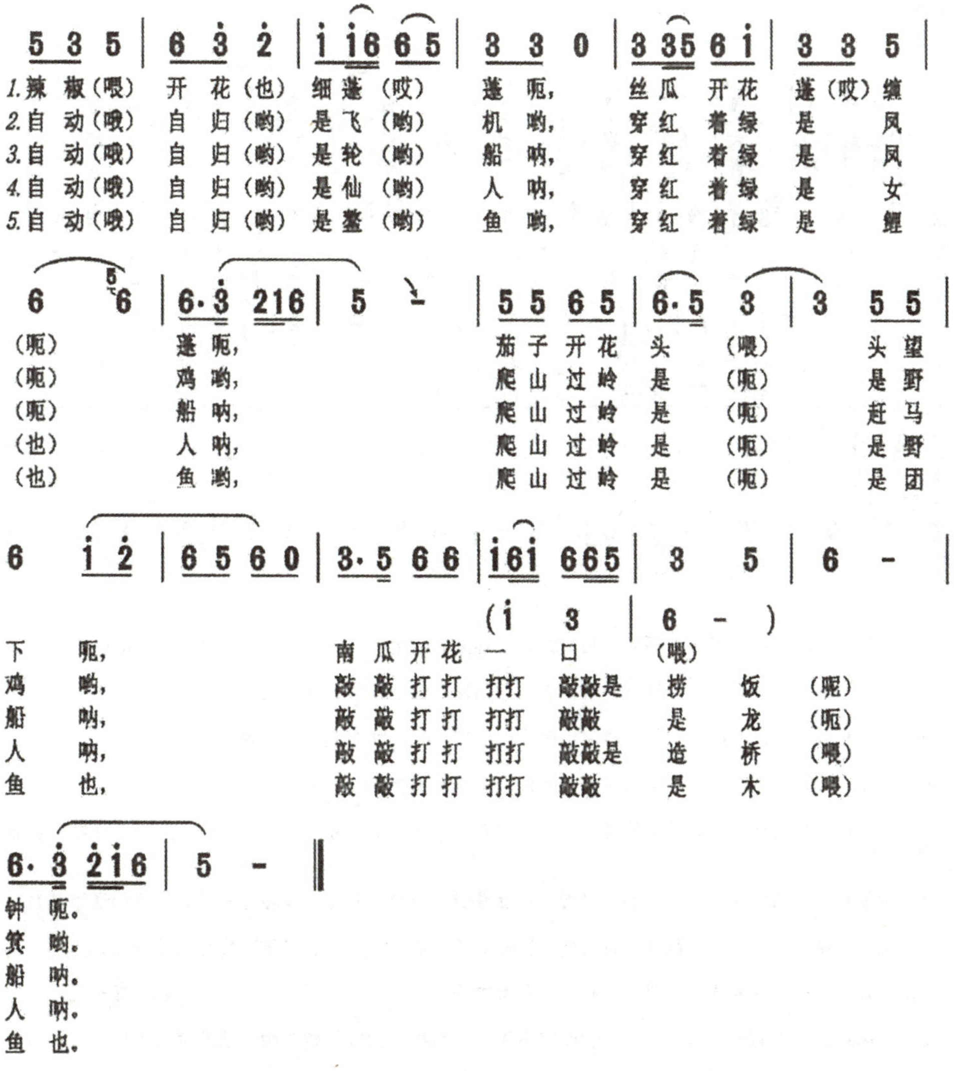

此系男唱。女唱曲一，女问男答，分段对唱。

（李咸炎 唱　李俊、刘章高 记）

卖杂货

（一）

1=C $\frac{2}{4}$　　　　都昌土塘

稍快

1.（男）挑起（格）大 货 苏（呃）州 卖 呀 哟，不 想（格）
2. 昨日（格）有 事 乡（呃）下 去 呀 哟，看 见（格）

赚 钱，只 想 图 自 在 呀 哎 咳 哟，我 大 小 是 买 卖 呀 咳
窗 前，两 个 女 钗 裙 呀 哎 咳 哟，（哦）实 实 爱 煞 人 呀 咳

哟，（依 丝 呀 喃 依 呃 儿 哟），我 大 小 是 买 卖 呀 咳 哟。
哟，（依 丝 呀 喃 依 呃 儿 哟），哦 实 实 爱 煞 人 呀 咳 哟。

肩 把 担 子 挑 喔，手 把 鼓 儿 摇，惊 动（呃）

四 方（呃）四 方 姑（喂）姑 娘 叫 喂 呃。

3.（男）今日无事乡下去，要到（格）窗前，再见女钗裙，我去玩散散心，我去玩散散心。

4.（女）姑嫂二人绣荷包，耳听得门口手把鼓儿摇，我不敢前去瞧，我不敢前去瞧。

5.（女）放下荷包往前走，门槛格高了闪了奴的腰，我三寸金莲小，胡老二又来了。

6.（男）一见大嫂忙施礼，请问格大嫂买的么东西，我样样是有的，我样样是有的。

7.（女）一买杭州金白扇，五彩花又鲜，水红缎子扯一个三五寸，（哦）讲讲多少钱，（哦）讲讲多少钱。

8.（男）一把杭州金白扇，五彩花又鲜，水红缎子扯一个三五寸，我相送不要钱，我相送不要钱。

9.（女）骂一声胡老二真胆大，青天格白日把我姑嫂揪，你打点要仔细，你打点要仔细。

10.（男）一见大嫂发了气，胡老二有言你且听端的，（哦）我是爱玩的，（哦）我是爱玩的。

11.（女）骂一声胡老二真胆大，带你到官衙加上一面枷，我看你怕不怕，我看你怕不怕。

12.（男）一见大嫂认了真，胡老二跌跪地埃尘，我磕头赔小心[①]，我磕头赔小心。

① 赔小心：都昌方言，即赔礼。
《卖杂货》共有曲一、曲二、曲三，系男女对唱。女唱部分由姑嫂齐唱。

（二）

1=D $\frac{2}{4}$

稍快

1.（女）胡老二 喂！（男）喂，（喂里喂打 得 咳 哟里哟儿 哟），

（女）叫一声胡老二 站（哪）起来呀 哟。（男）我不（格）起 来，

2.（女）问一声胡老二 做（呀）什么呀 哟。（男）我本是卖杂货，

把我怎安排呀哎咳 哟？（女）为何卖杂货？（男）图个好生活罗！

（女）儿女有几多？（男）我还有找老婆；（女）你爱（格）女子究竟哪一

个呀哎咳 哟？（男）我本当讨一个，两手可怜呐，心想

（呃）大嫂（呃呵阿弥陀佛）相（呃）相助我嘛呃。

（三）

1=D $\frac{2}{4}$

稍快

（女）胡老二到我家（呃）我家去喝茶，请到（呃）我家（呃）我家去呃去喝茶呃咳呃。

（男）本当（呃）到你家（呃）你家去喝茶，又怕（呃）旁人（呃）旁人讲呃讲闲话呃咳呃。

（女）胡老二到我家（呃）进屋再买花，哪个（呃）门前（呃）不走人家呃咳呃。

（李宗升、李正妹、李红妹　唱　刘章高、李俊　记）

卖棉纱

1=F $\frac{2}{4}$ （一） 都昌土塘

较快

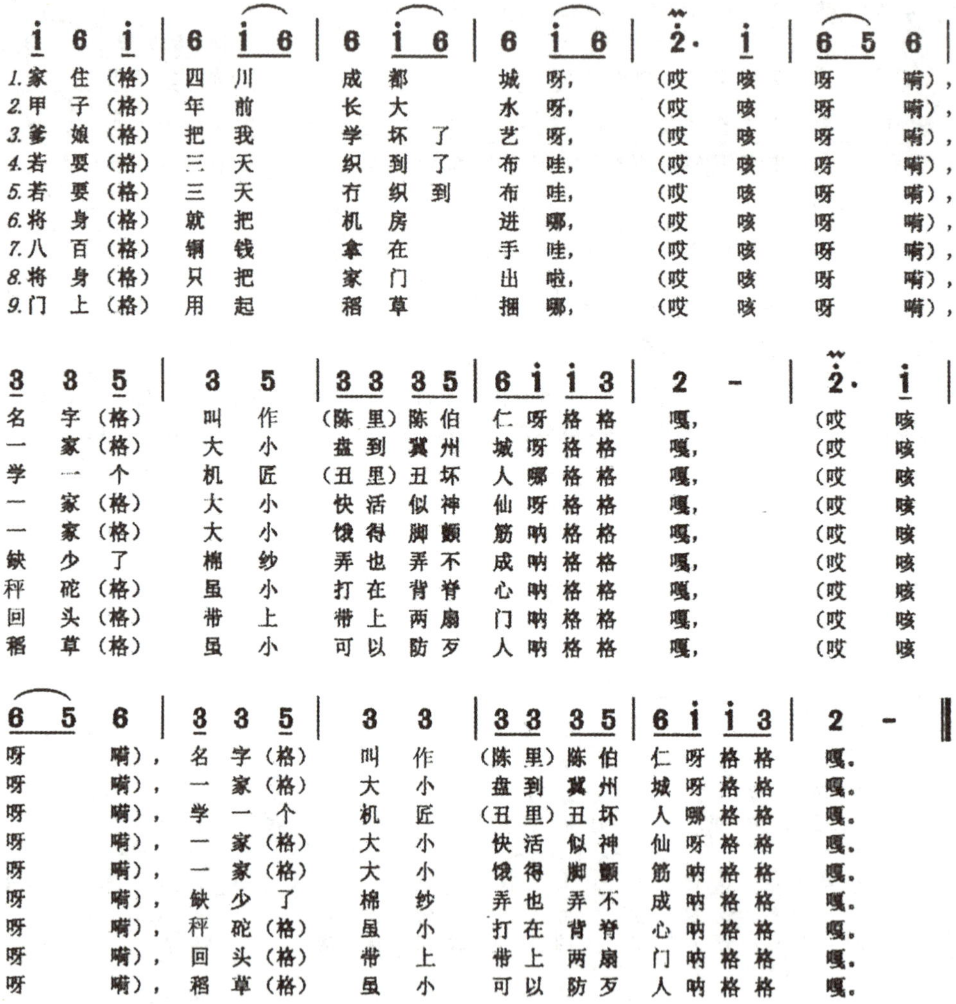

1̇ 6 1̇ | 6 1̇6 | 6 1̇6 | 6 1̇6 | 2̇· 1̇ | 65 6 |

1.家住（格）四川成都城呀，（哎咳呀啨），
2.甲子（格）年前长大水呀，（哎咳呀啨），
3.爹娘（格）把我学坏了艺呀，（哎咳呀啨），
4.若要（格）三天织到了布哇，（哎咳呀啨），
5.若要（格）三天冇织到布哇，（哎咳呀啨），
6.将身（格）就把机房进哪，（哎咳呀啨），
7.八百（格）铜钱拿在手哇，（哎咳呀啨），
8.将身（格）只把家门出啦，（哎咳呀啨），
9.门上（格）用起稻草捆哪，（哎咳呀啨），

3 3 5 | 3 5 | 33 35 | 61̇ 1̇3 | 2 - | 2̇· 1̇ |

名字（格）叫作（陈里）陈伯仁呀格格嘎，（哎咳
一家（格）大小盘到冀州城呀格格嘎，（哎咳
学一个机匠（丑里）丑坏人哪格格嘎，（哎咳
一家（格）大小快活似神仙呀格格嘎，（哎咳
一家（格）大小饿得脚颤筋呐格格嘎，（哎咳
缺少了棉纱弄也弄不成呐格格嘎，（哎咳
秤砣（格）虽小打在背脊心呐格格嘎，（哎咳
回头（格）带上带上两扇门呐格格嘎，（哎咳
稻草（格）虽小可以防歹人呐格格嘎，（哎咳

65 6 | 3 3 5 | 3 3 | 33 35 | 61̇ 1̇3 | 2 - ‖

呀啨），名字（格）叫作（陈里）陈伯仁呀格格嘎。
呀啨），一家（格）大小盘到冀州城呀格格嘎。
呀啨），学一个机匠（丑里）丑坏人哪格格嘎。
呀啨），一家（格）大小快活似神仙呀格格嘎。
呀啨），一家（格）大小饿得脚颤筋呐格格嘎。
呀啨），缺少了棉纱弄也弄不成呐格格嘎。
呀啨），秤砣（格）虽小打在背脊心呐格格嘎。
呀啨），回头（格）带上带上两扇门呐格格嘎。
呀啨），稻草（格）虽小可以防歹人呐格格嘎。

（二）

1=F 2/4 3/4
中速

2/4 5 61 5/3· 5 | 5 61 5/3· 5 ‖: 535 061 | 2/4 123 2116 5 |
1. 清 早 起 呀 抱 娃 娃 呀， 抱 起 （那个） 娃 娃 依么 呀，
2. 前 头 扫 到 后 头 转 哪， 扫 得 （那个） 为 娘 依么 呀，
3. 扯 起 （那个） 车 辫 依么 呀，
（3335 6165 | 3335 6 0）
4. 一天纺四 两， 两天纺半 斤， 三 天 （那个） 四 天 依么 呀，
5. 抱 起 （那个） 娃 娃 依么 呀，
6. 将 身 （那个） 行 出 依么 呀，
7. 门 上 （那个） 放 起 依么 呀，

2/4 3335 6113 | 2· 0 | 53 5 61 | 2/4 123 2116 5 |
为娘扫地 下 依么 呀， 抱 起 （那个） 娃 娃 依么 呀，
头昏眼发 花 依么 呀， 扫 得 （那个） 为 娘 依么 呀，
为娘纺棉 纱 依么 呀， 扯 起 （那个） 车 辫 依么 呀，
凑满纺一 斤 依么 呀， 三 天 （那个） 四 天 依么 呀，
为娘卖棉 纱 依么 呀， 抱 起 （那个） 娃 娃 依么 呀，
行出自家 门 依么 呀， 回 头 （那个） 带 上 依么 呀，
放起虾须 锁 依么 呀， 锁 上 （那个） 加 锁 依么 呀，

2/4 3335 6113 | 2· 0 :‖ 2/4 355 16 53 | 355 6 3 23 | 1 - ‖
为娘扫地 下 依么 呀。
头昏眼发 花 依么 呀。 忙 将娃娃(也) 来 坐 下 呵。
为娘纺棉 纱 依么 呀。
凑满纺一 斤 依么 呀。 忙 将娃娃(也) 来 起 窝[①]呵。
为娘卖棉 纱 依么 呀。
带上两扇 门 依么 呀。
防备有歹 人 依么 呀。

① 起窝：都昌带娃的一种术语，意把娃娃从摇箩里抱起来。
此曲二系女唱，上接曲一，下接曲三。

（三）

1=C $\frac{2}{4}$ $\frac{3}{4}$

中速

| 1661 2321 | 6 2 1 6 5 | 1 6 1 2 6 1 | 2 3 1 2 | 1661 2·3 |

1. 肩拗一把 秤， （星 沙[①]又星 沙），上 街去 买 棉 纱 嘞 咳 咳， 生意做通 了，
2. 手拿八百 钱， （今 恭 又 今 恭），上 街去 买 棉 纱 嘞 咳 咳， 生意做通 了，
3. 一程又一 程， （今 恭 又 今 恭），来 在这 大 街 邻 呀 嘀 咳， 将身来走 近，
4. 一程又一 程， （罗 花 又 罗 花），来 在这 一 长 亭 呀 嘀 咳， 将身来走 进，
5. 头戴一支 花， （罗 花 又 罗 花），身 背着 小 娃 娃 嘞 嘀 咳， 手提棉纱 丝，
6. 听说卖纱 人， （罗 花 又 罗 花），何 不讲 价 银 嘞 嘀 咳， 棉纱卖以 我，
7. 叫声卖纱 人， （今 恭 又 今 恭），将 身看 分 明 嘞 嘀 咳， 大的是连 股[②]
8. 纺纱真好 苦， （罗 花 又 罗 花），何 不学 织 布 嘞 嘀 咳， 若要跟我 学，

| 6 2 1 6 5· 6 | 1 3 5 1 3 5 | 6 1 5 6 | 6 6 6 6 |

（星 沙 又 星 沙）， 本 利就 两 相 连 星 星 沙， （星 星 沙 沙
（今 恭 又 今 恭）， 本 利就 两 相 连 今 今 恭， （今 恭 今 恭

(3 35)

（今 恭 又 今 恭）， 赶 到这 卖 纱的 人 今 今 恭， （今 恭 今 恭
（罗 花 又 罗 花）， 打 坐只 活 观 音 又 罗 花， （罗 花 罗 花
（罗 花 又 罗 花）， 想 必是 回 娘 家 又 罗 花， （罗 花 罗 花
（罗 花 又 罗 花）， 多 少只 钱 一 斤 又 罗 花， （罗 花 罗 花
（今 恭 又 今 恭）， 小 的是 头 发 丝 又 今 恭， （今 恭 今 恭
（罗 花 又 罗 花）， 拜 我做 老 师 傅 又 罗 花， （罗 花 罗 花

| 6216 5·6 5 0 | 1 3 5 1 3 5 | 6 1 5 6 ‖

星沙又星 沙 星 沙）， 本 利就 两 相 连 星 星 沙。
今恭又今 恭 今 恭）， 本 利就 两 相 连 今 今 恭。 （白）：“有卖纱的不罗？”

(3 35)

今恭又今 恭 今 恭）， 赶 到这 卖 纱的 人 今 今 恭。 （白）：“有卖纱的不罗？”
罗花又罗 花 罗 花）， 打 坐只 活 观 音 又 罗 花。
罗花又罗 花 罗 花）， 想 必是 回 娘 家 又 罗 花。 （白）：“大嫂子也！”
罗花又罗 花 罗 花）， 多 少只 钱 一 斤 又 罗 花？
今恭又今 恭 今 恭）， 小 的是 头 发 丝 又 今 恭。
罗花又罗 花 罗 花）， 拜 我做 老 师 傅 又 罗 花。 （白）：“大嫂子也！”

① 星沙：都昌方言，指铁器碰撞声，这里指秤钩与秤砣的碰撞声。
② 连股：指棉纱几股扭在一起的现象。
此系男唱，与曲四（女唱）对唱，男先女后，（第4/5段连唱）。

（四）

1=E $\frac{2}{4}$ $\frac{3}{4}$

中速

$\frac{2}{4}$ i66i 2321 | $\frac{2}{4}$ 666i 23265 | $\frac{3}{4}$ i6i 26i | 2 3 i 2 |

1.头戴一支 花，（依丝呀喃依 丝呀），身背着 小娃 娃呀喃 呵，
2.一程又一 程，（依丝呀喃依 丝呀），来到这 大街 邻呀喃 呵，
3.一程又一 程，（依丝呀喃依 丝呀），来在这 一长 亭呀喃 呵，
4.大爷你且 听，（依丝呀喃依 丝呀），听我来 说分 明呀喃 呵，
5.大爷你且 听，（依丝呀喃依 丝呀），叫我 讲价 银呀喃 呵，

666i 2321 | $\frac{2}{4}$ 666i 23265 0 | $\frac{3}{4}$ i ii i 35 | 6 57 6 |
（3 35）

手提棉纱 丝呵，（依丝呀喃依 丝呀），上街去 卖棉 纱呀依 哟，
将身来走 近呐，（依丝呀喃依 丝呀），买纱的 过了 身呀依 哟，
将身来走 进呐，（依丝呀喃依 丝呀），等候那 买纱的 人呀依 哟，
手提棉纱 丝呵，（依丝呀喃依 丝呀），我是 卖纱 人呀依 哟，
大洋二百 八罗，（依丝呀喃依 丝呀），少了就 弄不 成呀依 哟，

⁷6 ⁷6 ⁷6 ⁷6 | $\frac{3}{4}$ 666i 23265 5·6 | $\frac{2}{4}$ iii i 35 | 6576 ‖
（3 35）

（哟哟哟哟 依丝呀喃依 丝呀），上街去 卖棉 纱呀依哟。（白）：“有买纱的不罗？”
（哟哟哟哟 依丝呀喃依 丝呀），买纱的 过了 身呀依哟。（白）：“有买纱的不罗？”
（哟哟哟哟 依丝呀喃依 丝呀），等候那 买纱的 人呀依哟。
（3 35 6 i5）
（哟哟哟哟 依丝呀喃依 丝呀），我是 卖纱 人大爷也。
（6 i5）
（哟哟哟哟 依丝呀喃依 丝呀），少了就 弄不 成大爷也。

6. 大爷你且听，碰到支三根股，娃娃箩里①哭，未曾把手搦②，大爷也。

7. 情愿来受苦，不跟你学织布，本等跟你学，不拜你老师傅，大爷也。

① 箩里：指摇箩。
② 搦：这里指用手指拧搓。
此系女唱，与曲三（男唱）对唱，男先女后，但其中第3段后让男连唱4、5两段再续对。

（张立松、张爱珍 唱 刘章高、李俊 记）

苦媳妇

1=G 4/4　　　　　　　　　　　　　　　　　　都昌土塘

稍慢

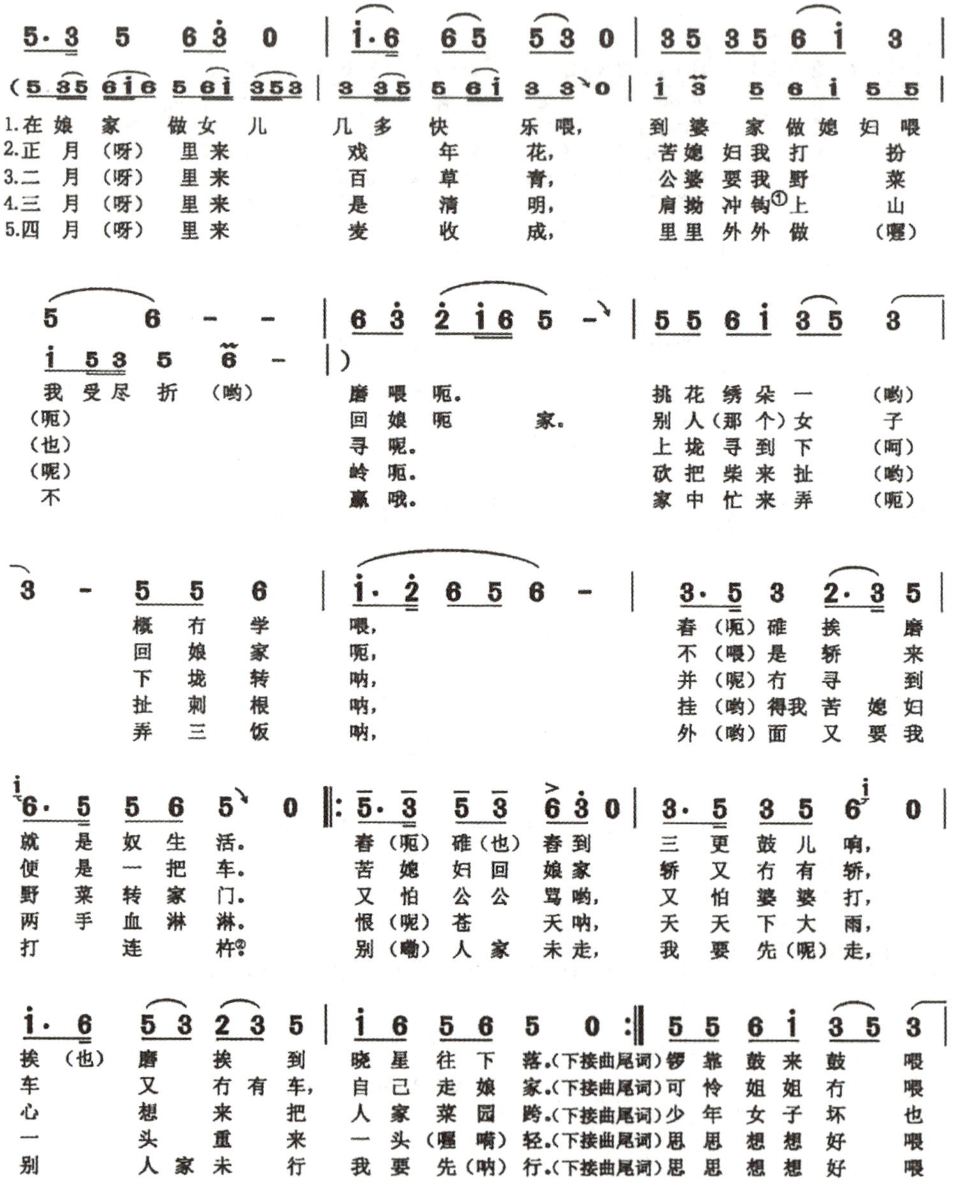

5·3 5 63̇ 0 | 1̇·6 65 53 0 | 35 35 61̇ 3 |

(5 35 61̇6 561̇ 353 | 3 35 561̇ 33 0 | 1̇ 3 5 61̇ 55 |

1.在娘家做女儿　几多快乐喂，到婆家做媳妇喂
2.正月（呀）里来　戏年花，苦媳妇我打扮
3.二月（呀）里来　百草青，公婆要我野菜
4.三月（呀）里来　是清明，肩拗冲钩①上山
5.四月（呀）里来　麦收成，里里外外做（喔）

5 6 - - | 63̇ 2̇1̇6 5 - | 55 61̇ 35 3 |

1̇ 53 5 6 - |)

我受尽折（哟）　磨喂呃。　挑花绣朵一（哟）
（呃）　回娘呃家。　别人（那个）女子
（也）　寻呢。　上垅寻到下（呵）
（呢）　岭呃。　砍把柴来扯（哟）
不　赢哦。　家中忙来弄（呃）

3 - 5 5 6 | 1̇·2̇ 65 6 - | 3·5 3 2·3 5 |

概冇学喂，春（呃）碓挨磨
回娘家呃，不（喂）是轿来
下垅转呐，并（呢）冇寻到
扯刺根呐，挂（哟）得我苦媳妇
弄三饭呐，外（哟）面又要我

6·5 56 5 0 ‖: 5·3 53 63̇ 0 | 3·5 35 6 0 |

就是奴生活。春（呃）碓（也）春到　三更鼓儿响，
便是一把车。苦媳妇回娘家　轿又冇有轿，
野菜转家门。又怕公公骂哟，又怕婆婆打，
两手血淋淋。恨（呢）苍天呐，天天下大雨，
打连枷②。别（嘞）人家未走，我要先（呢）走，

1̇·6 53 23 5 | 1̇6 56 5 0 :‖ 55 61̇ 35 3

挨（也）磨挨到　晓星往下落。（下接曲尾词）锣鼓来鼓喂
车又冇有车，自己走娘家。（下接曲尾词）可怜姐姐冇喂
心想来把　人家菜园跨。（下接曲尾词）少年女子坏也
一头重来　一头（喔啃）轻。（下接曲尾词）思思想想好喂
别人家未行　我要先（呐）行。（下接曲尾词）思思想想好喂

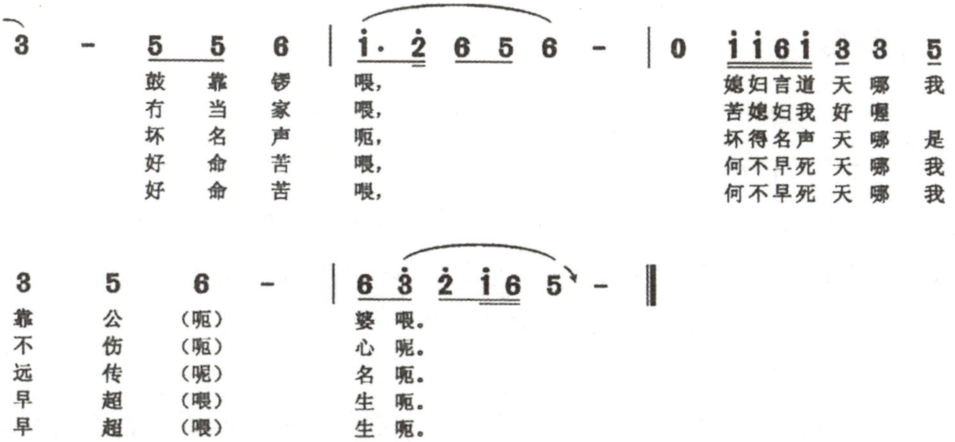

3 - 5 5 6 | 1· 2 6 5 6 - | 0 1 1 6 1 3 3 5

鼓靠锣	喂，	媳妇言道	天哪	我
冇当家	喂，	苦媳妇我	好喔	
坏名声	呃，	坏得名声	天哪	是
好命苦	喂，	何不早死	天哪	我
好命苦	喂，	何不早死	天哪	我

3 5 6 - | 6 3 2 1 6 5 - ‖

靠	公	（呃）	婆喂。
不	伤	（呃）	心呢。
远	传	（呢）	名呃。
早	超	（喂）	生呃。
早	超	（喂）	生呃。

1.（插入第1段第14节）睡起觉来鸡婆来眨眼，醒过头来要奴做生活。清早起来烧着一把火，先洗手面后来洗锅。泡一碗香茶孝敬公婆，公公床上睡，婆婆床上坐。拿一只米升斗前去问公婆："往日里人客多白米打一斗，今日里冇有客白米打几多？"婆婆当时大声埋怨我，她骂我这苦媳妇是只狗贱婆。"婆婆在世问的是我，婆婆冇在世问的是哪一个？"骂得我苦媳妇两泪往下落，还要细声叫公婆。山中树木靠土长，河下渔船靠着江河。（下接第15节，下同。）

2.（插入第2 段第14节）当家夫前面走，奴在后面跨，不觉来到自己娘门家，妹妹老弟寻我要饼吃。

3.（插入第3段第14节）碰到两个种菜的人，他骂我言语实实不好听："你在外面寻什么野菜心！"

4.（插入第4段第14节）拖拖扯扯到自家门，柴又烧不着，烟又熏坏人。饭又蒸不熟，气又蒸不匀，一家大小骂我一个人。

5.（插入第5段第14节）里里外外靠我一个人，还骂我苦媳妇吃得做不赢。

6.五月里来戏端阳，天干无水要我车，清早起来车到夜，累得奴家实实过不得。鞋子也无底，小脚泥巴搭。吃又冇有吃，歇又无处歇。扯一把稻草门旮旯里歇，又有蚊虫咬，又有虱蚤喳。狠心的丈夫哪晓得，亡命阎君天哪还不来接。

7.六月里来绿茵茵，地里豆角黄似金，手提篮子出家门，我与细姑一路行。细姑她说道她怕热，要到树下去乘荫。苦媳妇上垅捡到下垅转，捡得头昏眼放花。思思想想好命苦，何不早死早超生。

8.七月里来七月半，烧香挂纸为祖先，烧纸烧得头道转，养儿育女无非接后尘。别家公婆想得真，我家公婆想不成。她只道细姑是活宝，她把我苦媳妇实实不当人。倘若婆婆得了一个病，烧茶泡水是苦媳妇们；倘若婆婆百年后，披麻戴孝常常在跟前。她的子女路旁走，苦命媳妇要孝满三年。

9.八月里来八月八，公婆要我捡棉花，田里棉花要我捡，大地的棉花也要我奴家。别人的衣服连一个道道转，可怜我苦媳妇未沾半根纱。公公要连③一件过冬袄，婆婆要连一件毛毯袍；细姑爱的是繁华，打发小的连一个新背褡。细姑娘前面走，后面有人夸。她说道细姑娘是观音活菩萨，苦苦气坏小奴家，我要是有衣服也要胜似她。

10.九月里来菊花黄，我回家埋怨爹和娘。你养儿为何不养大，也就两岁送往婆家乡。妹妹年小我不讲，姐姐二十岁还在你家乡。爹娘当时将我来骂，骂得苦媳妇两泪往下淌。"你公公不是虎，你婆婆不是狼，你因何回家埋怨爹和娘。"叫嫂嫂下厨房烧着一把火，煎到一碗汤，几块子肥肉在碗面上装。快吃来快快尝，免得你公婆咒骂爹娘。

11.十月里来小阳春，埋怨三叔公不是人。三叔公常在我家行，他在我家撒祸根。他说我苦媳妇好吃又懒做，偷盐偷米只往别家行。别家公婆闲言都不听，我家公婆记在耳边言；将我一天来骂三顿，三天九顿半点不饶情。隔壁婶婶将我来拖劝，她叫我翻转罗裙嫁往别家行。苦媳妇开言道，尊一声婶婶细听我分明：堂前椅子轮班转，媳妇也有做婆时；太阳一出照黄夕，阳沟里④瓦片也有翻转时。这是我苦媳妇一言难尽，劝姑姑、劝嫂嫂、劝姐姐、劝妹妹、叔叔婶婶，养儿蓄女，天哪要各凭良心。

① 冲钩：都昌民用的一种挑柴工具，两头尖中间扁。
② 连枷：用竹片或木板做的一种打麦穗的工具，有长柄。
③ 连：缝制衣服。
④ 阳沟：屋边开的污水沟。

（李宗扬 唱 刘章高、李俊 记）

(5)剧目

剧目曾称有“三十六大本,七十二小折”。

大本有:《杨八姐游春》《张宝童送茶》《三矮子放牛》《三姐妹观灯》《山伯访友》《渔网会母》《红梅装疯》《珍珠塔》《天仙配》《蓝桥会》《破镜缘》《三梅图》《绣花针》《火焰山》《铁笼山》《宝马山》《海天舟》《清风岭》《罗帕记》《卖花记》《莺哥记》《丝带记》《排环记》《菜刀记》《绣鞋记》《南瓜记》《鸣冤记》《花轿记》《家事记》等。

小折有:《姑嫂望郎》《十二月采茶》《小癞痢磨豆腐》《夫妻观灯》《王婆数鸡》《红绣鞋》《放风筝》《卖棉纱》《卖杂货》《染围裙》《补背褡》《苦媳妇》《闹王府》《怕老婆》《挖茶棵》《采桑》《剪花》《补碗》等。

(6)剧本、演唱照片

图 1-10 土塘镇曹店李家洲采茶戏业余剧团利用冬闲时节正排练剧目,准备在春节期间上演。
(汪志勇 摄 2006 年 7 月)

图 1－11　土塘镇海中村文词戏老艺人杨恩旷清唱。
（余坚　摄　2017 年 10 月）

4. 都昌弹腔

(1)都昌弹腔概述

都昌弹腔，正名赣剧，始于明代。明万历年间，随都昌高腔一并兴行县域，百姓共赞为两大艺术代表，曰“高腔曲，弹腔戏”。都昌弹腔承自饶河调，而饶河调出于鄱阳。历史上都昌曾隶属鄱阳郡，因而饶河调成为都昌的乡戏顺理成章。又因都昌几乎所有乡村都有人在景德镇从事瓷业，这就把隶属（鄱阳）饶州府的景德镇艺术也带到了家乡，饶河调就是其一。苏山乡袁如岗湾村，明天顺年间在饶州府当府官的村民袁明仪，就将一个饶河戏班带到村里演戏，并教村民表演，从而诞生了该村的弹腔剧团。村人们还在景德镇组成了一个唱饶河调的班子，每逢下乡过年、祖宗生日、重大节日或是遇有喜事，他们就下乡在祖厅演戏唱曲。改朝换代，该村剧团换了一代代人，但还是断断续续传承了下来。

笔者走访多个业余剧团，了解到都昌弹腔近代盛兴期为二十世纪五十年代，这一时期很多剧团如雨后春笋般诞生。剧团有请本地老艺人为师的，但多数是请鄱阳艺师来教戏。袁如岗湾村请的是当地大长垅村余式贵师傅，土塘乡刘鼓村请的是鄱阳名师王遇水。王遇水六场通透，古装新戏二者兼能。都昌人的好艺，留住了一代名师，王终于在土塘乡招亲落户，视都昌为自己的家乡。无奈姣伶爱妻虽比王遇水年轻二十岁，却不久独赴瑶台，王遇水白发孤身终返故土。王遇水在都昌授艺二十多年，带出很多剧团，培育出大批名徒。刘鼓村剧团的刘全亮，亦艺受王遇水，六场精通，又传艺众乡，创建了许多剧团。刘鼓村弹腔剧团、袁如岗湾弹腔剧团，能演四五十本大戏。都昌县 1979 年庆祝中华人

民共和国成立三十周年会演，上述二团奉调进城献艺，博得县城十万观众的喝彩，获县委宣传部隆重嘉奖。1984 年，中华人民共和国成立三十五周年之际，南峰乡暖壶村弹腔剧团调县演出，再次轰动全城。

都昌弹腔在二十世纪五十年代至六十年代中期及八十年代，除了戏剧表演，还衍生了数百个坐堂弹腔曲团，仅土塘乡就有二十多个。以“闹新房”为例，七八艺人围坐大厅，上排新娘伴娘，花烛照红，糖果满桌，厅中烧地火，听众挤满堂。锣鼓琴箫，边奏边唱，甚是喜气吉祥。这种演唱，常常通宵达旦。

都昌弹腔戏的题材多是历朝重大事件，对传播中华历史文化具有书籍所达不到的效果：二十世纪八十年代以前的都昌农民大多是文盲，他们对祖国历史的了解，几乎都是通过戏剧和唱传获得。

进入二十一世纪后，都昌弹腔被开放后的多种艺术排挤，但在乡民心里仍以“大戏”傲立。每逢盛事，弹腔大戏还是“紧俏货”。如今弹腔剧团少了，都以市场化经营，否则不能生存。还有一个困惑的现象，许多名伶的后代为了生计不承父业，连珍贵的手抄本也未妥存。如王遇水的名徒刘全亮，手抄剧本数十本（二十世纪八十年代笔者亲见并择本改编），现大多散失，仅见其生前遗赠同乡优伶冯孟说（上有刘全亮印章）的少数。冯已成为王遇水在都昌的第三代传人，其剧本已历六十年以上。

都昌弹腔与京剧同类，但比京剧还早。其唱腔板眼与京剧同名，如西皮、二黄、拨子、导板、正板、快板、垛子、流水，一板三眼、一板一眼等。都昌弹腔以高亢、肃穆的唱腔为主，兼有活泼、抒情、风趣的等板、十牌、秦腔、浙调、采花调，还有与都昌文词相通的南词、北词、补缸调，表现力丰富全面，深为民众喜爱。

（刘章高　文中袁如岗湾剧团的资料由袁银初提供）

(2)曲谱

赣剧弹腔

刘章高 记谱

(1)西皮正板

① 生唱平韵

1=D

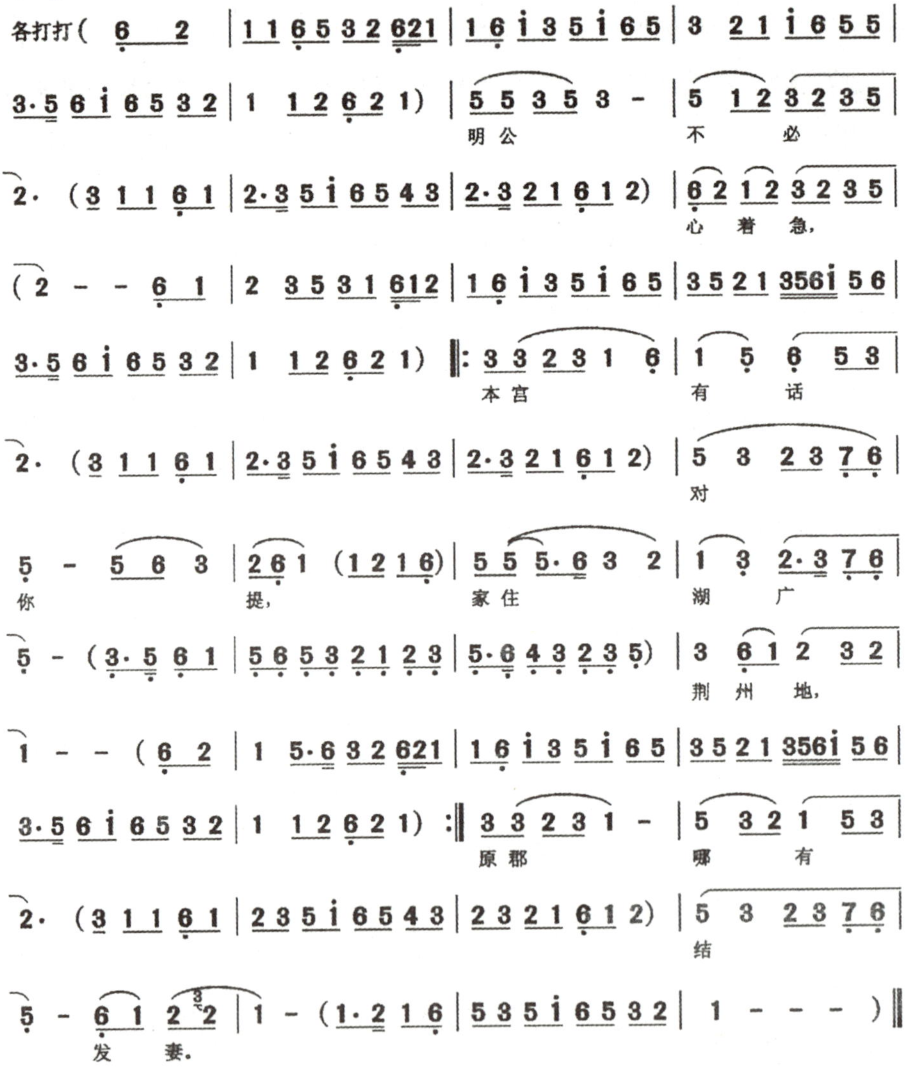

各打打(6 2 | 1 1 6 5 3 2 621 | 1 6 i 3 5 i 6 5 | 3 2 1 i 6 5 5 |

3·5 6 i 6 5 3 2 | 1 1 2 6 2 1) | 5 5 3 5 3 - | 5 1 2 3 2 3 5 |
明公 不 必

2· (3 1 1 6 1 | 2·3 5 i 6 5 4 3 | 2·3 2 1 6 1 2) | 6 2 1 2 3 2 3 5 |
心 着 急,

(2 - - 6 1 | 2 3 5 3 1 612 | 1 6 i 3 5 i 6 5 | 3 5 2 1 356i 5 6 |

3·5 6 i 6 5 3 2 | 1 1 2 6 2 1) ‖: 3 3 2 3 1 6 | 1 5 6 5 3 |
本宫 有 话

2· (3 1 1 6 1 | 2·3 5 i 6 5 4 3 | 2·3 2 1 6 1 2) | 5 3 2 3 7 6 |
对

5 - 5 6 3 | 2 6 1 (1 2 1 6) | 5 5 5·6 3 2 | 1 3 2·3 7 6 |
你 提, 家住 湖 广

5 - (3·5 6 1 | 5 6 5 3 2 1 2 3 | 5·6 4 3 2 3 5) | 3 6 1 2 3 2 |
荆 州 地,

1 - - (6 2 | 1 5·6 3 2 621 | 1 6 i 3 5 i 6 5 | 3 5 2 1 356i 5 6 |

3·5 6 i 6 5 3 2 | 1 1 2 6 2 1) :‖ 3 3 2 3 1 - | 5 3 2 1 5 3 |
原郡 哪 有

2· (3 1 1 6 1 | 2 3 5 i 6 5 4 3 | 2 3 2 1 6 1 2) | 5 3 2 3 7 6 |
结

5 - 6 1 2 ³2 | 1 - (1·2 1 6 | 5 3 5 i 6 5 3 2 | 1 - - -) ‖
发 妻。

② 生唱高韵

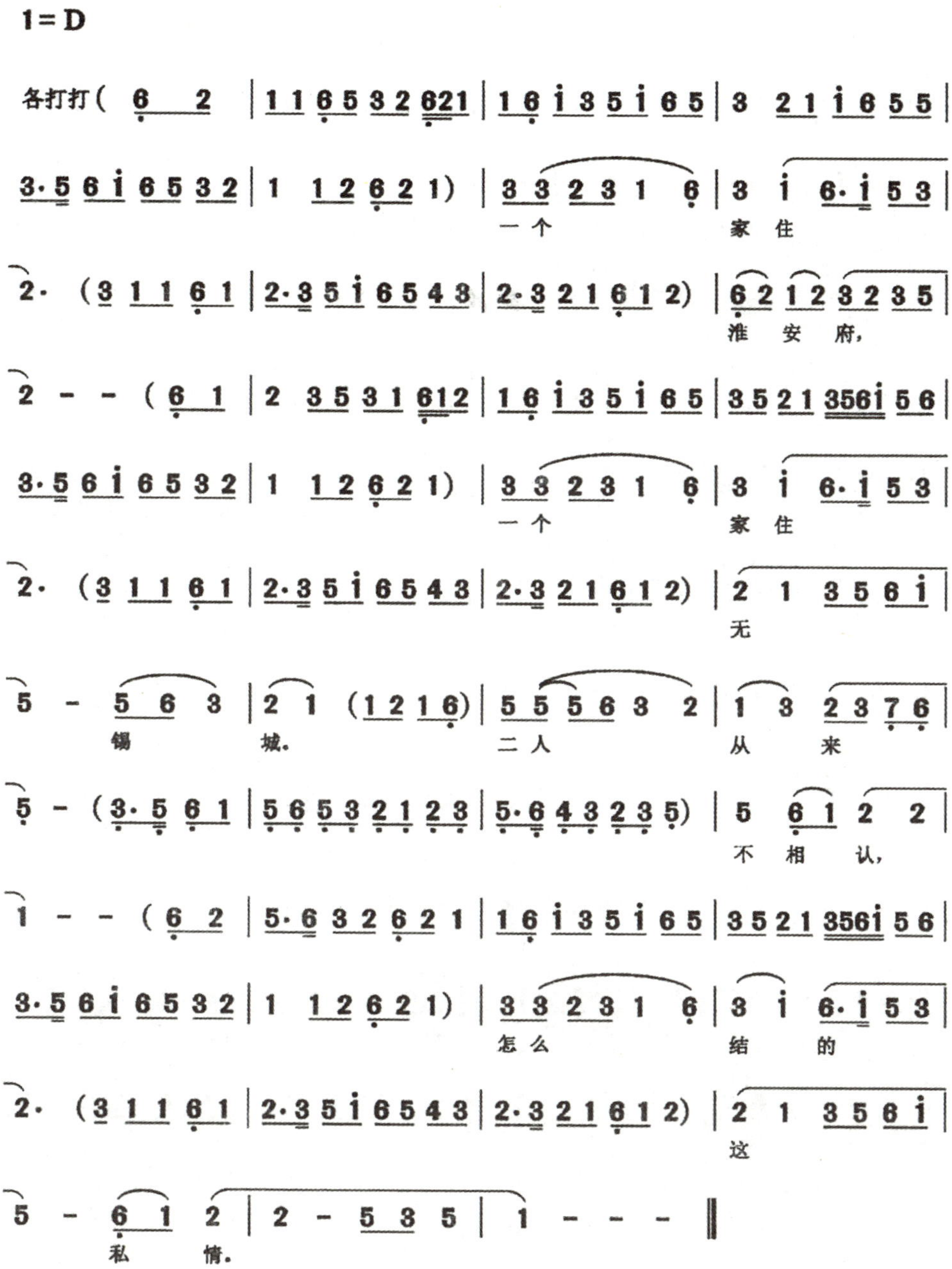

1=D

各打打（ 6 2 | 1 1 6 5 3 2 621 | 1 6 i 3 5 i 6 5 | 3 2 1 i 6 5 5 |

3·5 6 i 6 5 3 2 | 1 1 2 6 2 1） | 3 3 2 3 1 6 | 3 i 6·i 5 3 |
一个 家 住

2· （3 1 1 6 1 | 2·3 5 i 6 5 4 3 | 2·3 2 1 6 1 2） | 6 2 1 2 3 2 3 5 |
淮 安 府，

2 - - （6 1 | 2 3 5 3 1 612 | 1 6 i 3 5 i 6 5 | 3 5 2 1 356i 5 6 |

3·5 6 i 6 5 3 2 | 1 1 2 6 2 1） | 3 3 2 3 1 6 | 3 i 6·i 5 3 |
一个 家 住

2· （3 1 1 6 1 | 2·3 5 i 6 5 4 3 | 2·3 2 1 6 1 2） | 2 1 3 5 6 i |
无

5 - 5 6 3 | 2 1 （1 2 1 6） | 5 5 5 6 3 2 | 1 3 2 3 7 6 |
锡 城。 二人 从 来

5 - （3·5 6 1 | 5 6 5 3 2 1 2 3 | 5·6 4 3 2 3 5） | 5 6 1 2 2 |
不 相 认，

1 - - （6 2 | 5·6 3 2 6 2 1 | 1 6 i 3 5 i 6 5 | 3 5 2 1 356i 5 6 |

3·5 6 i 6 5 3 2 | 1 1 2 6 2 1） | 3 3 2 3 1 6 | 3 i 6·i 5 3 |
怎么 结 的

2· （3 1 1 6 1 | 2·3 5 i 6 5 4 3 | 2·3 2 1 6 1 2） | 2 1 3 5 6 i |
这

5 - 6 1 2 | 2 - 5 3 5 | 1 - - - ‖
私 情。

③ 旦唱

1＝D

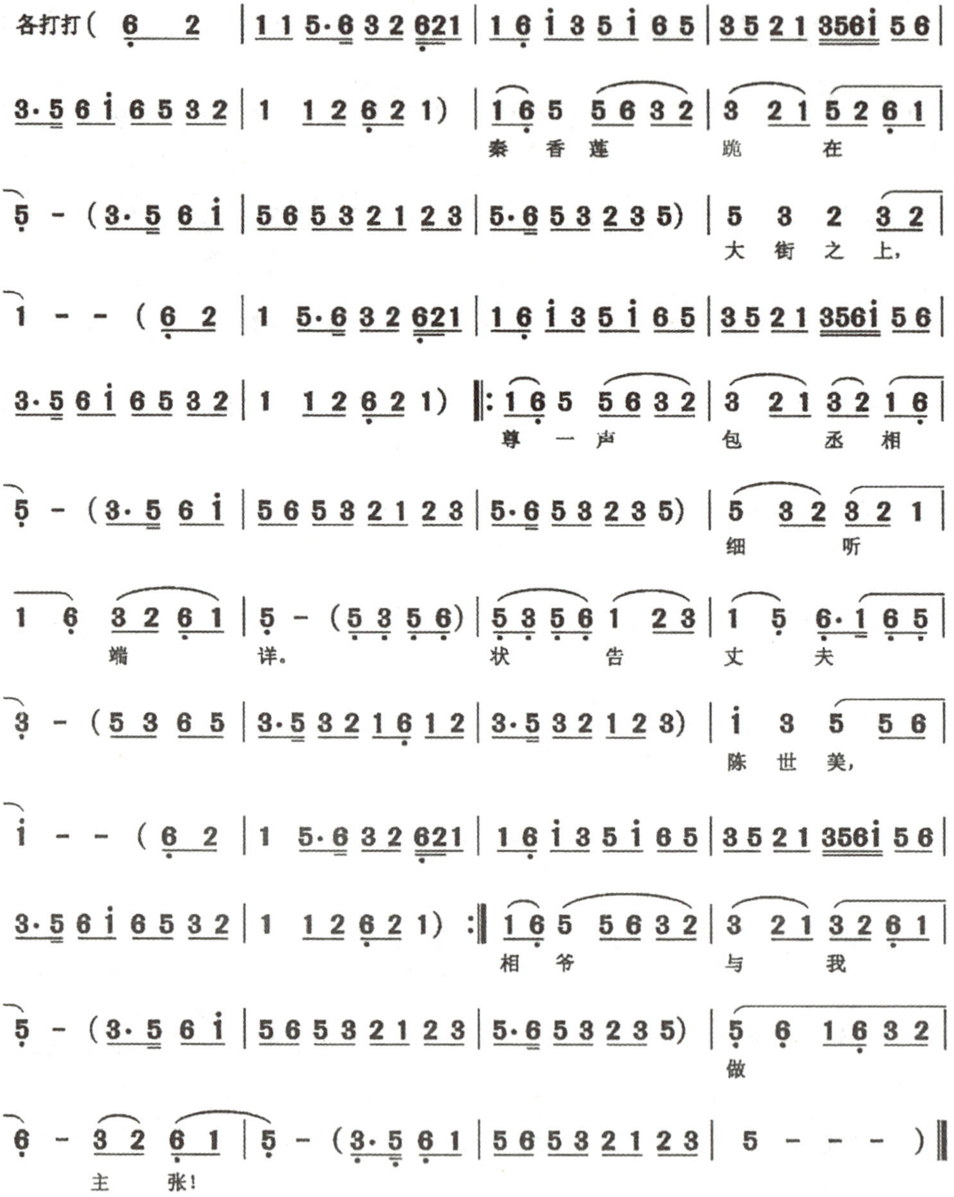

各打打（ 6 2 | 1 1 5·6 3 2 621 | 1 6 i 3 5 i 6 5 | 3 5 2 1 356i 5 6 |

3·5 6 i 6 5 3 2 | 1 1 2 6 2 1） | 1 6 5 5 6 3 2 | 3 2 1 5 2 6 1 |

秦 香 莲 跪 在

5 -（3·5 6 i | 5 6 5 3 2 1 2 3 | 5·6 5 3 2 3 5） | 5 3 2 3 2 |

大 街 之 上，

1 - -（6 2 | 1 5·6 3 2 621 | 1 6 i 3 5 i 6 5 | 3 5 2 1 356i 5 6 |

3·5 6 i 6 5 3 2 | 1 1 2 6 2 1） ‖: 1 6 5 5 6 3 2 | 3 2 1 3 2 1 6 |

尊 一 声 包 丞 相

5 -（3·5 6 i | 5 6 5 3 2 1 2 3 | 5·6 5 3 2 3 5） | 5 3 2 3 2 1 |

细 听

1 6 3 2 6 1 | 5 -（5 3 5 6） | 5 3 5 6 1 2 3 | 1 5 6·1 6 5 |

端 详。 状 告 丈 夫

3 -（5 3 6 5 | 3·5 3 2 1 6 1 2 | 3·5 3 2 1 2 3） | i 3 5 5 6 |

陈 世 美，

i - -（6 2 | 1 5·6 3 2 621 | 1 6 i 3 5 i 6 5 | 3 5 2 1 356i 5 6 |

3·5 6 i 6 5 3 2 | 1 1 2 6 2 1） :‖ 1 6 5 5 6 3 2 | 3 2 1 3 2 6 1 |

相 爷 与 我

5 -（3·5 6 i | 5 6 5 3 2 1 2 3 | 5·6 5 3 2 3 5） | 5 6 1 6 3 2 |

做

6 - 3 2 6 1 | 5 -（3·5 6 1 | 5 6 5 3 2 1 2 3 | 5 - - - ）‖

主 张！

④ 净唱

1=D

(6 2 | 1 1 6 5 3 2 621 | 1 6 i 3 5 i 6 5 | 3 21 i 6 5 5 |

3·5 6 i 6 5 3 2 | 1 1 2 6 2 1) | 5 5 3 5 3 - | 2 - 3 1 |

怒冲冲 打坐在

2 - (1 1 6 1 | 2·3 5 i 6 5 4 3 | 2·3 2 1 6 1 2) | 5 3 3 3 2 |

开封府

3 - - (6 5 | 3·5 3 2 1 2 123 | 1 6 i 3 5 i 6 5 | 3 5 2 1 356i 5 6 |

里，

3·5 6 i 6 5 3 2 | 1 1 2 6 2 1) |: 5 5 3 5 3 - | 2 - 3 1 |

尊一声 陈驸马

2· (3 1 1 6 1 | 2·3 5 i 6 5 4 3 | 2·3 2 1 6 1 2) | 2 1 2 3 2 5 |

细听

5 - 5 3 | 2 1 (1 2 1 6) | 5 5 3 5 3 - | 2 - 3 1 |

端的， 杀妻子 和儿女，

2 - (1 1 6 1 | 2·3 5 i 6 5 4 3 | 2·3 2 1 6 1 2) | 5 3 3 3 2 |

另婚再

3 - - (6 5 | 3·5 3 2 1 2 123 | 1 6 i 3 5 i 6 5 | 3 5 2 1 356i 5 6 |

娶，

3·5 6 i 6 5 3 2 | 1 1 2 6 2 1) |: 5 5 3 5 3 - | 2 - 3 1 |

陈驸马 你不认

2 - (1 1 6 1 | 2·3 5 i 6 5 4 3 | 2·3 2 1 6 1 2) | 2 1 2 3 2 5 |

为

5 - 5 3 1 | 2 - 5 3 5 | 1 - (1 2 1 6 | 5 3 5 i 6 5 3 2 |

哪 般？

1 - - -) ‖

（2）二黄正板

① 男腔

1＝D

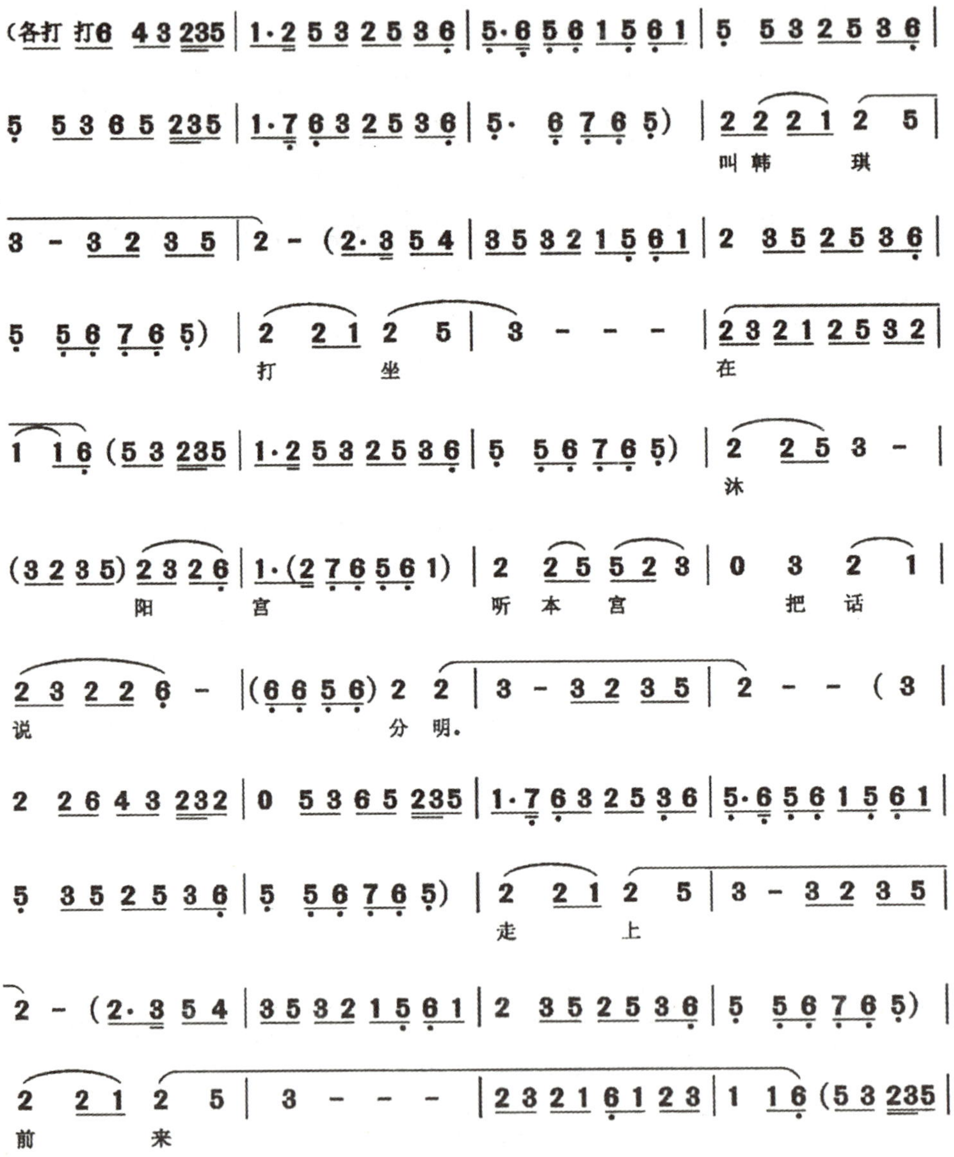

(各打 打6 4 3 235 | 1·2 5 3 2 5 3 6 | 5·6 5 6 1 5 6 1 | 5 5 3 2 5 3 6 |

5 5 3 6 5 235 | 1·7 6 3 2 5 3 6 | 5· 6 7 6 5) | 2 2 2 1 2 5 |
叫韩 琪

3 - 3 2 3 5 | 2 - (2·3 5 4 | 3 5 3 2 1 5 6 1 | 2 3 5 2 5 3 6 |

5 5 6 7 6 5) | 2 2 1 2 5 | 3 - - - | 2 3 2 1 2 5 3 2 |
打 坐 在

1 1 6 (5 3 235 | 1·2 5 3 2 5 3 6 | 5 5 6 7 6 5) | 2 2 5 3 - |
沐

(3 2 3 5) 2 3 2 6 | 1·(2 7 6 5 6 1) | 2 2 5 5 2 3 | 0 3 2 1 |
阳 宫 听 本 宫 把 话

2 3 2 2 6 - | (6 6 5 6) 2 2 | 3 - 3 2 3 5 | 2 - - (3 |
说 分 明。

2 2 6 4 3 232 | 0 5 3 6 5 235 | 1·7 6 3 2 5 3 6 | 5·6 5 6 1 5 6 1 |

5 3 5 2 5 3 6 | 5 5 6 7 6 5) | 2 2 1 2 5 | 3 - 3 2 3 5 |
走 上

2 - (2·3 5 4 | 3 5 3 2 1 5 6 1 | 2 3 5 2 5 3 6 | 5 5 6 7 6 5) |

2 2 1 2 5 | 3 - - - | 2 3 2 1 6 1 2 3 | 1 1 6 (5 3 235 |
前 来

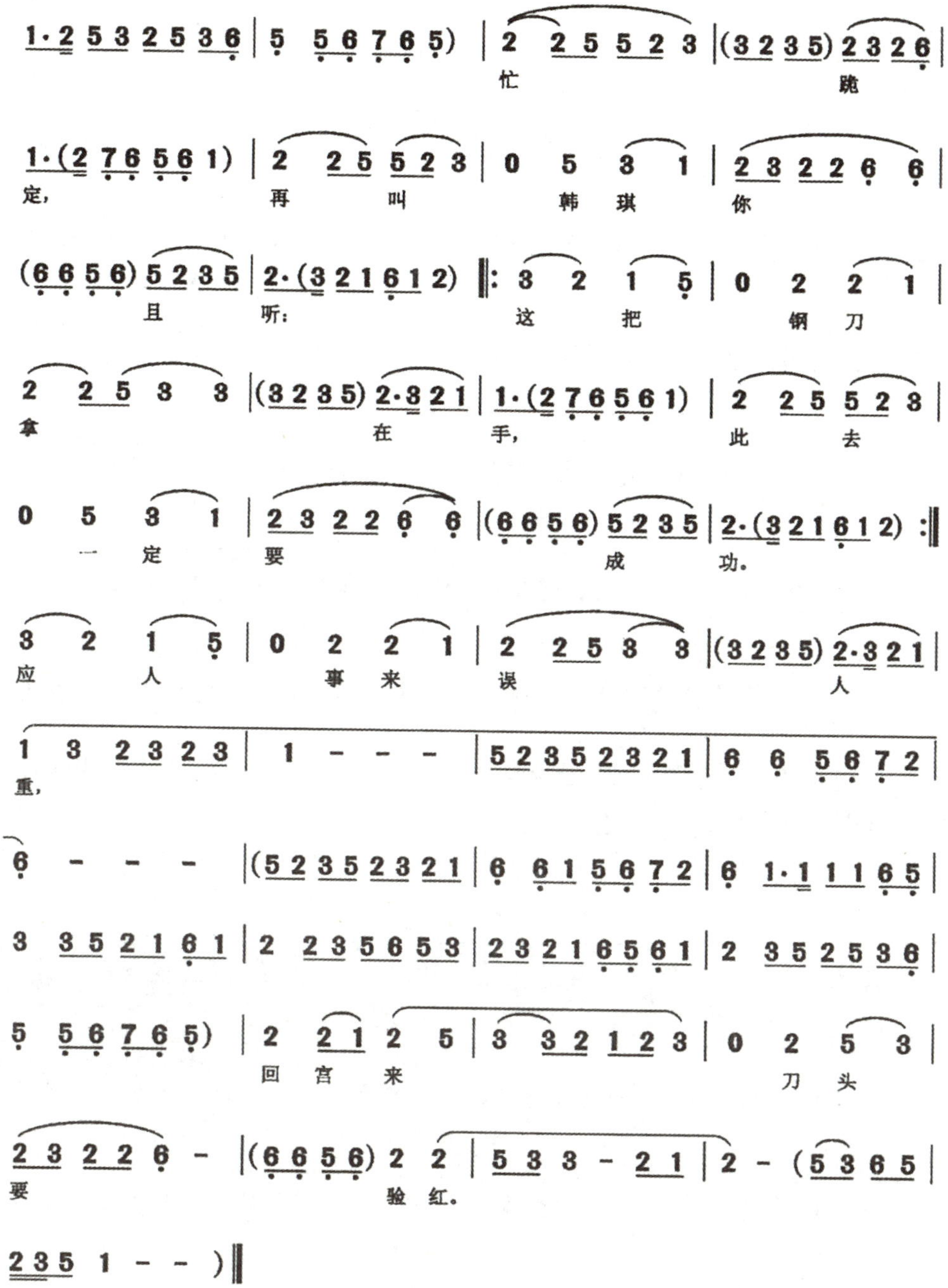

1·2 5 3 2 5 3 6 | 5 5 6 7 6 5) | 2 2 5 5 2 3 |(3 2 3 5) 2 3 2 6 |
忙 跪

1·(2 7 6 5 6 1) | 2 2 5 5 2 3 | 0 5 3 1 | 2 3 2 2 6 6 |
定，再 叫 韩 琪 你

(6 6 5 6) 5 2 3 5 | 2·(3 2 1 6 1 2) ‖: 3 2 1 5 | 0 2 2 1 |
且 听：这 把 钢 刀

2 2 5 3 3 |(3 2 3 5) 2·3 2 1 | 1·(2 7 6 5 6 1) | 2 2 5 5 2 3 |
拿 在 手，此 去

0 5 3 1 | 2 3 2 2 6 6 |(6 6 5 6) 5 2 3 5 | 2·(3 2 1 6 1 2) :‖
一 定 要 成 功。

3 2 1 5 | 0 2 2 1 | 2 2 5 3 3 |(3 2 3 5) 2·3 2 1 |
应 人 事 来 误 人

1 3 2 3 2 3 | 1 - - - | 5 2 3 5 2 3 2 1 | 6 6 5 6 7 2 |
重，

6 - - - |(5 2 3 5 2 3 2 1 | 6 6 1 5 6 7 2 | 6 1·1 1 1 6 5 |

3 3 5 2 1 6 1 | 2 2 3 5 6 5 3 | 2 3 2 1 6 5 6 1 | 2 3 5 2 5 3 6 |

5 5 6 7 6 5) | 2 2 1 2 5 | 3 3 2 1 2 3 | 0 2 5 3 |
回 宫 来 刀 头

2 3 2 2 6 - |(6 6 5 6) 2 2 | 5 3 3 - 2 1 | 2 - (5 3 6 5 |
要 验 红。

2 3 5 1 - -) ‖

② 女腔

1＝D

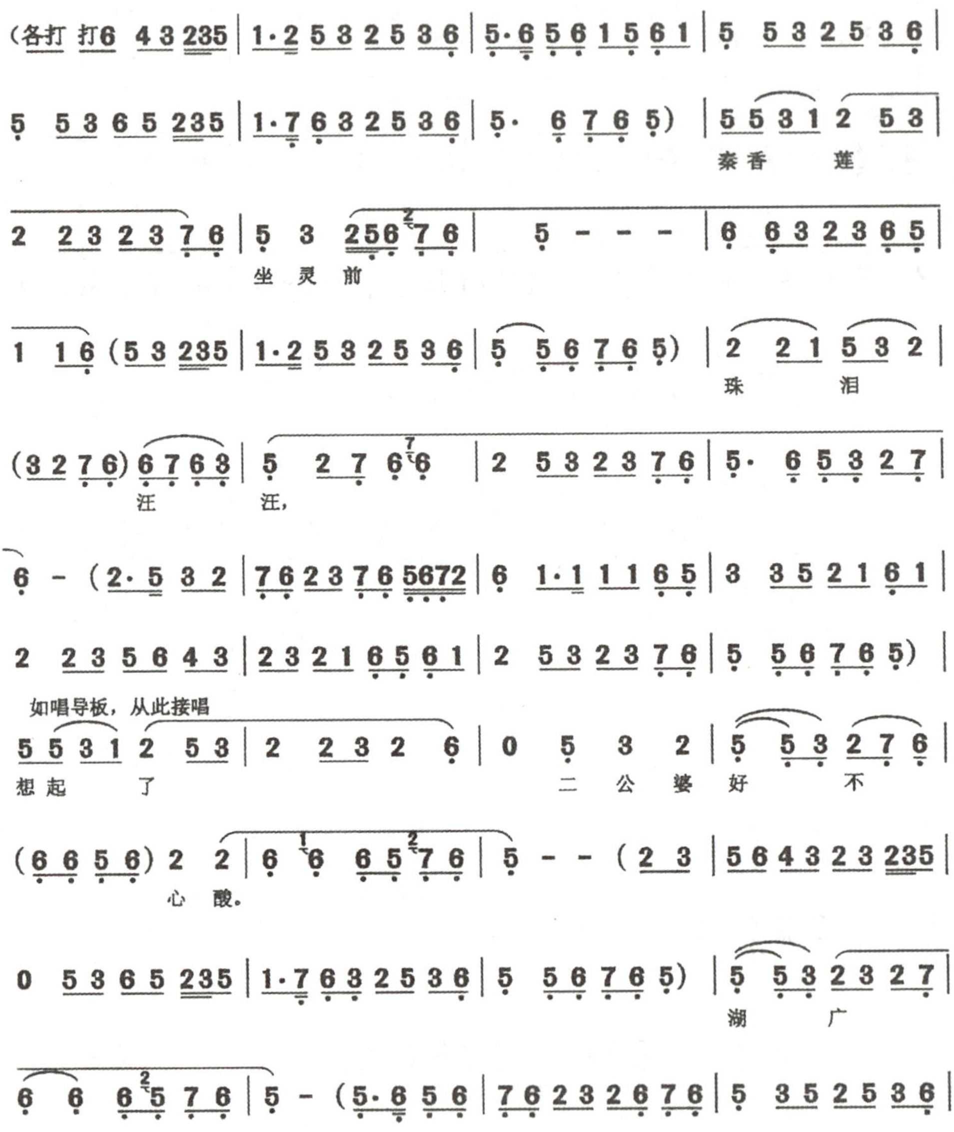

(各打 打6 4 3 235 | 1·2 5 3 2 5 3 6 | 5·6 5 6 1 5 6 1 | 5 5 3 2 5 3 6 |

5 5 3 6 5 235 | 1·7 6 3 2 5 3 6 | 5· 6 7 6 5) | 5 5 3 1 2 5 3 |
秦香莲

2 2 3 2 3 7 6 | 5 3 256 7 6 | 5 - - - | 6 6 3 2 3 6 5 |
坐灵前

1 1 6 (5 3 235 | 1·2 5 3 2 5 3 6 | 5 5 6 7 6 5) | 2 2 1 5 3 2 |
珠泪

(3 2 7 6) 6 7 6 3 | 5 2 7 6 6 | 2 5 3 2 3 7 6 | 5· 6 5 3 2 7 |
汪汪，

6 - (2· 5 3 2 | 7 6 2 3 7 6 5672 | 6 1·1 1 1 6 5 | 3 3 5 2 1 6 1 |

2 2 3 5 6 4 3 | 2 3 2 1 6 5 6 1 | 2 5 3 2 3 7 6 | 5 5 6 7 6 5) |

如唱导板，从此接唱

5 5 3 1 2 5 3 | 2 2 3 2 6 | 0 5 3 2 | 5 5 3 2 7 6 |
想起了二公婆好不

(6 6 5 6) 2 2 | 6 6 6 5 7 6 | 5 - - (2 3 | 5 6 4 3 2 3 235 |
心酸。

0 5 3 6 5 235 | 1·7 6 3 2 5 3 6 | 5 5 6 7 6 5) | 5 5 3 2 3 2 7 |
湖广

6 6 6 5 7 6 | 5 - (5·6 5 6 | 7 6 2 3 2 6 7 6 | 5 3 5 2 5 3 6 |

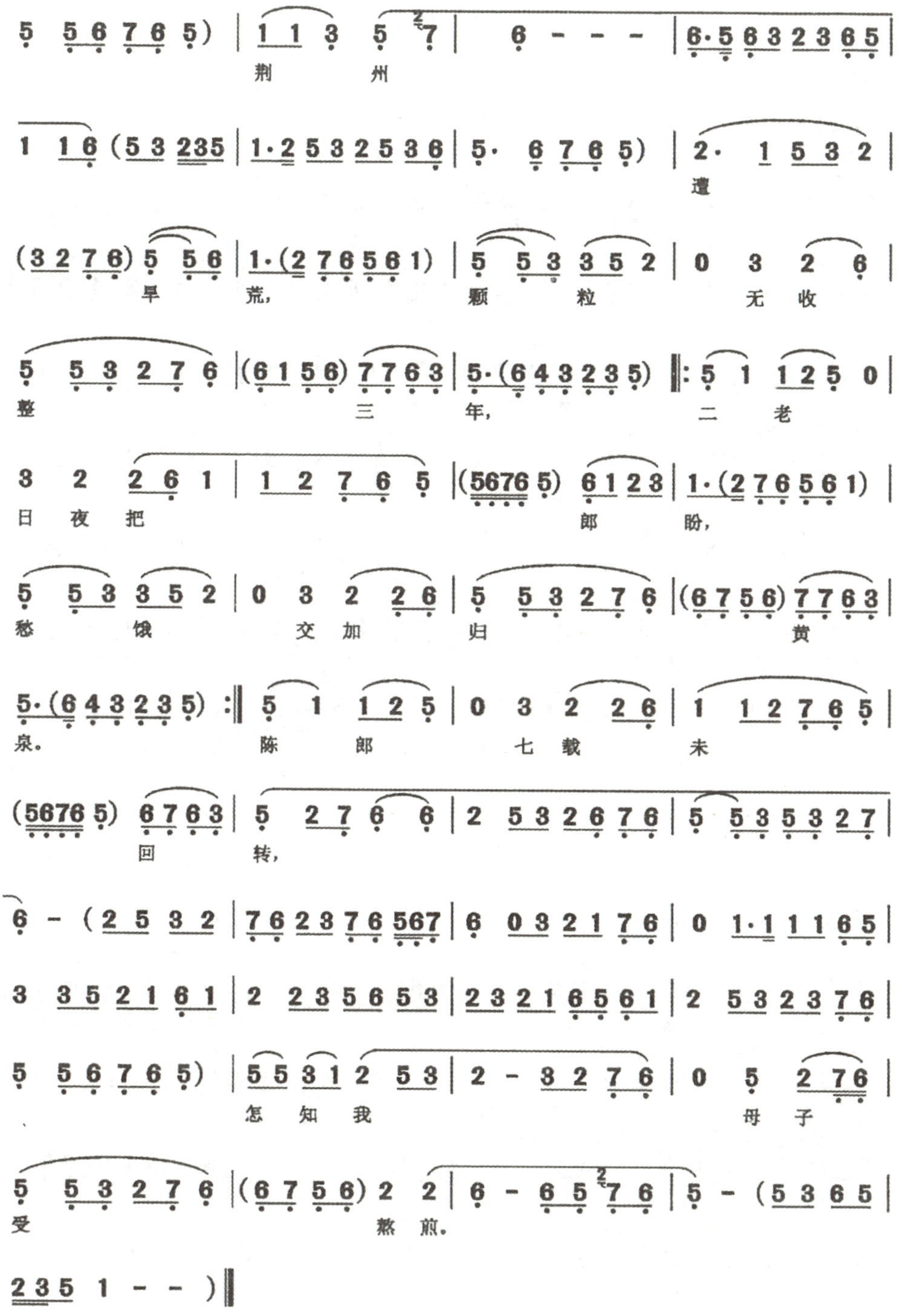

5 5 6 7 6 5) | 1 1 3 5 7 | 6 - - - | 6·5 6 3 2 3 6 5 |

荆 州

1 1 6 (5 3 235 | 1·2 5 3 2 5 3 6 | 5· 6 7 6 5) | 2· 1 5 3 2 |

遭

(3 2 7 6) 5 5 6 | 1·(2 7 6 5 6 1) | 5 5 3 3 5 2 | 0 3 2 6 |

旱 荒, 颗 粒 无 收

5 5 3 2 7 6 | (6 1 5 6) 7 7 6 3 | 5·(6 4 3 2 3 5) ‖: 5 1 1 2 5 0 |

整 三 年, 二 老

3 2 2 6 1 | 1 2 7 6 5 | (5676 5) 6 1 2 3 | 1·(2 7 6 5 6 1) |

日 夜 把 郎 盼,

5 5 3 3 5 2 | 0 3 2 2 6 | 5 5 3 2 7 6 | (6 7 5 6) 7 7 6 3 |

愁 饿 交 加 归 黄

5·(6 4 3 2 3 5) :‖ 5 1 1 2 5 | 0 3 2 2 6 | 1 1 2 7 6 5 |

泉。 陈 郎 七 载 未

(5676 5) 6 7 6 3 | 5 2 7 6 6 | 2 5 3 2 6 7 6 | 5 5 3 5 3 2 7 |

回 转,

6 - (2 5 3 2 | 7 6 2 3 7 6 567 | 6 0 3 2 1 7 6 | 0 1·1 1 1 6 5 |

3 3 5 2 1 6 1 | 2 2 3 5 6 5 3 | 2 3 2 1 6 5 6 1 | 2 5 3 2 3 7 6 |

5 5 6 7 6 5) | 5 5 3 1 2 5 3 | 2 - 3 2 7 6 | 0 5 2 76 |

怎 知 我 母 子

5 5 3 2 7 6 | (6 7 5 6) 2 2 | 6 - 6 5 7 6 | 5 - (5 3 6 5 |

受 熬 煎。

235 1 - -) ‖

（3）浙调

① 男腔

1＝D

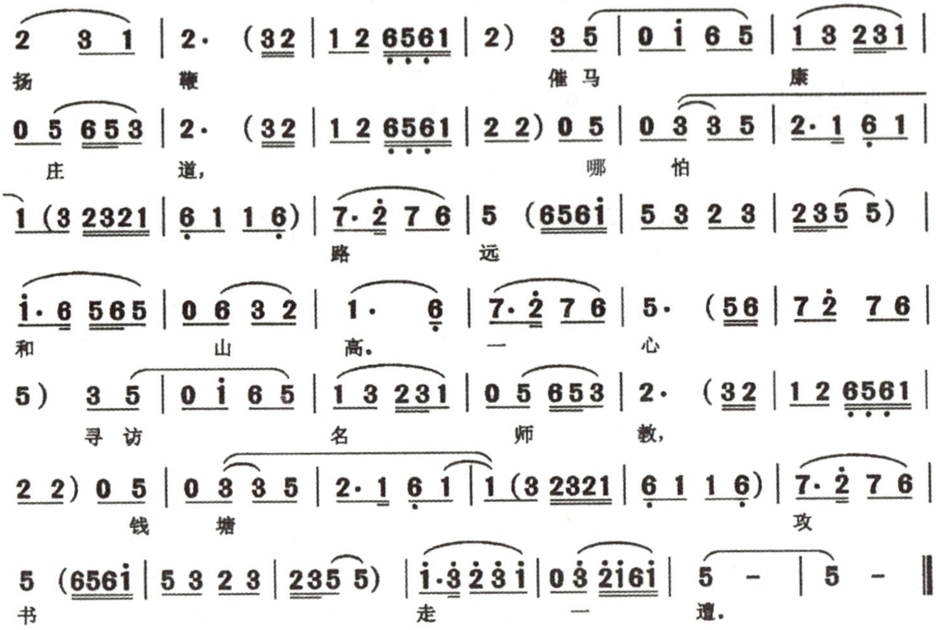

2 3 1 | 2· (32 | 1 2 6561 | 2) 3 5 | 0 1 6 5 | 1 3 231 |
扬 鞭 催马 康

0 5 653 | 2· (32 | 1 2 6561 | 2 2) 0 5 | 0 3 3 5 | 2·1 6 1 |
庄 道, 哪 怕

1 (3 2321 | 6 1 1 6) | 7·2 7 6 | 5 (6561 | 5 3 2 3 | 235 5) |
路 远

1·6 565 | 0 6 3 2 | 1· 6 | 7·2 7 6 | 5· (56 | 72 76 |
和 山 高。 一 心

5) 3 5 | 0 1 6 5 | 1 3 231 | 0 5 653 | 2· (32 | 1 2 6561 |
寻 访 名 师 教,

2 2) 0 5 | 0 3 3 5 | 2·1 6 1 | 1 (3 2321 | 6 1 1 6) | 7·2 7 6 |
钱 塘 攻

5 (6561 | 5 3 2 3 | 235 5) | 1·3231 | 0 3 2161 | 5 - | 5 - ‖
书 走 一 遭。

② 女腔

1＝D

2 3 1 | 2· (32 | 1 2 6561 | 2) 3 5 | 0 1 6 5 |
阳 春 三 月

1 3 231 | 0 5 653 | 2· (32 | 1 2 6561 | 2 2) 0 5 |
柳 如 烟, 紫

0 3 3 3 | 2· 3 5 | 5 (3 2321) | 1 2 3 | 5 (3561 |
燕 双 双

5 3 2 3 | 235 5) | 1·2 3 5 | 5 5 3 2 | 1 - ‖
飞 眼 前。

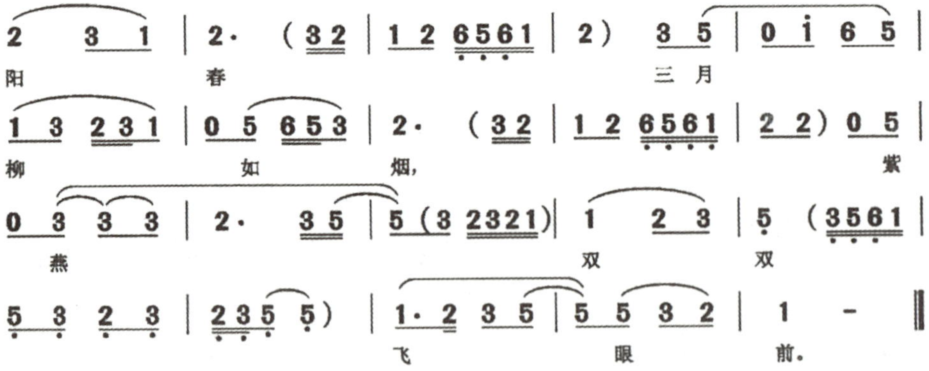

（4）采花调

1＝D

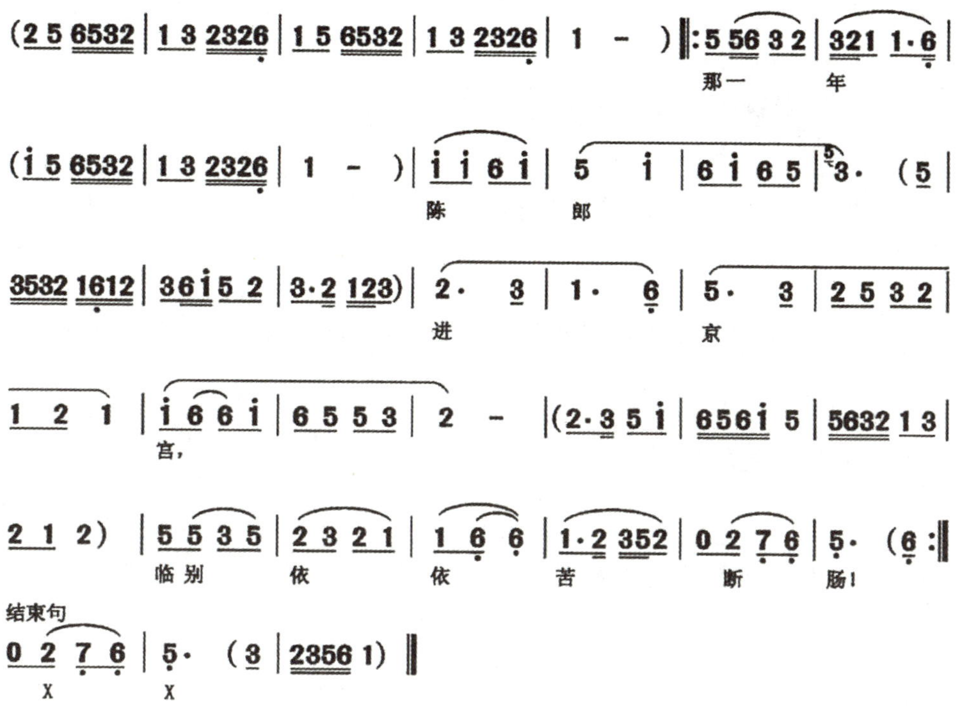

(2 5 6532 | 1 3 2326 | 1 5 6532 | 1 3 2326 | 1 －) ‖: 5 56 3 2 | 321 1·6 |
那一 年

(i 5 6532 | 1 3 2326 | 1 －) | i i 6 i | 5 i | 6 i 6 5 | 3· (5 |
陈 郎

3532 1612 | 36i 5 2 | 3·2 123) | 2· 3 | 1· 6 | 5· 3 | 2 5 3 2 |
进 京

1 2 1 | i 6 6 i | 6 5 5 3 | 2 － | (2·3 5 i | 656i 5 | 5632 1 3 |
宫，

2 1 2) | 5 5 3 5 | 2 3 2 1 | 1 6 6 | 1·2 352 | 0 2 7 6 | 5· (6 :‖
临别 依 依 苦 断 肠！

结束句

0 2 7 6 | 5· (3 | 2356 1) ‖
X X

（5）南词

① 女腔

1＝D

(3 2 1 12 | 3 6i 5 4 | 3532 1612 | 356i 5 4 | 3 －) | 3 i 6 |
燕

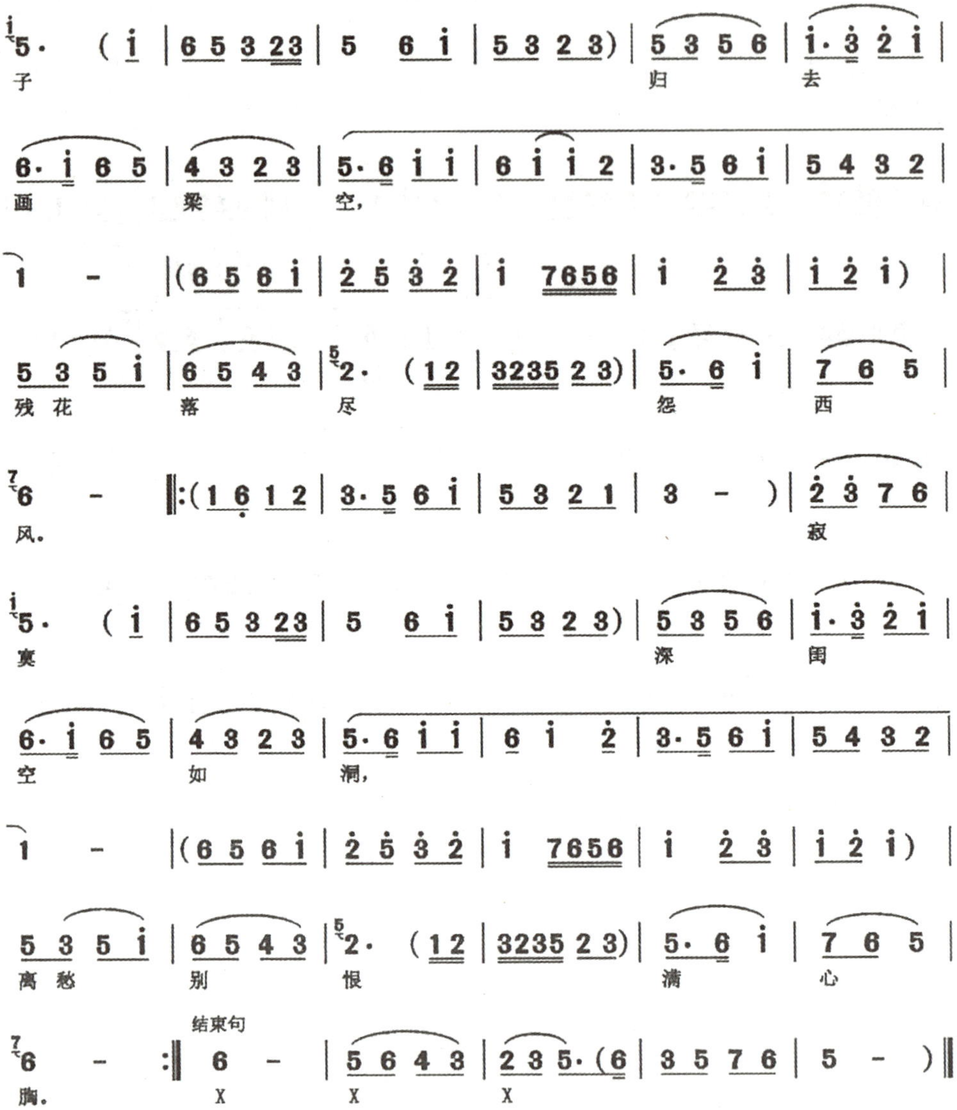

5· (1 | 6 5 3 23 | 5 6 1 | 5 3 2 3) | 5 3 5 6 | 1· 3 2 1 |
子 归 去

6· 1 6 5 | 4 3 2 3 | 5· 6 1 1 | 6 1 1 2 | 3· 5 6 1 | 5 4 3 2 |
画 梁 空，

1 - | (6 5 6 1 | 2 5 3 2 | 1 7656 | 1 2 3 | 1 2 1) |

5 3 5 1 | 6 5 4 3 | 2· (12 | 3235 2 3) | 5· 6 1 | 7 6 5 |
残花 落 尽 怨 西

6 - ‖: (1 6 1 2 | 3· 5 6 1 | 5 3 2 1 | 3 -) | 2 3 7 6 |
风。 寂

5· (1 | 6 5 3 23 | 5 6 1 | 5 3 2 3) | 5 3 5 6 | 1· 3 2 1 |
寞 深 闺

6· 1 6 5 | 4 3 2 3 | 5· 6 1 1 | 6 1 2 | 3· 5 6 1 | 5 4 3 2 |
空 如 洞，

1 - | (6 5 6 1 | 2 5 3 2 | 1 7656 | 1 2 3 | 1 2 1) |

5 3 5 1 | 6 5 4 3 | 2· (12 | 3235 2 3) | 5· 6 1 | 7 6 5 |
离愁 别 恨 满 心

结束句

6 - :‖ 6 - | 5 6 4 3 | 2 3 5· (6 | 3 5 7 6 | 5 -) ‖
胸。 X X X

(3)剧目

《访贤》《说乔》《贺屋》《反昭关》《芦花荡》《凤凰山》《长坂坡》《七星剑》《下南唐》《鱼肠剑》《焚鹿台》《界牌关》《天门阵》《铁笼山》《祭风台》《东川图》《夺成都》《破西湖》《破洪州》《借东风》《破洛阳》《黄鹤楼》《三进士》《捡芦柴》《碧桃花》《龙凤阁》《杨家将》《莲台山》《串龙珠》《铡美案》《打龙袍》《双龙台》《破宛城》《大登殿》《天水关》《打龙蓬》《吕布戏貂蝉》《昭君和番》《辕门斩子》《四郎探母》《破摩天岭》《水淹七军》《太君辞朝》《李广发兵》《监牢别子》《花园得子》《堆花天官》《魁星点斗》《程咬金上寿》《诸葛亮吊孝》《穆桂英挂帅》《郭子仪拜寿》《大破天门阵》《酒醉桃花宫》等。

(4)剧本、剧照

图 1－12　土塘镇弹腔老艺人刘全亮(已故)、冯孟说演出手抄本(余坚　摄)

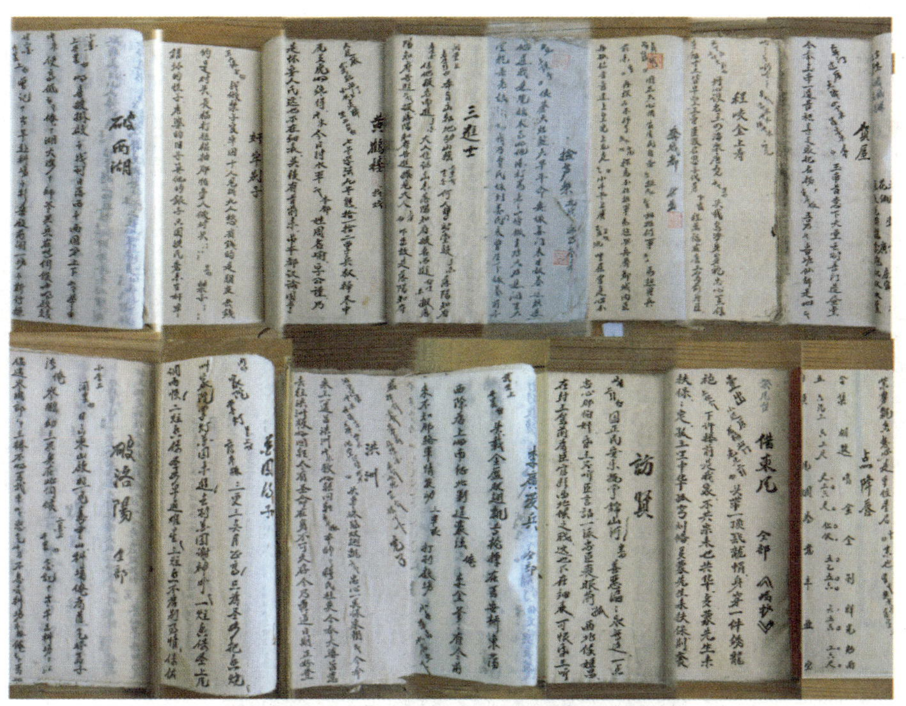

图 1－13　冯孟说演出弹腔剧本首页(刘章高　摄)

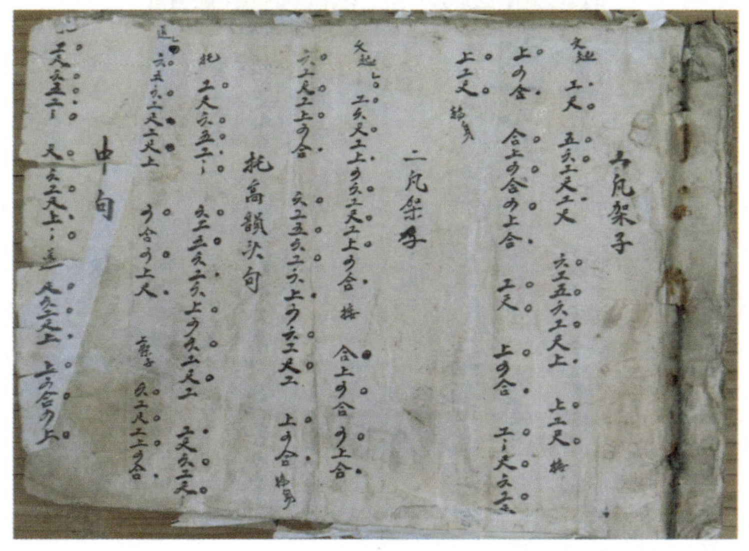

图 1－14　赣剧弹腔尺工曲谱——土塘镇弹腔剧团冯孟说演奏本(刘章高　摄)

图 1－15　2016 年 12 月，土塘镇业余弹腔剧团演出《四郎探母》。（汪志勇　摄）

图 1－16　赣剧《魁星点斗》（张驰　摄）

图 1－17　2017 年春节，苏山乡袁如岗湾村业余赣剧团演出《三司会审》。

5. 黄梅戏

都昌县黄梅戏剧团风雨六十年

1955 年 10 月，安徽省怀宁县高河乡老艺人张光友带了一个二十余人的黄梅戏流动戏班子，携带三只戏箱，进江西经鄱阳一路演出来到都昌。由于行当较齐，初具规模，台风严谨，深受观众欢迎。

他们到都昌的首场演出是传统剧目《送香茶》，都昌观众交口称赞，历时几天的演出轰动了县城。县委书记王仲发等主要领导人非常重视和支持，决定将该黄梅戏班留下，并以此戏班为基础，于 1956 年 2 月 28 日，创办了“都昌县地方国营和声黄梅戏剧团”。全团演职员由 23 人增加到 42 人，人人佩戴着圆形“都昌县地方国营和声黄梅戏剧团”的金属徽章，紫红底色，白色字样。剧团安置在县城詹家祠堂，县委调何盛生同志任剧团团长，又从县文化馆抽调了刘德华任剧团导演，添置了大批服装、道具、行头，制订了各种规章制度，演职员工资正式列入国家财政预算。从此，黄梅戏就在都昌安家落户了。

1957 年 9 月，都昌县黄梅戏剧团与湖口县黄梅戏剧团合并，多余人员做了妥善安置。1958 年 10 月，都昌县高腔戏剧团 19 位骨干演员上调组建“江西省古典戏曲实验剧团”后，1959 年 4 月，都昌县委决定再次组建黄梅戏剧团，将原都昌黄梅戏剧团的张器美（老生）、胡少焜（小丑）、江翠芳（青衣旦）、朱云山（琴师）等调回都昌，招收了一批新学员，一边培训，一边排戏，采取双管齐下的速成训练法。仅半年时间，剧团就排练演出了大型黄梅戏《天仙配》为庆祝中华人民共和国成立十周年献演，受到观众一致好评。尔后，剧团又排练演出了《女驸马》《曹正邦逃难》等剧目，深入都昌乡镇和偏僻山区为群众演出，深受欢迎。

由于历史的原因，都昌黄梅戏剧团几经易名。1968 年“文革”期间，都昌县黄梅戏剧团改名为“毛泽东思想宣传队”，成为一支“紧跟形势、配合中心”为政治服务的艺术表演队伍。宣传队共 18 人，演出一些说唱、歌舞、现代小戏和样板戏选段等，跑遍都昌的山山岭岭，宣传演出。原剧团 50 多人绝大多数于 1968 年 12 月 5 日下放农村。

1972 年 10 月，由于普及革命样板戏的需要，县革委会决定将“毛泽东思想宣传队”更名为“都昌县文艺工作团”，从全县农村文艺会演和下放在都昌的文艺工作者中，挑选了一批优秀青年，扩充了演出团队，以“革命精神”赶排并演出了黄梅戏、赣剧、京剧、越剧、歌舞、曲艺等节目。1977 年，“文革”结束，都昌县黄梅戏剧团得以恢复，但俊华任剧团恢复后的第一任团长。尽管剧团的名称频繁更换，但在各个历史时期和党的各项中心工作中，剧团自始至终坚持“两为方向”和“双百方针”，为社会主义精神文明建设立下了汗马功劳，也在都昌县戏曲发展史上增添了光辉的一页。

自 1959 年至 1982 年年底，都昌县黄梅戏剧团共排演了(包括传统戏)移植、创作的大、中、小型古装戏和现代戏共二百余出。以长江中下游为核心巡回演出区域，上至武汉，下至南京，演出点归纳为“四省十一市十八县”。四省即江西、湖北、安徽、江苏；十一市为九江、南昌、鹰潭、景德镇、武汉、鄂城、黄石、安庆、铜陵、马鞍山、南京；十八县为丰城、余江、余干、乐平、鄱阳、彭泽、湖口、瑞昌、武宁、修水、德安、阳新、蕲春、浠水、望江、怀宁、含山、漂水(其中乐平、丰城今已设市，余江划入鹰潭为区)。所到乡镇级演出点，数以百计。

1961 年至 1963 年，是都昌县黄梅戏剧团演出质量和数量最佳时期。全团演职员 79 人，人气也是高峰期。当时演出的大型古装历史剧《杨门女将》，文武兼优，文戏帅，武戏棒，三十六股档打得出色。小演员金小玉一排小翻达 39 个，轰动了江西、湖北的所有戏场，博得观众雷动般的喝彩！在阳新演出，场场爆满，演到哪里，红到哪里，观众交口称赞：“这个剧团演得太好了！”

1984年后，全国戏曲形势每况愈下。至1990年8月，走过了六十年风雨的都昌县黄梅戏剧团被撤销。

黄梅戏虽然不是都昌土生土长的剧种，但在都昌活动之久、影响之深，却是妇孺皆知。以至该剧团解散近三十年，都昌人民还是对黄梅戏一往情深。每逢佳节和庆典，唱黄梅戏的人忙得几欲分身。城乡里弄，谁都能哼得几曲，娱为自乐。

都昌县黄梅戏剧团风雨六十年，为都昌的文艺繁荣、为都昌的戏曲发展、为都昌群众文化生活的丰富，做出了巨大贡献。

（詹玉新）

二、民间歌曲

都昌民歌概述

都昌民歌，题材广泛，反映了历史社会人们的生活面貌。其中，有表现生产的、自然的、生活的，有表现苦楚、爱情、理想、娱乐等诸多“嗟叹”的。都昌民歌还是上古《诗经》的活化石：《诗经》里的“风”就是民歌，今人仍叫“采风”；《诗经》里的四字句，还保留在都昌民歌中；《诗经》里的“无使尨也吠”，演变成都昌民歌中的“莫等黄狗闹昏昏”……

古代依水而居之域便是最发达地区，由是，都昌民歌便将江浙、中原之音兼收并蓄。千百年来，千百首歌，融合成主体本土兼容外域的都昌民歌。《打花鼓》《八段锦》都是“外来民歌”，却在都昌娴熟乡间。都昌本土民歌灿若云锦：由《姑嫂望郎》填词的《奉香茶》，1980 年唱进中南海并获奖；《红绣鞋》《十绣都昌》《大姑娘》等多个节目，分别于 1959 年、1960 年、1979 年、1983 年参加全国或全省、全市会演并获奖；《四季相思》《十月想郎》《栀子打花》的情音之美令一代代人陶醉……

1979 年 7 月，国家艺术科研重点项目“中国民间歌曲集成”编辑启动，11 月，“九江地区民歌演唱会”在都昌召开，这犹如一只号角，唤醒了沉睡多年的都昌民歌。县文化馆袁荣、陈印昌、刘章高等人收集整理了一百多首民歌，都昌代表队获会演优胜单位奖，上述三人被评为先进个人。翌年，刘章高编出《都昌民歌》二集，中国音协江西分会授以收集整理工作“突出贡献奖”。此后十多年，刘章高、陈忱、李大志等人，深入都昌各地继续收集整理了数百首民歌并刻印成册。2009 年 3 月，刘章高将个人收集整理的都昌民歌、民舞、戏曲、民间文学结集成《群众文化理论与实践》一书，由大众文艺出版社出版发行。时任江西省文化厅厅长、省委宣传部副部长李玉英亲写序文，高度肯定了该书的文化价值。该书为都昌县第一本公开发行的本土文化专集。

盲艺人黄昌冬（1922—1998）回忆：晚清时期，土塘乡人陈文轩在都昌镇开设学堂，擅音律和歌赋，闲暇之余，常哼唱一些民间小调。自己就读于他的私塾，因而学唱了不少民歌。

都昌民歌造就了大批优秀民歌手，黄昌冬、袁荣、舒传西、曹英仙、邵爱琴等都是当代杰出者。

都昌民歌的《姑嫂望郎》《奉香茶》《禾秆杪上出黄金》《养牛歌》《月儿圆圆花烛开》《嚎船歌》《散花调》等 15 首，1992 年录入《中国民间歌曲集成》。

（刘章高）

1. 号子

抬杠号子

1=G $\frac{2}{4}$

都昌土塘

2·2 5 3 2 …… | 2 26 2 6 5 …… | 3· 5 i i i 5 …… |

（领）三 月 天 气 暖 洋 洋， 抬 工 十 里

2 32 1 …… ‖: 中速 1 16 1 16 | 5· 3 2 | 3 32 3 1 | 2 - |

大 开 腔。 同志 们哪 （合）依 哟！（领）加油 干哪 （合）哟！

（领）同志 们哪 （合）依 哟！（领）努力 干哪 （合）哟！

（领）努力 干者 （合）依 哟！（领）齐心 走呀 （合）哟！

（领）同志 们哪 （合）依 哟！（领）加油 干哪 （合）哟！

2 23 2 3 | 2·1 1 6 | 6 63 2 16 | 5 - :‖ 2· 3 5 |

(领)齐心 干上 (合)哎 哟！(领)合同 力呀 (合)哟！

(2323 2323 | 2 16 10 | 161 61 | 32 16 | 6 2 3)

（领）西星奴奴 星星那那（合）响应 啊！（领）响应 党的（合）哎哟！（领）大号召呀 （合）哟！

(领)猛吹 红花 (合)哎 哟！(领)大红 香哎 (合)哟！

(领)齐心 努力 (合)哎 哟！(领)扛上 劲哎 (合)哟！ (领)哎 哟！

3· 2 1 | 6 61 6 1 | 2 16 5 | 5· 0 ‖

(合)依 咳 哟！ 努 力 干 哪 呀 咳 哟！

此号子词可依劳动实情随编，曲调也可做小的演唱变化。 （冯家任 唱 李俊、刘章高 记）

打夯号子

1=E $\frac{2}{4}$

都昌土塘

中速

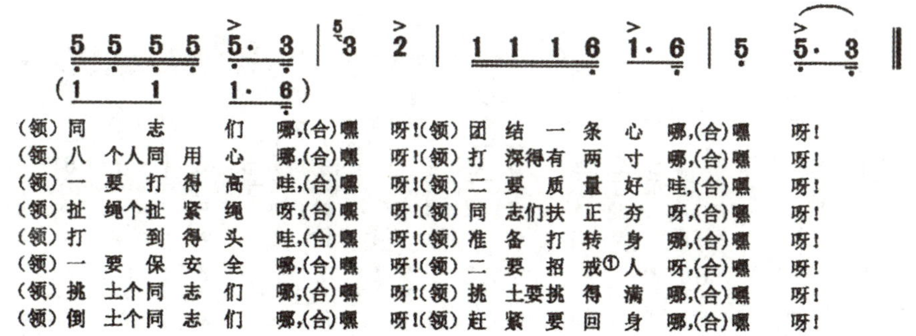

5 5 5 5 5· 3 | 3 2 | 1 1 1 6 1· 6 | 5 5· 3 ‖

(1 1 1· 6)

（领）同 志 们 哪，(合)嘿 呀！(领) 团 结 一 条 心 哪，(合)嘿 呀！

（领）八 个人同 用 心 哪，(合)嘿 呀！(领) 打 深得有 两 寸 哪，(合)嘿 呀！

（领）一 要 打 得 高 哇，(合)嘿 呀！(领) 二 要 质 量 好 哇，(合)嘿 呀！

（领）扯 绳个扯 紧 绳 呀，(合)嘿 呀！(领) 同 志们扶 正 夯 呀，(合)嘿 呀！

（领）打 到 得 头 哇，(合)嘿 呀！(领) 准 备 打 转 身 哪，(合)嘿 呀！

（领）一 要 保 安 全 哪，(合)嘿 呀！(领) 二 要 招 戒①人 呀，(合)嘿 呀！

（领）挑 土个同 志 们 哪，(合)嘿 呀！(领) 挑 土要挑 得 满 哪，(合)嘿 呀！

（领）倒 土个同 志 们 哪，(合)嘿 呀！(领) 赶 紧 要 回 身 哪，(合)嘿 呀！

① 招戒：都昌方言，即注意、留神，使不出事故。 （周时良 唱 李俊、刘章高 记）

此号子曲调在打夯、搬运等劳动时都可唱，其词根据劳动场面随编。

2. 山歌

过山丢

1=C $\frac{4}{4}$ 都昌土塘

稍慢、自由地

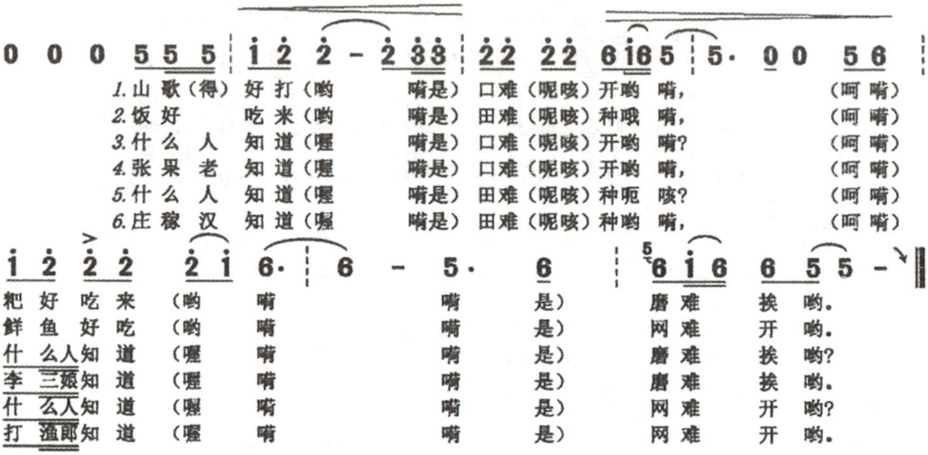

0 0 0 5 5 5 | 1 2 2 - 2 3 3 | 2 2 2 2 6 1 6 5 | 5· 0 0 5 6 |

1.山歌（得）好打（哟 啃是）口难（呢咳）开哟 啃，（呵 啃）
2.饭好 吃来（哟 啃是）田难（呢咳）种哦 啃，（呵 啃）
3.什么人 知道（喔 啃是）口难（呢咳）开哟 啃？（呵 啃）
4.张果老 知道（喔 啃是）口难（呢咳）开哟 啃，（呵 啃）
5.什么人 知道（喔 啃是）田难（呢咳）种呃 咳？（呵 啃）
6.庄稼汉 知道（喔 啃是）田难（呢咳）种哟 啃，（呵 啃）

1 2 2 2 2 1 6· | 6 - 5· 6 | 6 1 6 6 5 5 - ‖

粑好吃来（哟 啃 啃 是）磨难 挨 哟。
鲜鱼好吃（哟 啃 啃 是）网难 开 哟。
什么人知道（喔 啃 啃 是）磨难 挨 哟？
李三娘知道（喔 啃 啃 是）磨难 挨 哟。
什么人知道（喔 啃 啃 是）网难 开 哟？
打渔郎知道（喔 啃 啃 是）网难 开 哟。

（李咸贵 唱 刘章高 记）

此歌原是长工所唱，感情深沉，往往一人起唱众人和，穿垅过畈，互相对答。歌词原是叹劳动人民之苦，也可另选内容无限地唱下去。这是都昌一支广为流传的山歌。

隔条河水唱山歌

1=A $\frac{2}{4}$ 都昌县

中速稍快

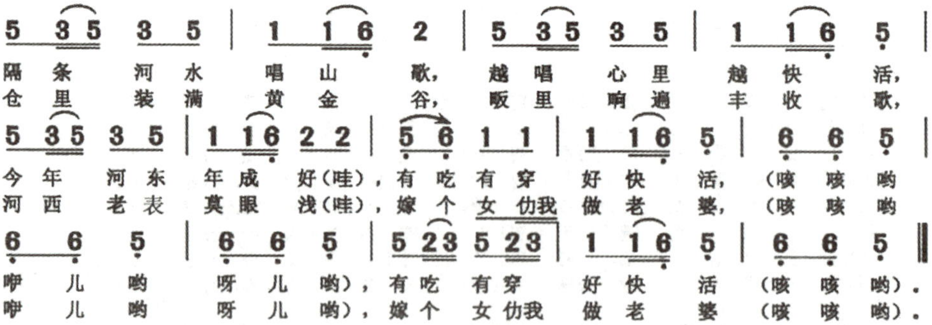

5 3 5 3 5 | 1 1 6 2 | 5 3 5 3 5 | 1 1 6 5 |

隔条 河水 唱山 歌，越唱 心里 越快 活，
仓里 装满 黄金 谷，畈里 响遍 丰收 歌，

5 3 5 3 5 | 1 1 6 2 2 | 5 6 1 1 | 1 1 6 5 | 6 6 5 |

今年 河东 年成 好（哇），有吃 有穿 好快 活，（咳 咳 哟
河西 老表 莫眼 浅（哇），嫁个 女仂我 做老 婆，（咳 咳 哟

6 6 5 | 6 6 5 | 5 2 3 5 2 3 | 1 1 6 5 | 6 6 5 ‖

咿 儿 哟 呀 儿 哟），有吃 有穿 好快 活（咳 咳 哟）。
咿 儿 哟 呀 儿 哟），嫁个 女仂我 做老 婆（咳 咳 哟）。

（高道理 唱 袁荣 记）

养牛歌[1]

都昌县

（一）

1＝D

中速

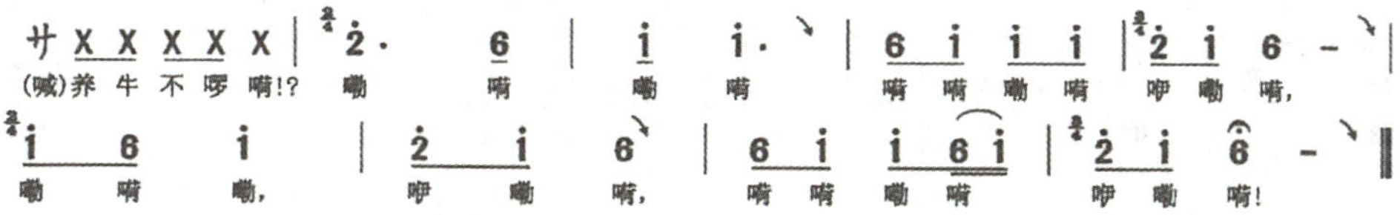

卄 X X X X X	2/4 2· 6	i i·	6 i i i	2/4 2 i 6 －
（喊）养牛不啰嗬!?	嘞 嗬	嘞 嗬	嗬 嗬 嘞 嗬	咿 嘞 嗬，

2/4 i 6 i	2 i 6	6 i i 6 i	2/4 2 i 6 －
嘞 嗬 嘞，	咿 嘞 嗬，	嗬 嗬 嘞 嗬	咿 嘞 嗬！

（二）

1＝D

快速

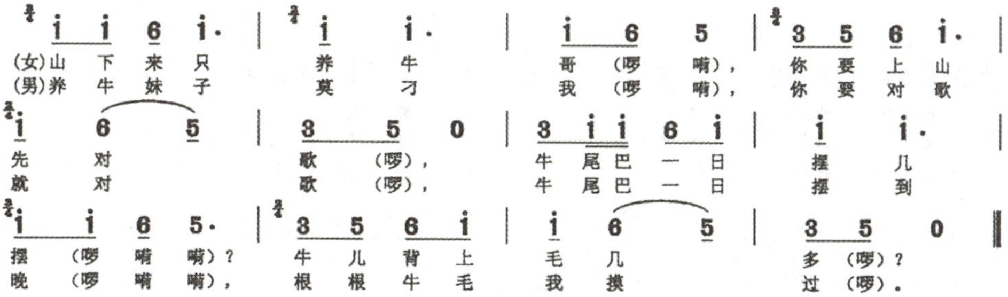

2/4 i i 6 i·	2/4 i i·	i 6 5	2/4 3 5 6 i·
（女）山 下 来 只	养 牛	哥 （啰 嗬），	你 要 上 山
（男）养 牛 妹 子	莫 刁	我 （啰 嗬），	你 要 对 歌

2/4 i 6 5	3 5 0	3 i i 6 i	i i·
先 对	歌 （啰），	牛 尾 巴 一 日	摇 儿
就 对	歌 （啰），	牛 尾 巴 一 日	摇 到

2/4 i i 6 5·	2/4 3 5 6 i	i 6 5	3 5 0
摇 （啰 嗬 嗬）？	牛 儿 背 上	毛 几	多 （啰）？
晚 （啰 嗬 嗬），	根 根 牛 毛	我 摸	过 （啰）。

（谢有才 唱 陈忱 记 陈印昌 整词）

① 这是牧童邀伴一起出牧时即兴编唱的歌。

（三）

1＝D

慢速

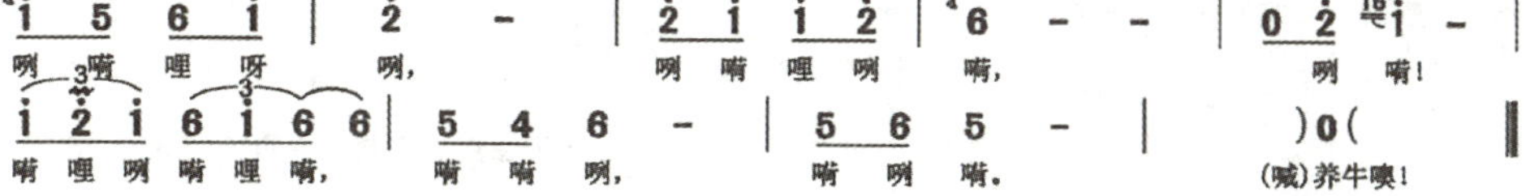

2/4 i 5 6 i	2 －	2 i i 2	2/4 6 － －	0 2 i －
咧 嗬 哩 呀	咧，	咧 嗬 哩 咧	嗬，	咧 嗬！

i 2 i 6 i 6 6	5 4 6 －	5 6 5 －	）0（
嗬 哩 咧 嗬 哩 嗬，	嗬 嗬 咧，	嗬 咧 嗬。	（喊）养牛噢！

（但俊华 唱 陈忱 记）

养牛：养，读去声；养牛，放养的意思。牧童出牧，骑在牛背上与同伴同唱。此歌又叫《咧咧嗬》。

（四）

1=C $\frac{2}{4}$

中速

养 牛 罗 罗 罗， 牛 儿 满 山 坡，

清 早 到 流 河， 露 水（嘛）脚 板 拖。

（冯爱珍 唱　刘章高、李俊 记）

禾秆杪上出黄金

1=F　（过山丢）①　都昌县

高亢、宽广

甲

1.山 歌（哎 嘀） 好 唱（哎 咳 哎 咳 哎 咳 呜 呜 哎 嘀）
2.白 米（哎 嘀） 好 吃（哎 咳 哎 咳 哎 咳 呜 呜 哎 嘀）
3.田 里（哎 嘀） 耘 草（哎 咳 哎 咳 哎 咳 呜 呜 哎 嘀）

口 难（呐 哎） 开（哎 哩） 乙 果 子（哎）（哎）
田 难（呐 哎） 种（哎 哩） 发 粑②（哎）（哎）
田 里（呐 哎） 净（哎 哩） 禾 秆（哎）（哎）

好 吃（噢 嘀 嘀 噢 嘀 呜 呜 哎 咳）
好 吃（噢 嘀 嘀 噢 嘀 呜 呜 哎 咳）
杪 上（噢 嘀 嘀 噢 嘀 呜 呜 哎 咳）

树（哎 哎）难（呐） 栽（哟）。 甲 1.2.（哎）
磨（哎 哎）难（呐） 挨（哟）。 （哎）
出（哎 哎）黄（呐） 金（哟）。

（王巨煌、王弟坤 唱　陈忱 记）

① 过山丢：此歌演唱时，甲先唱乙处，乙紧接唱，乙唱至甲处又由甲接唱，这是此歌演唱的特点。耕禾时，垅畈中，歌声此起彼伏。
② 发粑：米粉做的圆形馒头。

山歌好唱难起头

1＝D　　　　　　　　　　　　都昌春桥

稍慢

廿 5 5· 5 6· ┆ 6 2 2 － 2 2 ┆ 2 1· 1 5· ┆ 1 5 6 5 － ┆

山歌好唱难起头（噢 嗬），铁匠难打钓鱼（噢）钩，

6 2 2 1· 1 ┆ 5 6 5 － ┆ 1 5 6 5 5 ┆ 0 5 5 5 － 6 ┆

瓦匠难烧琉璃瓦（啰），木匠难做（我是）跑马

2 － 2 2 ┆ 2 1 1 1 5 0 6 ┆ 1 5 6 5 － ‖

楼（噢 嗬），情姐难梳凤凰（噢）头。

（游义贩 唱　陈忱、李俊 记）

不会唱歌跟我学

1＝D $\frac{2}{4}$　　　　　　　　　　　　都昌大港

稍快 活泼 风趣

3 5 5 6 | 2 1 1 | 1 1 3 5 | 3 0 1 6 | 1· 6 5 |

栀子开花叶儿落，不会唱歌跟我学（哎）

会栽禾会编歌，我的肚里都是歌（哎）

1 1 6 1 | 6 1 6 5 | 3 3 3 5 6 | 2· 1 1 | 0 1 3 1 |

学歌不用把礼送（哎）一日教会一箩歌，你初一

3 5

一日能学几大箩（哎）你有本事把歌台上，你冇有

3 1 6 | 5 6 1 | 6 5 0 ‖

十五来打拜我（哩）。

本事就莫刁我（哩）。

（王斗坤 唱　陈忱、陈印昌、段谟希 记）

第二段原词是：会唱歌、会拣歌，会织绫罗会抛梭，会做生意长街跑，会打官司银钱多，你冇有银钱莫刁我。

唱支山歌开秧门

1＝D　　　　都昌中馆

自由速度

（呜喂）　南垅（呐）北畈（喂）（哎咳哦喂）　梨耙（呐呜喂）响（喂），唱起（呐）（哎　咳）山歌（喂）（哎咳呜）（喂）开（喂）（哎　嗨）（哎　嗨）秧（啰）门（喔）。

（呜喂）　唱得（呐）春来（喂）（哎咳哦喂）　满田（呐呜喂）绿（喂），唱得（呐）（哎　咳）秋来（喂）（哎咳呜）（喂）五（喂）（哎　嗨）（哎　嗨）谷（啰）丰（喔）。

（余小田　唱　袁荣　记　陈印昌　整词）

我打长工好不难[①]

1＝G $\frac{5}{8}$　　　　都昌张岭

长工唱：日头哥哥，快下山（呐），我打长工好不难（呐），一日三餐麦米饭（呐），一粒豆豉渗[②]三餐（哪）。

地主唱：日头哥哥莫下山（呐），我请长工好不难（呐），一日三餐白米饭（呐），一刀腌肉渗三餐（哪）。

（江德发　唱　陈忱　记）

① 好不难：即很难。
② 渗：吃饭时用小菜下饭。

一阵日头一阵阴

1＝D $\frac{2}{4}$　　　　　　　　　　　　　　　　　　都昌大港

6 5 6 1̇ | 2̇ 3̇ 2̇ 3̇ | 1̇ 2̇ 2̇ 1̇ | 6 6· | 1̇ 1̇ 3̇ 5 |

1.一 阵 日	头 （呀）	一 阵 （啰）	阴 （啰），	我 郎 今
2.我 郎 问	我 （啰）	喜 什 （啰）	么 （呵），	下江 的 东
3.上 身 买一	件 （啰）	蓝 绫 （啰）	袄 （呵），	下 身 买一
4.一 对 金	环 （哟）	耳 上 （呵）	挂 （呵），	一 副 玉
5.买 盒 水	粉 （哟）	搽 上 （哟）	脸 （哟），	再 买 胭
6.东 西 买	来 （哟）	巧 打 （哟）	扮 （哟），	排 排 场
7.郎 说 东	西 （哟）	都 买 （哟）	全 （哟），	问 我 若
8.我 在 家	中 （哟）	巧 刺 （哟）	绣 （哟），	鸳 鸯 荷
9.等 郎 南	京 （哟）	回 家 （哟）	转 （哟），	献 给 我

6 6 1̇ | 5 6 6 5 | 5 － ‖

天 （呵）	下 南 （啰）	京。
西 （呵）	爱 煞 （啰）	人。
条 （哟）	百 褶 （啰）	裙。
镯 （哟）	戴 双 （呵）	手。
脂 （呵）	点 嘴 （哟）	唇。
场① （呵）	让 郎 （哟）	亲。
个② （呵）	报 郎 （哟）	情。
包 （呵）	绣 真 （哟）	情。
郎 （呵）	一 片 （哟）	心。

（石凤英　唱　陈忱　记　罗文　整词）

① 排排场场：即漂漂亮亮。
② 若个：怎样。

远望娇姐一朵云

1＝C　　　　　　　　　（过山丢）　　　　　　　　　都昌和合

稍慢　节奏自由

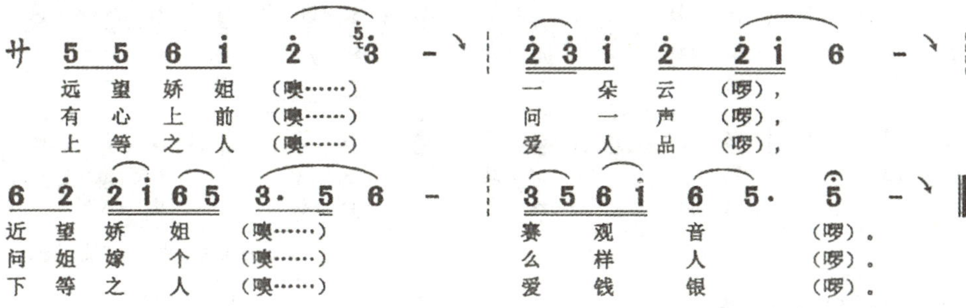

（张通定　唱　陈忱　记）

绣花手巾包新茶

1＝A $\frac{2}{4}$ $\frac{3}{4}$

都昌苏山

头一次 进园采新茶，哥在园外把茶夸，姐（哟）茶嫩好比姐样嫩，片片嫩茶难比姐姐美似花。

二一次 进园采新茶，姐把绣花手中拿，姐（哟）绣花手巾姐手绣，包起新茶送到那哥哥家。

（胡清华 唱 江新农 记 陈印昌 整词）

想姐歌

1＝A $\frac{2}{4}$

都昌县

中速

想姐想得心里焦（噢），三餐淡饭要茶淘（噢），想姐吃饭打破了碗（呐），走路想姐我打闪了腰①（噢）一心想和姐姐交②（噢）。

脚酸手软上高山（噢），四两灯草也难担（噢），隔山听见姐说话（呐），一气跑过了（哦）九重山（噢）去时容易回头难（噢）。

（杨正舍 唱 陈忱 记）

① 打闪了腰：即扭了腰。
② 相交：谈恋爱。

3. 小调

绣都昌

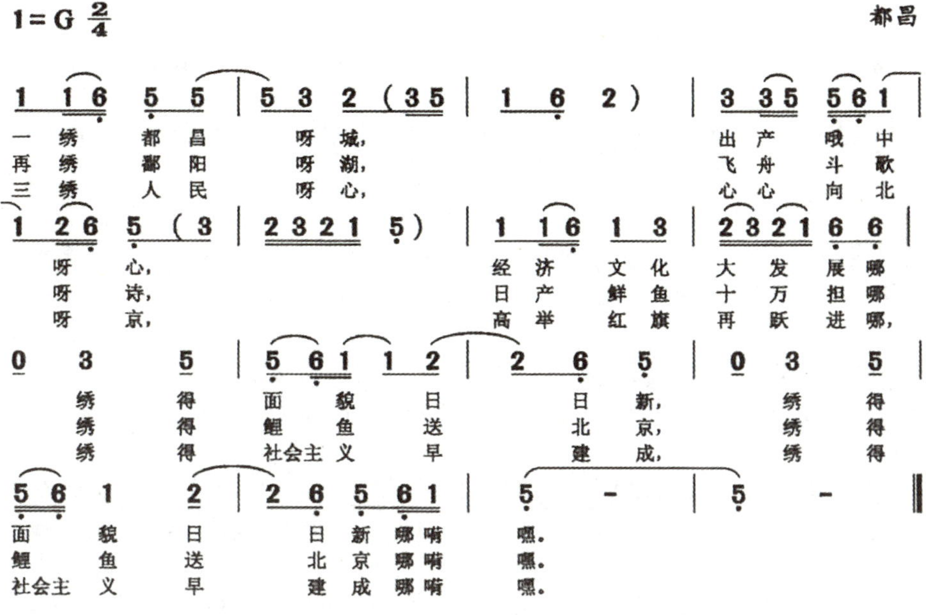

（张杏花　填词　水工　记）

原曲《绣广东》

妇女忙

1=C 2/4　　　　　　　　　　　　都昌春桥

稍快

3 5 3 5 | 6 i 6 3 5 | 6 i i 6 | i 2 2 i 6 | i · 6 5 | i 6 i 2 |

妇女妇女　真 好 忙 呀, 又是么 煮饭洗衣 裳 呀,（依 呀 嗬,

妇女妇女　真 好 忙 呀, 手 拿 秧把去插 秧 呀,（依 呀 嗬,

妇女妇女　真 好 忙 呀, 晚 上 读书上学 堂 呀,（依 呀 嗬,

妇女妇女　真 好 忙 呀, 不 做 牛马把家 当 呀,（依 呀 嗬,

i 3 2 | i i i i 5 | 6 i 6 i | 2 i 6 · 5 | i 6 5 | 3 2 3 5 ‖

呀 嗬 咳） 又是(么)煮 饭 洗 衣 裳 呀（呀 嗬 咳 依 呀嗬 咳）。

呀 嗬 咳） 手拿(么)秧 把 去 插 秧 呀（呀 嗬 咳 依 呀嗬 咳）。

呀 嗬 咳） 晚上(么)读 书 上 学 堂 呀（呀 嗬 咳 依 呀嗬 咳）。

呀 嗬 咳） 不做(么)牛 马 把 家 当 呀（呀 嗬 咳 依 呀嗬 咳）。

（余艳英　唱　刘章高　记）

大姑娘

1=F $\frac{2}{4}$

都昌

5 3 3 | 5 3 3 | 5 3 3333 | 5 33 3 | 216 1 | 1 12 5 33 | 5512 3 |
说姑娘，道姑娘，俺里出了一个大姑娘，依呀子哟。要问姑娘怎么样的大？

(5512 3) | 5 5 1 2 | 3·(2 3 3) | 5 32 653 | 5326 1 |(1656 123 | 2612 1) |
一肩扛座山，一脚拦断一条江。

1 12 3 | 3212 3 | 5332 3·5 | 3312 532 | 5 32 1 3 | 2165 1 | 1 12 3 |
大姑娘，做了一条裤，三十六丈布，七十二个裁缝，三天三夜冇做完。大姑娘，

3212 3 | 6 53 6 53 | 2 36 1 | 1 2 3 | 3213 3 | 3 3 2 3 | 5 – V |
做了一双鞋，破片麻绳用船装。大姑娘，吃了一餐饭，三石六斗米，

5 32 653 | 3256 1 |(1656 123 | 2612 1) | 1· 2 3 | 3212 3 | 5 32 5 32 |
青菜豆腐吃了几大缸。大姑娘，顿了一下脚，震动了鄱阳

216 1 | 1 2 3 | 3212 3 | 5 32 5 32 | 6532 1 |(1656 123 | 2612 1) |
和九江。大姑娘，用的扁担足有九丈九尺九寸长。

6 53 6532 | 1 2 3 3 | 5 32 5 32 | 1 12 3 | 5 32 5 32 | 5 6 1 | 1 2 3 |
对面来了两个大力士呀，一个说是檀香木，一个说是紫檀香。檀香木，

5 6 1 | 5030 5030 | 5 32 5 32 | 1235 1 |(5 3 5 3 | 6123 1) | 1· 2 3 |
紫檀香，嘿哟嘿哟扛到外国做栋梁。大姑娘，

5512 3 | 532 532 | 5632 1 | 1·2 532 | 5512 3 | 5 5 2 5 | 3 – |
一放手，一扁担压得他们倒在地上。要问大姑娘是哪一个？俺里个个是

223 6123 | 1 – ‖
大呀么大姑娘。

（高道理 唱　袁荣 记、整词）

篾匠歌

1=G 2/4　　　　　　　　　　　　　　　　都昌南峰

♩=120

2 35 1 6 | 1 6 1 6 | 1 6 1 6 | 16 12 35 | 2 1 2 | 5 53 2 1 |

我本　江西　九江都昌　南峰余晃　下村人（哪么　哟呵），　到这　湖北

叫　　声　　湖北大悟　阳山阮山　新村人（哪么　哟呵），　我这里桩桩

2 1 2 1 | 2 1 2 1 | 1 61 2 1 | 5 66 5 | 5 6 5 3 | 5 3 5 3 |

大悟阳山　阮桥新村　把钱　寻　哪么　哟，不管什么　菜篮花篮

件件品种　齐全快来　把货　认　哪么　哟，不管什么　谷箩鱼箩

5 3 5 3 | 1235 2 1 | 2 - | 1 12 5 3 | 2 3 1 2 | 5 56 5 3 |

大篮小篮（呀得　哟　　哟）（得儿　得儿　哟　　嗬），保险你爹爹

大箩小箩（呀得　哟　　哟）（得儿　得儿　哟　　嗬），保险你爹爹

2 1 2 1 | 2 1 2 1 | 2 1 1 6 | 5·6 5 3 | 2 21 656 | 5 656 |

姆妈哥哥　嫂嫂还有　你的丈夫　看　得　都　称　心　哪么

姆妈哥哥　嫂嫂还有　你的老婆　用　得　都　称　心　哪么

5 - ‖

哟。

哟。

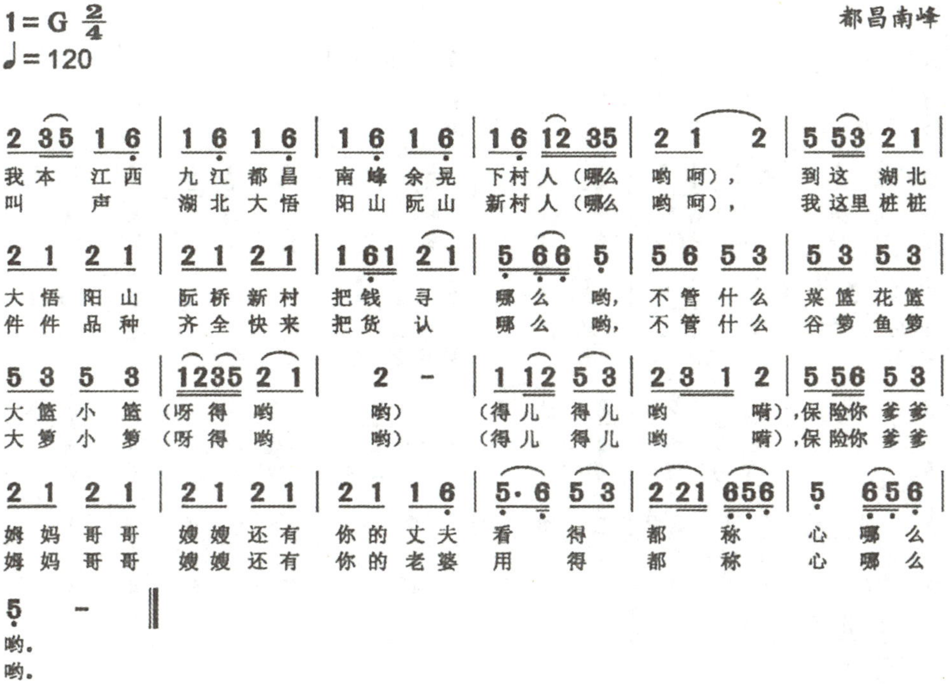

（高道理　唱　袁荣、陈印昌　记）

长工拜年

1=D 2/4　　　　　　　　　　　　　　　　都昌苏山

5 5 i i | 6 63 5 | 5 5 5 55 | 5 6 1 | 6 5 i 65 | 5 65 3 | 5 55 6 5 |

正月里来　正月　天，正月本是个　拜年天，富人拜年　酒肉　饮，长工我拜年

5 32 1 | 3563 5 | 3235 1 | 5 5 6 5 | 5 i 2 5 | 3 3 2 | 1 - ‖

一筒　烟（伶　伶子可　可　可子伶），长工拜年　一筒（嘞）　烟（呐　　哏）。

（徐小妹　唱　袁荣　记）

螃蟹歌

1=♭B 2/4　　　　都昌徐埠

5 3 2 | 5 3 2 | 1 6 3 | 2 3 1 | 2 - | 6 1 |
春 江 水 发 螃 蟹 多（依 么 哟），捉 只
螃 蟹 生 来 八 只 脚（依 么 哟），我 爱

6 1 | 6 1 1 3 | 2 3 1 | 2 - | 5 3 2 | 5 3 2 |
螃 蟹 去（哇）过（啰）河（依 么 哟），问 妹 螃 蟹
哥 哥 情（哇）意（啰）多（依 么 哟），妹 心 不 用

1 1 6 3 | 2 3 1 | 2 - | 2 3 2 1 | 6 6 5 | 3 5 5 1 |
几 呀 只 脚（依 么 哟），问 妹 彩（呀）礼（呀）要 几
彩 呀 礼 买（依 么 哟），粗 茶 淡（呀）饭（呀）幸 福

6 - | 2·3 2 1 | 6 6 5 | 3 5 5 1 | 6 - | 5 3 2 |
多？（哎 呀）妹 妹（呀 么 呀 么 啰 唆），问 妹
多。（哎 呀）哥 哥（呀 么 呀 么 啰 唆），粗 茶

5 3 2 | 1 1 6 3 | 2 3 1 | 2 - | 5 5 1 | 6 2 1 |
彩 礼 要（呀）几 多，妹 妹（呀），彩（呀）礼 要 几
淡 饭 幸（呀）福 多，哥 哥（呀），粗 茶 淡饭 幸 福

6· 1 5 5 | 6 - ‖
多（呀 哎 哎 哟）。
多（呀 哎 哎 哟）。

（曹春香　唱　袁荣　记）

油菜开花

1=D 2/4　　　　都昌土塘

中速

1 1 6 1 16 | 5· 3 2· 3 | 1 1 2 33 | 1 6 5 | 6 33 2 3 |
油 菜（么）开 花（罗 连）蓬 蓬 黄 呀 么 罗 连 罗，外 甥 么 本 是

5· 6 1 | 5 63 5 5 | 5 3 5 ‖
（哪 呐）青 头 郎[①]呀 呀 喂 哟。

（刘章亮　唱　刘章高　记）

① 青头郎：都昌方言，指规矩、清白的男青年。

数麻雀

1=A $\frac{2}{4}$

都昌苏山

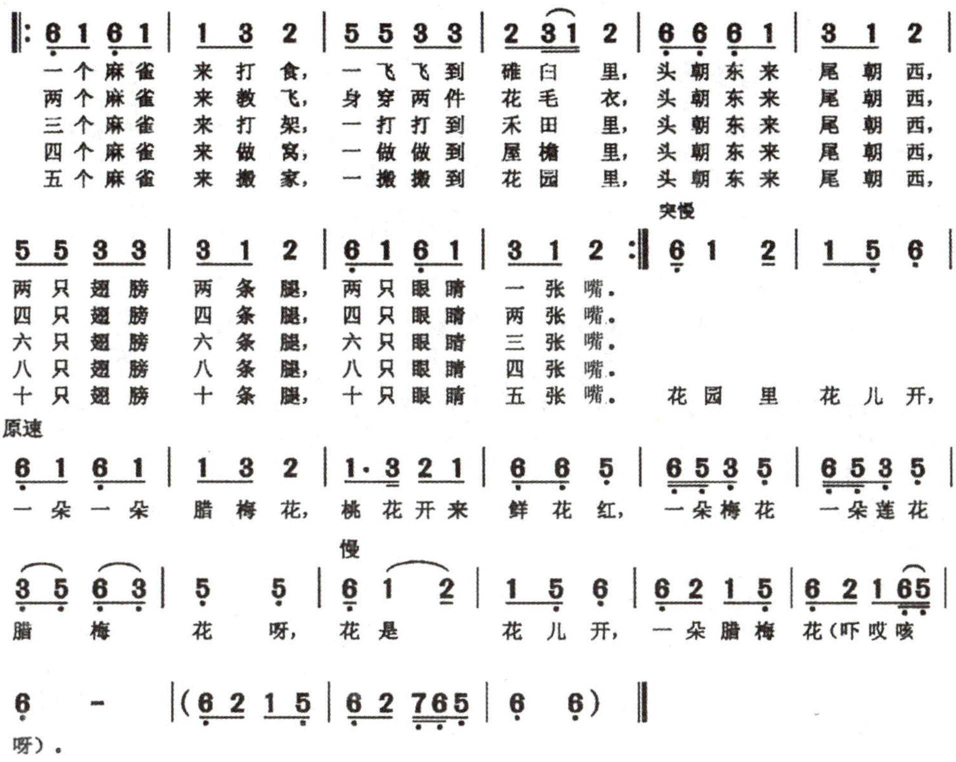

‖: 6 1 6 1 | 1 3 2 | 5 5 3 3 | 2 3 1 2 | 6 6 6 1 | 3 1 2 |

一个麻雀 来打食，一飞飞到 碓臼 里，头朝东来 尾朝西，
两个麻雀 来教飞，身穿两件 花毛 衣，头朝东来 尾朝西，
三个麻雀 来打架，一打打到 禾田 里，头朝东来 尾朝西，
四个麻雀 来做窝，一做做到 屋檐 里，头朝东来 尾朝西，
五个麻雀 来搬家，一搬搬到 花园 里，头朝东来 尾朝西，

突慢

5 5 3 3 | 3 1 2 | 6 1 6 1 | 3 1 2 :‖ 6 1 2 | 1 5 6 |

两只翅膀 两条腿，两只眼睛 一张嘴。
四只翅膀 四条腿，四只眼睛 两张嘴。
六只翅膀 六条腿，六只眼睛 三张嘴。
八只翅膀 八条腿，八只眼睛 四张嘴。
十只翅膀 十条腿，十只眼睛 五张嘴。 花园里 花儿开，

原速

6 1 6 1 | 1 3 2 | 1· 3 2 1 | 6 6 5 | 6 5 3 5 | 6 5 3 5 |

一朵一朵 腊梅花，桃花开来 鲜花红，一朵梅花 一朵莲花

慢

3 5 6 3 | 5 5 | 6 1 2 | 1 5 6 | 6 2 1 5 | 6 2 1 6 5 |

腊 梅 花 呀，花 是 花儿开，一朵腊梅 花（吓哎咳

6 - | (6 2 1 5 | 6 2 7 6 5 | 6 6) ‖

呀）。

（徐小妹 唱 袁荣 记、整词）

采茶歌

1=D $\frac{2}{4}$ 　　　　都昌徐埠

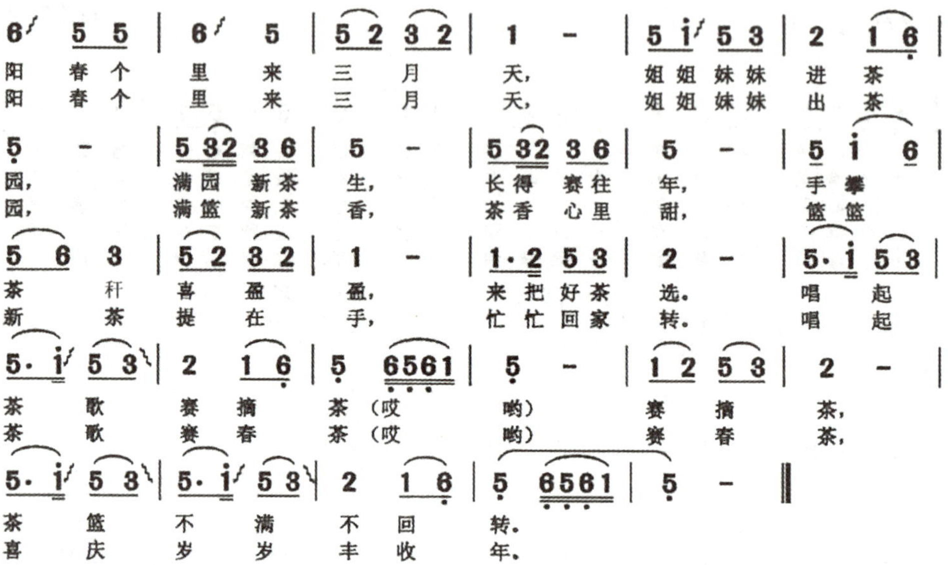

阳春个里来三月天，姐姐妹妹进茶园，满园新茶生，长得赛往年，手攀茶秆喜盈盈，来把好茶选。唱起茶歌赛摘茶（哎哟）赛摘茶，茶篮不满不回转。

阳春个里来三月天，姐姐妹妹出茶园，满篮新茶香，茶香心里甜，篮篮新茶提在手，忙忙回家转。唱起茶歌赛春茶（哎哟）赛春茶，喜庆岁岁丰收年。

（袁荣　记　陈印昌　整词）

梳头

1=C $\frac{3}{4}$ 　　　　都昌苏山

中速

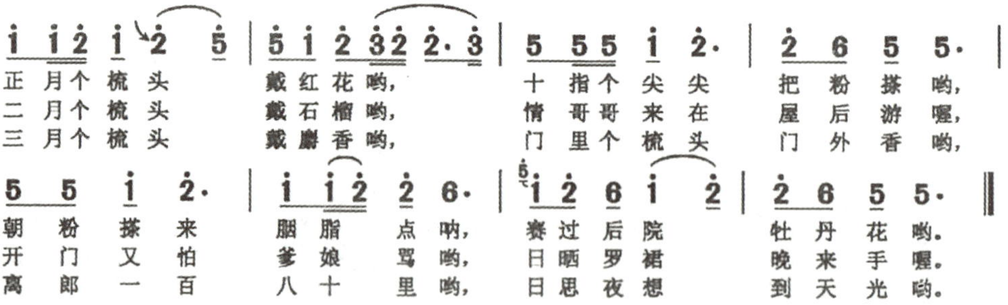

正月个梳头戴红花哟，十指个尖尖把粉搽哟，朝粉搽来胭脂点呐，赛过后院牡丹花哟。

二月个梳头戴石榴哟，情哥哥来在屋后游喔，开门又怕爹娘骂哟，日晒罗裙晚来手喔。

三月个梳头戴麝香哟，门里个梳头门外香哟，离郎一百八十里哟，日思夜想到天光哟。

（徐素琴　唱　刘章高　记）

采桑歌

1=C $\frac{2}{4}$ 都昌张岭

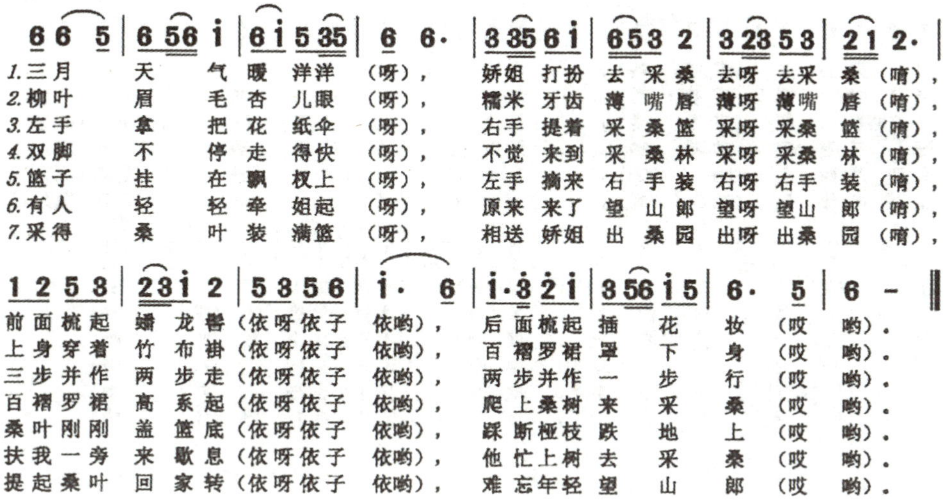

6 6 5 | 6 56 i | 6i 5 35 | 6 6· | 3 35 6i | 653 2 | 3 23 53 | 21 2· |

1.三月 天 气 暖 洋洋 （呀）， 娇姐 打扮 去 采 桑 去呀 去采 桑 （唷），
2.柳叶 眉 毛 杏 儿眼 （呀）， 糯米 牙齿 薄 嘴 唇 薄呀 薄嘴 唇 （唷），
3.左手 拿 把 花 纸伞 （呀）， 右手 提着 采 桑 篮 采呀 采桑 篮 （唷），
4.双脚 不 停 走 得快 （呀）， 不觉 来到 采 桑 林 采呀 采桑 林 （唷），
5.篮子 挂 在 飘 杈上 （呀）， 左手 摘来 右 手 装 右呀 右手 装 （唷），
6.有人 轻 轻 牵 姐起 （呀）， 原来 来了 望 山 郎 望呀 望山 郎 （唷），
7.采得 桑 叶 装 满篮 （呀）， 相送 娇姐 出 桑 园 出呀 出桑 园 （唷），

1 2 5 3 | 23i 2 | 5 3 5 6 | i· 6 | i·3 2i | 3 56 i 5 | 6· 5 | 6 - ||

前面梳起 蟠 龙 髻（依呀依子 依哟）， 后面梳起 插 花 妆 （哎 哟）。
上身穿着 竹 布 褂（依呀依子 依哟）， 百褶罗裙 罩 下 身 （哎 哟）。
三步并作 两 步 走（依呀依子 依哟）， 两步并作 一 步 行 （哎 哟）。
百褶罗裙 高 系 起（依呀依子 依哟）， 爬上桑树 来 采 桑 （哎 哟）。
桑叶刚刚 盖 篮 底（依呀依子 依哟）， 踩断桠枝 跌 地 上 （哎 哟）。
扶我一旁 来 歇 息（依呀依子 依哟）， 他忙上树 去 采 桑 （哎 哟）。
提起桑叶 回 家 转（依呀依子 依哟）， 难忘年轻 望 山 郎 （哎 哟）。

（段香兰 唱 碧波、陈忱 记、整词）

小小生意

1=C $\frac{2}{4}$ 都昌春桥

稍快

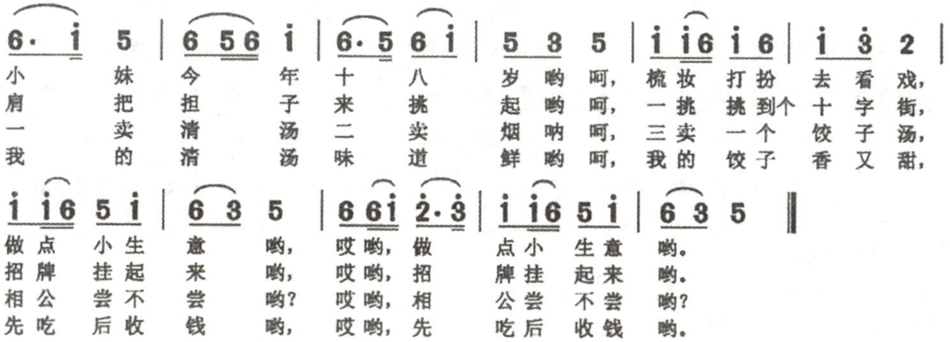

6· i 5 | 6 56 i | 6·5 6i | 5 3 5 | i i6 i 6 | i 3 2 |

小 妹 今 年 十 八 岁 哟 呵， 梳 妆 打 扮 去 看 戏，
肩 把 担 子 来 挑 起 哟 呵， 一 挑 挑 到个 十 字 街，
一 卖 清 汤 二 卖 烟 呐 呵， 三 卖 一 个 饺 子 汤，
我 的 清 汤 味 道 鲜 哟 呵， 我 的 饺 子 香 又 甜，

i i6 5 i | 6 3 5 | 66i 2·3 | i i6 5 i | 6 3 5 ||

做 点 小 生 意 哟， 哎 哟， 做 点 小 生 意 哟。
招 牌 挂 起 来 哟， 哎 哟， 招 牌 挂 起 来 哟。
相 公 尝 不 尝 哟？ 哎 哟， 相 公 尝 不 尝 哟？
先 吃 后 收 钱 哟， 哎 哟， 先 吃 后 收 钱 哟。

（柳四金 唱 刘章高 记）

卖柴恨

1=G $\frac{2}{4}$

都昌张岭

1 6 1 6 | 1 2 5·3 | 2· 3 | 2 6 1 6 | 1 2 6 | 5 - | 2·3 2 3 |

穷人无钱财（哎咳哟），没有么事卖（哎咳哟），只有（哎格）
半夜叫天明（哎咳哟），步步往前行（哎咳哟），老天（哪是）
站在格东门街（哎咄哟），街上都是柴（哎咳哟），今天（哪是）
开口三毛三（呐咳哟），还我两毛钱（咄咳哟），又想（呃）
太阳落西山（呐哟），卖柴转回还（呐哟），走到（呃）
无钱把债还（呐哟），债主恶语骂（呐哟），骂我（呃）

1 3 2 | 1 6 1 | 2 2 1 | 6 5 6 | 1 1 1 1 2 | 5 6 3 | 5 - ‖

上山（呐）砍茅柴（咄），娘（啊）担在街上卖（哎哟）。
下雨（呀）路泥泞（啊），娘（啊）坑害我穷人（哎哟）。
茅柴（呀）不好卖（咄），娘（啊）卖不到几个钱（哎哟）。
籴米（呀）买油盐（哪），娘（啊）还想扯鞋面（哎哟）。
家中（呀）声声叹（哪），娘（啊）又来个讨债人（哎哟）。
无钱（呀）是穷鬼（咄），老天（哪），穷人路在哪（哎哟）。

（段香兰 唱　陈忱 记、整词）

懒姑娘

1=F $\frac{2}{4}$

稍快

都昌春桥

2353 2·3 | 2353 2 | 6·1 2223 | 5·6 6535 | 2 - |

（郎嘎里嘎 郎嘎 郎嘎里嘎 郎）我家原来有个懒 姑 娘，

5·6 5 3 | 2323 5 | 2323 5 | 1·2 5 3 | 2316 5 |

红太阳起东边升，（郎嘎里嘎 郎）她还睡着不起床，

5616 5 | 3·2 1 6 | 5·6 5 | 6 5 6 | 2 3 5 2 |

（郎嘎里嘎 郎）妈妈厨房忙烧饭，她呀，就一点不

2 3 1 | 3 2 2 | 3 - | 1·6 5 5 | 5 6 6535 |

帮忙。（哎呀哎 呀）这真是个懒 姑

2 2 3 5 | 1 2161 | 5 - ‖

娘啊 懒姑 娘。

（柳四金 唱　刘章高 记）

卖杂货

1=C 2/4　　　　　　　　　　　　　　　　　　　　都昌土塘

稍快

6 6 5 6 2̇ | 1̇· 6 5 | 5 6 1̇ 6 5 3 | 2 3 2 1 2 |

1.（男）担 子（么）担 在 肩 呐，担 一个 团 团 转 呐，
2.（女）奴 家 把 门 开 哟，客 官 请 进 来 哟，
3.（男）大 姐 脚 又 大 哟，五 寸 做 不 来 哟，
4.（女）一 买 棉 洋 线 呐，二 买 绣 花 针 呐，
5.（女）五 买 青 丝 缎 呐，六 买 毛 绒 春 呐，

5· 6 1̇ | 1̇ 6 5 3 | 2̇ 2̇ 3̇ 2̇ 1̇ 6 | 1̇· 6 5 ‖

担 只 在 姐 门 前，叫 声（么）卖 花 线 呐。
扯 五 寸 红 绸 布，做 双（么）绣 花 鞋 哟。
（女）我 心 想 做 花 鞋，把 呀 么 把 春 采 哟。
三 买 花 手 巾，四 买（么）鸳 鸯 枕 呐。
七 买 花 哔 叽，八 买（么）花 被 心 呐。

6.（女）九买灯芯缎，十买兰士林。（白）：“客官算算几多钱？”货有十多样，钱只有五块半。（白）：“我少了金花带①。”

7.（男）冇有金花带，不该叫我来，耽搁得我路冇走，耽搁得我货冇卖。

8.（女）客官发了气，双脚跪下去，双脚跪地里，说声“对不起！”（男白）：“大姐对不起！”

9.（女）客官消了气，我来问问你。我问你爹娘，生下几个人？

10.（男）大姐把我问，我来表你听：爹娘生下了，我兄弟五个人。

11.（男）大哥哥在苏山②，二哥哥在盐田③，三哥哥在家乡，四兄弟就是我；

12.（男）我也冇成家，单身卖杂货。我弟弟年纪小，他还在学校。

13.（男）你问我问完了，我把大姐问。我问你爹娘，生下几个人？

14.（女）客官把我问，我来表你听：爹娘生下了，我姊妹三个人；

15.（女）大姐姐在南京，二姐姐在北京，三妹妹就是我，我是个作田人。

16.（女）大姐姐生了儿，二姐姐结了婚，三妹妹就是我，我是个女单身。

17.（男）你是个单身女，我是个汉单身，单身汉，女单身，相爱好结婚。

18.（合）二人心有意，结合做夫妻，同心同德过，生活甜如蜜。

（詹福金、江三娇　唱　　刘章高、李俊　记）

①　金花带：指银线
②③：都昌地名

豌豆开花

1=D 2/4

都昌三汉港

5·i 5 35 | 6· 56 | i·i 6 3 | 2 i 6 | 5 6 i | 5· 3 |

1.豌 豆 (呵) 开 花 (是) 白 莲 莲 (哪 哟),
2.莲 姐 (呵) 穿 的 (是) 一 身 红 (哪 哟),
3.我 问 (哪) 莲 姐 家 是 几 口 人 (哪 哟),
4.上 有 (呵) 公(呵) (是) 下 有 婆 (哪 哟),
5.公 公 (呵) 参 加 (是) 大 生 产 (哪 哟),
6.丈 夫 (呵) 参 加 (是) 解 放 军 (哪 哟),
7.妹 妹 (呵) 参 加 (是) 识 字 班 (哪 哟),
8.一 家 (呵) 六 口 (是) 都 先 进 (哪 哟),

5·6 i 2 | 6 5 3 | 5 6 i | 3· 2 | 5·6 5 3 | 2 2· ‖

莲 姐 (哩) 戴 花 (洋 得 儿 哟) 当(呵)模(呵) 范 (呵)。
我 的 (哩) 姐 姐 (哟) (洋 得 儿 哟) 多(呵)光(呵) 荣 (呵)。
我 一 家 共 有 (哟) (洋 得 儿 哟) 六(呵)口(呵) 人 (呵)。
还 有 (鞋) 弟 妹 (哟) (洋 得 儿 哟) 小(呵)妹(呵) 兄 (呵)。
婆 婆 (呀) 参 加 (哟) (洋 得 儿 哟) 纺(呵)布(呵) 棉 (呵)。
自 己 (呀) 是 个 (哟) (洋 得 儿 哟) 妇 女 会(呵) 员 (呵)。
弟 弟 (呀) 参 加 (哟) (洋 得 儿 哟) 儿(呵)童(呵) 团 (呵)。
革 命 (呀) 生 产 (哟) (洋 得 儿 哟) 立(呵)功(呵) 劳 (呵)。

(段长金 唱 李大志、郑谟希 记 罗文 整词)

原歌《外甥朝姨娘》

报花名

1=G 2/4

都昌土塘

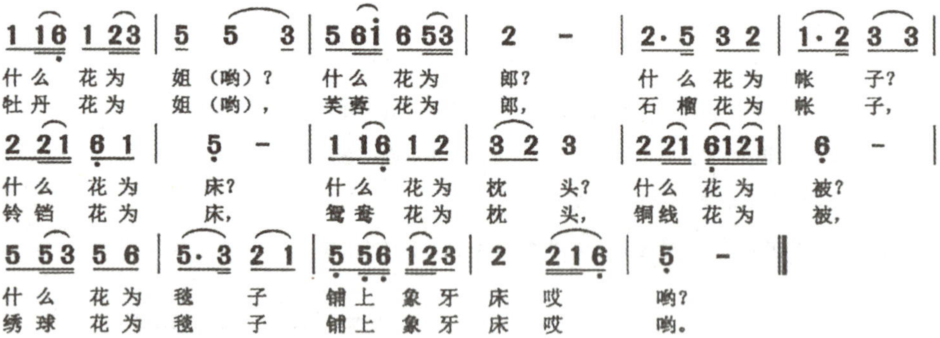

1 16 1 23 | 5 5 3 | 5 6i 6 53 | 2 - | 2·5 3 2 | 1·2 3 3 |

什 么 花 为 姐 (哟)? 什 么 花 为 郎? 什 么 花 为 帐 子?
牡 丹 花 为 姐 (哟), 芙 蓉 花 为 郎, 石 榴 花 为 帐 子,

2 21 6 1 | 5 - | 1 16 1 2 | 3 2 3 | 2 21 6121 | 6 - |

什 么 花 为 床? 什 么 花 为 枕 头? 什 么 花 为 被?
铃 铛 花 为 床, 鸳 鸯 花 为 枕 头, 铜 线 花 为 被,

5 53 5 6 | 5·3 2 1 | 5 56 123 | 2 216 | 5 - ‖

什 么 花 为 毯 子 铺 上 象 牙 床 哎 哟?
绣 球 花 为 毯 子 铺 上 象 牙 床 哎 哟。

(曹开梅 唱 李大志 记 陈印昌 整词)

哥妹并肩看花开

1=F $\frac{2}{4}$

都昌徐埠

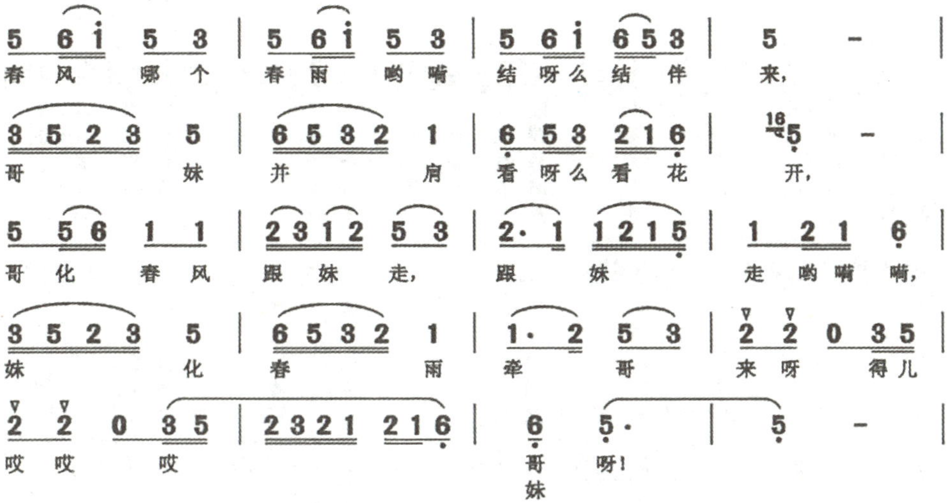

5 6 i 5 3 | 5 6 i 5 3 | 5 6 i 6 5 3 | 5 – |
春 风 哪 个 春 雨 哟 嗬 结 呀 么 结 伴 来，

3 5 2 3 5 | 6 5 3 2 1 | 6 5 3 2 1 6 | 5 – |
哥 妹 并 肩 看 呀 么 看 花 开，

5 5 6 1 1 | 2 3 1 2 5 3 | 2· 1 1 2 1 5 | 1 2 1 6 |
哥 化 春 风 跟 妹 走， 跟 妹 走 哟 嗬 嗬，

3 5 2 3 5 | 6 5 3 2 1 | 1· 2 5 3 | 2 2 0 3 5 |
妹 化 春 雨 牵 哥 来 呀 得 儿

2 2 0 3 5 | 2 3 2 1 2 1 6 | 6 5· | 5 – |
哎 哎 哎 哥 呀！
妹

（袁银如 唱 袁荣 记 陈印昌 整词）

早想同姐共饭锅

1=C $\frac{2}{4}$

都昌春桥

中速

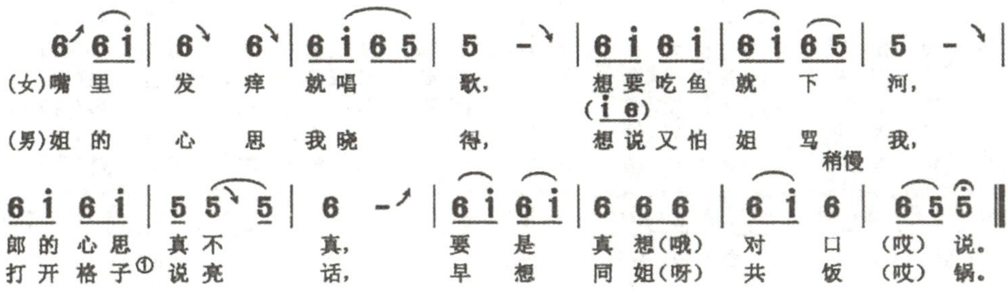

6 6 i | 6 6 | 6 i 6 5 | 5 – | 6 i 6 i | 6 i 6 5 | 5 – |
(女)嘴 里 发 痒 就 唱 歌， 想 要 吃 鱼 就 下 河，
(i 6)
(男)姐 的 心 思 我 晓 得， 想 说 又 怕 姐 骂 我，

稍慢

6 i 6 i | 5 5 5 | 6 – | 6 i 6 i | 6 6 6 | 6 i 6 | 6 5 5 ‖
郎 的 心 思 真 不 真， 要 是 真 想(哦) 对 口 (哎) 说。
打 开 格 子[①] 说 亮 话， 早 想 同 姐(呀) 共 饭 (哎) 锅。

（黄现秋 唱 陈忱、李俊 记 陈印昌 整词）

① 格子：即窗户。

四季相思

1=C $\frac{2}{4}$　　　　　　　　　　都昌土塘

稍慢

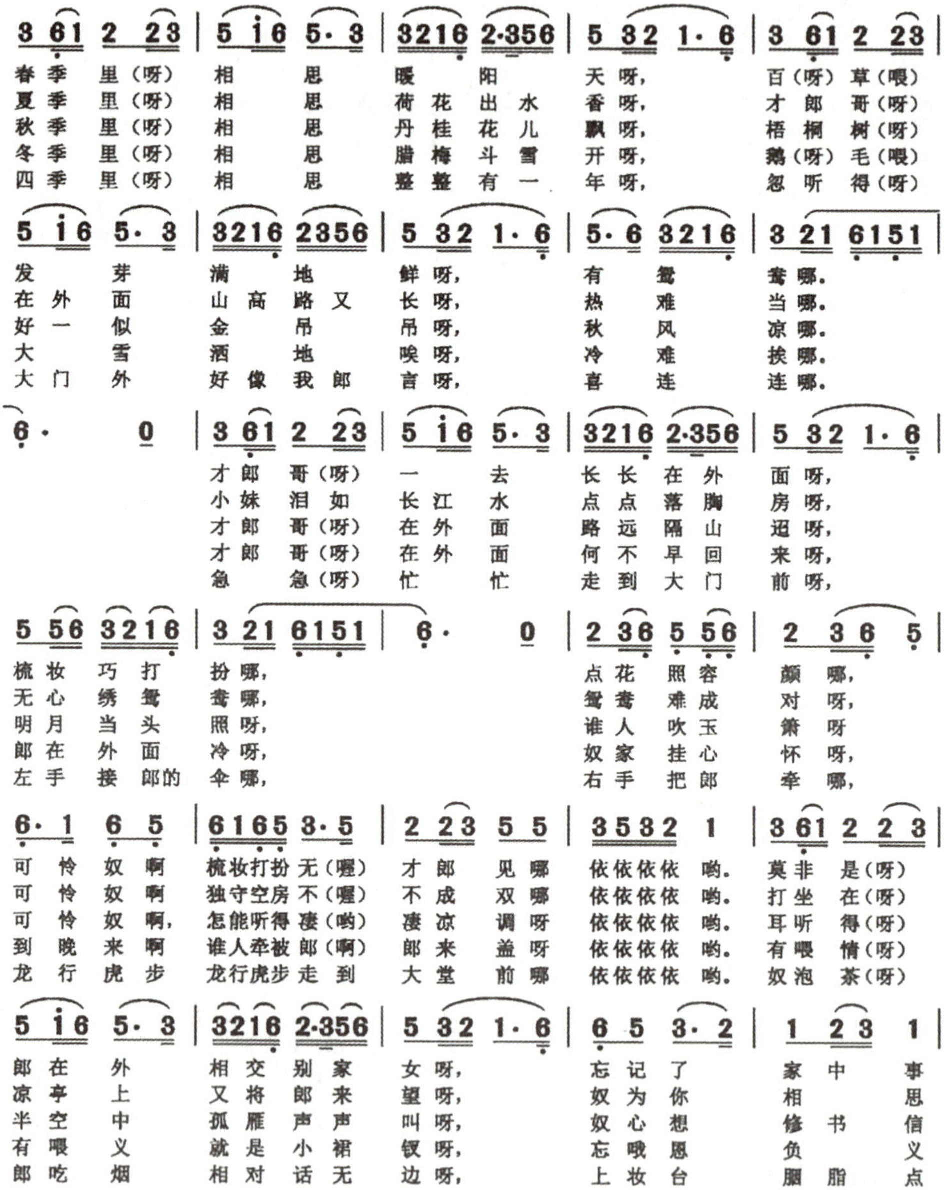

3 61 2 23 | 5 i6 5· 3 | 3216 2·356 | 5 32 1· 6 | 3 61 2 23 |

春季里(呀)　相思　暖阳　天呀，　百(呀)草(喂)
夏季里(呀)　相思　荷花出水　香呀，　才郎哥(呀)
秋季里(呀)　相思　丹桂花儿　飘呀，　梧桐树(呀)
冬季里(呀)　相思　腊梅斗雪　开呀，　鹅(呀)毛(喂)
四季里(呀)　相思　整整有一　年呀，　忽听得(呀)

5 i6 5· 3 | 3216 2356 | 5 32 1· 6 | 5· 6 3216 | 3 21 6151 |

发芽　满地　鲜呀，　有鸳　鸯哪。
在外面　山高路又　长呀，　热难　当哪。
好一似　金吊　吊呀，　秋风　凉哪。
大雪　洒地　唉呀，　冷难　挨哪。
大门外　好像我郎　言呀，　喜连　连哪。

6· 0 | 3 61 2 23 | 5 i6 5· 3 | 3216 2·356 | 5 32 1· 6 |

才郎哥(呀)　一去　长长在外　面呀，
小妹泪如　长江水　点点落胸　房呀，
才郎哥(呀)　在外面　路远隔山　迢呀，
才郎哥(呀)　在外面　何不早回　来呀，
急急(呀)　忙忙　走到大门　前呀，

5 56 3216 | 3 21 6151 | 6· 0 | 2 36 5 56 | 2 36 5 |

梳妆巧打　扮哪，　点花照容　颜哪，
无心绣鸳　鸯哪，　鸳鸯难成　对呀，
明月当头　照呀，　谁人吹玉　箫呀
郎在外面　冷呀，　奴家挂心　怀呀，
左手接郎的　伞哪，　右手把郎　牵哪，

6· 1 6 5 | 6165 3· 5 | 2 23 5 5 | 3532 1 | 3 61 2 2 3 |

可怜奴啊　梳妆打扮无(喔)　才郎见哪　依依依依哟。　莫非是(呀)
可怜奴啊　独守空房不(喔)　不成双哪　依依依依哟。　打坐在(呀)
可怜奴啊，　怎能听得凄(哟)　凄凉调呀　依依依依哟。　耳听得(呀)
到晚来啊　谁人牵被郎(啊)　郎来盖呀　依依依依哟。　有喂情(呀)
龙行虎步　龙行虎步走到　大堂前哪　依依依依哟。　奴泡茶(呀)

5 i6 5· 3 | 3216 2·356 | 5 32 1· 6 | 6 5 3· 2 | 1 23 1 |

郎在外　相交别家　女呀，　忘记了　家中事
凉亭上　又将郎来　望呀，　奴为你　相思
半空中　孤雁声声　叫呀，　奴心想　修书信
有喂义　就是小裙　钗呀，　忘哦恩　负义
郎吃烟　相对话无　边呀，　上妆台　胭脂点

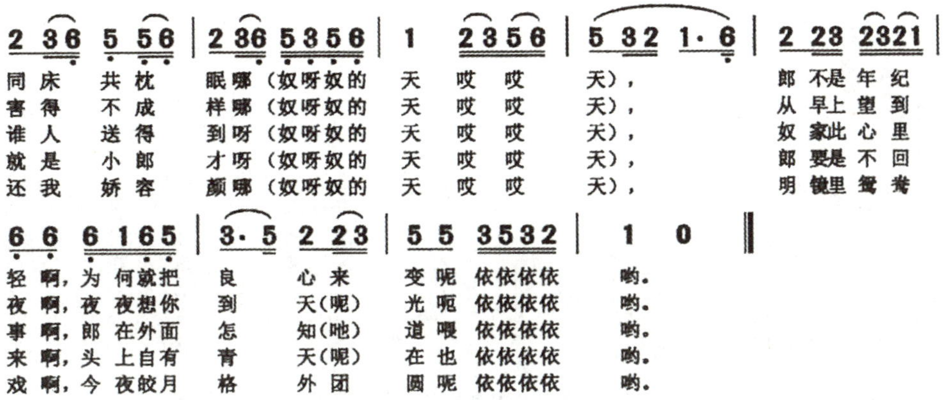

2 36 5 56 | 2 36 5356 | 1 2356 | 532 1·6 | 2 28 2321 |

同床 共枕 眠哪（奴呀奴的 天 哎 哎 天），郎不是年纪
害得 不成 样哪（奴呀奴的 天 哎 哎 天），从早上望到
谁人 送得 到呀（奴呀奴的 天 哎 哎 天），奴家此心里
就是 小郎 才呀（奴呀奴的 天 哎 哎 天），郎要是不回
还我 娇容 颜哪（奴呀奴的 天 哎 哎 天），明镜里鸳鸯

6 6 6 165 | 3·5 2 23 | 5 5 3532 | 1 0 ‖

轻 啊，为何就把 良 心来 变呢 依依依依 哟。
夜 啊，夜夜想你 到 天（呢） 光呃 依依依依 哟。
事 啊，郎在外面 怎 知（吔） 道喂 依依依依 哟。
来 啊，头上自有 青 天（呢） 在也 依依依依 哟。
戏 啊，今夜皎月 格 外团 圆呢 依依依依 哟。

（刘章尧 唱 刘章高 记）

栀子打花

1=F $\frac{2}{4}$

中速

都昌春桥

1 16 1 2 | 5 32 3 | 2 5 1 | ^{3}5 3 2 | 1 7 6 |

1.栀子（那个）打花（哟）三（哪）月 三哪，哥哥呀
2.昨天（那个）为你（哟）挨（哟）顿 骂呀，哥哥呀
3.上身（那个）打得（哟）紫（呀）红 色也，哥哥呀
4.青杆（那个）棍子（哟）十（呀）八 根哪，哥哥呀
5.别人（那个）拖我（哟）都（喔）不 要哇，哥哥呀

3 2 1 | 6 1 6 | 5 61 653 | 5 - ‖

三 餐 茶 饭 吃 （呀）两 餐。
今 朝 为 你 驮 （呀）得 打。
下 身 打 得 看 （呀）看不 得。
打 断得 一 根 又 （哇）一 根。
妹 妹 就 是 想 （哦）你 牵。

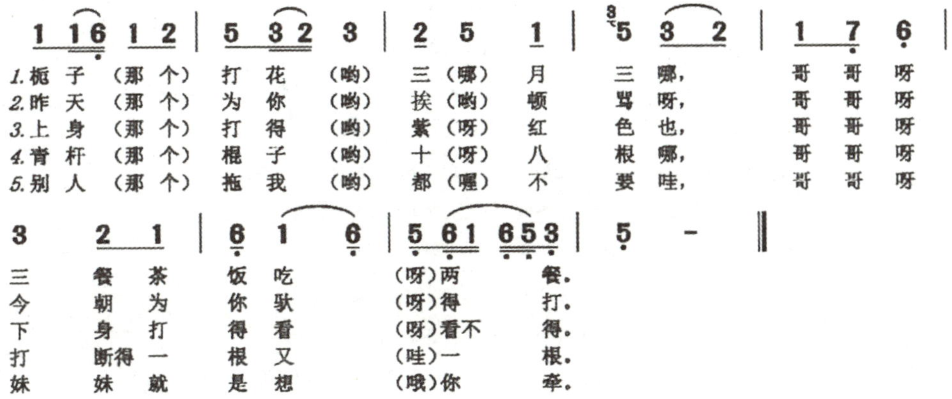

（余艳英 唱 刘章高 记）

十二月花

1=F $\frac{2}{4}$

稍慢

都昌春桥

1 16 5·6 | 1253 2 | 5 53 2321 | 6 5· |

1.正 月 里 什 么 花， 人 人 来 采 戴 吔？

2.正 月 里 姐 兰 花， 人 人 来 采 戴 吔，

6123 121 | 6 15 6 | 6123 2 16 | 5 - ‖

什 么 人(哪) 手 挽 手， 哪 里 读 书 来？

梁 山 伯 与 祝 英 台， 杭 州 读 书 来。

3. 二月里什么花，披头又散发吔？什么人削头发，出家去修行？

4. 二月里地菜花，披头又散发吔，骆宾王削头发，出家去修行。

5. 三月里什么花，满园红彤彤吔？什么人在桃园，结拜了何人？

6. 三月里是桃花，满园红彤彤吔，刘关张在桃园，结拜了弟兄们。

7. 四月里什么花，青枝又绿叶吔？什么人背书籍，自造乾坤？

8. 四月里小麦花，青枝又绿叶吔，孔夫子背书籍，自造乾坤。

9. 五月里什么花，边开边牵藤吔，什么人来看瓜，死里逃生？

10. 五月里黄瓜花，边开边牵藤吔，刘知远来看瓜，死里逃生。

11. 六月里什么花，白了一丛丛吔，什么人骑白马，跨海去征东？

12. 六月里辣椒花，白了一丛丛吔，薛仁贵骑白马，跨海去征东。

13. 七月里什么花，花谢进仓门吔？什么人做米酒，醉坏了何人？

14. 七月里五谷花，花谢进仓门吔，李三娘做米酒，醉坏了奸臣。

15. 八月里什么花，红杆结黑籽吔？什么人报兄仇，将何人打死？

16. 八月里荞麦花，红杆结黑籽吔，是武松报兄仇，将西门打死。

17. 九月里什么花，遍地金灿灿吔？什么人去西游，经过八十一难？

18. 九月里是菊花，遍地金灿灿吔，唐三藏去西游，经过八十一难。

19. 十月里什么花，银霜一扫平吔？什么人送寒衣，哭倒长城？

20. 十月里百草花，银霜一扫平吔，孟姜女送寒衣，哭倒长城。

21. 冬月里什么花，飘飘又轻轻吔？什么人卧寒冰，捉鱼孝母亲？

22. 冬月里是雪花，飘飘又轻轻吔，是王祥卧寒冰，捉鱼孝母亲。

23. 腊月里什么花，高照一根心吔？什么人坐经堂，能对金刚经？

24. 腊月里是烛花，高照一根心吔，黄氏女坐经堂，能对金刚经。

此歌适宜对唱。

（余艳英 唱 刘章高 记）

带儿

1＝F $\frac{2}{4}$　　　　都昌土塘

中速

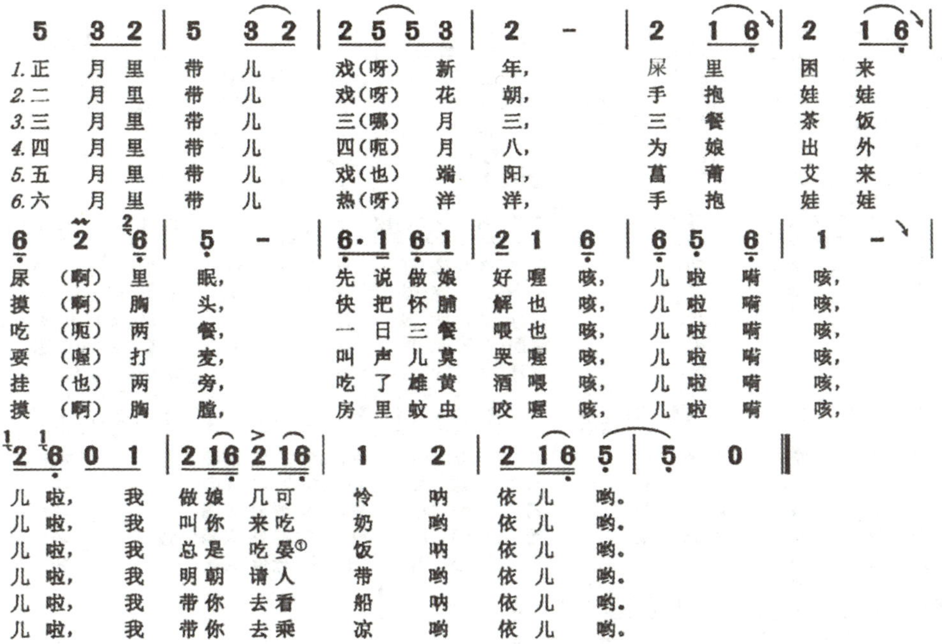

5 32 | 5 32 | 25 53 | 2 - | 2 16 | 2 16 |

1.正 月 里 带 儿 戏(呀) 新 年，屎 里 困 来
2.二 月 里 带 儿 戏(呀) 花 朝，手 抱 娃 娃
3.三 月 里 带 儿 三(哪) 月 三，三 餐 茶 饭
4.四 月 里 带 儿 四(呃) 月 八，为 娘 出 外
5.五 月 里 带 儿 戏(也) 端 阳，菖 蒲 艾 来
6.六 月 里 带 儿 热(呀) 洋 洋，手 抱 娃 娃

6 2 6 | 5 - | 6·1 61 | 2 1 6 | 6 5 6 | 1 - |

屎 (啊) 里 眠，先 说 做 娘 好 喔 咳，儿 啦 嘀 咳，
摸 (啊) 胸 头，快 把 怀 脯 解 也 咳，儿 啦 嘀 咳，
吃 (呃) 两 餐，一 日 三 餐 喂 也 咳，儿 啦 嘀 咳，
要 (喔) 打 麦，叫 声 儿 莫 哭 喔 咳，儿 啦 嘀 咳，
挂 (也) 两 旁，吃 了 雄 黄 酒 喂 咳，儿 啦 嘀 咳，
摸 (啊) 胸 膛，房 里 蚊 虫 咬 喔 咳，儿 啦 嘀 咳，

2 6 0 1 | 2 16 2 16 | 1 2 | 2 16 5 | 5 0 ‖

儿 啦，我 做 娘 几 可 怜 呐 依 儿 哟。
儿 啦，我 叫 你 来 吃 奶 哟 依 儿 哟。
儿 啦，我 总 是 吃 晏[1] 饭 呐 依 儿 哟。
儿 啦，我 明 朝 请 人 带 哟 依 儿 哟。
儿 啦，我 带 你 去 看 船 呐 依 儿 哟。
儿 啦，我 带 你 去 乘 凉 哟 依 儿 哟。

（冯玲花　唱　李俊、刘章高　记）

① 晏（ǎn）饭：都昌方言，指在应吃饭时没吃，迟吃。

摘黄瓜

1＝C $\frac{2}{4}$　　　　都昌土塘

稍慢

1 53 2·3 | 1 23 2 | 1·2 5 32 | 2 16 1 | 66 1 223 | 1·216 5 |

姐在（呀）园中（呀）摘（呀）黄瓜呀哦，郎在（个）外面撒土巴，

1 23 1 5 | 6516 5 | 6561 2·3 | 1 23 1 5 | 6516 5 ‖

撒乱了黄瓜花哟，（呀 喂子 哟）撒乱了黄瓜花哟。

（刘章尧　唱　刘章高　记）

瓜子仁

1=G 2/4　　　　　　　　　　　　　　都昌土塘

中速

3 5 35 | 1· 6 5 | 3 5 5 1 | 2· 3 2 | 2 35 6532 |

1.小妹（那个）住　在　大（也）路　边　呐　喂，一卖烧
2.小妹（那个）住　在　大（也）路　旁　呃　喂，又卖萝
3.一条（那个）手　巾　三（呢）尺　三　呢　喂，上绣芙
4.一面（那个）镜　子　二（嘞）面　光　呃　喂，内面有
5.一盘（那个）瓜　子　二（嘞）十　双　呃　喂，汗巾包

1·3 2161 | 5 - | 555 3216 | 2 35 2 | 555 3216 |

酒二卖烟，左手（么）来打酒喔喂，右手（么）卖包
卜又卖姜，萝卜（么）辣似姜哦喂，请你来尝一
蓉下牡丹，芙蓉（么）绣得好喔喂，牡丹（么）更灿
个小儿郎，越照（么）越思量哦喂，越看（么）越思
来送情郎，相送（么）我情哥喔喂，相送（么）我情

2 35 2 | 2 35 6532 | 1·3 2161 | 5 615 6 11 | 6123 1 0 |

烟呐喂，小小生意要现钱，（想死咯人呢哎哟）
尝哦喂，那边哪有这边香，（想死咯人呢哎哟）
烂呐喂，看花容易绣花难，（想死咯人呢哎哟）
想哦喂，思思想想泪汪汪，（想死咯人呢哎哟）
郎哦喂，口吃瓜子心莫忘，（想死咯人呢哎哟）

6 5 5 32 | 1·3 2161 | 5 - ‖

小小生意要现钱。
那边哪有这边香。
看花容易绣花难。
思思想想泪汪汪。
口吃瓜子心莫忘。

（杨春善　唱　刘章高、李俊　记）

绣手巾

1=♭B 2/4　　　　　　　　　　　　　　都昌苏山

稍快

555 5 32 | 1 2 | 1 61 6 11 | 2 2 |

一条么手巾（连　连）丝线挑呀么（流　流），

2 23 2 1 | 3· 5 6 | 1 61 2 21 | 5 3 5 ‖

情哥哥爱我（哎　哟）我爱他呀，干哥哥。

（徐素琴　唱　刘章高　记）

八段锦

1=F $\frac{2}{4}$　　　　　　　　　　　　　　　　　　　　都昌

稍快

1̇·6 5 | 1̇·6 5 | 3 5 6 1̇ | 5 - | 3·5 6 1̇ | 5 3 2 | 5 2 3 5 |

1.小 小 月 亮 圆 又 圆，我 的 郎 儿 出 外 去 有 了 大 半
2.小 小 鲤 鱼 鼓 红 腮，上 江 游 到 下 江
3.小 小 尼 姑 下 山 来，手 拿 木 鱼 化 上 一 场
4.小 小 船 儿 浪 里 飘，郎 坐 船 头 妹 子 坐 船
5.小 小 镜 子 二 面 光，一 边 情 姐 一 边 是 才
6.小 小 鞋 儿 这 个 长，未 曾 做 起 想 送 我 的
7.小 小 竹 子 一 根 苗，送 给 我 郎 做 根
8.小 小 胡 琴 这 么 长，双 手 送 给 我 的

1 - | 3·5 6 1̇ | 5 - | 3·5 6 1̇ | 5 - | 3·5 6 1̇ | 5 3 2 |

年，我 郎 转 回 归，我 郎 转 回 归，倒 上 了 一 碗 茶
来，头 摇 尾 又 摆，头 摇 尾 又 摆，打 一 把 小 金 钩
斋，那 么 么 弥 哉，那 么 么 弥 哉，明 里 去 暗 里 来
艄 我 郎 慢 慢 摇，我 郎 慢 慢 摇，把 你 的 心 思
郎，镜 子 照 才 郎，镜 子 照 才 郎，照 得 我 郎
郎，做 鞋 送 才 郎，做 鞋 送 才 郎，送 给 我 郎
箫，我 郎 来 吹 箫，我 郎 来 吹 箫，先 吹 《满 江 红》
郎，我 郎 会 拉 唱，我 郎 会 拉 唱，先 唱 《西 皮》

5 2 3 5 | 1 - | 5 32 1 3 | 2 - | 5 32 1 3 | 2 - | 3·5 6 1̇ |

吃 了 一 支 烟。我 的 郎 儿 呀，小 小 郎 儿 呀，自 从
把 它 钓 起 来。我 的 郎 儿 呀，小 小 郎 儿 呀，打 一 把
暗 呀 暗 里 来。我 的 郎 儿 呀，小 小 郎 儿 呀，明 里 去
摇 呀 摇 动 了。我 的 郎 儿 呀，小 小 郎 儿 呀，把 你
面 貌 光。我 的 郎 儿 呀，小 小 郎 儿 呀，照 得
穿 在 脚 板 上。我 的 郎 儿 呀，小 小 郎 儿 呀，送 给
后 吹《相 思 桥》。我 的 郎 儿 呀，小 小 郎 儿 呀，先 吹
后 唱《反 二 黄》。我 的 郎 儿 呀，小 小 郎 儿 呀，先 唱

5 3 2 | 5 2 3 2 | 1 - ‖

出 门 后 时 刻 挂 心 间。
小 金 钩 把 它 钓 起 来。
暗 里 来 暗 呀 暗 里 来。
的 心 思 摇 呀 摇 动 了。
我 郎 面 貌 光。
我 郎 穿 在 脚 板 上。
《满 江 红》后 吹《相 思 桥》。
《西 皮》后 唱《反 二 黄》。

（张安国　唱　刘章高　记）

棋盘红

1＝F $\frac{2}{4}$

中速

都昌土塘

3 35 6·5 | 3 23 2 | 2 23 2 3 | 2321 6 | p 3 53 3 53 |

1.正月里 戏新年， 纸闭灯笼 挂门前， 纸闭灯笼
2.二月里 杏花开， 杏花开时 郎在外， 不该让郎
3.三月里 桃花开， 桃花开时我 身难挨， 三餐茶饭
4.四月里 柿花开， 小妹为郎 怀儿胎， 情哥外面
5.五月里 是端阳， 龙船下水 闹长江， 船上坐着

3 35 6 53 | 2 23 2 3 | 232 1 6 | f 3335 6·3 | 333 2 0 |

门前挂， 姊妹相见 拜什么 年。 （依蒙弄 送 花蒙弄 开，
出门去， 苦得小妹 挂心 怀。 （依蒙弄 送 花蒙弄 开，
不想吃， 四肢酸麻 步难 抬。 （依蒙弄 送 花蒙弄 开，
多思念， 思念小妹 枕边 挨。 （依蒙弄 送 花蒙弄 开，
风流客， 江边站着 我情 郎。 （依蒙弄 送 花蒙弄 开，

3335 6·3 | 333 2 0 | 3 53 3 5 | 3335 6·3 | 2·3 2 3 |

花蒙弄 送） 腊梅花 开， （弄送嘛 弄送 依蒙弄 送 棋缠棋缠
花蒙弄 送） 杏 花 开， （弄送嘛 弄送 依蒙弄 送 棋缠棋缠
花蒙弄 送） 桃 花 开， （弄送嘛 弄送 依蒙弄 送 棋缠棋缠
花蒙弄 送） 柿 花 开， （弄送嘛 弄送 依蒙弄 送 棋缠棋缠
花蒙弄 送） 栀子花 开， （弄送嘛 弄送 依蒙弄 送 棋缠棋缠

2321 6 | 6 0 0 ‖

棋 盘 红 哟）。
棋 盘 红 哟）。
棋 盘 红 哟）。
棋 盘 红 哟）。
棋 盘 红 哟）。

6. 六月里三伏天，三伏天夜妹难眠，哥把鹅毛扇子扇，扇得小妹好安眠。荷花开，

7. 七月里转秋凉，哥与小妹下苏杭，上街玩到下街转，买对鸳鸯回家乡。莲花开，

8. 八月里是中秋，小妹在绣房闷悠悠，劝郎切莫打麻将，输了银钱难下场。桂花开，

9. 九月里是重阳，金菊花开满园香，小哥待我多情义，摘朵菊花送娇娘。菊花开，

10. 十月里小阳春，娇娇儿郎要下身，白日情哥买鸡鹅，晚来情郎不离身。茶花开，

11. 冬月里雪花飘，雪花飘来我心愁，我爱娇儿郎爱我，轻轻细语话白头。雪花开，

12. 腊月里年到头，千门万户爆竹笑，爆竹声声迎春到，盅盅喜酒暖心头。梅花开，

（刘章亮 唱 刘章高、李俊 记 刘章高 整词）

考郎调

1=G 2/4　　　　　　　　　　　　　　　　　　　　都昌徐埠

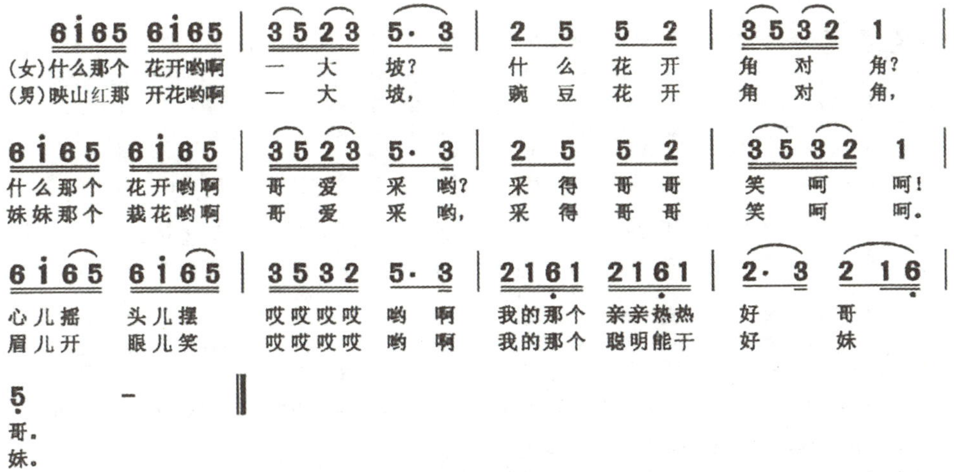

6i65 6i65 | 3523 5·3 | 2 5 5 2 | 3532 1 |
(女)什么那个 花开哟啊 一 大 坡？ 什 么 花 开 角 对 角？
(男)映山红那 开花哟啊 一 大 坡， 豌 豆 花 开 角 对 角，

6i65 6i65 | 3523 5·3 | 2 5 5 2 | 3532 1 |
什么那个 花开哟啊 哥 爱 采 哟？ 采 得 哥 哥 笑 呵 呵！
妹妹那个 栽花哟啊 哥 爱 采 哟， 采 得 哥 哥 笑 呵 呵。

6i65 6i65 | 3532 5·3 | 2161 2161 | 2·3 2 16 |
心儿摇 头儿摆 哎哎哎哎 哟 啊 我的那个 亲亲热热 好 哥
眉儿开 眼儿笑 哎哎哎哎 哟 啊 我的那个 聪明能干 好 妹

5 - ‖
哥。
妹。

（袁荣　记）

绣花鞋

1=C 2/4　　　　　　　　　　　　　　　　　　　　都昌盐田

2 22 3 32 | i 2 3 | i·3 2i6 | 5 5· | 6 6 i |
春 季里 喜 春 天 （哪）， 姐 把 花 线 穿 （哪）， 绣 起 个
夏 季里 荷 花 俏 （哪）， 姐 把 好 花 挑 （哪）， 挑 起 个
秋 季里 开 菊 花 （哪）， 姐 把 鞋 底 打 （哪）， 打 起 个
冬 季里 腊 梅 香 （哪）， 姐 把 花 鞋 绱 （哪）， 绱 起 个

2· i | 656 | i2 i6 | 5i 63 | 5 - ‖
花 鞋 （哎 嗨 唷）， 相 送 我 老 庚 伊 得儿 唷。
好 花 （哎 嗨 唷）， 双 蝶 花 里 笑 伊 得儿 唷。
鞋 底 （哎 嗨 唷）， 满 底 都 是 花 伊 得儿 唷。
花 鞋 （哎 嗨 唷）， 送 给 老 庚 穿 伊 得儿 唷。

（但银娇　唱　陈忱、碧波　记　陈印昌　整词）

拜姐年

1=E $\frac{3}{4}$

中速

都昌土塘

2 2 5 3 2 | 1 1 3 2· | 5 3 1 2 3 | 2 6 5 5· |

1.正 月 初 一	拜 姐 年 哪，	双 脚 跪 在	姐 门 前 哪，
2.二 月 初 一	郎 栽 花 呀，	一 场 风 寒	病 在 家 呀，
3.三 月 初 一	去 倽 郎 呀，	接 个 郎 中	进 郎 房 呀，
4.四 月 初 一	去 倽 郎 呀，	接 个 道 士	进 郎 房 呀，
5.五 月 初 一	去 倽 郎 呀，	接 个 菩 萨	进 郎 房 呀，

5 5 6 2· | 1 2 2 6· | 2 1 1 1· | 1 1 6 5 5· ‖

十 指 尖 尖	牵 郎 起 呀，	姊 妹 相 交	拜 什么 年 哪。
吓 得 小 女	无 注 意 也，	三 魂 七 魄	满 天 飞 也。
郎 中 诊 得	我 郎 好 喂，	金 银 财 宝	架 斗 量 呃。
道 士 诊 得	我 郎 好 喂，	金 银 财 宝	架 船 装 呃。
菩 萨 诊 得	我 郎 好 喂，	妆 过 金 来	换 庙 堂 呃。

6. 六月初一去倽郎，买个西瓜进郎房，郎吃西瓜姐吐子，问郎西瓜凉不凉？心也凉来肺也凉，只怕我郎命不长。

7. 七月初一去倽郎，买包枣子买包姜，十字街头跌一跤，打破得枣子打破得姜。

8. 打破得枣子双手捡，打破得姜来满地香，过路哥哥莫笑我，哪个女子不恋郎。

9. 八月初一去倽郎，桂花开来满园香，想起当年红罗帐，只恨鸳鸯不成双。

10. 九月初一去倽郎，我郎死在门板上，千哭万哭一张纸，千拜万拜一根香。

11. 十月初一去倽郎，我郎一去不返乡，哭不得姊妹哭不得天，私灵号堂两三年。内身穿的白衣襟，一双白鞋被里眠。

12. 冬月初一去倽郎，鹅毛大雪洒灵堂，要想与我郎相见，黄泉路上会君郎。

13. 腊月初一去倽郎，泪水串串湿衣裳，东去春来年复年，哪有我郎情意长。

（刘章亮 唱 刘章高 记）

①倽（shá）：都昌方言，看望、安抚之意。

十月腊梅

1=F $\frac{2}{4}$

欢快地

都昌土塘

5 65 3 2 | 5 65 3 2 | 1 16 1 3 | 2· 0 | 5 65 3 2 | 5 65 3 2 |

三 月（里 格）腊 梅 三 月 三， 我(呀) 带 个 小 妹 妹

1 16 1 3 | 2· 0 | 3 32 3 1 | 2·3 2 1 | 6 1 5·6 | 1 16 1 23 |

看(呢) 牡 丹。 牡 丹 开 得 好 喔 妹 呀， 赛 过 紫 金

5· 6 | 1 16 1 23 | 1 – ‖

山 哪 妹 子 呀 嗬 咳。

（刘章亮 唱 刘章高 记）

下象棋

1＝D $\frac{2}{4}$ 都昌土塘

中速

6 5 3 2 | 5· i | 6 5 3 2 | 5 0 | 5 6 i | 2 i |

1.今 日 里 （也） 闲 无 事， 与 郎 下 盘

2.这 几 晚 （呢） 郎 在 外， 所 为 因 何

6 5 3 2 | 5 － | 65 35 | 6 i | 35 6i | 56 53 |

棋 哟， 手捏（那个） 棋 子 对郎笑嘻 嘻也，

事 呵？ 莫不 是 我 郎 调戏别人 妻也，

2 2 2 3 | 5· 2 | 5 3 2 | 1 － | 3 5 6i | 56 53 |

郎 呀 有 话 来 问 你 呀。 对 郎 笑嘻 嘻也，

（5 56 2 3）

郎 呀，怪不得奴家盘 问 你 呀。 调戏了 别人 妻也，

2 2 2 3 | 5· 2 | 5 3 2 | 1 － ‖

郎 呀，有 话 来 问 你 呀。

（5 56 2 3）

郎 呀，怪不得奴家盘 问 你 呀。

3.上街头有一位王三姐，三分容貌七分标[①]，郎啊，莫把心事想坏了。

4.花费了银钱（呢）是小事，损了精神自己虚，郎呀，你是明白的。

5.郎在（吔）外面（呢）穿的是绸缎布，奴在家中穿的棉布衣，这也都是奴连[②]的。

6.鹅毛马褂五两五，羊皮袍子七两七，郎呀，这也都是奴连的。

7.日间想郎想到晚，晚间想郎总不离，郎呀，时时刻刻记着你。

8.日间想郎想到晚，晚间那个（那个）想郎关门酉时，点灯戌时，吹灯亥时，半夜子时，子丑寅卯未天光呀，哪个时辰不想郎呀。

（刘文泮 唱 刘章高 记）

① 标：都昌方言，即漂亮、好看。
② 连：都昌方言，这里是缝制的意思。

九连环

1=G $\frac{2}{4}$

稍快、活泼地

都昌土塘

1 6 5 3 | 2 2 3 | 5 5 6 1 | 2 3 1 6 | 5 - | 1 3 2 1 |
有 情 人（哪） 相送一把 九 连 环， 九（是）九连

6 6 5 | 6 - | 1 1 6 1 | 2 3 1 6 | 5 - | 6·1 6 5 |
环（哪 哟）， 解不开哟 解 不 开。 拿把刀来

3 - | 5 6 5 3 | 2 3 5 | 2 5 3 2 | 1 - | 5 6 5 3 |
剁， 剁呀剁不 断 （哟）（洋 得 儿 哟） （得 儿

5 6 5 3 | % | % | % | % | 2 5 1 6 | 5 - |
得 儿 洋 得 哟。

6 1 6 5 | % | % | % | % | % | 6 3 2 6 |
得 儿 洋 得

5 - ‖
哟）。

（水工 唱 陈忱 记）

望情郎

1=C $\frac{2}{4}$

稍快

都昌大港

3 2 3 2 | 5 - | i 65 3 5 | 2 1 2 | 3 2 3 2 | 5·6 3 2 |
一更鼓儿 咚， 依四呀喂 哟咳嗬， 一更鼓儿 咚 嗬

1 2 1 | 16 1 2 | 3 5 3 2 | 16 1 2 | 3 5 3 2 | 16 1 2 |
呀喂哟， 妹 妹 房 中 等（呃）情 哥（也） 望（呃）

3 5 3 2 | 1 2 1 | 3 2 3 1 | 2 3 2 1 | 6 6 5 ‖
情 郎 （呃）呀 喂 哟，妹妹房 中坐 哟呀喂

（詹美耀 唱 刘章高 记）

闹五更

1=F 2/4

都昌苏山

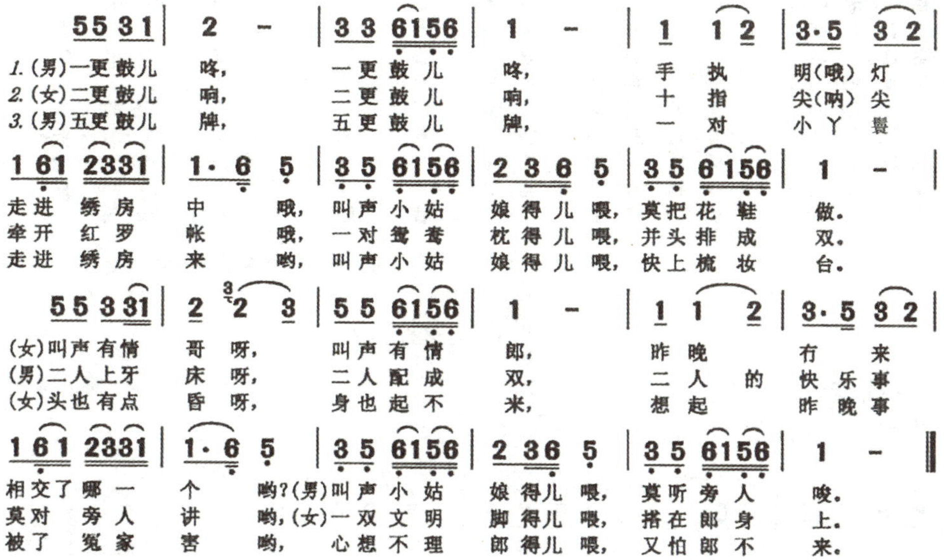

5531 | 2 - | 33 6156 | 1 - | 1 12 | 3·5 32 |

1.(男)一更鼓儿 咚， 一更鼓儿 咚， 手 执 明(哦)灯
2.(女)二更鼓儿 响， 二更鼓儿 响， 十 指 尖(呐)尖
3.(男)五更鼓儿 牌， 五更鼓儿 牌， 一 对 小丫 鬟

161 2331 | 1·6 5 | 35 6156 | 236 5 | 35 6156 | 1 - |

走进 绣房 中 哦， 叫声小姑 娘得儿喂， 莫把花鞋 做。
牵开 红罗 帐 哦， 一对鸳鸯 枕得儿喂， 并头排成 双。
走进 绣房 来 哟， 叫声小姑 娘得儿喂， 快上梳妆 台。

55 3331 | 2 3̆2 3 | 55 6156 | 1 - | 1 1 2 | 3·5 32 |

(女)叫声有情 哥 呀， 叫声有情 郎， 昨晚 冇 来
(男)二人上牙 床 呀， 二人配成 双， 二人 的 快乐事
(女)头也有点 昏 呀， 身也起不 来， 想起 昨晚事

161 2331 | 1·6 5 | 35 6156 | 236 5 | 35 6156 | 1 - ‖

相交了哪一 个 哟？(男)叫声小姑 娘得儿喂， 莫听旁人 唆。
莫对 旁人 讲 哟，(女)一双文明 脚得儿喂， 搭在郎身 上。
被了 冤家 害 哟， 心想不理 郎得儿喂， 又怕郎不 来。

（徐素琴 唱 刘章高 记）

单身歌

1=C 2/4

中速

都昌徐埠

3 35 5 6 | i 6 2̇ | 2̇ i 6 i | i 6 5 | 5·6 i 2̇ |

正 月里 单 身 喜 新 年， 香 花 蜡 烛 摆 堂 前。 人 家 拜 年
二 月里 单 身 喜 花 朝， 单 身 汉 子 好 心 焦。 堂 上 没 有
三 月里 单 身 过 清 明， 山 上 竹 木 遍 成 林。 林 中 百 鸟
四 月里 单 身 农 事 忙， 扛 只 锄 头 去 望 秧。 走 到 田 里
五 月里 单 身 喜 端 阳， 糯 米 做 酒 喷 雄 黄。 左 手 拿 着
六 月里 单 身 苦 旱 天， 口 里 干 得 冒 黑 烟。 走 到 塘 边
七 月里 单 身 割 早 禾， 自 拖 禾 斛 自 搭 禾。 一 阵 雷 雨
八 月里 单 身 八 月 中， 单 身 一 人 屋 里 空。 日 里 出 门
九 月里 单 身 去 砍 柴， 扯 破 衣 裳 下 山 来。 想 请 上 屋
十 月里 单 身 小 阳 春， 媒 人 带 我 去 看 亲。 看 了 一 个
冬 月里 单 身 满 地 霜， 单 身 汉 子 心 里 愁。 提 起 鞋 来
腊 月里 单 身 大 雪 飞， 洗 床 被 子 过 寒 冬， 枕 头 不 做

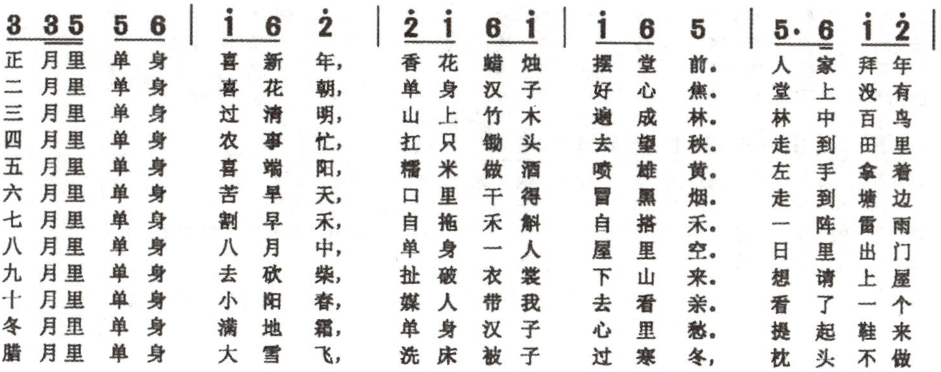

6 5 6 6 | 1̇ 3 5 6 | 1̇ 1̇6 2̇ | 2̇ 1̇1̇ 6 1̇ | 1̇ 6 5 ‖

有酒喝（呀），	我家拜年	吃筒烟，	我打单身	好可怜。
亲父母（呀），	堂下又无	少年妻，	单身家里	好孤凄。
成双对（呀），	河里鲤鱼	也成婚，	我只单身	一个人。
秧又老（呀），	走到地里	小麦黄，	苦命单身	两头忙。
雄黄碗（呀），	右手拿着	紫檀香，	可叹单身	无商量。
喝冷水（呀），	一夜肚痛	难入眠，	又呕又屙	好可怜。
往家跑（呀），	晒谷场上	水成河，	单身日子	怎么过？
一把锁（呀），	夜里相伴	一盏灯，	何日有个	相帮的人？
堂姐补（呀），	堂姐房中	绣花鞋，	未敢开口	转回来。
红花女（呀），	绸缎衣服	要十身，	单身无钱	娶不了亲。
狮子口（呀），	拿起袜子	马笼头，	叫我单身	穿哪头？
秀油气（呀），	被子不做	花粉香，	还是困只	拗头床。

（徐月琴 唱 陈忱 记）

耍金扇

1=G $\frac{2}{4}$

较快

都昌土塘

6 5 3 2 | 5· 1̇ | 6 5 3 2 | 5 3 0 | 5· 6 1̇ | 2̇ 1̇ 6 |

闲	下	（也）	无	事	（也）	心	想	到	小	妹
一	去	买	杭	州	粉，	二	买	苏	州	
天	上	（呃）	下	大	雨，	地	下	路	又	
跌	坏	了	杭	州	粉，	跌	坏了	苏	州	

5 3 6 | 5· 3 | 3 2 3 5 | 6 1̇ | 3·5 3 2 | 1 1· |

家	呀	呃，	手（喂）中（呃）	无	有	什么东西	拿 也，
花	哟	呵，	九江去买	螃	蟹	镇江去买	虾 也，
滑	呀	咳，	一（呀）下子	跌	在	地（呀）埃子	下 呀，
花	哟	呵，	掉（喂）了（格）	螃	蟹	掉（喂）了（格）	虾 也，

5 5 5 5 | 5 5 3 2 | 5 3 2 | 1 - | 3 5 6 1̇1̇ | 5 3· |

怎好 到	小（喂） 妹子	家	呃 咳，		呵咳洋得儿	嗯，
抚州 去	买蛮 大西	瓜	呀 咳，		呵咳洋得儿	嗯，
掉了 螃	蟹掉 了	虾	呀 咳，		呵咳洋得儿	嗯，
跌坏 了	我蛮 大西	瓜	呀 咳，		呵咳洋得儿	嗯，

5 5 5 5 | 5 5 3 2 | 5 3 2 | 1 - ‖

怎好 到	小（喂）妹子	家	呃 咳。	（夹白：呵咳，有了—）
抚州去买	蛮 大西	瓜	呀 咳。	（夹白：呵咳，有了—）
掉了螃蟹	掉 了	虾	呀 呵。	（夹白：哎呀，人不亨时[①]跌破了皮呀—）
跌坏了我	蛮大西	瓜	呀 咳。	

（李咸贯 唱 刘章高 记）

① 亨时：都昌方言，即走运。

十八变

1=G $\frac{3}{4}$

都昌张岭

2 2 3 5 | 5 3 3 2 | 2 6 1 1 | 2 6 6 5 | 5 3 5 6 6 |

1.远 望 情 姐 过旱岭（呐），情 哥 赶 得 汗淋淋（呐），姐问情哥

2.二 十岁哥 哥 转回程（呐），事 到 临 时 变换身（呐），我变天上

3.二 十岁哥 哥 转回程（呐），事 到 临 时 变换身（呐），我变天上

1 2 3 2 | 2 6 1 1 | 2 6 6 5 0 | 2 2 3 5 | 5 3 3 2 |

赶么得 干，我 赶 情 姐 一路行（哪）。一 问 情 姐 么年纪（呐），

娥眉月（呐），看 你 何 时 拢我身（哪）。十 八 娇 姐 转回程（呐），

娑罗树（呐），看 你 何 时 拢我身（哪）。十 八 娇 姐 转回程（呐），

2 6 1 1 | 2 6 6 5 | 6123 1 1 | 6 6 6 5 | 5 5 6 2 |

二 问 情 姐 么月份（呐），三 问 情 姐 哪里人（呐），铜 盘 打 水

事 到 临 时 变换身（呐），你 变 天 上 娥眉月（呐），我 变 天 上

事 到 临 时 变换身（呐），你 变 天 上 娑罗树（呐），我 变 张 公

2 5 61 6 | 1 2 61 1 | 1 6 6 5 | 6123 1 1 | 6 6 6 5 ‖

不相沾 哪，隔 河 插 柳 不成荫（哪），要 你 问 我 哪里人（呐）。

伴月星（哪），我 变 天 上 伴月星（哪），时 时 日 日 在姐跟（呐）。

砍树人（哪），不 怕 树 生 万条根（哪），时 时 日 日 在姐跟（呐）。

4. 二十岁哥哥转回程（呐），事到临时变换身（呐），我变天上浮云跑（呐），看你何时拢我身（哪）。十八娇姐转回程（呐），事到临时变换身（呐），你变天上浮云跑（呐），我变狂风追浮云（哪），云走不如风飞快（哪），时时日日在姐跟（呐）。

5. 二十岁哥哥转回程（呐），事到临时变换身（呐），我变深山猛老虎（呐），看你何时拢我身（哪）。十八娇姐转回程（呐），事到临时变换身（呐），你变深山猛老虎（喂），我变伙计打虎人（哪），不怕老虎咬我身（哪），时时日日在姐跟（呐）。

6. 二十岁哥哥转回程（呐），事到临时变换身（呐），我变深山蟒蛇精（呐），看你何时拢我身（哪）。十八娇姐转回程（呐），事到临时变换身（呐），你变深山蟒蛇精（呐），我变花子捉蛇人（哪），不怕蛇来咬我身（哪），时时日日在姐跟（呐）。

7. 二十岁哥哥转回程（呐），事到临时变换身（呐），我变山上刺蓬窝（呐），看你何时拢我身（哪）。十八娇姐转回程（呐），事到临时变换身（呐），你变山上刺蓬窝（呐），我变野鼠钻刺蓬（哪），不怕刺蓬戳我身（哪），时时日日在姐跟（呐）。

8 .二十岁哥哥转回程（呐），事到临时变换身（呐），我变塘里虾须草（呐），看你何时拢我身（哪）。十八娇姐转回程（呐），事到临时变换身（呐），你变塘里虾须草（呐），我变虾公夹草心（哪），时时日日在姐跟（呐）。

9. 二十岁哥哥转回程（呐），事到临时变换身（呐），我变路上湿狗屎（呐），看你何时拢我身（哪）。十八娇姐转回程（呐），事到临时变换身（呐），你变路上湿狗屎（呐），我变苍蝇哄屎心（哪），不怕狗屎臭我身（哪），时时日日在姐跟（呐）。

10. 二十岁哥哥转回程（呐），事到临时变换身（呐），我变后院一棵花（呐），看你何时拢我身（哪）。十八娇姐转回程（呐），事到临时变换身（呐），你变后院一棵花（呐），我变蜜蜂采花心（哪），时时日日在姐跟（呐）。

11. 二十岁哥哥转回程（呐），事到临时变换身（呐），我变菖蒲你变艾（呐），五月端午一齐来（呐）。

（段香兰　唱　　陈忱、碧波　记）

双探妹

1=A $\frac{2}{4}$ $\frac{3}{4}$　　　　　　　　　　都昌张岭

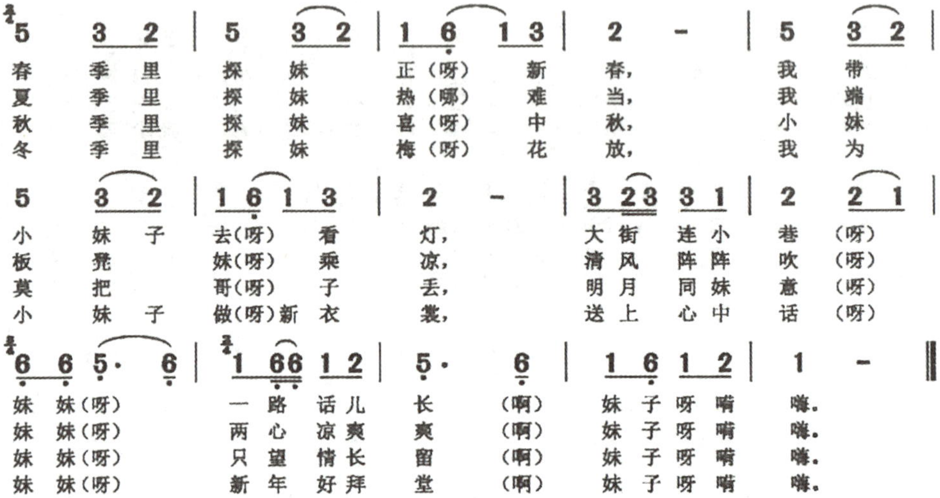

$\frac{2}{4}$ 5 3 2 | 5 3 2 | 1 6 1 3 | 2 - | 5 3 2 |

春 季 里 探 妹 正（呀）新 春， 我 带
夏 季 里 探 妹 热（哪）难 当， 我 端
秋 季 里 探 妹 喜（呀）中 秋， 小 妹
冬 季 里 探 妹 梅（呀）花 放， 我 为

5 3 2 | 1 6 1 3 | 2 - | 3 23 3 1 | 2 2 1 |

小 妹 子 去（呀）看 灯， 大 街 连 小 巷 （呀）
板 凳 妹（呀）乘 凉， 清 风 阵 阵 吹 （呀）
莫 把 哥（呀）子 丢， 明 月 同 妹 意 （呀）
小 妹 子 做（呀）新 衣 裳， 送 上 心 中 话 （呀）

$\frac{3}{4}$ 6 6 5· 6 | $\frac{2}{4}$ 1 66 1 2 | 5· 6 | 1 6 1 2 | 1 - ‖

妹 妹（呀） 一 路 话 儿 长 （啊） 妹 子 呀 啃 嗨。
妹 妹（呀） 两 心 凉 爽 爽 （啊） 妹 子 呀 啃 嗨。
妹 妹（呀） 只 望 情 长 留 （啊） 妹 子 呀 啃 嗨。
妹 妹（呀） 新 年 好 拜 堂 （啊） 妹 子 呀 啃 嗨。

（段香兰　唱　陈忱、碧波　记　罗文　整词）

劝五更

1=D $\frac{2}{4}$　　　　　　　　　　都昌张岭

中速

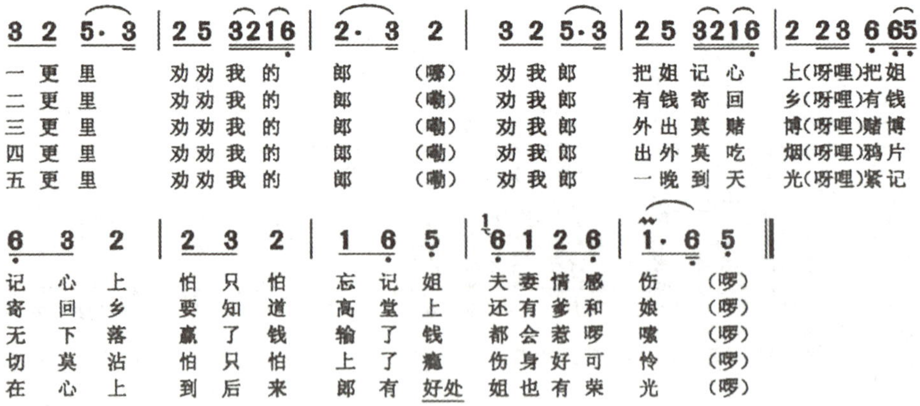

3 2 5·3 | 2 5 3216 | 2· 3 2 | 3 2 5·3 | 2 5 3216 | 2 23 6 65 |

一 更 里 劝 劝 我 的 郎 （哪） 劝 我 郎 把 姐 记 心 上（呀哩）把 姐
二 更 里 劝 劝 我 的 郎 （嘞） 劝 我 郎 有 钱 寄 回 乡（呀哩）有 钱
三 更 里 劝 劝 我 的 郎 （嘞） 劝 我 郎 外 出 莫 赌 博（呀哩）赌 博
四 更 里 劝 劝 我 的 郎 （嘞） 劝 我 郎 出 外 莫 吃 烟（呀哩）鸦 片
五 更 里 劝 劝 我 的 郎 （嘞） 劝 我 郎 一 晚 到 天 光（呀哩）紧 记

6 3 2 | 2 3 2 | 1 6 5 | 6 1 2 6 | 1· 6 5 ‖

记 心 上 怕 只 怕 忘 记 姐 夫 妻 情 感 伤 （啰）
寄 回 乡 要 知 道 高 堂 上 还 有 爹 和 娘 （啰）
无 下 落 赢 了 钱 输 了 钱 都 会 惹 啰 嗦 （啰）
切 莫 沾 怕 只 怕 上 了 瘾 伤 身 好 可 怜 （啰）
在 心 上 到 后 来 郎 有 好处 姐 也 有 荣 光 （啰）

（江振兴　唱　碧波　记　陈印昌　整词）

赏月歌

1=C $\frac{2}{4}$ $\frac{4}{4}$

都昌大港

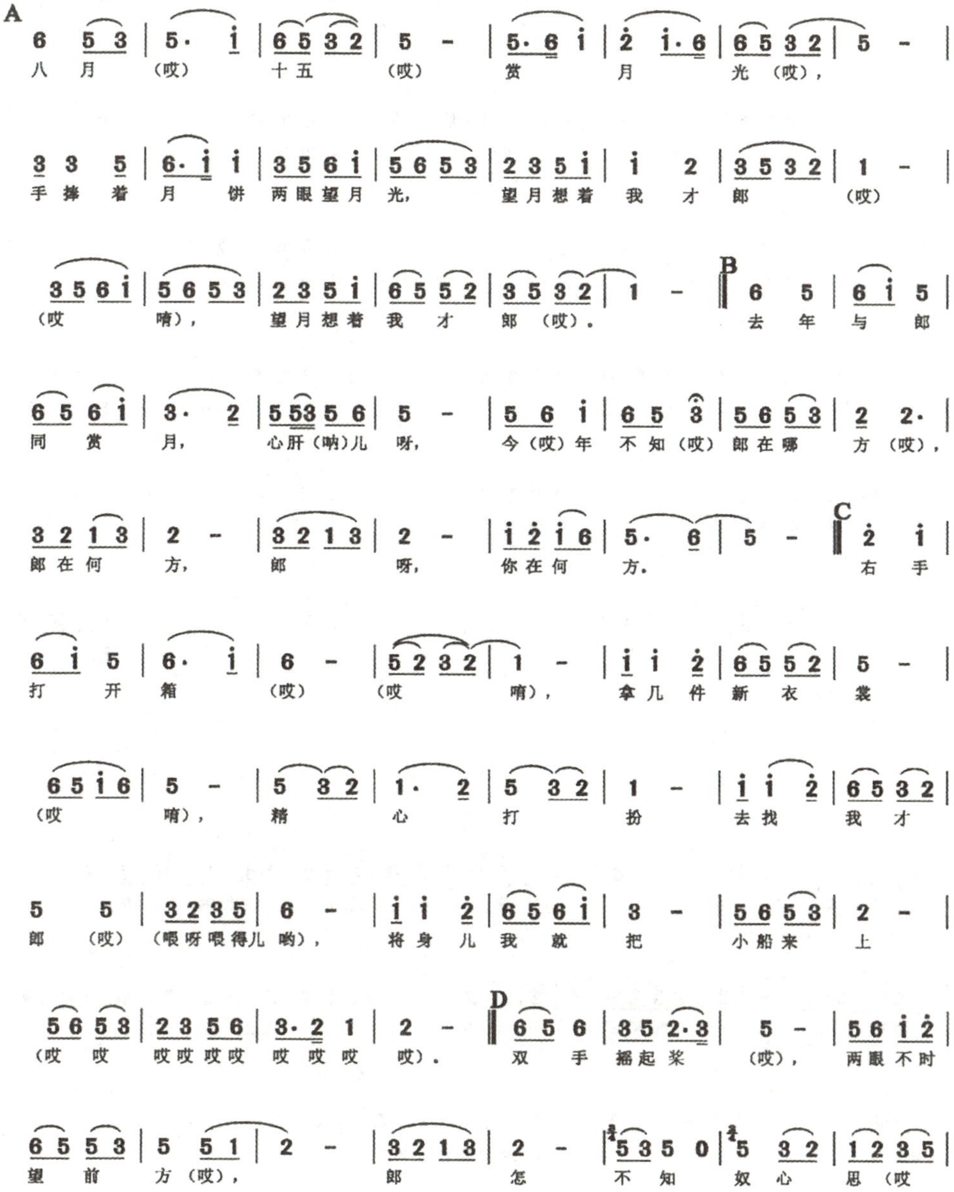

A

八月（哎）十五（哎）赏月光（哎），

手捧着月饼两眼望月光，望月想着我才郎（哎）

（哎 唷），望月想着我才郎（哎）。

B

去年与郎同赏月，心肝（呐）儿呀，今（哎）年不知（哎）郎在哪方（哎），

郎在何方，郎呀，你在何方。

C

右手打开箱（哎）（哎 唷），拿几件新衣裳

（哎 唷），精心打扮去找我才

郎（哎）（哏呀哏得儿哟），将身儿我就把小船来上

（哎 哎 哎哎哎哎 哎哎哎 哎）。

D

双手摇起桨（哎），两眼不时

望前方（哎），郎怎不知奴心思（哎

2 - | 5 6 1 2 | 6 5 3 2 | 5 5 3 | 5 - | 3 2 1 3 | 2· 3 | 5 3 5 - |
唷)， 奴在家中守着空 房（哎）， 思 思 想 想

1 3 2 | 1 2 3 5 | 2 - | 6 2 1· | 2 1 6 | 5· 6 | 5 - ‖ E 5 6 1 2 |
情 丝 更 长， 牵 情 丝 引 我 的 郎。 引来（哎）

3 2 3 | 5 6 5 3 | 2 - | 5 5 6 1 | 5 3 2 1 | 6 5 1 6 | 5 - | 5 5 6 1 |
我 郎（哎）共赏圆月 光， 共赏（哎） 圆月（唷） 夫妻同 欢。 先只 说

2 1 2 5 3 | 2 1 1 5 | 6 6· | 5 5 6 1 | 5 3 2 | 5 5 5 3 | 2·3 2 1 6 | 5 - ‖
八月 十五 我郎能回 乡 哎， 到今儿 望 穿 眼 也是枉思 量（哎 唷）。

F 1 6 5 | 6 1 5 | 6 1 5 | 6 2 1 5 | 6 - | 5 1 6 5 | 3 - | 5 3 2 |
不 顾 水 上 风 和 浪， 用出大 力 猛 划 着

5 3 2 | 3 2 1 3 | 2 - | 3 2 1 3 | 2 - | 5 5 6 | 2 1 | 6 1 1 5 |
双 桨（就）找到我才 郎， 找到我才 郎， 找 到 才 郎 一同转回

慢

6 - | 2 2 1 6 | 2 2 1 5 | 6· 1 | 6 - ‖ G 前6=3 3 3· | 5 3 6 5 3 - | 2 3 1 6 3 2· |
乡， 一呀 一同转回 乡。 郎（哎 哎哎哎哎哎）湖 广

2· 5 3 2 1 | 2 1 2 6 - | 5 3 5 0 6 | 1 6 1 2 3 - | 5 3 6 5 3 - |
（哎） 到 襄 阳， 再 去 （哎） 扬州那地方 （哎），

2 3 2 3 6 1 3 2· | 2· 5 3 2 1 | 2 1 2 6 6 0 | 5 3 5 0 6 1 6 | 1 2 3 - |
到了扬州地 方 （哎）， 在这 里呀 见了 我的 才 郎 面

5 3 6 5 3 - | 2 3 2 3 2 3 1 6 | 2 - 2· 5 | 3 2 1 2 1 2 6 | 5 3 5 0 6 1 6 |
（哎）， 一同坐船转 回 乡 （哎）。 共划 船 久别的 情

1 2 3 - - | 5 3 6 5 3 - | 2·3 2 3 2 1 1 6 | 5 3 5 2 - ‖
话 儿 长 （哎）， 月圆夫妻也 团 圆。

（但远富、王望佬 唱 陈忱 记 陈印昌 整词）

卖油郎

1=C $\frac{2}{4}$ 都昌土塘

较慢

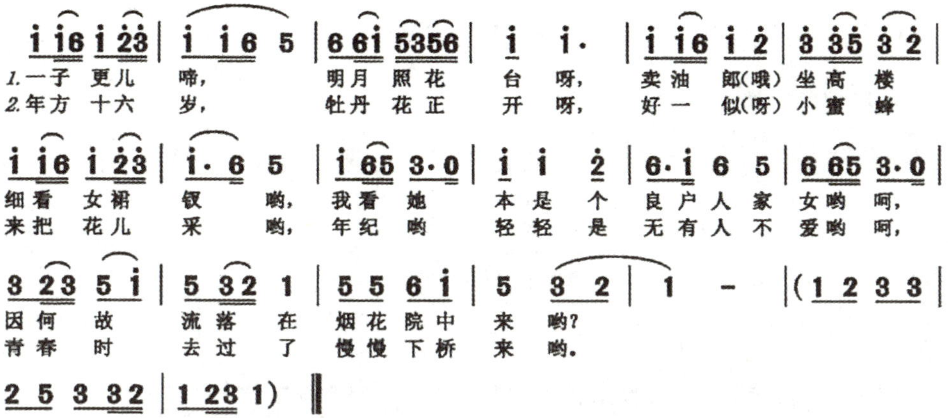

| 1 16 1 23 | 1 16 5 | 6 61 5356 | 1 1· | 1 16 1 2 | 3 35 3 2 |

1.一子 更儿 啼， 明月 照花 台 呀， 卖油 郎(哦)坐高 楼

2.年方 十六 岁， 牡丹 花正 开 呀， 好一 似(呀)小蜜 蜂

| 1 16 1 23 | 1· 6 5 | 1 65 3·0 | 1 1 2 | 6· 1 6 5 | 6 65 3·0 |

细看 女裙 钗 哟， 我看 她 本是 个 良户 人家 女哟 呵，

来把 花儿 采 哟， 年纪 哟 轻轻 是 无有 人不 爱哟 呵，

| 3 23 5 1 | 5 32 1 | 5 5 6 1 | 5 3 2 | 1 - |(1 2 3 3 |

因何 故 流落 在 烟花 院中 来 哟？

青春 时 去过 了 慢慢 下桥 来 哟。

| 2 5 3 32 | 1 23 1) ‖

3. 二子更儿啼，月亮渐渐高呀，卖油郎（哦）细看那花魂女多娇哟，我看她翻来（咯）覆去实实真难挨，莫不是酒醉后心中似火烧哟。

4. 将她来扶起，双手把她抱呀，手拿着（哦）鸳鸯枕撑住她的腰哟，打坐在牙床来等一等哟呵，等候了花魁女酒醉消一消哟。

5. 三子更儿啼，月亮正当圆呀，忽听得（哦）花魁女肚子一声响哟，卖油郎一时是无有主张哟呵，忙伸手解酒意摸她的胸膛哟。

6. 双手摸胸膛，浑身热难当呀，好一似（哦）杨贵妃酒醉在牙床哟，我本当今夜晚强把凤求凰哟呵，怕只怕小妹子身体要受伤哟。

7. 四子更儿啼，月亮偏了西呀，忽听得（哦）花魁女肚中是酒意哟，卖油郎一来是酒醉不过意哟呵，又恐怕弄脏了花魁女的衣哟。

8. 将她扶起来，好人做到底呀，花魁女（哦）醉酒饭吐在我袖里哟，先只说今夜晚与你来相会哟呵，却只见酒未醒怎样把话题哟。

9. 五子更儿啼，月落又天明呀，又只见（哦）花魁女酒醉醒转了哟，她忽然睁开眼将我来观看哟呵，见只见牙床上坐着一郎君哟。

10. 开言把妹问，你是什么人呀？因何故（哦）把娇花插在院行门哟，你与我细细来把根由说明哟呵，看一看我卖油郎有何办法行哟。

11. 爷娘好狠心，只爱雪花银呀，将奴家（哦）卖只在烟花院中门哟，我看他这客官品貌挺端正哟呵，我不免将婚姻配与他的身哟。

12. 叫声小情人，休要把我问呀，我本是（哦）卖油郎为你进院门哟，今夜晚你与我成全婚姻事哟呵，等只等天明亮带你出院门哟。

（刘章亮、曹英仙 唱 刘章高 记）

孟姜女

1=G $\frac{2}{4}$ 都昌

稍慢、思念地

1 1 2 | 3532 3 | 5·6 6553 | 2 - | 2 5 3532 | 1612 353 |

1.正 月 (呀) 里 来 是 新 年， 家 家(哟) 户 户

2.二 月 (呀) 里 来 暖 洋 洋， 双 双(呵) 燕 子

2321 6516 | 5 - | 5·6 1 1 | 2 5 3 | 2321 6 1 5 | 6 - |

挂 红 灯。 人 家 夫 妻 团 圆 会，

飞 南 方。 燕 子 成 双 又 成 对，

6 2 2 16 | 5356 1·2 | 6 56 1 76 | 5 - ‖

孟 姜 女 丈 夫 造 长 城。

孟 姜 女 成 单 不 成 双。

3. 三月里来是清明，家家户户扫祖坟。人家祖坟飘白纸，孟姜女祖坟冷清清。
4 .四月里来养蚕忙，姑嫂二人去采桑。竹篮挂在桑枝上，一把眼泪一把桑。
5. 五月里来是端阳，家家户户插秧忙。人家都把荒田插，孟姜女田里草成行。
6. 六月里来热难当，蚊虫飞去闹嚷嚷。宁可咬我千口血，莫咬长城万喜良。
7. 七月里来转秋凉，家家户户做衣裳。人家都把衣裳做，孟姜女破衣穿身上。
8. 八月里来雁开门，孤雁脚下带霜来。俺同孤雁一样苦，好好鸳鸯两分开。
9. 九月里来菊花黄，菊花造酒缸满香。人家造酒夫妻饮，孟姜女造酒无人尝。
10. 十月里来北风啸，芦花如雪顺风飘。长城天气多寒冷，夫主无衣命难保。
11. 冬月里来雪花飞，孟姜女千里送寒衣。不见夫主万喜良，哭倒长城一万里。
12. 腊月里来过年忙，家家户户宰猪羊。人家都把猪羊宰，孟姜女守孝白满堂。

（吴新香 唱 刘章高 记）

八条手巾

1=F $\frac{2}{4}$ 都昌春桥

中速

5 5 5 32 | 1 6 5 3 | 2 - | 6 5 5 32 | 1 1 2 3 | 1 - |

一 条 手 巾 红 线 条， 白 纸 包 来 郎 不 要，

二 条 手 巾 二 面 花， 情 哥 爱 我 我 爱 他，

三 条 手 巾 三 尺 三， 上 绣 芙 蓉 下 牡 丹，

四 条 手 巾 四 角 菱， 手 巾 下 水 沉 不 沉，

五 条 手 巾 五 条 龙， 舍不得 我 郎 打 长 工，

六 条 手 巾 六 尺 多， 我 郎 系 腰 凑 地 拖，

七 条 手 巾 七 朵 花， 手 巾 搭 在 柳 树 杈，

八 条 手 巾 八 绣 花， 绣 个 大 路 郎 骑 马，

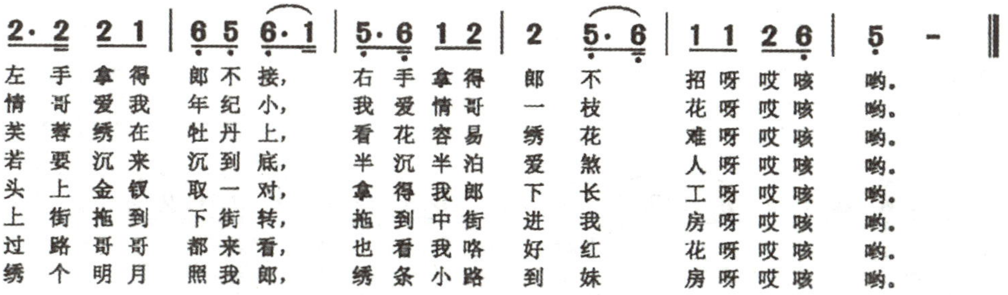

2·2 2 1 | 6 5 6·1 | 5·6 1 2 | 2 5·6 | 1 1 2 6 | 5 - ‖

左手拿得　郎不接，　右手拿得　郎不　招呀哎咳　哟。
情哥爱我　年纪小，　我爱情哥　一枝　花呀哎咳　哟。
芙蓉绣在　牡丹上，　看花容易　绣花　难呀哎咳　哟。
若要沉来　沉到底，　半沉半泊　爱煞　人呀哎咳　哟。
头上金钗　取一对，　拿得我郎　下长　工呀哎咳　哟。
上街拖到　下街转，　拖到中街　进我　房呀哎咳　哟。
过路哥哥　都来看，　也看我咯　好红　花呀哎咳　哟。
绣个明月　照我郎，　绣条小路　到妹　房呀哎咳　哟。

（游松苏　唱　刘章高　记）

对花调

1＝F $\frac{2}{4}$

都昌徐埠

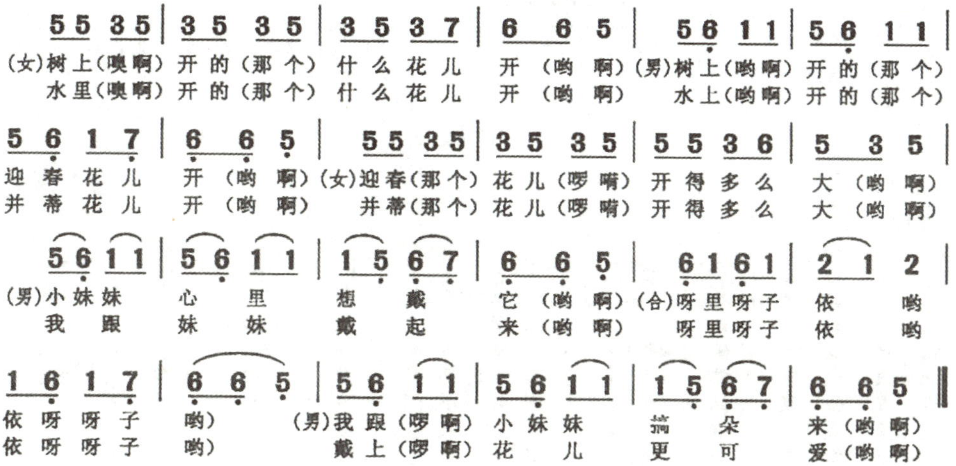

5 5 3 5 | 3 5 3 5 | 3 5 3 7 | 6 6 5 | 5 6 1 1 | 5 6 1 1 |

（女）树上（噢啊）开的（那个）什么花儿　开（哟　啊）（男）树上（哟啊）开的（那个）
水里（噢啊）开的（那个）什么花儿　开（哟　啊）　水上（哟啊）开的（那个）

5 6 1 7 | 6 6 5 | 5 5 3 5 | 3 5 3 5 | 5 5 3 6 | 5 3 5 |

迎春花儿　开（哟　啊）（女）迎春（那个）花儿（啰喃）开得多么　大（哟　啊）
并蒂花儿　开（哟　啊）　并蒂（那个）花儿（啰喃）开得多么　大（哟　啊）

5 6 1 1 | 5 6 1 1 | 1 5 6 7 | 6 6 5 | 6 1 6 1 | 2 1 2 |

（男）小妹妹　心　里　想　戴　它（哟　啊）（合）呀里呀子　依　哟
我　跟　妹　妹　戴　起　来（哟　啊）　呀里呀子　依　哟

1 6 1 7 | 6 6 5 | 5 6 1 1 | 5 6 1 1 | 1 5 6 7 | 6 6 5 ‖

依呀呀子　哟）　（男）我跟（啰啊）小妹妹　摘　朵　来（哟　啊）
依呀呀子　哟）　戴上（啰啊）花　儿　更　可　爱（哟　啊）

（袁银如　唱　袁荣　记）

十转

1=F $\frac{2}{4}$ 都昌土塘

较快

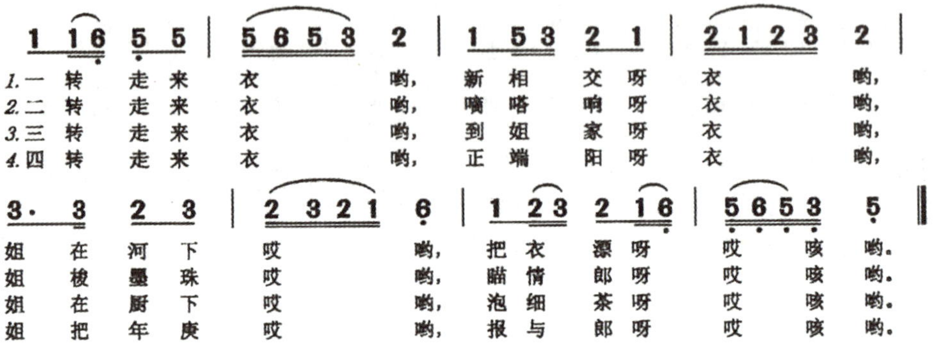

1 16 5 5 | 5653 2 | 1 53 2 1 | 2123 2 |

1.一 转 走 来 衣 哟， 新 相 交 呀 衣 哟，
2.二 转 走 来 衣 哟， 嘀 嗒 响 呀 衣 哟，
3.三 转 走 来 衣 哟， 到 姐 家 呀 衣 哟，
4.四 转 走 来 衣 哟， 正 端 阳 呀 衣 哟，

3· 3 2 3 | 2321 6 | 1 23 2 16 | 5653 5 ‖

姐 在 河 下 哎 哟， 把 衣 漂 呀 哎 咳 哟。
姐 梭 璺 珠 哎 哟， 瞄 情 郎 呀 哎 咳 哟。
姐 在 厨 下 哎 哟， 泡 细 茶 呀 哎 咳 哟。
姐 把 年 庚 哎 哟， 报 与 郎 呀 哎 咳 哟。

5. 五转走来荷花摇，下水摘花给姐戴。

6. 六转走来大步迈，郎为情姐审破得鞋。

7. 七转走来似燕飞，情姐为郎洗浆衣。

8. 八转走来情谊深，情姐情郎心连心。

9. 九转走来进绣房，鸳鸯成对双配双。

10. 十转走来姻缘美，白头到老好夫妻。

（李会贤 唱 刘章高 记）

十恨

1=♭E $\frac{2}{4}$ 都昌张岭

中速

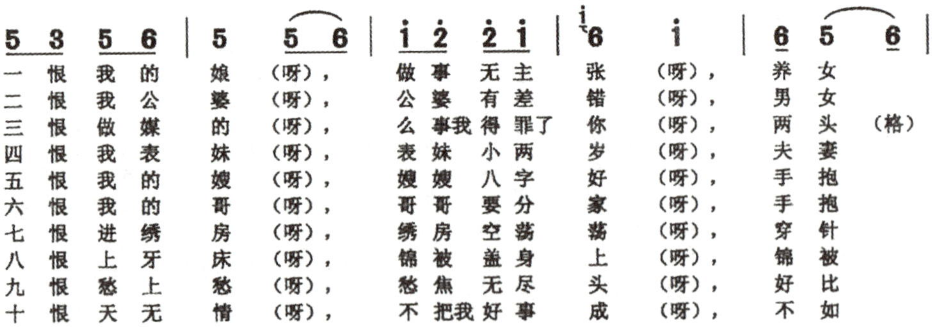

5 3 5 6 | 5 56 | i 2 2 i | 6 i | 6 5 6 |

一 恨 我 的 娘 （呀）， 做 事 无 主 张 （呀）， 养 女
二 恨 我 公 婆 （呀）， 公 婆 有 差 错 （呀）， 男 女
三 恨 做 媒 的 （呀）， 么 事我 得 罪了 你 （呀）， 两 头 （格）
四 恨 我 表 妹 （呀）， 表 妹 小 两 岁 （呀）， 夫 妻
五 恨 我 的 嫂 （呀）， 嫂 嫂 八 字 好 （呀）， 手 抱
六 恨 我 的 哥 （呀）， 哥 哥 要 分 家 （呀）， 手 抱
七 恨 进 绣 房 （呀）， 绣 房 空 荡 荡 （呀）， 穿 针
八 恨 上 牙 床 （呀）， 锦 被 盖 身 上 （呀）， 锦 被
九 恨 愁 上 愁 （呀）， 愁 焦 无 尽 头 （呀）， 好 比
十 恨 天 无 情 （呀）， 不 把我 好 事 成 （呀）， 不 如

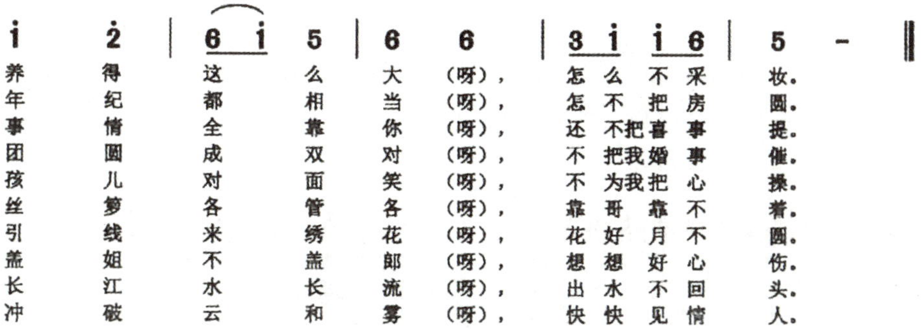

1̇ 2̇ | 6 1̇ 5 | 6 6 | 3 1̇ 1̇ 6 | 5 - ‖

养 得 这 么 大（呀），怎 么 不 采 妆。
年 纪 都 相 当（呀），怎 不 把 房 圆。
事 情 全 靠 你（呀），还 不把喜 事 提。
团 圆 成 双 对（呀），不 把我婚 事 催。
孩 儿 对 面 笑（呀），不 为我把 心 操。
丝 箩 各 管 各（呀），靠 哥 靠 不 着。
引 线 来 绣 花（呀），花 好 月 不 圆。
羞 姐 不 羞 郎（呀），想 想 好 心 伤。
长 江 水 长 流（呀），出 水 不 回 头。
冲 破 云 和 雾（呀），快 快 见 情 人。

（谢细美 唱 碧波、陈忱 记 陈印昌 整词）

十劝

1=G $\frac{2}{4}$ 都昌春桥

较慢

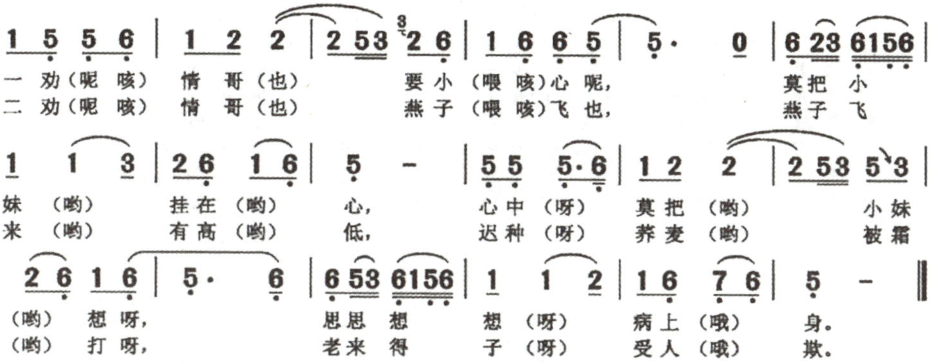

1 5 5 6 | 1 2 2 | 2 53 2 6 | 1 6 6 5 | 5· 0 | 6 23 6156 |
一 劝（呢 咳） 情 哥（也） 要 小（喂 咳）心 呢， 莫把 小
二 劝（呢 咳） 情 哥（也） 燕 子（喂 咳）飞 也， 燕子 飞

1 1 3 | 26 16 | 5 - | 55 5·6 | 1 2 2 | 2 53 5 3 |
妹（哟） 挂在（哟） 心， 心中（呀） 莫把（哟） 小妹
来（哟） 有高（哟） 低， 迟种（呀） 荞麦（哟） 被霜

2 6 1 6 | 5· 6 | 6 53 6156 | 1 1 2 | 1 6 7 6 | 5 - ‖
（哟） 想 呀， 思思 想 想（呀） 病上（哦） 身。
（哟） 打 呀， 老来 得 子（呀） 受人（哦） 欺。

3. 三劝情哥把头低，情哥回家讨个妻，讨个妻来有多好呀，帮你做饭洗浆衣。

4. 四劝情哥劝四方，莫忘回家撒禾秧，精耕细作五谷收呀，误过农时要着慌。

5. 五劝情哥劝得早，这山望到那山高，过得高山有平地呀，过得难中有好时。

6. 六劝情哥莫打牌，赌博场上你莫来，上场还说亲兄弟呀，输得银钱拿刀来。

7. 七劝情哥正当时，自己做事自己为，年纪将到三十岁呀，再不修正等何时。

8. 八劝情哥莫贪花，人人做过后生家，若要爱花爱一朵呀，贪了两朵结冤家。

9. 九劝情哥菊花黄，莫恋杭州小姑娘，本是凡间一小女呀，爱死几多少年郎。

10. 十劝情哥劝得多，句句好话几谷箩，只有情哥劝情姐呀，哪有情姐劝情哥。

（游松苏 唱 刘章高 记）

十更情

1=C $\frac{2}{4}$　　　　　　　　　　　　　　　　　　　　　　都昌周溪

中速

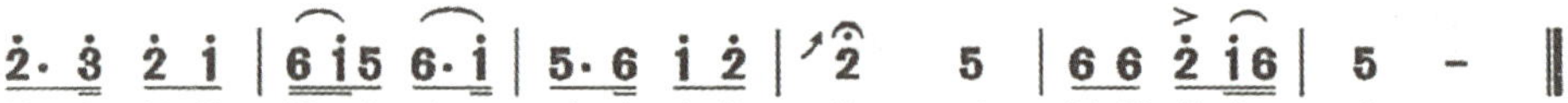

5 32 5 32 | 1 6 5 3 | 2 - | 6 5 3 2 | 1 61 2 32 | 1 - |

2· 3 2 1 | 6 15 6· 1 | 5· 6 1 2 | 2 5 | 6 6 2 16 | 5 - ‖

1. 一更里来乱纷纷，手拿白扇上姐门，站在门外低声叫，叫声小妹快开门哪哎咳哟。
2. 二更里来把门开，叫声情哥进屋来，端把椅子情哥坐，泡杯香茶你止渴啦哎咳哟。
3. 三更里来进绣房，哥坐高椅妹坐哥身上，二人快快亲个嘴，胭脂水粉女花香呀哎咳哟。
4. 四更里来上牙床，双手解下红罗帐，衣裳挂在金钩上，菩萨保护莫天光呀哎咳哟。
5. 五更里来月光下了山，叫声情哥采牡丹，牡丹含羞开一返，今生相逢下世难哪哎咳哟。
6. 六更里来翻了一个身，嫩皮细肉说郎听，妹妹本是真闺女，莫在外面坏我名呀哎咳哟。
7. 七更里来仔鸡啼，再把心肠说郎听，既是跟妹来相好，三心二意切莫行呀哎咳哟。
8. 八更里来天明亮，叫声情郎穿衣裳，不要慌来不要忙，切莫穿错我衣裳呀哎咳哟。
9. 九更里来要动身，贤妹何必看错人，早办嫁妆来迎娶，大红花轿接进门呀哎咳哟。
10. 十更里来泪纷纷，难分难舍出了门，只望日头快下山，今生今世不离分呀哎咳哟。

（曹英仙　唱　刘章高　记）

十杯酒

1=F $\frac{2}{4}$　　　　　　　　　　　　　　　　　　　　　　都昌三汉港

6· 5 3 | 6· 5 3 | 3 6 5 | 32 1 2 | 3 35 6 1 | 653 2 |

一杯酒 引（呵）郎 来（啫），手捏银壶 把酒筛。
二杯酒 酒（呵）为 情（啫），杯中照见 郎身影。
三杯酒 酒（呵）甜 香（啫），酒甜酒香 郎来尝。
四杯酒 情（呵）意 真（啫），人说仁义 值千金。
五杯酒 莫（呵）醉 郎（啫），喝酒应当 要适量。
六杯酒 汗（呵）淋 身（啫），拿起扇子 扇郎身。
七杯酒 月（呵）转 西（啫），耳边响起 五更鸡。
八杯酒 桂（呵）花 香（啫），八月十五 月光圆。
九杯酒 菊（呵）花 黄（啫），菊花浸酒 甜又香。
十杯酒 郎（呵）回 程（啫），郎前妹后 来送行。

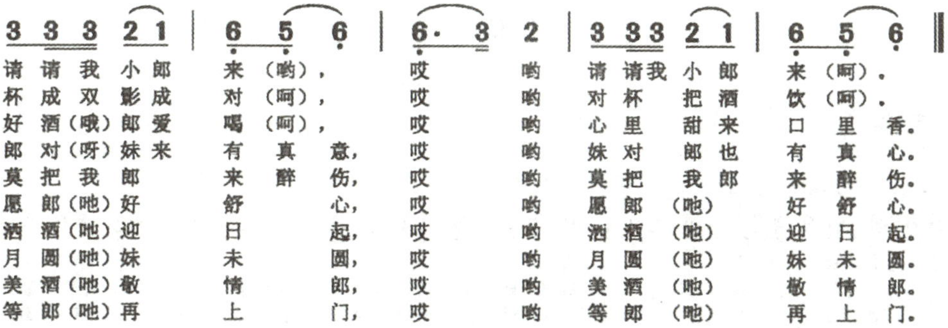

3 3 3 2 1 | 6 5 6 | 6· 3 2 | 3 3 3 2 1 | 6 5 6 ‖

请请我小郎 来（哟）， 哎 哟 请请我小郎 来（呵）。
杯成双影成 对（呵）， 哎 哟 对杯把酒 饮（呵）。
好酒（哦）郎爱 喝（呵）， 哎 哟 心里甜来 口里香。
郎对（呀）妹来 有真意， 哎 哟 妹对郎也 有真心。
莫把我郎 来醉伤， 哎 哟 莫把我郎 来醉伤。
愿郎（吔）好 舒心， 哎 哟 愿郎（吔） 好舒心。
洒酒（吔）迎 日起， 哎 哟 洒酒（吔） 迎日起。
月圆（吔）妹 未圆， 哎 哟 月圆（吔） 妹未圆。
美酒（吔）敬 情郎， 哎 哟 美酒（吔） 敬情郎。
等郎（吔）再 上门， 哎 哟 等郎（吔） 再上门。

（查桃英 唱 李大志、郑谟希 记 陈印昌 整词）

十爱姐

1=G 2/4 都昌三汉港

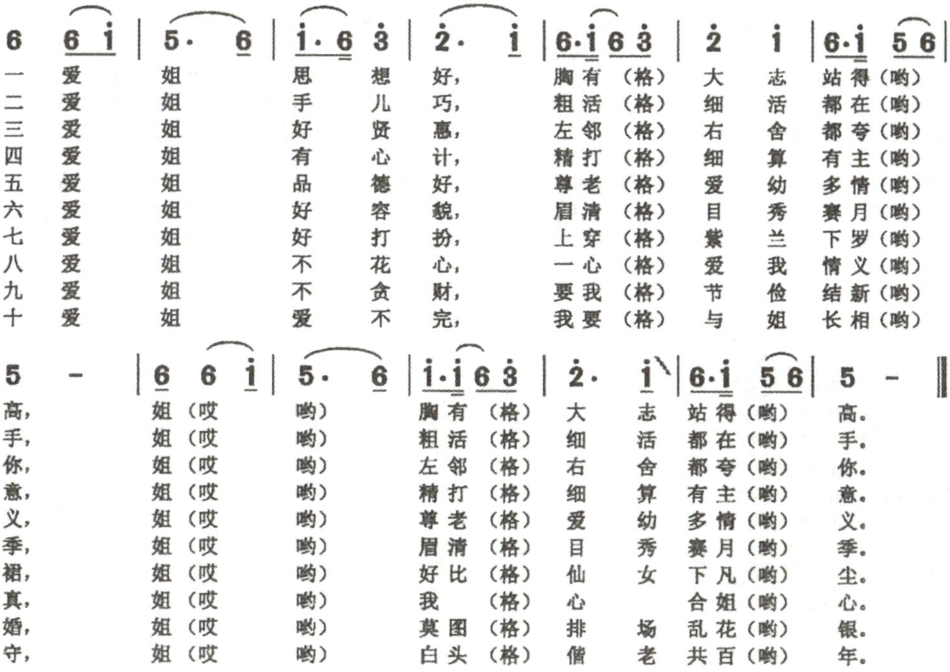

6 6 1̇ | 5· 6 | 1̇·6 3̇ | 2̇· 1̇ | 6·1̇ 6 3̇ | 2̇ 1̇ | 6·1̇ 5 6 |

一爱姐 思想好， 胸有（格）大志 站得（哟）
二爱姐 手儿巧， 粗活（格）细活 都在（哟）
三爱姐 好贤惠， 左邻（格）右舍 都夸（哟）
四爱姐 有心计， 精打（格）细算 有主（哟）
五爱姐 品德好， 尊老（格）爱幼 多情（哟）
六爱姐 好容貌， 眉清（格）目秀 赛月（哟）
七爱姐 好打扮， 上穿（格）紫兰 下罗（哟）
八爱姐 不花心， 一心（格）爱我 情义（哟）
九爱姐 不贪财， 要我（格）节俭 结新（哟）
十爱姐 爱不完， 我要（格）与姐 长相（哟）

5 - | 6 6 1̇ | 5· 6 | 1̇·1̇ 6 3̇ | 2̇· 1̇ | 6·1̇ 5 6 | 5 - ‖

高， 姐（哎 哟） 胸有（格）大志 站得（哟） 高。
手， 姐（哎 哟） 粗活（格）细活 都在（哟） 手。
你， 姐（哎 哟） 左邻（格）右舍 都夸（哟） 你。
意， 姐（哎 哟） 精打（格）细算 有主（哟） 意。
义， 姐（哎 哟） 尊老（格）爱幼 多情（哟） 义。
季， 姐（哎 哟） 眉清（格）目秀 赛月（哟） 季。
裙， 姐（哎 哟） 好比（格）仙女 下凡（哟） 尘。
真， 姐（哎 哟） 我（格）心 合姐（哟） 心。
婚， 姐（哎 哟） 莫图（格）排场 乱花（哟） 银。
守， 姐（哎 哟） 白头（格）偕老 共百（哟） 年。

（陶等佬 唱 李大志、郑谟希 记 罗文 整词）

十月子飘

1=♭B $\frac{4}{4}$

都昌

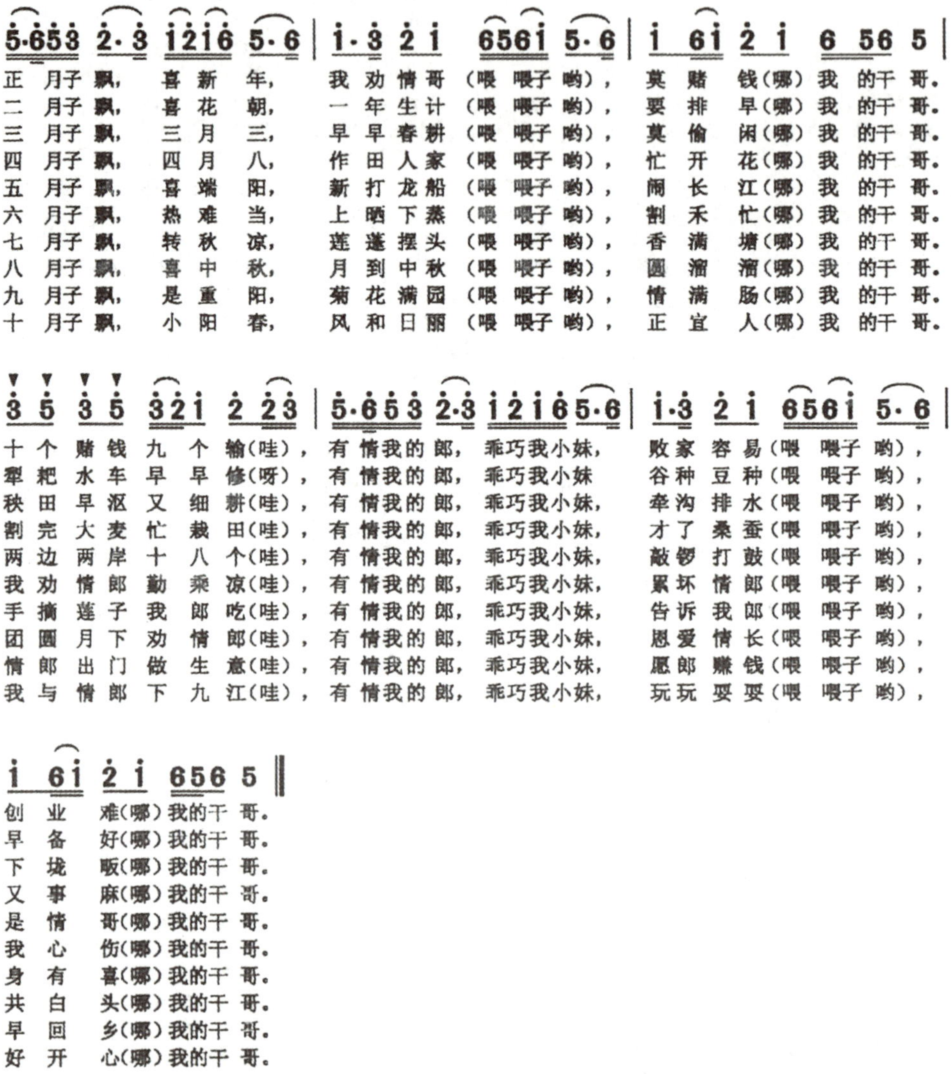

5·653 2·3 1216 5·6 | 1·3 2 1 6561 5·6 | 1 61 2 1 6 56 5 |

正月子飘，喜新年，我劝情哥（喂喂子哟），莫赌钱（哪）我的干哥。
二月子飘，喜花朝，一年生计（喂喂子哟），要排早（哪）我的干哥。
三月子飘，三月三，早早春耕（喂喂子哟），莫偷闲（哪）我的干哥。
四月子飘，四月八，作田人家（喂喂子哟），忙开花（哪）我的干哥。
五月子飘，喜端阳，新打龙船（喂喂子哟），闹长江（哪）我的干哥。
六月子飘，热难当，上晒下蒸（喂喂子哟），割禾忙（哪）我的干哥。
七月子飘，转秋凉，莲蓬摆头（喂喂子哟），香满塘（哪）我的干哥。
八月子飘，喜中秋，月到中秋（喂喂子哟），圆溜溜（哪）我的干哥。
九月子飘，是重阳，菊花满园（喂喂子哟），情满肠（哪）我的干哥。
十月子飘，小阳春，风和日丽（喂喂子哟），正宜人（哪）我的干哥。

3 5 3 5 321 2 23 | 5·653 2·3 1216 5·6 | 1·3 2 1 6561 5·6 |

十个赌钱九个输（哇），有情我的郎，乖巧我小妹，败家容易（喂喂子哟），
犁耙水车早早修（呀），有情我的郎，乖巧我小妹 谷种豆种（喂喂子哟），
秧田早沤又细耕（哇），有情我的郎，乖巧我小妹，牵沟排水（喂喂子哟），
割完大麦忙栽田（哇），有情我的郎，乖巧我小妹，才了桑蚕（喂喂子哟），
两边两岸十八个（哇），有情我的郎，乖巧我小妹，敲锣打鼓（喂喂子哟），
我劝情郎勤乘凉（哇），有情我的郎，乖巧我小妹，累坏情郎（喂喂子哟），
手摘莲子我郎吃（哇），有情我的郎，乖巧我小妹，告诉我郎（喂喂子哟），
团圆月下劝情郎（哇），有情我的郎，乖巧我小妹，恩爱情长（喂喂子哟），
情郎出门做生意（哇），有情我的郎，乖巧我小妹，愿郎赚钱（喂喂子哟），
我与情郎下九江（哇），有情我的郎，乖巧我小妹，玩玩耍耍（喂喂子哟），

1 61 2 1 656 5 ‖

创业难（哪）我的干哥。
早备好（哪）我的干哥。
下垅畈（哪）我的干哥。
又事麻（哪）我的干哥。
是情哥（哪）我的干哥。
我心伤（哪）我的干哥。
身有喜（哪）我的干哥。
共白头（哪）我的干哥。
早回乡（哪）我的干哥。
好开心（哪）我的干哥。

（欧阳求霞、王秋凤、郑谟希、余新民 唱　碧波、陈忱、李大志 记　詹玉新 整词）

十月想郎

1=C 2/4　　　　都昌土墩

稍慢

6 65 6 | 1 65 3 | 3 61 653 | 2321 2 | 5 5 6·1 |

1.正 月 里 想 我 的 郎，望 郎 戏 新 年，小 才 郎

2.二 月 里 想 我 的 郎，望 郎 戏 花 朝，小 才 郎

3.三 月 里 想 我 的 郎，望 郎 桃 花 开，扯 一 尺

6 53 2 | 161 2116 | 5 - | 5 56 1 1 | 2312 3 3 |

出 门 去 一 去 大 半 年，少（喔）年（呐）鲜 花（哟）

出 门 去 一 去 不 回 头，清 早 起（哟）望 到 晚（呐）

毛 哔 叽 予 我 郎 做 鞋，绣（喔）好（喂）龙 来

2321 6 1 | 6·5 6 1 | 3 35 6 1 6 | 6 53 2·3 | 5 56 1 3 |

我 郎 不 来 采，到 晚 来（呀）无 儿 子 命 苦 似 黄

不 见 我 郎 归，到 晚 来（呀）想 我 的 郎 想 到 大 天

描（喂 呃）好 凤，到 如 今（哪）我 的 郎 你 也 还不来

2 6561 | 5 - ‖

连，想 才 郎。

光，想 才 郎。

穿，想 才 郎。

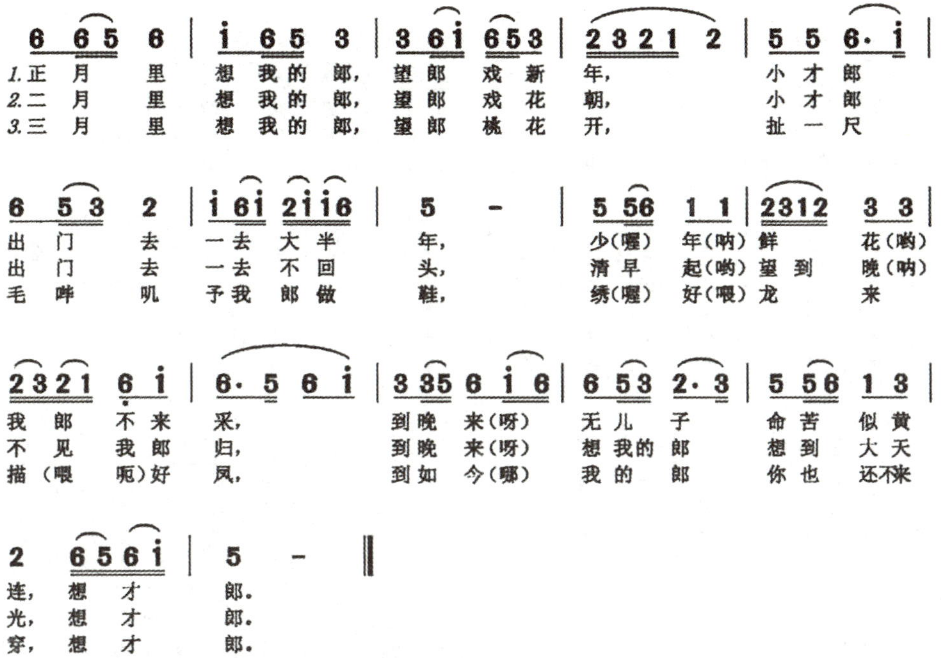

4. 四月里想我的郎，望郎四月八，小奴家思想起朝（喂）菩（喂）萨，行一步走一步来到么灵山下，菩萨哟保佑我郎早回家，想才郎。

5. 五月里想我的郎，望郎戏端阳，手拿着菱花镜替郎照容相，我的郎在家中我面带桃红色，我的郎出门后我面带鸡皮黄，想才郎。

6. 六月里想我的郎，望郎三伏天，扯一丈白纺绸予我郎做衣，将我郎的衣服全部来做好，到如今我的郎还不回来穿，想才郎。

7. 七月里想我的郎，望郎转秋凉，身坐在红罗帐思念长来往，有三朋和四友来把烟馆上，怕只怕鸦片烟害了我的郎，想才郎。

8. 八月里想我的郎，望郎雁门开，修一封长书信叫我郎回来，我且将长书信快快来修好，请请郎接到信早早回家乡，想才郎。

9. 九月里想我的郎，望郎菊花黄，身坐在绣房中思想我的郎，你先说与奴家月月长来往，到如今为什么还不回家乡，想才郎。

10. 十月里想我的郎，望郎小阳春，小奴家思想起重病上了身，等只等早一天与我郎相会，怕只怕枉费了一场好婚姻，想才郎。

（冯九莲　唱　　刘章高、李俊　记）

十月怀胎

$1=C\ \frac{2}{4}$ 都昌土塘

较快

| i i6 i 6 | i·2 3 5 | 2· 3 | i i6 i 6 | i·2 3 5 | 2· 3 |

1.怀胎 正月 正 呀么 哟， 露水 洒花 心 哪么 哟，
2.怀胎 两个 月 呀么 哟， 小女 不好 说 哪么 哟，
3.怀胎 三月 三 呀么 哟， 三餐 吃两 餐 哪么 哟，
4.怀胎 四月 八 呀么 哟， 小女 算花 甲 哪么 哟，

| 5 5 6 | i 6i 2 | 3 2 i 3 | 2· 3 | 5 5 6 | i 0 |

叫声个 当家夫，依儿呀依 哟， 夫哇喃 咳，
叫声个 当家夫，依儿呀依 哟， 夫哇喃 咳，
叫声个 当家夫，依儿呀依 哟， 夫哇喃 咳，
叫声个 当家夫，依儿呀依 哟， 夫哇喃 咳，

| 6·i 6 i | 2·3 i 6 | 5 - | 5 3 2 | 5 3 2 | 3 2 i 3 |

露水洒花 心哪依儿 哟， 依 哟 呀 哟 依儿呀依
不好意思 说哪依儿 哟， 依 哟 呀 哟 依儿呀依
酸梅口中 含哪依儿 哟， 依 哟 呀 哟 依儿呀依
生个小娃 娃哪依儿 哟， 依 哟 呀 哟 依儿呀依

| 2· 3 | 5 5 6 | i 0 | 6·i 6 i | 2·3 i 6 | 5 - ‖

哟 夫哇喃 咳， 露水洒花 心哪依儿 哟。
哟 夫哇喃 咳， 不好意思 说哪依儿 哟。
哟 夫哇喃 咳， 酸梅口中 含哪依儿 哟。
哟 夫哇喃 咳， 生个小娃 娃呀依儿 哟。

5. 怀胎五月五，怀胎怀得苦，叫声个当家夫，分开两张铺。

6. 怀胎六月天，怀胎真好热，叫声个当家夫，怀胎真好热。

7. 怀胎七月半，小女掐指算，叫声个当家夫，还有两月半。

8. 怀胎八月八，小女回娘家，叫声个当家夫，多办鸡和鸭。

9. 怀胎九月九，怀胎怀得丑，叫声个当家夫，备办洗三酒①。

10. 怀胎十月十，孩子生下地，叫声个当家夫，大家送恭喜。

（舒传西 唱 刘章高 记）

① 洗三酒：都昌乡俗，孩子出生三天置办喜酒。

十绣荷包

1=G $\frac{3}{4}$ $\frac{4}{4}$

周溪柴棚

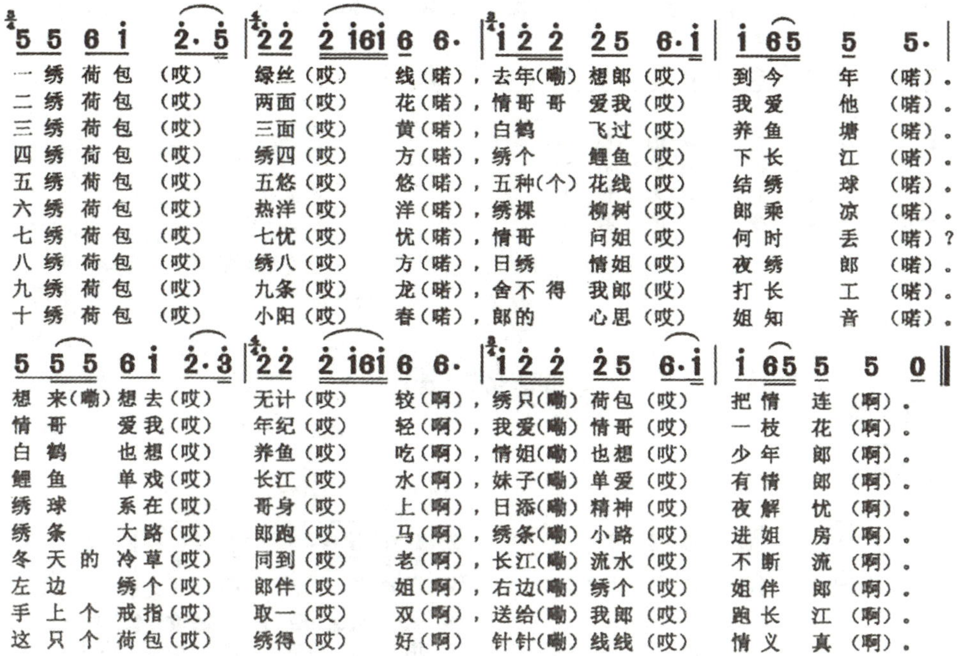

5 5 6 1 2·5 | 2 2 2 161 6 6· | 1 2 2 2 5 6·1 | 1 65 5 5· |

一绣荷包（哎）绿丝（哎）线（啫），去年（嘞）想郎（哎）到今年（啫）。
二绣荷包（哎）两面（哎）花（啫），情哥哥爱我（哎）我爱他（啫）。
三绣荷包（哎）三面（哎）黄（啫），白鹤飞过（哎）养鱼塘（啫）。
四绣荷包（哎）绣四（哎）方（啫），绣个鲤鱼（哎）下长江（啫）。
五绣荷包（哎）五悠（哎）悠（啫），五种（个）花线（哎）结绣球（啫）。
六绣荷包（哎）热洋（哎）洋（啫），绣棵柳树（哎）郎乘凉（啫）。
七绣荷包（哎）七忧（哎）忧（啫），情哥问姐（哎）何时丢（啫）？
八绣荷包（哎）绣八（哎）方（啫），日绣情姐（哎）夜绣郎（啫）。
九绣荷包（哎）九条（哎）龙（啫），舍不得我郎（哎）打长工（啫）。
十绣荷包（哎）小阳（哎）春（啫），郎的心思（哎）姐知音（啫）。

5 5 5 6 1 2·3 | 2 2 2 161 6 6· | 1 2 2 2 5 6·1 | 1 65 5 5 0 ‖

想来（嘞）想去（哎）无计（哎）较（啊），绣只（嘞）荷包（哎）把情连（啊）。
情哥爱我（哎）年纪（哎）轻（啊），我爱（嘞）情哥（哎）一枝花（啊）。
白鹤也想（哎）养鱼（哎）吃（啊），情姐（嘞）也想（哎）少年郎（啊）。
鲤鱼单戏（哎）长江（哎）水（啊），妹子（嘞）单爱（哎）有情郎（啊）。
绣球系在（哎）哥身（哎）上（啊），日添（嘞）精神（哎）夜解忧（啊）。
绣条大路（哎）郎跑（哎）马（啊），绣条（嘞）小路（哎）进姐房（啊）。
冬天的冷草（哎）同到（哎）老（啊），长江（嘞）流水（哎）不断流（啊）。
左边绣个（哎）郎伴（哎）姐（啊），右边（嘞）绣个（哎）姐伴郎（啊）。
手上个戒指（哎）取一（哎）双（啊），送给（嘞）我郎（哎）跑长江（啊）。
这只个荷包（哎）绣得（哎）好（啊）针针（嘞）线线（哎）情义真（啊）。

（江桂香　唱　李大志　记　陈印昌　整词）

手扶栏杆

1=A $\frac{2}{4}$

都昌周溪

中速

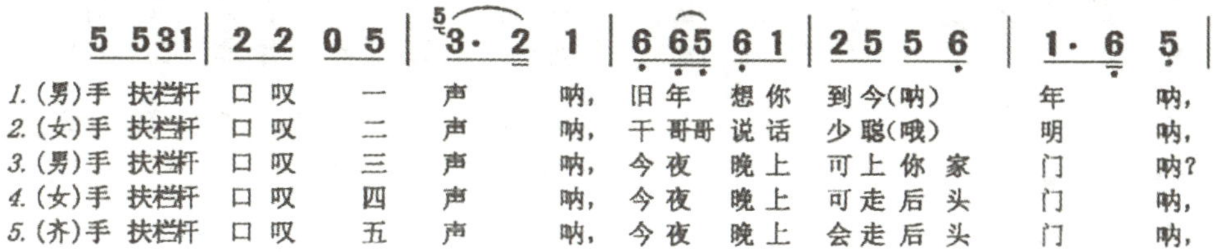

5 531 | 2 2 0 5 | 3· 2 1 | 6 65 6 1 | 2 5 5 6 | 1· 6 5 |

1.（男）手扶栏杆口叹一声呐，旧年想你到今（呐）年呐，
2.（女）手扶栏杆口叹二声呐，干哥哥说话少聪（哦）明呐，
3.（男）手扶栏杆口叹三声呐，今夜晚上可上你家门呐？
4.（女）手扶栏杆口叹四声呐，今夜晚上可走后头门呐，
5.（齐）手扶栏杆口叹五声呐，今夜晚上会走后头门呐，

6 65 6 1 | 2 2 0 5 | 3· 2 1 | 6 65 6 1 | 2 6 5 | 1 2 3 20 |

旧年 想你 不(嘞) 要 紧 呐，今年 想你 好伤 心， 干(呐)妹妹，
只要 你心 合(嘞) 奴 意 哟，哪怕 山高 水又 深， 干(呐)哥哥，
倘若 爷娘 来(嘞) 问 你 哟，你说是 姐妹 转家 门， 干(呐)妹妹，
莫让 老 爷来(也)看 见 哦，莫等 黄狗 闹昏 昏， 干(呐)哥哥，
不怕 爷娘 管(嘞) 的 紧 呐，自作 主张 配婚 姻， 干(呐)哥哥 妹妹，

5 53 2 1 | 6 5 6 3 | 2· 3 1 6 | 5 - ‖

铁锁 锁不 住心里的 门呐。
只要 你心 护着我的 心呐。
邻居 知道 实在难为 情呐。
一对 夫妻 今夜要成 真呐。

（曹英仙　唱　刘章高　记）

闺女盼郎

1＝D　　　　　　　　　　　　　　　　　都昌

中速稍快

$\frac{5}{8}$ 2 2 235· 5 | 5 3 2 2 | 2 66 56 1 | 2 61 6 5 |

1.日照起山（是）照西南（哎），照得我闺女洗衣衫（哎），

(2 6 126 | 126 6 5)

2.浆蓝衣衫（是）想情郎（哎），眼泪滴在脚盆上（哎），
3.晒蓝衣衫（是）想情郎（哎），眼泪滴在竹篙上（哎），
4.煮起饭来（是）想情郎（哎），眼泪滴在锅沿上（哎），
5.烧起火来（是）想情郎（哎），眼泪滴在火钳上（哎），
6.吃起饭来（是）想情郎（哎），眼泪滴在饭碗上（哎），
7.梳起头来（是）想情郎（哎），眼泪滴在琅梳[3]上（哎），
8.做起鞋来（是）想情郎（哎），眼泪滴在花针上（哎），

5 5 6 2 | 121 6 6 | 2 16 56 1 | 2 61 6 5 ‖

爹娘问我何事哭（咯），杵杵[1]捶手好难当（哎）。
爹娘问我何事哭（咯），饮汤[2]烫手好难当（哎）。
爹娘问我何事哭（咯），竹篙戳眼好难当（哎）。
爹娘问我何事哭（咯），锅沿烫身好难当（哎）。
爹娘问我何事哭（咯），火钳烫手好难当（哎）。
爹娘问我何事哭（咯），筷子撬牙好难当（哎）。
爹娘问我何事哭（咯），琅梳挂头好难当（哎）。
爹娘问我何事哭（咯），花针戳手好难当（哎）。

（谢有才　唱　碧波、陈忧　记）

① 杵杵：捣衣杵。
② 饮汤：米汤。
③ 琅梳：梳子。

莫忘小妹常念你

《打倒贴》

1=♭B $\frac{2}{4}$

都昌大港

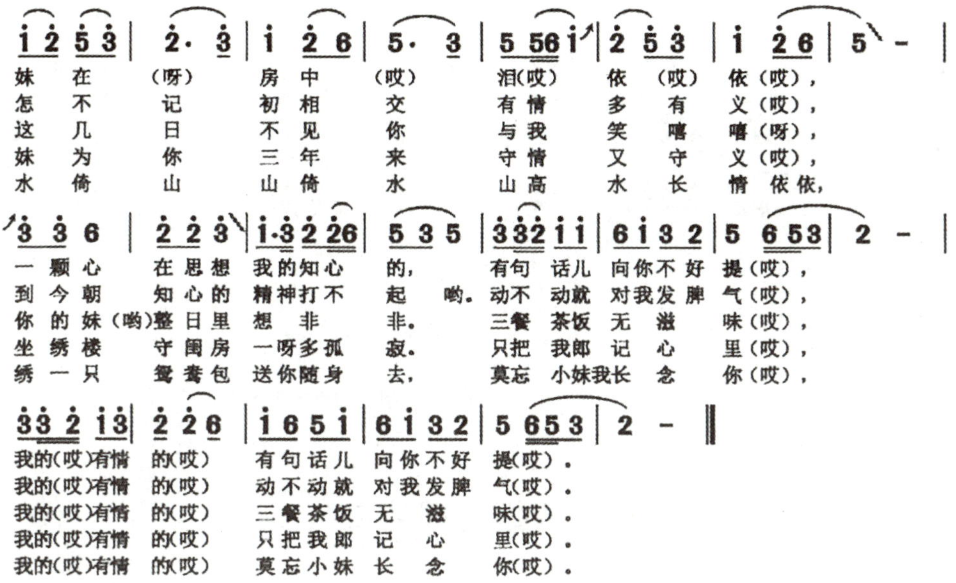

1 2 5 3 | 2· 3 | 1 2 6 | 5· 3 | 5 56 1 | 2 5 3 | 1 2 6 | 5 - |

妹 在 （呀） 房 中 （哎） 泪(哎) 依 （哎） 依（哎），
怎 不 记 初 相 交 有 情 多 有 义（哎），
这 几 日 不 见 你 与 我 笑 嘻 嘻（呀），
妹 为 你 三 年 来 守 情 又 守 义（哎），
水 倚 山 山 倚 水 山 高 水 长 情 依 依，

3 3 6 | 2 2 3 | 1·3 2 26 | 5 3 5 | 332 1 1 | 6 1 3 2 | 5 653 | 2 - |

一 颗 心 在 思 想 我 的 知 心 的， 有 句 话 儿 向 你 不 好 提（哎），
到 今 朝 知 心 的 精 神 打 不 起 哟。动 不 动 就 对 我 发 脾 气（哎），
你 的 妹（哟）整 日 里 想 非 非。 三 餐 茶 饭 无 滋 味（哎），
坐 绣 楼 守 闺 房 一 呀 多 孤 寂。 只 把 我 郎 记 心 里（哎），
绣 一 只 鸳 鸯 包 送 你 随 身 去， 莫 忘 小 妹 我 长 念 你（哎），

33 2 13 | 2 26 | 1 6 5 1 | 6 1 3 2 | 5 653 | 2 - ‖

我的(哎)有情 的(哎) 有 句 话 儿 向 你 不 好 提(哎)。
我的(哎)有情 的(哎) 动 不 动 就 对 我 发 脾 气(哎)。
我的(哎)有情 的(哎) 三 餐 茶 饭 无 滋 味(哎)。
我的(哎)有情 的(哎) 只 把 我 郎 记 心 里(哎)。
我的(哎)有情 的(哎) 莫 忘 小 妹 长 念 你(哎)。

（谢金桃 唱 陈忱 记 罗文 整词）

虞美人害病

1=G $\frac{2}{4}$

都昌春桥

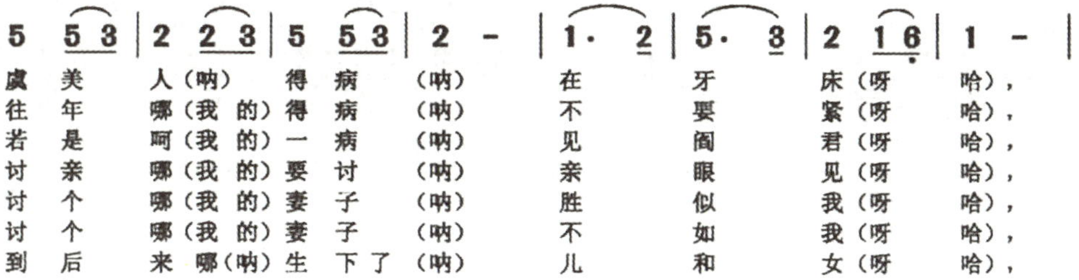

5 53 | 2 23 | 5 53 | 2 - | 1· 2 | 5· 3 | 2 16 | 1 - |

虞 美 人（呐） 得 病 （呐） 在 牙 床（呀 哈），
往 年 哪（我 的）得 病 （呐） 不 要 紧（呀 哈），
若 是 呵（我 的）一 病 （呐） 见 阎 君（呀 哈），
讨 亲 哪（我 的）要 讨 （呐） 亲 眼 见（呀 哈），
讨 个 哪（我 的）妻 子 （呐） 胜 似 我（呀 哈），
讨 个 哪（我 的）妻 子 （呐） 不 如 我（呀 哈），
到 后 来 哪（呐）生 下 了 （呐） 儿 和 女（呀 哈），

16 12 | 5 3 | 3123 | 22 01 | 26 0 | 61161 | 2311 | 2 16 |

轻言(那个) 细 语 叫声我的 郎(呐)， 郎呀 小奴子有话 对你来商 量(呐
今 年 得 病 病儿成了 真(呐)， 郎呀 恐怕 一病 要见阎 君(呐
年 纪(格) 轻 轻 切莫打单 身(呐)， 郎呀 千万 要讨 一 头 亲(呐
莫 听上 媒 婆 与你来说 亲(哪)， 郎呀 三分 人才 说得有十 分(呐
莫 把 小奴家 抛在九霄 云(呐)， 郎呀 你我 要念 九 年 情(呐
莫 把 小奴家 常常挂在 心(呐)， 郎呀 恐怕 是要 熬成了 病(呐
带你 的 儿和女 上上我的 坟(呐)， 郎呀 念及 我俩 夫 妻 情(呐

5 - | 3123 | 2201 | 26 0 | 61161 | 2321 | 2 6 | 5 - ‖

呀)， 叫声我的 郎(呐) 郎呀 小奴子有话 对你来商 量 (呐 呀)。
呀)， 病儿成了 真(呐)， 郎呀 恐怕 一病 要见阎 君 (呐 呀)。
呀)， 切莫打单 身(呐)， 郎呀 千万 要讨 一 头 亲 (呐 呀)。
呀)， 媒婆来说 亲(呐)， 郎呀 三分 人才 说得有十 分 (呐 呀)。
呀)， 抛在九霄 云(呐)， 郎呀 我在 九泉 不 甘 心 (呐 呀)。
呀)， 常常挂在 心(呐)， 郎呀 恐怕 是要 熬成了 病 (呐 呀)。
呀)， 上上我的 坟(呐)， 郎呀 念及 我俩 夫 妻 情 (呐 呀)。

（彭德民 唱 陈忱、李俊 记 陈印昌 整词）

二八姐配周岁郎

1=G $\frac{2}{4}$

都昌徐埠

5 65 3 3 | 5 65 3 | 2356 321 | 2 53 2 |
奴 家 今 年 二 八 春， 新 配了 一 个 周 岁 郎，

2 35 653 | 1235 2321 | 6 23 216 | 5·6 5 |
怎 不叫 奴 家 闷 在 眉 头 苦 在 胸 膛？

56 53 2 | 6561 2 | 235 6532 | 1235 2321 |
（哎呀）我的 娘， 实在不应 当。 女 儿 不 知你 到 底 爱了他

6 23 216 | 5·6 5 | 66 56 1 | 2532 1 |
哪 一 桩。 （哎呀）我的 娘， 实在不应 当，

1 235 2 | 55 653 | 1·2 5533 | 2321 76 |
为 什 么 要把 女 儿 定 要 许配一个 周 岁 的

5 - ‖
郎？

（刘兰香 唱 袁荣 记）

反情

1=D $\frac{2}{4}$

稍快

都昌土墙

3 2 1 1 | 6 1 5 | 6 6 | 2·5 3 2 | 1 2 | 5·6 1 2 |

(女)情(呃)哥哥 奴(喂) 的 夫 喔, 哎 哟, (男)小 妹 子
(男)小(喂)妹子 你(也) 不 知 也, 哎 哟, 家 有
(女)骂(也)一声 无(喂) 情 郎 哦, 哎 哟, 不 该 把
(男)小(喂)奴家 不(喂) 要 骂 哟, 哎 哟, 从 今 后

3·2 2 3 | 5 5 | 6·2 1 6 | 5 0 | 2 2 3 2 | 1· 6 |

我 的 娇 娘 哟, 哎 哟, (女)这 几 天
结 发 妻 哟, 哎 哟, 她 (也) 在
奴 家 欺 哟, 哎 哟, 你 既 有
各 东 西 哟, 哎 哟, 你 有 家

2 2 3 2 | 1· 6 | 5·6 1 2 | 3·2 2 3 | 5· 1 2 | 3·2 3 5 |

你 不 来 到 底 是 为 怎 的?(哦 哩 喂 呀 喂 子)
我 (也) 家 常 常 是 来 吵 嘴,(哦 哩 喂 呀 喂 子)
结 发 妻, 何 不 来 早 说 知,(哦 哩 喂 呀 喂 子)
我 有 妻, 再 不 把 差 错 为,(哦 哩 喂 呀 喂 子)

6· 0 | 1·2 1 6 | 5·6 1 2 | 5 1 6 5 | 3 5 | 6 5 3 |

你 说 一 个 (喂) 清 楚 明 白 的 得 (也)
我 因 此 上 (喂) 没 有 到 过 妹 家 (也)
你 害 得 我 (呀) 枉 把 心 肠 献 给 (也)
我 都 应 该 (也) 早 早 收 心 是 道 (也)

2 – | 5·6 5 3 | 2 3 5 | 3·5 3 2 | 1 0 | 1· 6 |

知。 哎 呀
里。 哎 呀
你。 哎 呀
理。 哎 呀

2·3 1 6 | 5 – ‖

哎 呀。
哎 呀。
哎 呀。
哎 呀。

(冯孔森 唱 刘章高 记)

劝世人

1=G $\frac{2}{4}$ 稍慢　　　　　　　　　　　　　　　　　　　　都昌土塘

5· 5 5· 5 | 3 2 1 2 | 3 3 2 2· 2 | 1 5 6 5 |

1.一 劝 世 人 我 情 哥， 食 饱 勤 俭 莫 懒 惰，
2.二 劝 世 人 我 情 哥， 钢 刀 账 目 切 莫 拖，

2· 2 3 3 2 | 6· 1 1· 6 | 6· 5 3 3 2 | 1 5 6 5 ‖

世 间 只 有 勤 俭 好， 懒 懒 惰 惰就 无 结 果。
借 到 一 吊 利 滚 息， 利 上 加 利就 怎 能 脱。

3. 三劝世人我情哥，姊妹场中也要和，哥打妹子看娘面，千朵桃花就一树生。

4. 四劝世人我情哥，要把田地种得多，赶清早来歇半夜，增加收成就有保障。

5. 五劝世人我情哥，劝哥哥兄弟莫分锅，若要兄弟把锅分，人情礼物就更要多。

6. 六劝世人我情哥，妯娌伯母要买绫罗，只有作田穿土布，哪有作田穿绫罗。

7. 七劝世人我情哥，莫听人家来搬唆，对面说话就是理，明中好说暗搬唆。

8. 八劝世人我情哥，赌博场上切莫坐，几多赌钱把家起？赢个少来输个多。

9. 九劝世人我情哥，深更半夜莫乱坐，风流浪子最不好，坐得三转事头多。

10. 十劝世人我情哥，劝哥哥夫妻也要和，夫妻商量把世过，老来结果福自多。

11. 冬劝世人我情哥，父母头上也要和，十月怀胎娘辛苦，带大儿女为什么？

12. 腊劝世人我情哥，父子头上也要和，一家大小要和顺，家和人和福自多。

（曹开梅　唱　　李俊、刘章高　记）

媳妇骂公公

1=B $\frac{2}{4}$　　　　　　　　　　　　　　　　　　　　　　　都昌土塘

中速

1 12 53 | 2· 3 | 1 23 216 | 5 - | 5 56 1 1 | 2 2 5 3 |

（男）正 月里 戏新 年， 坐 在 灶 门 前， 叫 一 声（呀） 媳 妇 儿
（女）三 月里 是清 明， 骂 声 奴 狗 人， 是 人 不 是 人，

1 3 216 | 5 3 5 | 5 65 1 23 | 6 61 5 3 | 5· 6 653 | 2 - ‖

点 火 公 吃 烟 呐 嘀， 我 跟 媳 妇儿 共 坐 一 条 凳 呀 哎咳哎 哟。
有 大 不 做 喔 嘀， 还 要 做 个 并 举 人 哪 哎咳哎 哟。

（詹太启　唱　　刘章高　记）

调兵

1=C 2/4　　　　　　　　　　　　　　　　　　都昌周溪

6·5 3 | 6·5 3 | 3 i 63 | 5 5· | 335 i6 | 53 2 | i·6 5 | i·6 5 |

1.小　妹在　房　中　闷（哪）沉　沉（哪），忽然　听得　安调　兵，
2.我　郎说　明　天　要（哪）开　盖（哪），小妹(唔)一听　挂心　怀，
3.轻　言　细　语　枕（哪）边　头（哪），打开得皮包　拿洋　钱，
4.劝　郎　莫　把　奴（哪）家　念（哪），镜里　取下　好相　片，
5.伴　郎　来　到　祖（哪）堂　前（哪），保佑(格)我郎　到前　方，
6.天　亮　送　郎到　十（哪）里　亭（哪），十里　情话　说不　尽，
7.送　郎　送　到　洋（哪）船　边（哪），洋船　开头　一吊　烟，
8.小　妹　站　在　码（哪）头　上（哪），心随　我郎　到前　方，

33 3 26 | 1 – | (36 12 | 3 2 3) | 22 3 26 | 1 – |

心里(格)乱纷　纷，（喂呀得儿　喂得喂）心里(格)乱纷　纷。
问郎(格)何时　来？（喂呀得儿　喂得喂）问郎(格)何时　来？
给我郎做盘　缠，（喂呀得儿　喂得喂）给我郎做盘　缠。
给我郎做纪　念，（喂呀得儿　喂得喂）给我郎做纪　念。
阵阵(格)打胜　仗，（喂呀得儿　喂得喂）阵阵(格)打胜　仗。
难舍(格)又难　分，（喂呀得儿　喂得喂）难舍(格)又难　分。
不见(格)我郎　面，（喂呀得儿　喂得喂）不见(格)我郎　面。
两眼(格)泪汪　汪，（喂呀得儿　喂得喂）两眼(格)泪汪　汪。

（罗水菊　唱　李大志　记　罗文　整词）

革命四季歌

1=C 2/4　　　　　　　　　　　　　　　　　　都昌土塘

中速

i· 6 5 | i 6 5 | 3 32 3 5 | 1 1 6 | 1 11 1 6 | 5 5 |

春　天　到　来　万物　转发　青　哪，可恨　中央　军　哪，
夏　天　到　来　太阳　如火　烧　喂，中央军出动　了　哇，
秋　天　到　来　树叶　渐渐　黄　啊，中国　共产　党　呃，
冬　天　到　来　大雪　纷纷　飘　呃，土匪　都打　倒　喂，

5 56 5 3 | 2 1 2 ‖: 3 23 5 5 | 1 3 2 1 | 6 2 1 6 | 5 5 ‖

烧光 又奸 淫 呢，八路 军（呢）到宿松，敌人着了 惊 呢。
到 处被它 烧 喂，张 大嫂（哇）李大嫂，你看怎么 好 哇。
(5 –)
抗战 好榜 样 呢，亲日 派（呀）反动派，一概都除 掉！
(5 0 X)
蒋军 糟了 糕 喂，亲日 派（呀）反动派，一概都除 掉，杀！

（杨恩发 唱　刘章高、李俊 记）

送郎当红军

1=C 2/4　　都昌

中速

i5 6i | 2 3 | i 5 6 i | 6 – | 6i 35 | 6 26 |

（女）送郎 当红 军 哪，杀 敌 人 哪 哟，地主 剥 削 我 穷
（男）劝妹子转家 门 难，切 莫 挂 在 心，我当兵勇 敢 向 前

5 5 | 2 3 | 3·5 6 | [1-9] 6i 35 | 6 26 | 56 5 | 5 0 ‖

人 哪，哥 哥，（男）妹 呀，（女）地主 剥 削 我 穷 人 哪 哟。
进 哪，（女）哥 呀，（男）妹 呀，我当兵勇 敢 向 前 进 哪 哟。

[10.慢]
（男）6 0 | 2 6 | 5 –
来 迎 红 军！
（女）6 0 | 2 6 | 5 –

3.（女）送郎当红军，革命要认清，共产主义要成功，哥呀，（男）妹呀，（女）共产主义要成功。
4.（男）劝妹子转家门，切莫挂在心，家中老母要关心，（女）哥呀，（男）妹呀，家中老母要关心。
5.（女）送郎当红军，武器莫离身，望郎日夜向前进，哥呀，（男）妹呀，（女）望郎日夜向前进。
6.（男）劝妹子转家门，包袱背我身，你在家中办事要认真，（女）哥呀，（男）妹呀，你在家中办事要认真。
7.（女）送郎当红军，慢慢行呀哟，革命成功把田分，哥呀，（男）妹呀，（女）革命成功把田分。
8.（男）劝妹子转家门，消灭白匪军，再回家中来结婚，（女）哥呀，（男）妹呀，再回家中来结婚。
9.（女）送郎当红军，挺威风呀哟，此去前方要成功，哥呀，（男）妹呀，（女）此去前方要成功。
10.（男）劝妹子转家门，组织慰问军，得胜回来迎红军，（女）哥呀，（男）妹呀，得胜回来迎红军。

（《都昌革命史》编写组收集词）

游击队歌

1=G 4/4　　都昌大港

威武雄壮地

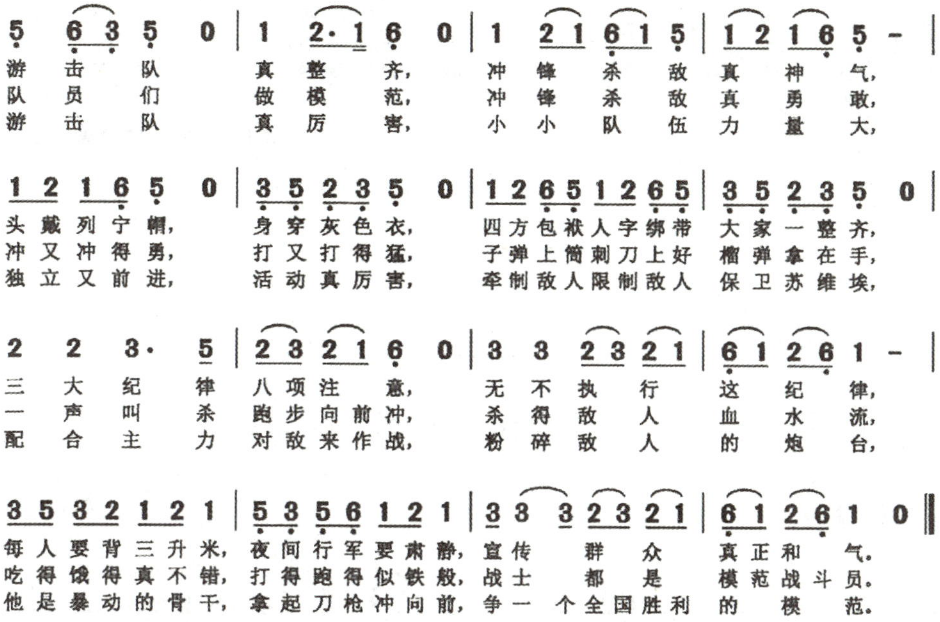

5 6 3 5 0 | 1 2·1 6 0 | 1 2 1 6 1 5 | 1 2 1 6 5 - |

游击队真整齐，冲锋杀敌真神气，
队员们做模范，冲锋杀敌真勇敢，
游击队真厉害，小小队伍力量大，

1 2 1 6 5 0 | 3 5 2 3 5 0 | 1 2 6 5 1 2 6 5 | 3 5 2 3 5 0 |

头戴列宁帽，身穿灰色衣，四方包袱人字绑带大家一整齐，
冲又冲得勇，打又打得猛，子弹上筒刺刀上好榴弹拿在手，
独立又前进，活动真厉害，牵制敌人限制敌人保卫苏维埃，

2 2 3· 5 | 2 3 2 1 6 0 | 3 3 2 3 2 1 | 6 1 2 6 1 - |

三大纪律八项注意，无不执行这纪律，
一声叫杀跑步向前冲，杀得敌人血水流，
配合主力对敌来作战，粉碎敌人的炮台，

3 5 3 2 1 2 1 | 5 3 5 6 1 2 1 | 3 3 3 2 3 2 1 | 6 1 2 6 1 0 ‖

每人要背三升米，夜间行军要肃静，宣传群众真正和气。
吃得饿得真不错，打得跑得似铁般，战士都是模范战斗员。
他是暴动的骨干，拿起刀枪冲向前，争一个全国胜利的模范。

（刘明兴　唱　李俊、陈忱　记）

此歌原为《醒世曲》，系1931年赣东北游击第一大队指导员曹连风在都昌大港忘晓源教唱。

送郎参军

1=A 2/4　　都昌

稍快、活跃地

5 5 3 3 | 2 3 2 1 6 6 | 1·2 3 5 | 2 2 3 | 1 - | 6 2 3 1 2 1 |

1.（女）叫你参军　旎(喂)　参军呢，家中事情　我（也）担　承。　参了　军(呢)
2.（男）我去参军　旎(喂)　参军呢，家中还有　老（喂）母　亲，　我走　后(喂)
3.（女）你去参军　去　参军呢，家中还有　老（喂）母　亲，　你走　后(喂)
4.（男）我去参军　去　参军呢，家中还有　自（也）留　地，　我走　后(喂)
5.（女）你去参军　去　参军呢，家中还有　自（也）留　地，　你走　后(喂)
6.（男）我去参军　去　参军呢，家中还有　孩（也）子　们，　我走　后(喂)
7.（女）你去参军　去　参军呢，家中还有　孩（也）子　们，　你走　后(喂)

6 5 1 | 6 3· | 6 5 1 | 6 3· | 6231 21 | 6 5 5 | 3 - ‖

全 家 光 荣， 哎 哟 哎 哟， 参了 军(呢) 全 家 光 荣。
谁 人 照 应， 哎 哟 哎 哟， 我走 后(喂) 谁 人 照 应？
我 来 照 应， 哎 哟 哎 哟， 你走 后(喂) 我 来 照 应。
谁 来 耕 种， 哎 哟 哎 哟， 我走 后(喂) 谁 来 耕 种？
我 来 耕 种， 哎 哟 哎 哟， 你走 后(喂) 我 来 耕 种。
谁 来 抚 养， 哎 哟 哎 哟， 我走 后(喂) 谁 来 抚 养？
我 来 抚 养， 哎 哟 哎 哟， 你走 后(喂) 我 来 抚 养。

（袁彩凤 唱 刘章高 记）

农民革命歌

1＝D $\frac{2}{4}$

都昌徐埠

6 5 | 6 5 | 65 12 | 5 - | 1 23 | 1 6 | 5·5 53 | 2 - |

我 们 大 家 真正是农 民， 上 级 领 导 我们来革 命，

‖: 3535 | 66 1 | 3535 | 6 - | 2 2 | 3 1 | 66 2 | 5 - :‖

人人都欢 喜(呀)， 个个都欢 迎， 欢 迎 要 学 我 红 军。
人人有衣 穿(呀)， 个个有饭 吃， 茶 饭 吃 饱 大家努 力。
努力向前 冲(呀)， 坚决杀敌 人， 杀 得 “土 劣” 无处藏 身。
先就打湖 北(呀)， 后就打南 京， 打 得 蒋 贼 散 营 盘。
跑又跑不 脱(呀)， 杀得一扫 平， 浙 苏 九 江 到处是红 军。
红军多得 很(呀)， 保护我穷 人， 去 把 田 地 大 家 分。
穷人你都 有(呀)， 富人莫想 沾， 世 界 革 命 大家平 等。

（刘明兴 唱 李俊、陈忱 记）

此歌1929年由区委书记“老冯”在徐埠石流芳里教唱。

4. 灯歌

姑嫂望郎

1=♭B $\frac{2}{4}$ $\frac{3}{4}$　　　　都昌土塘

中速稍快

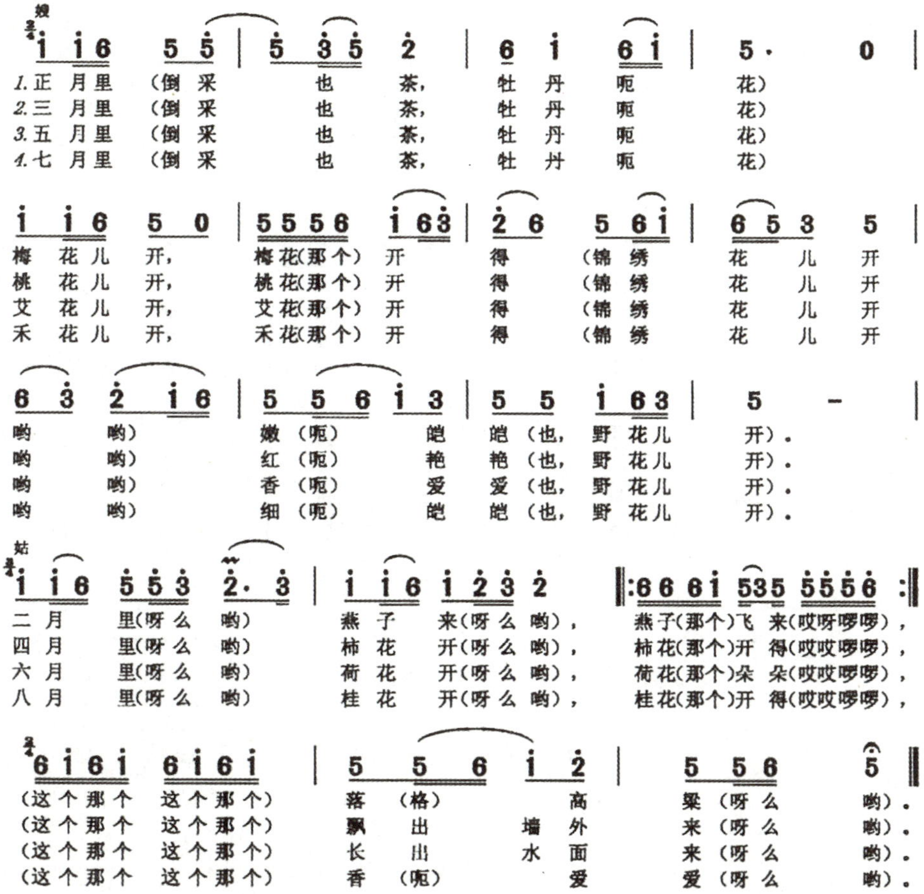

（嫂）$\frac{2}{4}$ 1 16 5 5 | 5 35 2 | 6 1 61 | 5· 0 |

1.正 月里 （倒 采 也 茶， 牡 丹 呃 花）
2.三 月里 （倒 采 也 茶， 牡 丹 呃 花）
3.五 月里 （倒 采 也 茶， 牡 丹 呃 花）
4.七 月里 （倒 采 也 茶， 牡 丹 呃 花）

1 16 5 0 | 5556 163 | 26 561 | 653 5 |

梅 花儿 开， 梅花(那个) 开 得 （锦 绣 花 儿 开
桃 花儿 开， 桃花(那个) 开 得 （锦 绣 花 儿 开
艾 花儿 开， 艾花(那个) 开 得 （锦 绣 花 儿 开
禾 花儿 开， 禾花(那个) 开 得 （锦 绣 花 儿 开

63 2 16 | 5 561 3 | 55 163 | 5 – |

哟 哟） 嫩 （呃） 皑 皑 （也， 野 花儿 开）。
哟 哟） 红 （呃） 艳 艳 （也， 野 花儿 开）。
哟 哟） 香 （呃） 爱 爱 （也， 野 花儿 开）。
哟 哟） 细 （呃） 皑 皑 （也， 野 花儿 开）。

（姑）$\frac{3}{4}$ 1 16 553 2· 3 | 1 16 1232 | :66 61 535 5556 :|

二 月 里(呀 么 哟） 燕 子 来(呀 么 哟)， 燕子(那个)飞 来(哎呀啰啰)，
四 月 里(呀 么 哟） 柿 花 开(呀 么 哟)， 柿花(那个)开 得(哎哎啰啰)，
六 月 里(呀 么 哟） 荷 花 开(呀 么 哟)， 荷花(那个)朵 朵(哎哎啰啰)，
八 月 里(呀 么 哟） 桂 花 开(呀 么 哟)， 桂花(那个)开 得(哎哎啰啰)，

$\frac{2}{4}$ 6161 6161 | 5 5 6 1 2 | 5 56 5 ||

(这个那个 这个那个) 落 （格） 高 粱 （呀 么 哟）。
(这个那个 这个那个) 飘 出 墙 外 来 （呀 么 哟）。
(这个那个 这个那个) 长 出 水 面 来 （呀 么 哟）。
(这个那个 这个那个) 香 （呃） 爱 爱 （呀 么 哟）。

5. 九月里菊花儿开，菊花开得满地埃。十月里芦花开，芦花开得随风摆。
6. 冬月里雪花儿开，雪花飘得白皑皑。腊月里梅花开，哥从南京回家来。

（刘四娇、张爱珍 唱　　刘章高、李俊 记）

此歌是表演唱形式，姑唱部分，曾填词叫《奉香茶》。

奉香茶

（姑嫂望郎）

1=♭B $\frac{2}{4}$

中速稍快

都昌县

1.头戴花（呀么哟），脚踏花（呀么哟），手捧（那个）银杯（哎呀啰啰这个那个）手捧（那个）银杯奉香茶（呀么哟），奉香茶（呀么哟）。

2.一杯茶（呀么哟），一片心（呀么哟），香茶（那个）献给（哎呀啰啰这个那个）香茶（那个）献给探宝人（呀么哟），探宝人（呀么哟）。

3.千年盼（呀么哟），万年盼（呀么哟），盼来（那个）英雄（哎呀啰啰这个那个）盼来（那个）英雄开宝山（呀么哟），开宝山（呀么哟）。

4.宝山笑（呀么哟），香茶香（呀么哟），茶山（那个）人民（哎呀啰啰这个那个）茶山（那个）人民幸福长（呀么哟），幸福长（呀么哟）。

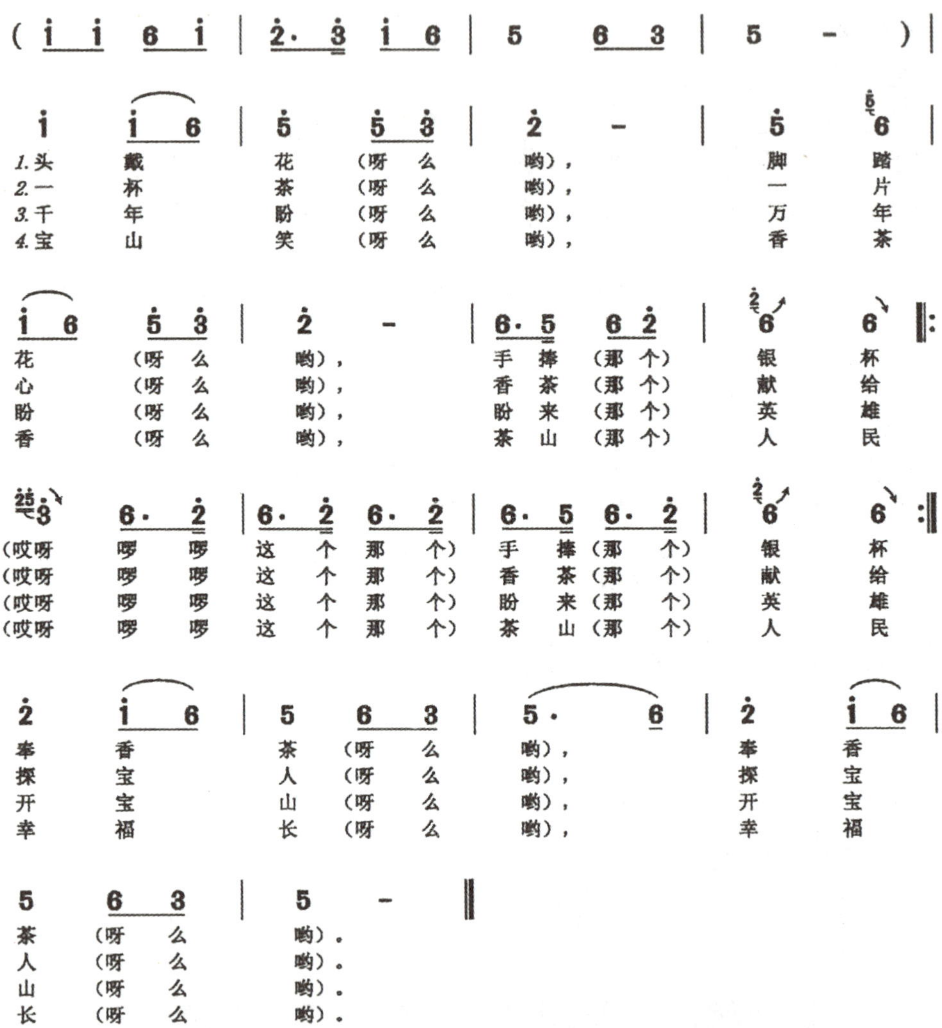

（黄昌冬 唱 李会国、余隆禧 记
都昌文化馆 填词 匡一点、王一民 改词）

《奉香茶》源于都昌采茶调《姑嫂望郎》（双望郎），二十世纪五十年代采录整理后传唱。

红绣鞋

1=♭B $\frac{2}{4}$

都昌镇

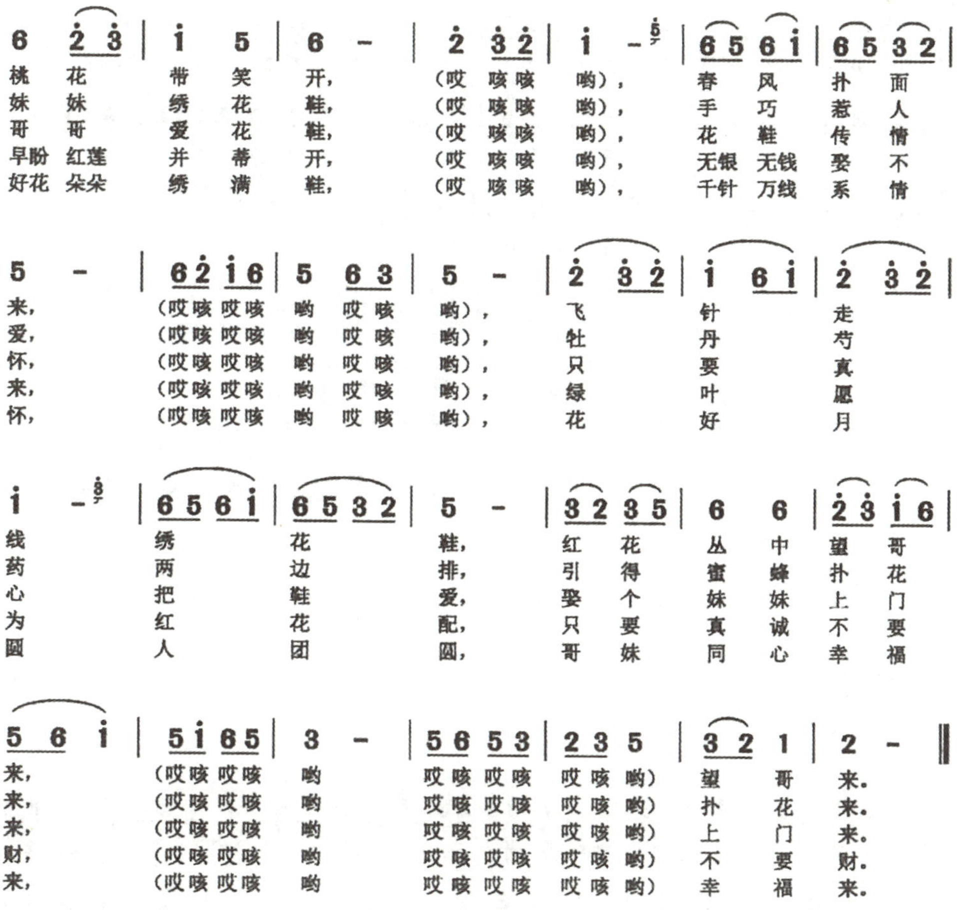

6 2 3 | 1 5 | 6 - | 2 3 2 | 1 - 5 | 6 5 6 1 | 6 5 3 2 |

桃花带笑开，（哎咳咳哟），春风扑面
妹妹绣花鞋，（哎咳咳哟），手巧惹人
哥哥爱花鞋，（哎咳咳哟），花鞋传情
早盼红莲并蒂开，（哎咳咳哟），无银无钱娶不
好花朵朵绣满鞋，（哎咳咳哟），千针万线系情

5 - | 6 2 1 6 | 5 6 3 | 5 - | 2 3 2 | 1 6 1 | 2 3 2 |

来，（哎咳哎咳哟哎咳哟），飞针走
爱，（哎咳哎咳哟哎咳哟），牡丹芍
怀，（哎咳哎咳哟哎咳哟），只要真
来，（哎咳哎咳哟哎咳哟），绿叶愿
怀，（哎咳哎咳哟哎咳哟），花好月

1 - 3 | 6 5 6 1 | 6 5 3 2 | 5 - | 3 2 3 5 | 6 6 | 2 3 1 6 |

线绣花鞋，红花从中望哥
药两边排，引得蜜蜂扑花
心把鞋爱，娶个妹妹上门
为红花配，只要真诚不要
圆人团圆，哥妹同心幸福

5 6 1 | 5 1 6 5 | 3 - | 5 6 5 3 | 2 3 5 | 3 2 1 | 2 - ‖

来，（哎咳哎咳哟哎咳哎咳哎咳哟）望哥来。
来，（哎咳哎咳哟哎咳哎咳哎咳哟）扑花来。
来，（哎咳哎咳哟哎咳哎咳哎咳哟）上门来。
财，（哎咳哎咳哟哎咳哎咳哎咳哟）不要财。
来，（哎咳哎咳哟哎咳哎咳哎咳哟）幸福来。

（袁荣、陈印昌　搜集整理　　会国、袁荣　记谱）

一对鸳鸯水上漂

1=G $\frac{2}{4}$ $\frac{3}{4}$　　（鸳鸯调）　　都昌徐埠

♩=96 优美、风趣的

$\frac{3}{4}$ 5 53 2·3 | 556 5 | 3236 51 | 2 6·5 | 61 31 | 2 – |

你看那 一对鸳鸯 水呀水上 漂，一对 鸳鸯水上 漂，

35 35 | $\frac{3}{4}$ 35 12 | 65 12 | $\frac{2}{4}$ 5 53 2 ‖: 2·3 21 :‖ $\frac{3}{4}$ 25 12 |

欢欢乐乐 情义 重 头儿摆摆 尾儿 摇，游来游去 多美 好。

$\frac{2}{4}$ 2·3 1 21 | 6 6· ‖: 6·7 65 :‖ 35 1 | 20 553 | 2· 0 |

把呀把俺 笑 哇，他笑俺呀 你走 前 我走 后，

2·3 23 | $\frac{3}{4}$ 2·3 23 2·3 | $\frac{2}{4}$ 25 12 | 5 1·2 | 3·2 11 | 13 2·1 |

你呀我呀 我呀你呀你我 互不 相关 照，各走 各的道哇，要被别人

$\frac{3}{4}$ 61 55 6 | 321 62 | 15 6 | 6 0 ‖

笑哇（咳咳哟）（哎哎哎哎咳 哎 哎 哟）。

（黄昌冬　唱　　袁荣　记）

和尚打更

1=G $\frac{2}{4}$　　都昌土塘

稍快

123 2·3 | 1 23 2 | 6 33 2321 | 5· 6 1 | 2 16 53 |

正月（么哟） 打 更 （哟）和尚 下山 （闹 哟）闹新 年哪

5 0 | 5·6 1 | 63 216 | 5·6 1 | 2 16 53 |

哟， （闹咳哟），和尚下山 （闹咳哟） 闹新 年哪

5 – ‖

哟。

（刘章亮　唱　　刘章高　记）

闹王府

1=C $\frac{2}{4}$

稍快

都昌土塘

1 1 1 6 5·6 | 5 5 5 5 | 3 2 1 2 | 5 5 3 2 1 | 2 5 5 |
说起(那个)天老亲哪(哎呀依么莲花,哎呀依么莲花)天老

6 5 6 1 | 2· 3 1 6 | 5 5 2323 | 5 1 6 3 | 5 6 3 |
那里就听得真呢。(花花莲子溜,溜莲子花,哎哎

2 1 1 1 | 6 3 5 5 | 1 1 1 3 5 | 3 6 5 ‖
哟呵花花连厢闹哇,依么罗莲花哎哎哟。)

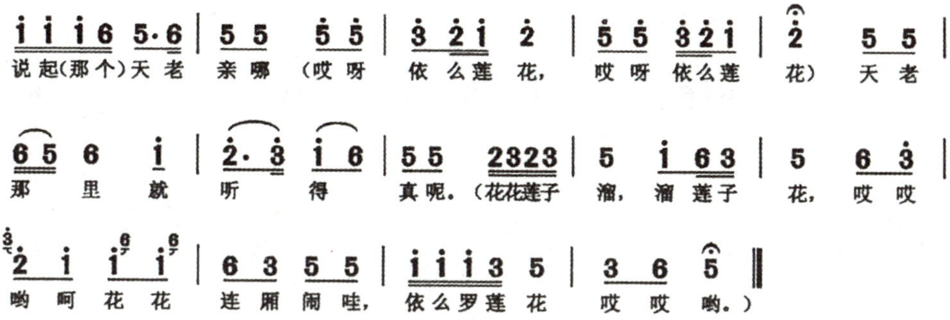

(舒传西 唱 刘章高 记)

白牡丹

1=F $\frac{2}{4}$

中速

都昌周溪

6 5 | 6 56 1 | 6 5 6 1 | 5 - | 5 6 1 2 | 6 5 3 |
一更鼓儿咚呀哟,门外响叮

5 6 5 3 | 2 - | 6 5 | 6 56 1 | 3·2 3 6 | 5 - |
咚呀哎咳哟,开开门来看哪哟,

5·6 1 2 | 6 5 3 | 5 6 5 3 | 2 - | 3 1 | 2· 3 |
原来是大相公呀哎咳哟。慌(呀)忙(呃)

5 3 5 | 5· 6 | 5· 6 | 1 2 3 5 | 2 - | 1 2 3 |
就(喂)把(咳)大相公来奉,奉奉(么)

2 1 6 | 5 6·1 | 5 - ‖
大相公呀。

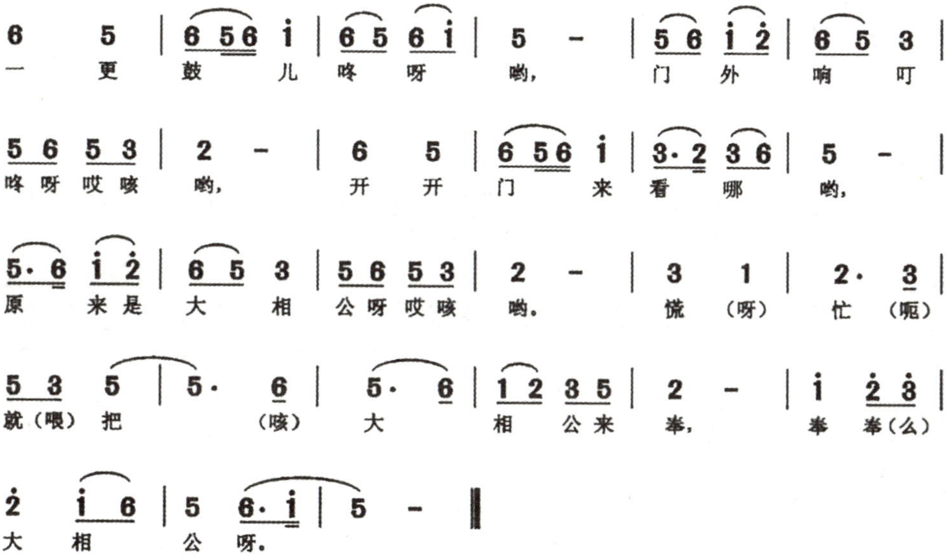

(曹英仙 唱 刘章高 记)

开门调（一）

1=C $\frac{2}{4}$

稍快

都昌土塘

6 1̇ 5 | 61̇65 3 | 6 1̇ 5 | 61̇65 3 | 3·2 35 |

小（喂）女（也）住（喂）在（也闹里）闹世

61̇ 3 35 | 6 5 | 5 0 | 31̇ 6·1̇ | 665 3 |

界呀呀哟是，心想（呃）大街（也）

3 3 5 | 61̇65 | 1̇1̇61̇ 61̇ | 1̇6 3 | 61̇ 6 |

做（喂）买卖哟，（喂哟）我的冤（呢）家（是）【郎呀咳

3 35 1̇5 | 6 5 | 1̇1̇ 1̇6 | 56 56 | 56 56 | 5 – ‖

咳咳依呀哟是】银钱从何来哟咳罗咳罗咳罗是。

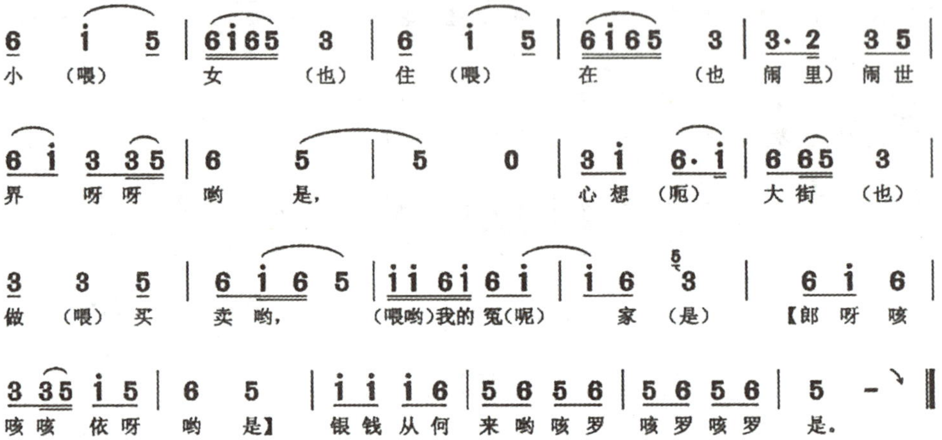

（二）

1=C $\frac{2}{4}$

稍快

都昌土塘

1̇1̇61̇ 60 | 61̇65 6 | 1̇1̇61̇ 60 | 61̇65 6 | 1̇ 66 1̇6 |

什么花儿开？南花儿开，什么花儿香？北花儿香，南花儿南开，

1̇ 66 1̇6 | 1̇66 60 | 1̇65 30 | 3 2 5 | 6·1̇ 32 |

北花儿北香，香莲子掉，掉莲子香，姑点姑香，自点

25 6·1̇ | 2̇ 5̇ 1̇ | 2̇ 2̇· | 5̇35 66 | 1̇61̇ 66 |

自香，（依也花芳呀，依啃子噎当，呀啃子噎当，

6 1̇ 66 | 6 3̇ 1̇ | 2̇2̇ 1̇ | 2̇ 0 | 5̇5̇ 5̇3̇1̇ |

噎里噎当，当呃叮当呃叮当）瓜子梅花

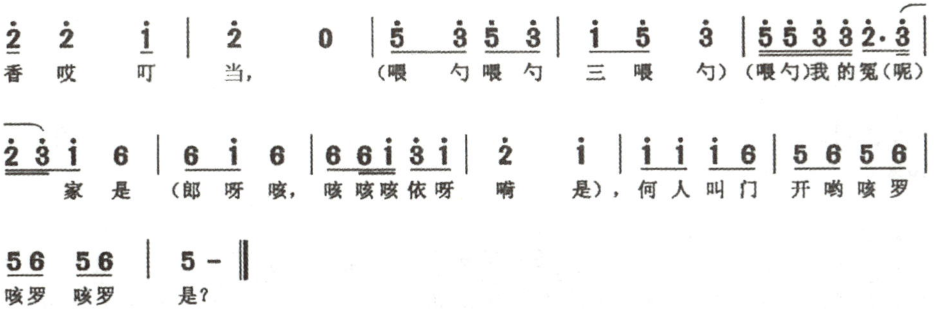

2 2 1 | 2 0 | 5 3 5 3 | 1 5 3 | 5 5 3 3 2·3 |
香 哎 叮 当，（喂 勺 喂 勺 三 喂 勺）（喂勺）我 的 冤（呢）

2 3 1 6 | 6 1 6 | 6 6 1 3 1 | 2 1 | 1 1 1 6 | 5 6 5 6 |
家 是（郎 呀 咳，咳 咳 咳 依 呀 哨 是），何 人 叫 门 开 哟 咳 罗

56 56 | 5 - ‖
咳罗 咳罗 是？

（舒传西 唱　刘章高 记）

月儿圆圆花烛开①

1=A 2/4　（补缸调）　都昌县

中速

5 32 5 32 | 1 6 5 3 2 | 1653 2321 | 1 2 6 5 |
1.月 儿 圆 圆 花 烛 开，（那 么② 那 么），
2.月 儿 圆 圆 花 烛 开，（那 么 那 么），
3.月 儿 圆 圆 花 烛 开，（那 么 那 么），
4.月 儿 圆 圆 花 烛 开，（那 么 那 么），

6 2 2 1 | 612 1 1 | 2166 5 6 | 6561 5 |
照 得 洞 房 花 结 彩（呀），（呐 么子 哎 哎 呀 咿 哟），
新 郎 新 娘 好 人 才（呀），（呐 么子 哎 哎 呀 咿 哟），
献 上 鲜 花 新 人 戴（呀），（呐 么子 哎 哎 呀 咿 哟），
洞 房 花 烛 喜 酒 摆（呀），（呐 么子 哎 哎 呀 咿 哟），

1· 2 5 3 | 3213 2 | 1 16 561 | 6536 5 ‖
（呀 呀 咿 呀 咿子呀咿 哟） 一 对 新 人 对 面 坐 排。
（呀 呀 咿 呀 咿子呀咿 哟） 桃 李 移 在 一 处 栽。
（呀 呀 咿 呀 咿子呀咿 哟） 锦 上 添 花 人 人 爱。
（呀 呀 咿 呀 咿子呀咿 哟） 手 举 银 杯 喝 开 怀。

（袁银如 唱　袁荣、陈印昌 记）

① 此歌系当地婚嫁时，乞丐手持葫芦瓢用筷子敲击，边唱边舞，贺喜讨吃。
② 那么：即“南无阿弥陀佛”的“南无”。

莲花闹

1=C $\frac{3}{4}$ $\frac{2}{4}$

中速

都昌土塘

1. 说起(那个)天老亲哪，(哎呀依么莲花，哎呀依么莲花，)
2. 一边下雨一边晴。一边(者)禾苗长得好，另边(者)禾苗冇有收成，
3. 说起(那个)地老亲哪，(哎呀依么莲花，哎呀依么莲花，)
4. 左边葬的是韩信墓，右边葬的是霸王坟，韩信墓(格)出天子，霸王坟(哪)草寇军哪

天老那里(就)见得真呢。花花莲子留，留莲子花，
你讲公平(就)不公平哦？花花莲子留，留莲子花，
地老那里(就)听得清呢。花花莲子留，留莲子花，
睡到半夜三更(就)脚颤筋呢。花花莲子留，留莲子花，

哎哎哟嗬花花莲相闹哇，依么罗莲花哎哟。
哎哎哟嗬花花莲相闹哇，依么罗莲花哎哟。
哎哎哟嗬花花莲相闹哇，依么罗莲花哎哟。
哎哎哟嗬花花莲相闹哇，依么罗莲花哎哟。

（舒传西　唱　　刘章高、李俊　记）

剪花

1=D $\frac{4}{4}$ $\frac{3}{4}$

都昌三汉港

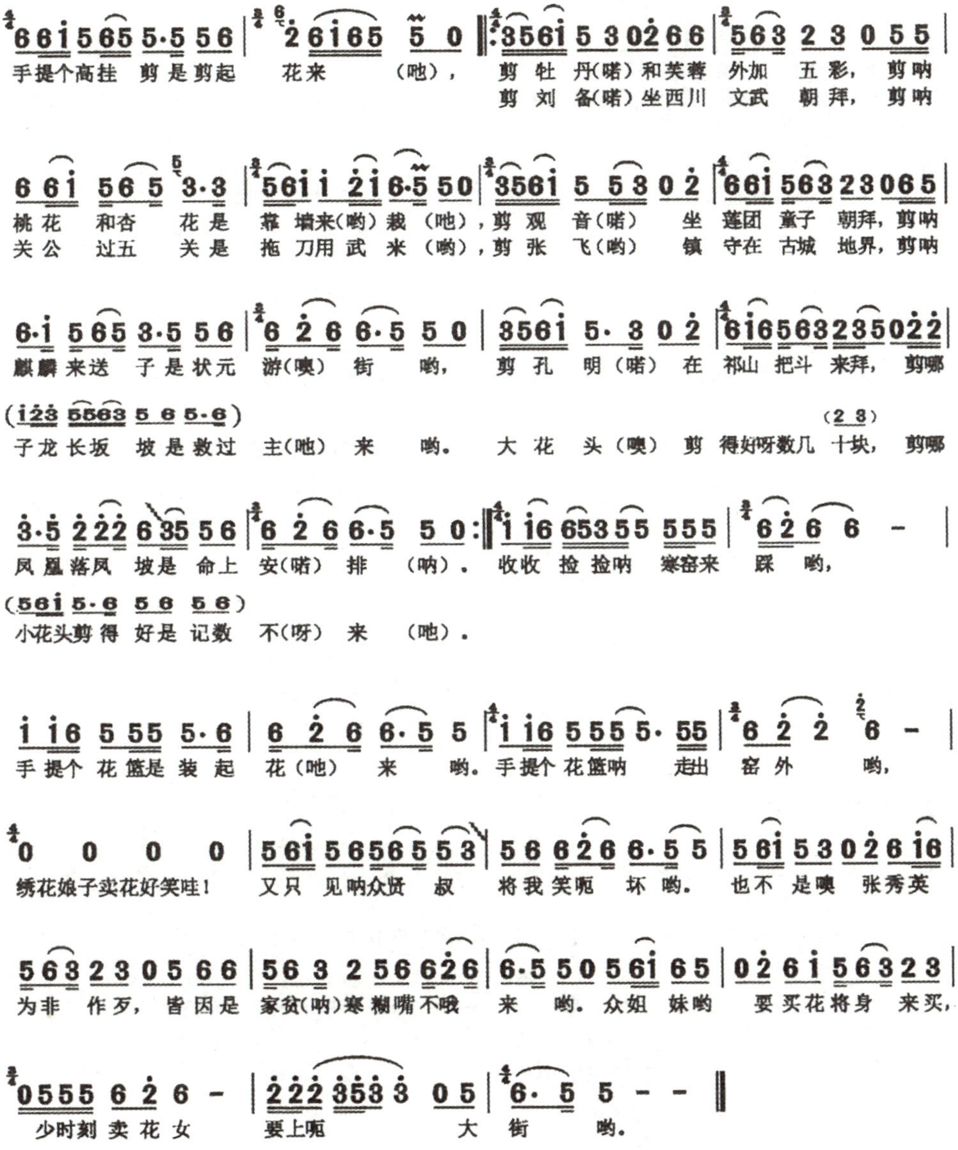

手提个高挂 剪是剪起 花来 （吔）， 剪牡丹（喏）和芙蓉 外加 五彩， 剪呐
剪刘备（喏）坐西川 文武 朝拜， 剪呐

桃花 和杏 花是 靠墙来（哟）栽（吔），剪观音（喏） 坐 莲团 童子 朝拜，剪呐
关公 过五 关是 拖刀用武来（哟），剪张飞（哟） 镇守在 古城 地界，剪呐

麒麟来送 子是状元 游（噢） 街 哟， 剪孔明（喏） 在 祁山 把斗 来拜， 剪哪
子龙长坂 坡是救过 主（吔） 来 哟。 大花头（噢） 剪 得好呀数几 十块， 剪哪

凤凰落凤 坡是 命上 安（喏） 排 （呐）。 收收 捡捡呐 寨窑来 踩 哟，
小花头剪得 好是记数 不（呀） 来 （吔）。

手提个 花篮是装起 花（吔） 来 哟。手提个花篮呐 走出 窑外 哟，

绣花娘子卖花好笑哇！ 又只 见呐众贤 叔 将我笑呃 坏 哟。 也不 是噢 张秀英

为非 作歹， 皆因是 家贫（呐）寒糊嘴不哦 来 哟。众姐 妹哟 要买花将身 来买，

少时刻卖花女 要上呃 大 街 哟。

（王员花 唱 李俊、郑谟希 记）

卖花线

1=G 2/4　　　　都昌土塘

中速

肩（呢）把　担（呢）子　挑（喔）上　肩呐　哦喱，　出门卖花
叫一声　卖花客　请（呢）进　来呀　哦喱，　小妹买花

线呐，　小姑娘（哦喱）　买花线（呐）　相送不要　钱呢，（呃
线哪，　买一子（呀）　好花线（哪）　做双好花　鞋呀，（呃

依呀洋得儿　依）　相送不要　钱　呐嘀　咳。
依呀洋得儿　依）　做双好花　鞋　呀嘀　咳。

（刘章尧　唱　　刘章高、李俊　记）

挤棍谣

1=G 2/4　　　　都昌春桥

老弟练力　气，　快来把棍　挤，
老弟听仔　细，　作田靠力　气，

左一棍　右一棍　全身要用　力（呀咳
你要想　骨子健　快来把棍　挤（呀咳

挤　呀　挤呀挤呀　挤挤挤挤挤挤挤挤　咳）
挤　呀　挤呀挤呀　挤挤挤挤挤挤挤挤　咳）

挤出了好力　气。
挤出了好身　体。

（刘云生　唱　　袁荣　记）

挖茶棵

1=A $\frac{2}{4}$　　　　都昌土塘

中速

1.太阳一出花莲子花呀，（那么那么哇），细听我小和尚讲白话呀。（驼弥子驼哇驼弥子索哇佛阿佛啊阿弥陀佛）。

2. 小和尚从来不打谎呀，看到得火烧港哦呵。

3. 烧死得一港大小鱼呀，捞到得一副打鱼网呀。

4. 高山脑上鱼打子呀，急水滩头鸟做窝呀。

5. 一条板凳爬上得壁（格），风吹根灯草打破得锅呀。

6. 烂泥巴田里烧火粪呀，青石板上栽糯禾呀。

7. 一条水牛没四两重呀，尾巴就有八百多呀。

8. 公公出世我晓得呀，爷爷出世我摇箩呀。

9. 两只和尚来打架呀，扯到辫把得倒（格）拖呀。

10. 两个尼姑来吵嘴呀，丈夫出来把理驳呀。

11. 一只蛤蟆咬到只鹅呀，蚂蚁咬蛤蟆倒（格）拖呀。

12. 世上个怪事真不少呀，偏偏等小和尚撞得多呀。

13. 各位老表跟随我，跟我小和尚挖茶棵。

（张立松　唱　　李俊、刘章高　记）

采桑

1=D $\frac{2}{4}$　　　　都昌镇

稍快

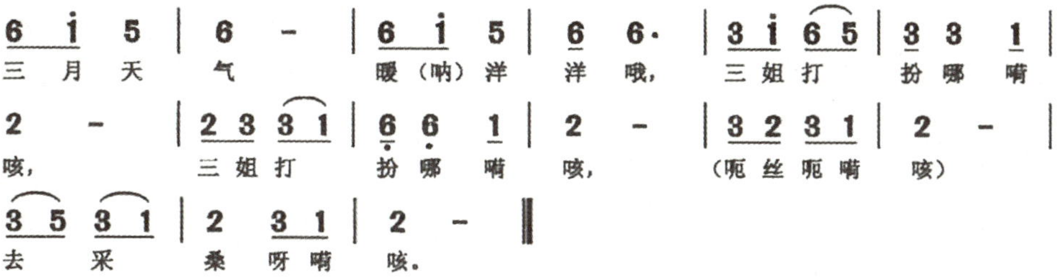

三月天气暖（呐）洋洋哦，三姐打扮哪啃咳，三姐打扮哪啃咳，（呃丝呃啃咳）去采桑呀啃咳。

（杜泽来　唱　　刘章高　记）

打樱桃[①]

1=G $\frac{2}{4}$

都昌张岭

| 1 2 5 3 | 2· 3 | 1 1 2 6 | 5 - | 5 56 1 | 2 5 3 2 |

张 家 （呀） 姑（哎）娘 （呀） 生得 （哎） 真是
东 边 （呀） 有（哎）一 棵 杨 （哎） 柳
十 六 （岁） 岁（哎）姑 娘 聪明 （哎） 又美

| 1 2 6 | 5 - | 5 56 1 1 | 2 12 3·3 | 6 5 6 6 | 5 3 5 |

漂 （哎 唷） 手拿 着（哎） 花手 巾（呀） 二是二面 飘（呀 嗨）
树 （哎 唷） 西边 （哎） 有一 棵（呀） 丹桂花儿 香（呀 嗨）
貌 （哎 唷） 手拿 着（哎） 竹篙 子 二是二面 摇（呀 嗨）

| 3 2 1 1 | 6 5 3 2 | 5 653 | 2 - | 3 2 123 | 2 - |

举步园中 去打樱 桃（哎 唷） （我的干哥 哥）
中间夹株 小小樱 桃（哎 唷） （我的干哥 哥）
踮起脚尖 打 樱 桃（哎 唷） （我的干哥 哥）

| 3 2 1 1 | 6 1 3 2 | 5 653 | 2 - ‖

举步园中 去打樱 桃（哎 唷）
中间夹株 小小樱 桃（哎 唷）
踮起脚尖 打 樱 桃（哎 唷）

（江新娥 唱 陈忱 记）

① 原词多段，中夹道白，由一男一女表演。

两结拜

1=♭B $\frac{2}{4}$ 都昌大港

慢起后快

3 2 1 | 6561 5 3 | 5 61 5 3 | 1 1 6 | 1 22 1 6 |
鸟（呀）在 园 林 爱（呀么）爱唱 歌（啦） 干哥哥（依喂

5654 5 | 3 2 3 0 | 2 32 1 | 56 1 653 | 2 2 3 |
哟） 鱼 游 池 塘 池塘（么）戏绿 波（啦 咳）

5 61 653 | 2321 2 | 3 （快一倍）| 1 23 1 66 | 5 61 5 33 |
干妹妹（依 喂 哟） 喂！ 精 神① 哥（那个）灵 当② 哥（那个）

5 61 5 33 | 5 61 5 33 | 5 6 5 | X·X X X | 5 6 5 33 |
乖巧 哥（那个） 叫一 声（那个） 好 哥 哥 （花 鼓 隆 咚） 贴心 哥（那个）

3 2 3 33 | 1 23 1 66 | 5 6 5 3 | 5 61 653 | 2321 2 |
站过 来（那个） 结拜 你（那个） 做干 哥（啦） 干哥哥 依 喂 哟

3 2 3 0 | 3 2 1 23 | 1·6 5 33 | 5 61 5 33 | 5 61 5 33 |
哥 呀 哥 哥 叫 一 声 妹 （呀得儿） 精神 妹（那个） 灵当 妹（那个）

5 61 5 33 | 5 61 5 33 | 3 2 3 22 | 1 23 1 6 6 | 5 6 5 33 |
乖巧 妹（那个） 同心 妹（那个） 站过 来（那个） 结拜 你那 个） 做干 妹 那个

5 61 653 | 2321 2 | 2 - ‖
干 妹妹（依 喂 哟）

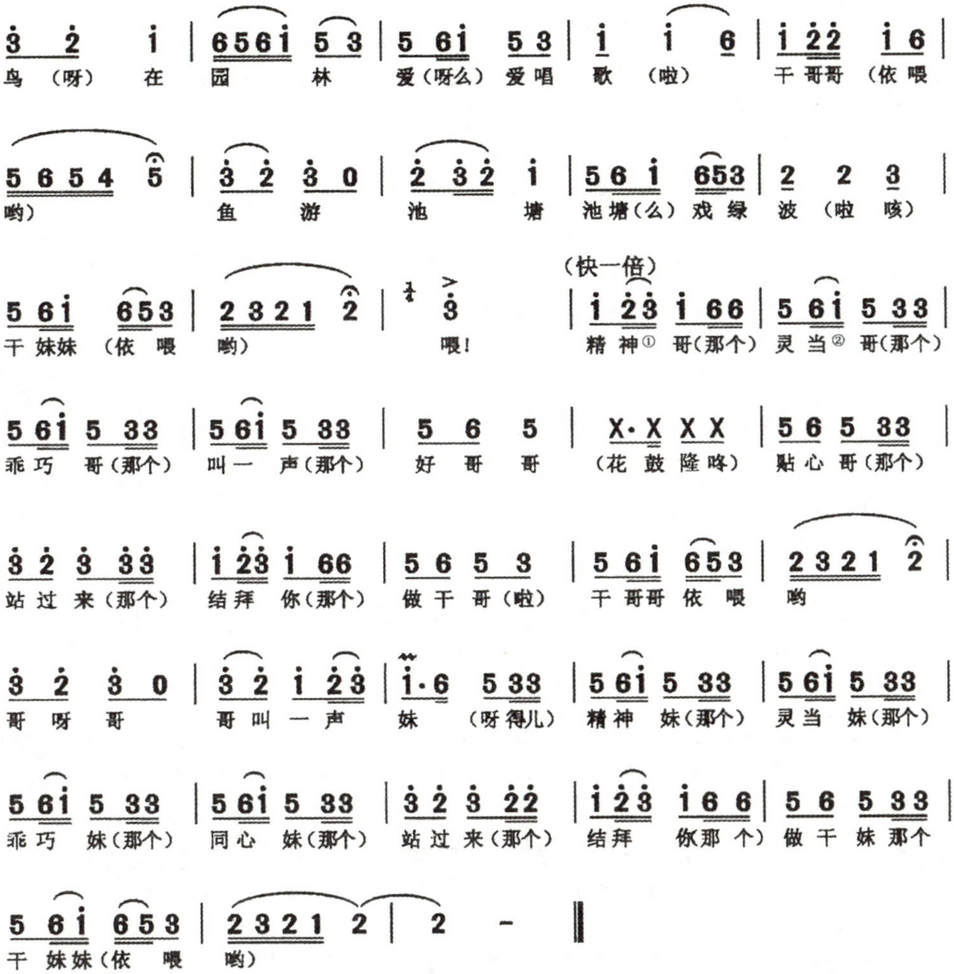

（但盛荣 唱　陈忱 记　陈印昌 整词）

①②：精神、灵当均为聪明的意思。

姑嫂观灯

1=♭B $\frac{2}{4}$

都昌盐田

1.一更个大姐我打扮去看灯(啰)，姑姑(啊的)嫂嫂(哇)我挽手一同

2.二更个大姐我出了自家门(啰)，耳听得(呀)外面(哇)我来了一帮

3.三更个大姐我进了庙门(啰)，抬头得(呀)只见(哇)我果是扎得

5.五更个大姐我回了自家门(啰)一身(啊)泥巴(哇)我怎么见得

行(哪)我的金环插得稳(哪)，新连个背搭头次穿上身(啰)，

灯(哪)我去看看是何灯(呐)，宫灯个红灯狮子绣球灯(啰)，

真(哪)。

人(啰)‖:我的公婆又要骂呀，:‖公婆个骂来就不敢做声(啰)，

‖:我的丈夫又要打呀:‖

花环(那个)首饰哎我的办得齐整整(哎)，姑(哇)娘(呀)。

扬琴(那个)琵琶哎我的弹弹不断劲(哎)，姑(哇)娘(呀)。

伏虎(那个)罗汉哎我的二呀面排(哎)，姑(哇)娘(呀)。

丈夫(那个)打来(啃)痛在心(哪)，姑(哇)娘(呀)。

4，四更(个)大姐出了庙门(哪)，走得(呀)大路(哇)又撞到一颗

灯(哪)，挤挤(呀就)轧轧(呀就)去(哇)看灯(哪)我就人多路难行(哪)我里

脚下站不稳(哪)，小奴家也就跌坐在地(也)埃尘(哪)，姑(哇)娘(啊)。

结束语(接五更)

我从今以后(啊哈)总不看花灯(哪咳哟嗬嗬)。

(段水姣 唱　陈忱、碧波 记　陈印昌 整词)

兰桥汲水

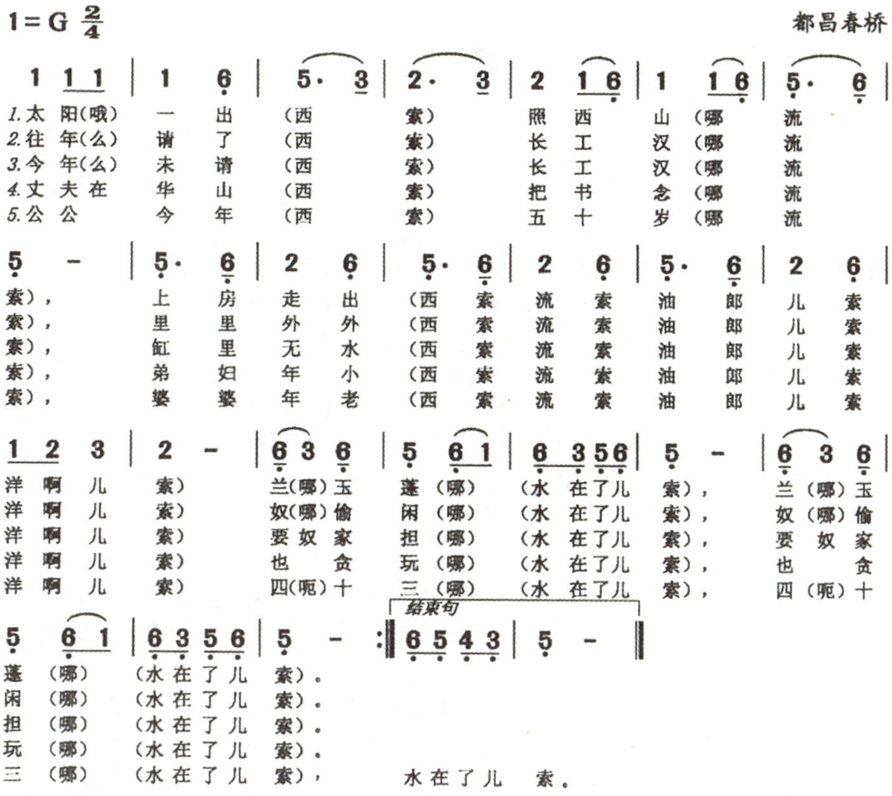

1=G 2/4

都昌春桥

1 1 1 | 1 6 | 5· 3 | 2· 3 | 2 1 6 | 1 1 6 | 5· 6 |

1.太 阳(哦) 一 出 (西 索) 照 西 山(哪 流
2.往 年(么) 请 了 (西 索) 长 工 汉(哪 流
3.今 年(么) 未 请 (西 索) 长 工 汉(哪 流
4.丈 夫 在 华 山 (西 索) 把 书 念(哪 流
5.公 公 今 年 (西 索) 五 十 岁(哪 流

5 - | 5· 6 | 2 6 | 5· 6 | 2 6 | 5· 6 | 2 6 |

索)， 上 房 走 出 (西 索 流 索 油 郎 儿 索
索)， 里 里 外 外 (西 索 流 索 油 郎 儿 索
索)， 缸 里 无 水 (西 索 流 索 油 郎 儿 索
索)， 弟 妇 年 小 (西 索 流 索 油 郎 儿 索
索)， 婆 婆 年 老 (西 索 流 索 油 郎 儿 索

1 2 3 | 2 - | 6 3 6 | 5 6 1 | 6 3 5 6 | 5 - | 6 3 6 |

洋 啊 儿 索) 兰(哪)玉 莲 (哪) (水 在了儿 索)， 兰 (哪) 玉
洋 啊 儿 索) 奴(哪)偷 闲 (哪) (水 在了儿 索)， 奴 (哪) 偷
洋 啊 儿 索) 要 奴 家 担 (哪) (水 在了儿 索)， 要 奴 家
洋 啊 儿 索) 也 贪 玩 (哪) (水 在了儿 索)， 也 贪
洋 啊 儿 索) 四(呃)十 三 (哪) (水 在了儿 索)， 四 (呃) 十

5 6 1 | 6 3 5 6 | 5 - :‖ 结束句 6 5 4 3 | 5 - ‖

莲 (哪) (水 在 了 儿 索)。
闲 (哪) (水 在 了 儿 索)。
担 (哪) (水 在 了 儿 索)。
玩 (哪) (水 在 了 儿 索)。
三 (哪) (水 在 了 儿 索)， 水 在 了 儿 索。

6. 将身来在厨房内，只见缸中少有泉。

7. 杉木水桶拿一担，桑木扁担挽在肩。

8. 一行两步风摆柳，三行四步踩连环。

9. 三行四步踩连环，五行六步转一个弯。

10. 七行八步来得快，九行十步到井边。

11. 杉木水桶来放下，桑木扁担靠井边。

12. 用水汲起一桶水，累得汗湿奴衣衫。

13. 用手挈起两桶水，累得奴家遍体酸。

14. 在家未带麻绳索，腰边解带系桶边。

15. 在家未带凉风扇，解开衣襟扇风凉。

（彭德民 唱　陈忱、李俊 记）

5. 风俗歌

嚎船歌

1=C $\frac{2}{4}$ 都昌苏山

中速稍快

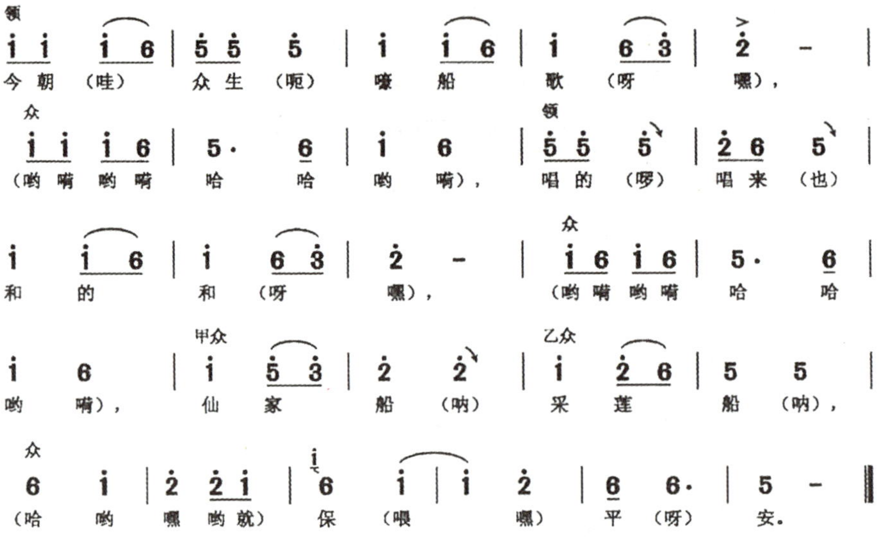

领

1 1 1 6 | 5 5 5 | 1 1 6 | 1 6 3 | 2 - |

今 朝 （哇） 众 生 （呃） 嚎 船 歌 （呀 嘿），

众 领

1 1 1 6 | 5· 6 | 1 6 | 5 5 5 | 2 6 5 |

（哟 嗬 哟 嗬 哈 哈 哟 嗬）， 唱 的 （啰） 唱 来 （也）

众

1 1 6 | 1 6 3 | 2 - | 1 6 1 6 | 5· 6 |

和 的 和 （呀 嘿）， （哟 嗬 哟 嗬 哈 哈

甲众 乙众

1 6 | 1 5 3 | 2 2 | 1 2 6 | 5 5 |

哟 嗬）， 仙 家 船 （呐） 采 莲 船 （呐），

众

6 1 | 2 2 1 | 6 1 | 1 2 | 6 6· | 5 - ‖

（哈 哟 嘿 哟 就） 保 （哏 嘿） 平 （呀） 安。

（徐振 唱 刘章高 记）

中华人民共和国成立前，当天花、麻疹流行时，当地扎纸船、纸屋、纸马等，夜间敲锣送到水边烧化，为送天上的爷爷、娘娘归伍，不收凡人，以保平安。此歌送纸船时唱，民间风俗叫“送驾”。

发拳（十字溜）

1=G $\frac{2}{4}$ 都昌土塘

稍快、豪放地

1 1 1 1 | 1113 2 | 1·1 2211 | 5556 5 | 3·5 6 1 |

一 点 高 升 二喜三多 财， 四 娇 五子登科 六顺又回 来， 七 轿 八 马

1 1 1 3 2 | 1 1 6155 | 1656 5500 | 000 0· 0 ‖

九 子 十 三 孙， 十 字 其美就 忙把酒来 吞哪将扶 手 哇 八 马！

（周时良 唱 李俊、刘章高 记）

新打渔船舱连舱

1=♭E $\frac{2}{4}$　　　（船歌①）　　　都昌县

中速稍快

领　　众　　领　　众

1.新打渔船舱连（哟）舱，（哟嗬嗨哟嗬嗨嗨哟），渔民个个喜洋（哟）洋，（哟嗬嗨哟嗬嗨嗨哟）。

2.渔船下水浪打（哟）浪，（哟嗬嗨哟嗬嗨嗨哟），打得鲜鱼满船（哟）仓，（哟嗬嗨哟嗬嗨嗨哟）。

3.芝麻开花节节（哟）高，（哟嗬嗨哟嗬嗨嗨哟），生活一年比一年好，（哟嗬嗨哟嗬嗨嗨哟）。

（冯义禄　唱　　袁荣　记）

① 新打渔船于下水前一天晚上，在打船场上（一般是在祖厅）举行庆祝仪式时唱。

端阳节时靠湖的村民把船两边结彩装饰好，船尾向后斜竖一根杆子标上姓，系上彩带，还可在船上杂耍到湖边各村去表演，一边划船一边唱，舵手领唱，划桨者唱和。

数路程

1=G $\frac{2}{4}$　　　　都昌镇

中速

上走（那个）浮梁（那个）景德镇那么咳咳罗依嗬呀，下走（那个）湖口并九江那依么呀依哟，（呀么依哟依么呀依哟），快行船那依么呀依哟。

（潘沐淋　唱　　刘章高　记）

划龙船

1=G $\frac{3}{4}$ $\frac{2}{4}$　　　　　　　　都昌土塘

自由地

♩=60 111·3 | 25 3· 2 | 55 3· 1 | 232 2 – | ♩=120 163 | 2· 1 | 65 61 |

(领)打起也 嘿 锣鼓 喂　划起也　船 呐，(众)快 乐 天　嘻呀呀啃

2 – | ♩=60 132·16 | 12 165 1 | 51 653 3 | 16 5 – | ♩=120 12 53 | 2· 1 |

嘿。(领)龙船哟 嗬 飘进哟　水 中 天 呐,(众)快 乐 天

65 61 | 2 – | ♩=60 12· 16 | 121 65 | ♩=120 65 61 | 2 – ‖

嘻呀呀啃 嘿。(领)荡呀 荡呀 荡龙哟 船呀，嘻 呀 呀 啃 嘿！

（李会贤　唱　　刘章高　记）

栽田歌

1=B $\frac{2}{4}$　　　　　　　　都昌土塘

中速

65 6561 | 5· 3 | 561 6553 | 2 – | 535·3 | 23 21 |
(1·2 33 | 25 32)

北风 碌碌碌碌 吹，来了(也)教 工 队，今 年 禾 苗 长 得 好(呀)
秧苗 长 得 好，同志 们 来 插 秧，插 一 行(呃) 又 一 行(啊)
(555)
同志们插 得 好，生产 立 功 劳，多 打(粮)食 (呵)

623 216 | 5 – ‖ 结束句 53 5·3 | 23 21 | 6·5 61 | 5 – | 5· 0 ‖
(1 6) ‖

密。
看谁 插得 好。

交于 国 家，多打(也) 粮 食(呵) 交 于 国 家。

（冯家任　唱　　刘章高、李俊　记）

摇儿

1=C　　　　都昌土塘

自由、轻盈地

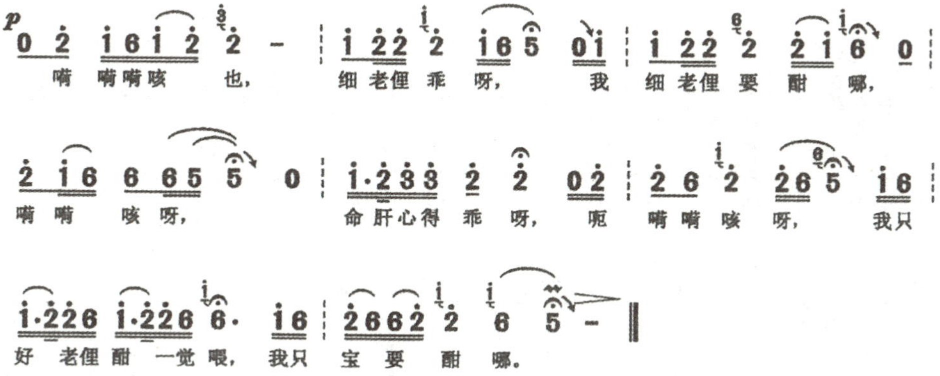

啃　啃啃咳　也，　细老俚　乖　呀，　我　细老俚　要　酣　哪，

啃　啃　咳呀，　命肝心得　乖　呀，　呃　啃啃　咳　呀，　我只

好　老俚酣　一觉　喂，　我只　宝　要　酣　哪。

（刘兰花　唱　　刘章高、李俊　记）

此歌轻盈、慢速、自由地哼唱，边摇箩窝，随时编词，直唱到小孩酣睡为止。

撼箩窝

1=F $\frac{3}{4}$ $\frac{4}{4}$　　　　都昌张岭

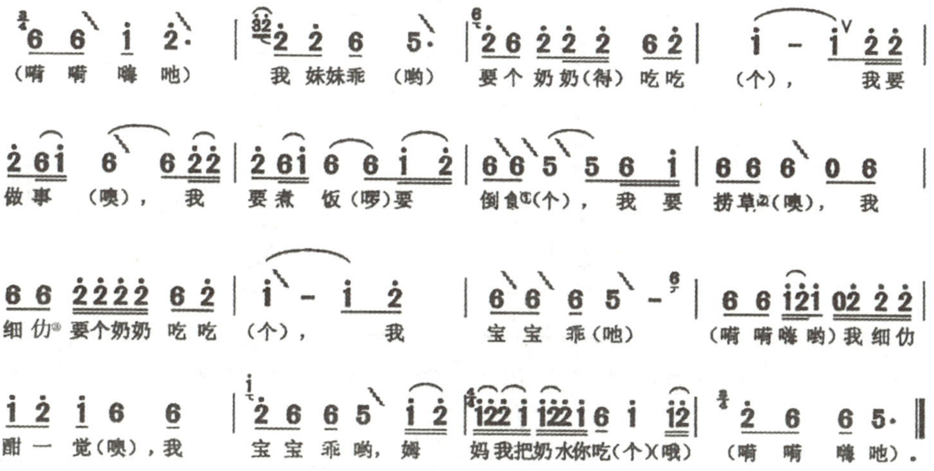

（啃　啃　嗨　吔）　我　妹妹乖　（哟）　要个　奶奶（得）吃吃　（个），　我要

做事　（噢），　我　要煮　饭（啰）要　倒食[1]（个），　我　要　捞草[2]（噢），　我

细仂[3]　要个奶奶　吃吃　（个），　我　宝　宝　乖（吔）　（啃　啃嗨　哟）我细仂

酣　一　觉（噢），我　宝　宝　乖哟，姆　妈我把奶水你吃（个）（哦）　（啃　啃　嗨　吔）。

（曹春莲　唱　　陈忱、碧波　记）

① 倒食：指倒猪食。　② 捞草：打猪草。　③ 细仂：婴儿。

散花调

1＝C （丧事歌） 都昌土塘

稍慢、悲痛地

春散 牡丹（呢）下 仙 台（哟），
正月 兰花（也）早 逢 春（呐），
五月 栀子（也）进 梅 黄（呃），
九月 菊花（呀）黄 似 金（呢），

夏散荷花（就）并（呢）蒂（也）开（哟），秋散 丹桂
二月杏花（就）开（也）一（嘞）阵（呐），三月 桃花
六月荷花（就）满（呢）池（也）塘（哦），七月 菱花
十月茶花（就）小（哇）阳（呃）春（呐），冬月 芦花

香（呃）千 里（呀），冬 散 寒梅（也）
红（呃）似 火（呀），四 月 蔷薇（也）
遮（也）水 面（哪），八 月 桂花（也）
满（哪）野 开（呀），腊 月 寒梅（也）

伴 老（喂）松（哦）。一年 里来
立 下（呀）根（呐）。
满 园（呀）香（哦）。
报 新（哪）春（呐）。

十（嘞 呃）二 月（啦） 月月都是有

（喂） 花 开（哟 喂）。

（舒传西 唱 刘章高、李俊 记）

此歌是在办丧事仪式时收殓亡人后坐唱。

散花

1=G 2/4 3/4　　　　（丧事歌）　　　　都昌周溪

中速

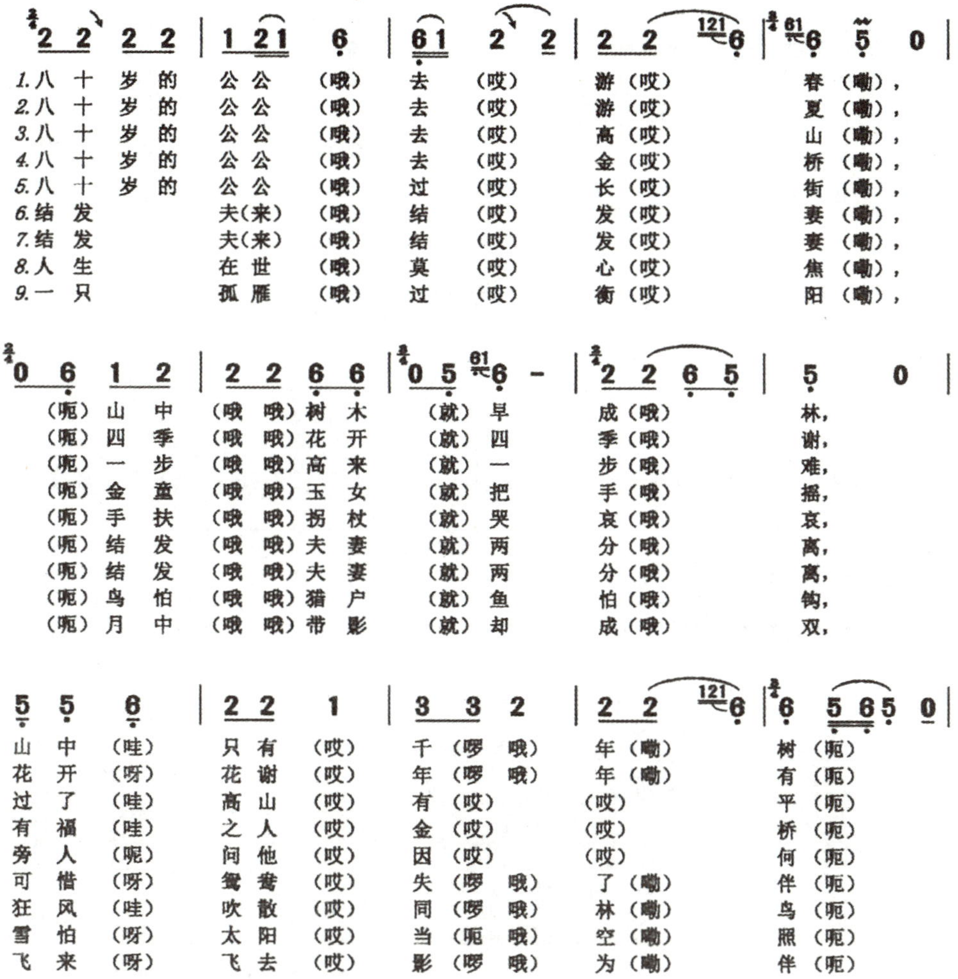

2/4 2 2 2 2 | 1 21 6 | 61 2 2 | 2 2 121 6 | 3/4 61 6 5 0 |

1.八	十	岁	的	公公	（哦）	去	（哎）	游（哎）	春	（嘞），
2.八	十	岁	的	公公	（哦）	去	（哎）	游（哎）	夏	（嘞），
3.八	十	岁	的	公公	（哦）	去	（哎）	高（哎）	山	（嘞），
4.八	十	岁	的	公公	（哦）	去	（哎）	金（哎）	桥	（嘞），
5.八	十	岁	的	公公	（哦）	过	（哎）	长（哎）	街	（嘞），
6.结	发			夫（来）	（哦）	结	（哎）	发（哎）	妻	（嘞），
7.结	发			夫（来）	（哦）	结	（哎）	发（哎）	妻	（嘞），
8.人	生			在世	（哦）	莫	（哎）	心（哎）	焦	（嘞），
9.一	只			孤雁	（哦）	过	（哎）	衡（哎）	阳	（嘞），

2/4 0 6 1 2 | 2 2 6 6 | 2/4 0 5 61 6 - | 2/4 2 2 6 5 | 5 0 |

（呃）	山	中	（哦哦）	树	木	（就）	早	成（哦）	林，
（呃）	四	季	（哦哦）	花	开	（就）	四	季（哦）	谢，
（呃）	一	步	（哦哦）	高	来	（就）	一	步（哦）	难，
（呃）	金	童	（哦哦）	玉	女	（就）	把	手（哦）	摇，
（呃）	手	扶	（哦哦）	拐	杖	（就）	哭	哀（哦）	哀，
（呃）	结	发	（哦哦）	夫	妻	（就）	两	分（哦）	离，
（呃）	结	发	（哦哦）	夫	妻	（就）	两	分（哦）	离，
（呃）	鸟	怕	（哦哦）	猎	户	（就）	鱼	怕（哦）	钩，
（呃）	月	中	（哦哦）	带	影	（就）	却	成（哦）	双，

5 5 6 | 2 2 1 | 3 3 2 | 2 2 121 6 | 3/4 6 565 0 |

山	中	（哇）	只有	（哎）	千	（啰　哦）	年（嘞）	树	（呃）
花	开	（呀）	花谢	（哎）	年	（啰　哦）	年（嘞）	有	（呃）
过	了	（哇）	高山	（哎）	有	（哎）	（哎）	平	（呃）
有	福	（哇）	之人	（哎）	金	（哎）	（哎）	桥	（呃）
旁	人	（呢）	问他	（哎）	因	（哎）	（哎）	何	（呃）
可	惜	（呀）	鸳鸯	（哎）	失	（啰　哦）	了（嘞）	伴	（呃）
狂	风	（哇）	吹散	（哎）	同	（啰　哦）	林（嘞）	鸟	（呃）
雪	怕	（呀）	太阳	（哎）	当	（呃　哦）	空（嘞）	照	（呃）
飞	来	（呀）	飞去	（哎）	影	（啰　哦）	为（嘞）	伴	（呃）

5 6 23 2 | 2 1 6 | 5 6· | 2 2 6 5 | 5 – ‖

（哎）,世 上（哎）	稀	少	（哎）	百	岁（哟	哦）	人。
（呵）,亡 人（哎）	一	去	（哎）	不	回（哟	哦）	来。
地，过 了（哎）	难	中	（哎）	有	好（哟	哦）	时。
过，无 福（哎）	之	人	（哎）	水	中（哟	哦）	漂。
哭，过 了（哎）	此	街	（哎）	再	不（哟	哦）	来。
（呵）,一 个（哎）	东	来	（哎）	一	个（哟	哦）	西。
（哎）,大 浪（哎）	拆	开	（哎）	比	目（哟	哦）	鱼。
（哎）,人 怕（哎）	阎	君	（哎）	把	簿（哟	哦）	勾。
（呵）,黄 昏（哎）	一	去	（哎）	好	惨（哟	哦）	伤。

（江银秋 唱 李大志、洪定协 记）

此歌男丧收殓坐唱。

叫花子唱菜①

1=F $\frac{2}{4}$ 都昌镇

中速

1 16 1 53 | 2·3 1 16 | 6116 5 | 1111 1 21 | 6123 1 1 | 2 16 5 ‖

1. 一碗	菜呀么	哟，	一碗	菜 呀么	哈，	花开一朵芙蓉	赛 牡	丹 哪	牡 丹 花。
2. 一是	瓜子么	哟，	一盘	瓜 子么	哈，	花开一朵芙蓉	赛 牡	丹 哪	牡 丹 花。
3. 二是	压水菜	哟，	二碗	压 水菜	哈，	花开一朵芙蓉	赛 牡	丹 哪	牡 丹 花。
4. 三是	碎肉么	哟，	三碗	碎 肉么	哈，	花开一朵芙蓉	赛 牡	丹 哪	牡 丹 花。
5. 四是	骰子粉①	哟，	四碗	骰 子粉②	哈，	花开一朵芙蓉	赛 牡	丹 哪	牡 丹 花。

6. 五是肉丸，五碗肉丸。

7. 六是鲜鱼，六碗鲜鱼。

8. 七是蛋羹，七碗蛋羹。

9. 八是烧肉，八碗烧肉。

10. 九是甜粉，九碗甜粉。

11. 十是青菜，十碗青菜。

（杜泽来 唱 刘章高 记）

① 1949年以前，遇有谁家办酒宴，叫花子头们就专聚一席，待主人上菜时唱此歌，出一菜唱一段，意思是催促主人一定不能少于十个菜。其余叫花子们则排好队，由主人分发饭菜而去。

② 骰子粉：用豆腐干或红薯粉切成像骰子样的方块，做成的粉羹。

三月清明祭夫坟

1=A $\frac{4}{4}$ 都昌三汊港

慢板、无限悲痛地

1.三 月(啱)里(哟)来 是(呵)清(呵)明(呵)，家 家(哩)户 户 祭 祖(哇)坟(哪)，

2.头 上 梳 起 白(呵)羽(呵)霜(呵)，白 布(哩)衣 服 身 上(哇)穿(哪)，

3.迈 步 金 莲 往(呵)前(呵)奔(呵)，我 要 到 西 山 去祭 夫(哇)坟(哪)，

4.一杯子酒 酒(呵)来 酒祭(格)我郎坟 前， 哭一 声(哪)我 的 夫 哭声 老 苍 天(哪)，

5.两杯子酒 酒(呵)来 酒祭(格)我郎坟 前， 哭一 声(哪)我 的 夫 哭声 老 苍 天(哪)，

6.三杯子酒 酒(呵)来 酒祭(格)我郎坟 前， 哭一 声(哪)我 的 夫 好不 可 怜(哪)，

慢 移 步 将 身 上房 来走 进 (嘞)，告 知 公 婆

白(嘞)布 罗 裙 白 布 鞋 (哟)，双 手 提 着

夫(哇)在 阴 曹 倒还 得安 宁 (哟)，我 好 比 (呀) 孤 (哇)雁

先 只 说 与 我的夫 白头 同到 老 (哟)，又 谁 知 (呀)短 命 夫

哭 破 喉 咙 夫 不 应 (哟)，丢 下 了 (哇)苦 命 妻

千 声 呼 来 万 声 唤 (哟)，叫 不 转 夫 君

去 祭 夫 坟 (哎 哟 哟)。

纸 和 香 (哎 哟 哟)。

上 山 林 (哎 哟 哟)。

一 病 归 了 天 (哎 哟 哟)。

好 不 可 怜 (哎 哟 哟)。

回 到 民 间 (哎 哟 哟)。

结束句

我 夫(哇) 我 的 天(哪) 哎 咳 依， 我 的 夫 啊！

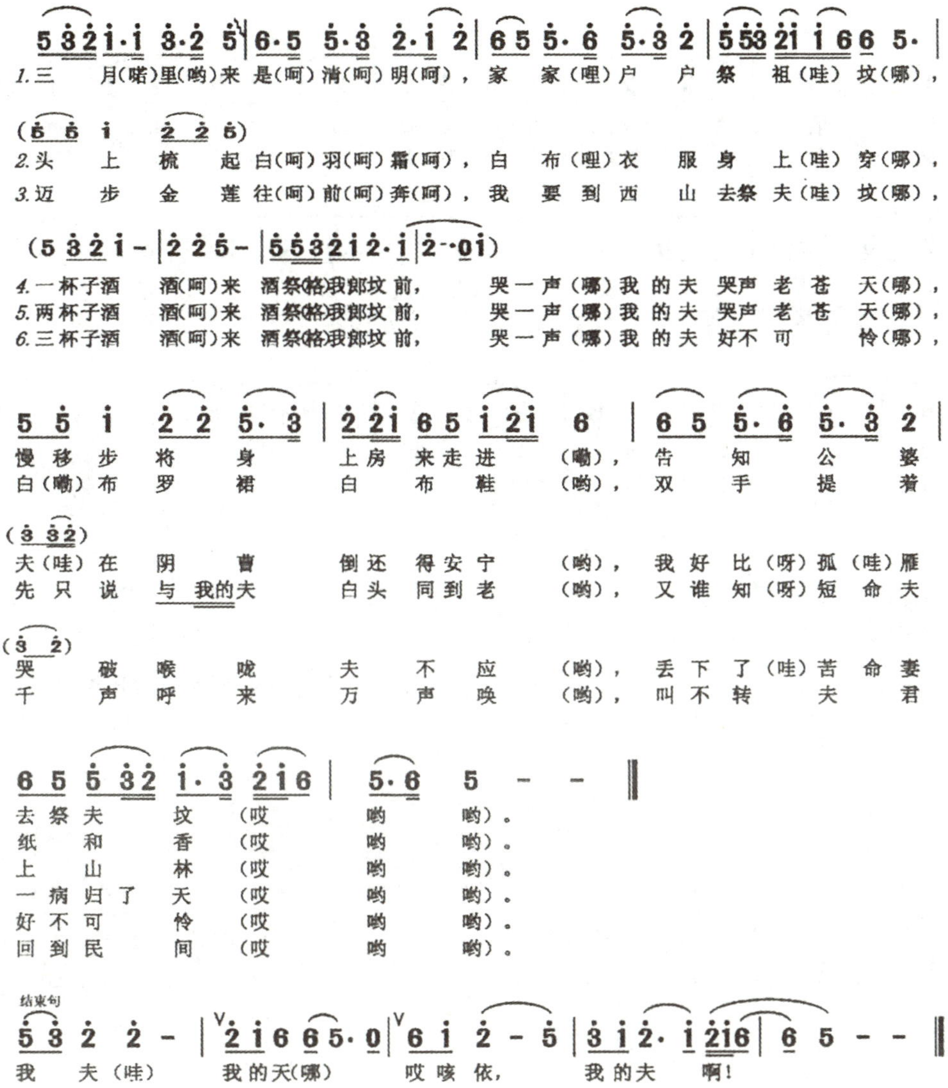

(查士宗 唱 李大志、郑谟希 记 陈印昌、陈忱 整词)

寡妇上坟

1=G $\frac{2}{4}$
♩=72

都昌春桥

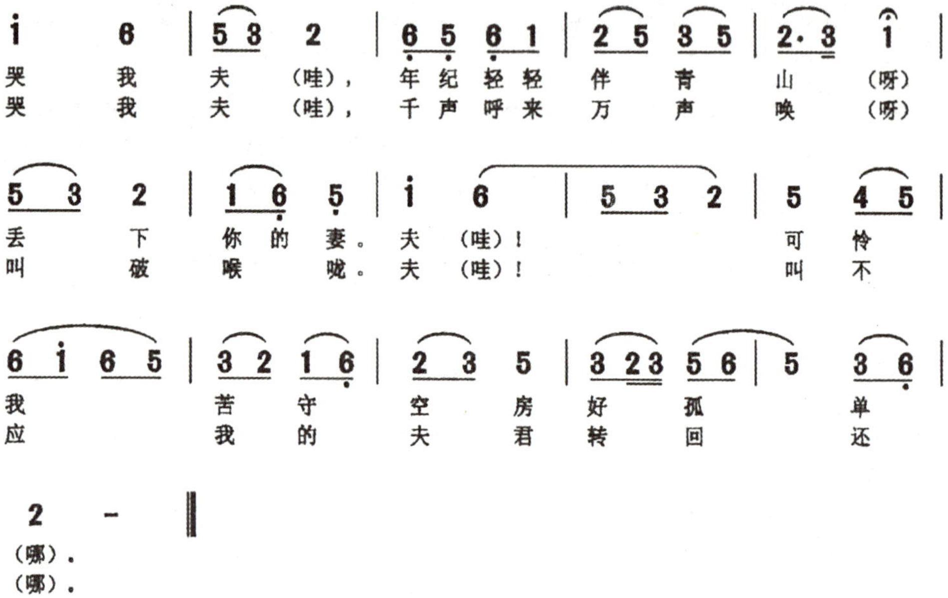

i 6 | 5 3 2 | 6 5 6 1 | 2 5 3 5 | 2·3 i |
哭 我 夫 （哇）， 年 纪 轻 轻 伴 青 山 （呀）
哭 我 夫 （哇）， 千 声 呼 来 万 声 唤 （呀）

5 3 2 | 1 6 5 | i 6 | 5 3 2 | 5 4 5 |
丢 下 你 的 妻。 夫 （哇）！ 可 怜
叫 破 喉 咙。 夫 （哇）！ 叫 不

6 i 6 5 | 3 2 1 6 | 2 3 5 | 3 23 5 6 | 5 3 6 |
我 苦 守 空 房 好 孤 单
应 我 的 夫 君 转 回 还

2 - ‖
（哪）。
（哪）。

（刘兰香 唱 袁荣、陈印昌 记）

6. 儿歌

角对角[1]

1=♭B 2/4 3/4　　（儿歌）　　都昌徐埠

稍快

3 1 3 1 | 1 3 | 3 61 3 | 61 61 | 5·6 1 | 161 5 5 |

人家说你（哟 喂）好啰 嗦，我看（你）话儿（哎 哎 哟）实在 多（哟），

人家叫你（喂 哟）好吃 佗[2]，我看 叫你（哎 哎 哟）顶适 合（哟），

3 1 3 1 | 1 3 | 1 61 6 | 25 25 | 5· 6 1 | 1 61 5 5 ‖

傍晚说到（哟 喂）鸡上 埘，夜晚说到（哎 哎 哟）鸡唱 歌（噢）。

餐餐要吃（哟 喂）猪油 饭，煎蛋还嫌（哎 哎 哟）味道 缩[3]（噢）。

（高道理 唱　　袁荣 记）

① 角对角：斗嘴相骂之意。
② 好吃佗：即好吃鬼的意思。
③ 缩：指味道不好。

郭公鸟[1]叫哀哀

1=C 3/4　　（儿歌）　　都昌张岭

2 2 5 5 | 5 3 2 2 | 2 3 2 1 | 5 6 5 5 | 5 5 1 1 | 1 2 2 2 6 |

郭公鸟（得）叫哀哀（呀），前山叫（得）后山来（呀），口里叫得鲜血(得)滴(格)，

6 2 2 1 | 2 6 6 5 | 5 5 6 2 | 2 2 6 6 | 1 2 2 1 | 2 6 6 5 ‖

鲜血滴（得）红花开（呀）。红花开了我就去（呀），明年清明我再来（呀）。

（江德发 唱　　碧波 记）

① 郭公鸟：即杜鹃

三、都昌曲艺

都昌曲艺概述

都昌曲艺，始自明代，而后逐渐发展有：唱曲、讲传、唱传、鼓书、琴书、打道情筒、渔鼓等形式。这些形式有独立的，有相互交叉的，譬如：坐堂唱曲与坐堂大鼓鼓书交叉，鼓书与琴书交叉，渔鼓与打道情筒交叉；有时唱曲、讲传、唱传又都是独立的，互不穿串。比如闹新房请的就是专场唱曲，田头、闲时的讲传就是单纯的讲传，文娱场所和白喜事常常是鼓书唱传。

唱曲就是坐堂唱戏曲，主要是高腔、弹腔之剧本，五六人分角色演唱加锣鼓弦管乐伴奏，于厅堂中很有祥瑞热闹之喜气。唱传分两种：在文娱场所的小鼓鼓书主旨是文娱活动、宣传文化，在书场、茶馆演唱兼有营利性；为丧事办的大鼓鼓书唱传，常常先唱“散花”——叹亡人之一生苦楚，表后辈之无限哀伤，后唱正本，通宵吟唱奏乐，以不冷落亡人停世最后一夜。

上述所列都昌曲艺至今仍有活动，虽有曲折起伏，但因根扎民众厚土而生生不息，鼓书尤其兴盛。

都昌鼓书有六个曲目，都昌琴书有四个曲目，载入《中国曲艺音乐集成》，成为中华民族永久性的文化资源。

（刘章高）

1. 都昌鼓书

(1) 都昌鼓书概述

都昌鼓书的渊源与发展

《都昌鼓书》是一种以说为主，说中带唱的曲艺，用一面小鼓和一副夹板伴奏，亦有用大鼓和锣钹伴奏的。击鼓复杂，随书内容做轻重缓急之变化。鼓书多以茶馆、娱乐场所为场地，农村则于农闲、节日、红白喜事日常唱。

都昌鼓书俗称“唱传”。其演变过程是：讲学——讲传——唱传。

史载：“都昌之学建于唐咸通中，宋因之，建炎之后更。”大批本土名士名儒辈出，他们著书立说，在都昌广建书院，教化乡里。是时，已有汇东书院、经归书院、宝林书院、黄坤书院、云住书院、张元贞书院等，仅“汇东书院广至二十间”（同治版《都昌县志》卷六）。“诸生以时读书，习礼其间”“终日讲习指南而不知归”。及至明、清，又添讲堂、书舍、学馆多处，“讲学”浩荡全县。这为后来的鼓书提供了丰厚的文化基础。

讲学先生又常与民众讲今古奇观、古人传记，于是派生“讲传”。讲传时，讲者因情节变化而生激情、敲桌拍板、吟咏歌唱、绘声绘色，糅进一些表演，使书的内容形象化，更为听众欢迎。于是，“讲传”风行全县。

明万历年间，青阳腔传入都昌，与本土民间音乐糅合成高腔，普及全县。高腔是坐堂演唱一唱众和伴以锣鼓的戏曲，深受百姓欢迎，故赞“高腔曲弹腔戏”。此被讲传者吸收，他们把单纯的“讲传”变为击鼓打板锣钹伴奏有说有唱的“唱传”。

唱传在流行过程中又分为两种形式：一种仍以坐堂演唱，三人以上，大鼓锣钹伴奏，一唱众和，仍保留了高腔的影子；一种由单人演唱，以小鼓夹板自奏，多站唱，场地随意，便于流动。

至清，都昌已有专设书场和职业说书艺人，书目达数十本。遇丰年，一个书场能连演十天半月，座无虚席。

晚清，大批鼓书名艺人竞相传艺，如：阳峰乡的曹汉轩传艺本乡汪际响，汪又传大沙乡沈克根，沈又传本乡张华敏，张又传艺人罗江神、江先昭、詹昌炳等。安徽艺人陈厚贤逃荒落户都昌，传多宝乡夏巧亭，夏又传本乡朱毛仔。朱的鼓书水平炉火纯青，唱红了景德镇、乐平等地书场，并多次获奖，于1969年回故乡都昌行艺。

1981年，朱毛仔参加江西省曲艺会演，以《智取敌碉堡》和《新旧婚姻对比》获创作、表演一等奖。

二十世纪五十至七十年代，鼓书响遍全县。题材有“婚姻自由”“建设社会主义”“改造山河”“新人新事”等，为激发人们的生活热情和建设祖国起了巨大的精神振奋作用。

二十世纪八十年代，鼓书渐衰。近十年，都昌县经常举办全县鼓书大赛，文化部门开展改编、创新活动，参加各地演出。

由千年“讲学——讲传——唱传”演变而来的鼓书，潜移默化深入都昌寻常生活，人们吃饭敲桌当鼓，睡觉拍壁当鼓，劳作击锹当鼓。“讲传”派生了“讲故事”，使都昌成为故事之乡。坐堂鼓书还继承了都昌高腔一唱众和的艺术形式，使这个古老剧种的元素得以流传。鼓书又催生了渔鼓，使之成为表演艺术的新门类。

都昌鼓书中的小鼓和夹板两件道具，也经历了漫长的演变过程。《都昌县志》载：“文庙，唐咸通中县令陈杲建。”在文庙大成殿的祭祀和《佾舞乐县图》中，乐器有：“建鼓、大鼓、楹鼓、应鼓、巩鼓、搏拊、编钟、特磬、琴、瑟、笙、笛、箫、

埙、笏”等。可见，鼓在一千二百年前已为都昌乐器之最，搏拊已同期使用。直至二十世纪八十年代，都昌各处仍有制鼓者，且品种繁多，堪称鼓之乡。搏拊，空心木乐器，需置架上，由双手或单手击打演奏。原置鼓和搏拊只适合坐堂演奏，需伴以锣钹，而鼓书单人说唱要便于行走、坐立和表演，于是，艺人将大鼓改为小鼓，搏拊改为夹板（有二片、三片的），以便携带，演唱时右手击鼓，左手打板。需要时，夹板可当扇、书、枪、朝笏等象征性道具使用。

鼓书内容极为丰富，有远古神话，如“自从盘古开天地，三皇五帝到于今”“开天辟地是哪个，哪个把苍天补起来”；有各朝传记，如“日出东方一点红，秦琼催马进山东”“赵太祖雪夜访赵普，刘备关张访卧龙，张良背剑访韩信，文王访过姜太公”“老人家喜欢唐朝传，年轻人喜欢这宋朝文，道士喜欢封神榜，和尚喜欢唐僧去取经，小孩子喜欢哪吒去闹海，王金龙喜欢玉堂春”；有革命历史、民间故事，如“说的是一九四二年，赣北来了小东洋”“三月桃花景，听我来唱一个怕老婆的笑话”等。多数艺人能即兴创作，世间百味，朗朗上口。

都昌鼓书演唱技艺复杂多变，有的以曲调和音色之柔婉叙事传情，勾人心魂，悲时催人泪下，欢时哄堂大笑，具有很强的感染力，譬如《大脚婆娘》中：

222 332 | 3 - | 565 3532 | 2· 16 | 566 122 | 322 216 | 5 -
大脚婆 娘来 （也） 去朝 香 哎 一下就 坐死得 八只和 尚 哎。

533 23 | 2 - | 122 26 | 6 - | 566 553 | 2 2· | 335 6 | 5 -
有一只 和尚 哎 真该 死哎， 一下就 夹死在 她 只 屁股中 当 哎。

有的以抑扬顿挫，“七分说，三分唱”的表演塑造人物性格，模仿鸡鸣犬吠，渲染东滚马啸、枪炮鸣镝、雷电风雨、厮杀惨烈的气氛，亦可描述情意绵绵、春江花月的美景，惟妙惟肖，引人入情入景，把“死书说活了”！如《智取敌碉堡》中：

) 0 (| 1· 1 | 1 1 1 | 1 3 | 5 5 |) 0 (
(白)三瓶白干酒 (唱)全 部 进 了 大 饭 囊 哎,(白)一霎时酒性往上冲,

5 3 | 6 1 | 1 | (0 多多 | 多 多 | 多 多
(唱)昏 沉 沉,

) 0 (| 1 6 6 | 3 2 | 1 3 | 5 5
(白)嗯……嘟噜,哇啦啦!呕呜!(唱)吐 出了 足 有 一 大 缸 哎。

(0 多 多 | 多 多 | 多)

都昌鼓书的音乐特点,主要分为节奏板式、击鼓种类、音乐调式。

节奏板式有穿板、数板、急板、慢谈等。

击鼓种类有导鼓、逗鼓。导鼓用在曲目演唱开始前,以调动听众情绪。逗鼓用在说唱分句间,以营造气氛或强化语气。说白时以单击、双击伴奏,丰富鼓书的艺术性。

音乐调式为徵调式,不论演唱者调高调低,基本调式相同。强调主音上方5度,直接跃进,如高峰突兀,渲染演唱“词眼”。随后渐落在主音上,达到情音交融。

都昌鼓书艺人,很多是盲人,说书成为他们的生活来源。因此,都昌鼓书的发展还浸染着这类弱势群体的苦难辛酸。有词写照:“要问我家财有多少,万贯家财都在这副鼓板中啊。白天没有人来抢,夜上抱着当枕头喔。”

盲艺人学书授徒,全凭口传心授。许多人能唱数十本,却拿不出一本纸质文。

都昌鼓书内容广泛,具有重要的民族文化价值;多变的击鼓技艺和声情并茂的演唱艺术,具有较高的艺术价值;表演形式简单,场地大小皆可,无置景、服饰要求,艺人来自民间,演唱内容均为民众所喜闻乐见,市场很大。都昌鼓书对

传承民族文化，激发人们的生活热情，有着潜移默化的作用。

2010 年 6 月，《都昌鼓书》经江西省人民政府批准，颁布为省级非物质文化遗产代表名录。由刘章高根据自己编写的申报书文本改写的《鄱湖之滨听鼓书》，被评为全省非物质文化遗产保护成果二等奖。

（刘章高）

（2）都昌鼓书书目

传统书目：《三国》《说唐》《水浒》《十字》《岳飞传》《杨家将》《破金山》《天宝图》《万花楼》《卖花记》《翠花记》《再生缘》《八宝灿》《延生灿》《六美图》《王香保》《散花调》《隋唐演义》《罗通扫北》《薛刚反唐》《五虎平西》《张勇打擂》《七侠五义》《马前泼水》《买臣休妻》《男女状元》《数古引今》《薛仁贵征东》《薛丁山征西》《郭子仪拜寿》《马彪取楼图》《七剑十三侠》《唐明皇游月宫》《宋太祖三下南唐》《杨七郎枪挑番将》《山伯英台团圆记》等。

现代书目：《大脚婆娘》《四季花》《绣荷包》《贩茶歌》《劝世人》《怕老婆》《老婆嫌老公》《智取敌碉堡》《新旧婚姻对比》等。

(3)都昌鼓书唱本

都昌鼓书调(一)

1=G （选自《十字》唱段） 张杏生演唱 陈发科记谱

中速 ♩=74

日出东方一点红，秦琼打马过了山东（哎），怀抱一对金装锏，普天下就访英雄（哦）。

* 都昌鼓书调在当地又称为〔数板〕。

据1995年都昌县文化馆的采风录音记谱。

都昌鼓书调(二)

1=G （选自《十字》唱段） 张杏生演唱 陈发科记谱

中速稍快 ♩=82

九字写来（耶）转一钩（喔），三国英雄算马超（喂），就这个张飞（就）不怕死，单人独枪就战马超（喂）。

据1995年都昌县文化馆的采风录音记谱。

都昌鼓书调(三)

张通定演唱
陈发科记谱

1 = G

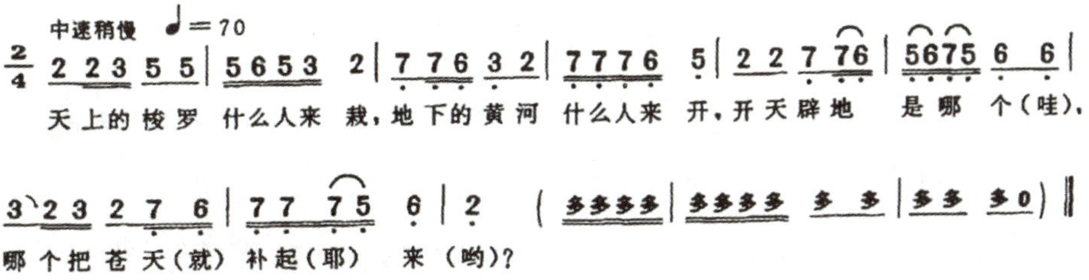

中速稍慢 ♩=70

天上的梭罗什么人来栽,地下的黄河什么人来开,开天辟地是哪个(哇),哪个把苍天(就)补起(耶)来(哟)?

据1995年都昌县文化馆的采风录音记谱。

都昌鼓书调(四)慢谈*

(选自《鼓书头》唱段)

朱毛仔演唱
袁其昌记谱

1 = G

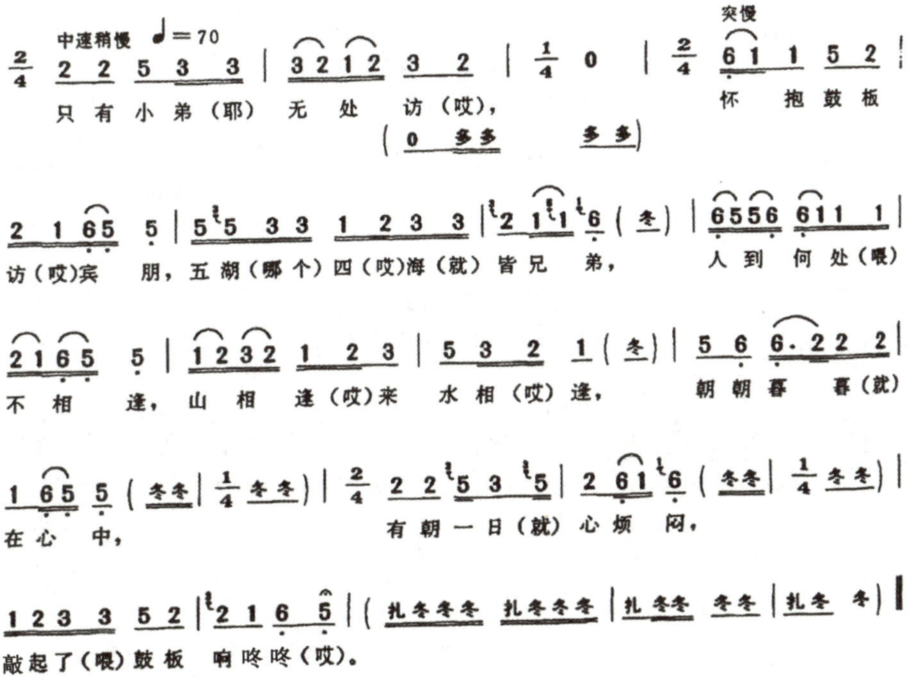

中速稍慢 ♩=70

只有小弟(耶)无处访(哎),怀抱鼓板访(哎)宾朋,五湖(哪个)四(哎)海(就)皆兄弟,人到何处(喂)不相逢,山相逢(哎)来水相(哎)逢,朝朝暮暮(就)在心中,有朝一日(就)心烦闷,敲起了(喂)鼓板响咚咚(哎)。

* 慢谈:即慢板。

据1995年都昌县文化馆的采风录音记谱。

选段

鼓书头

1 = G

朱毛仔演唱
袁其昌记谱

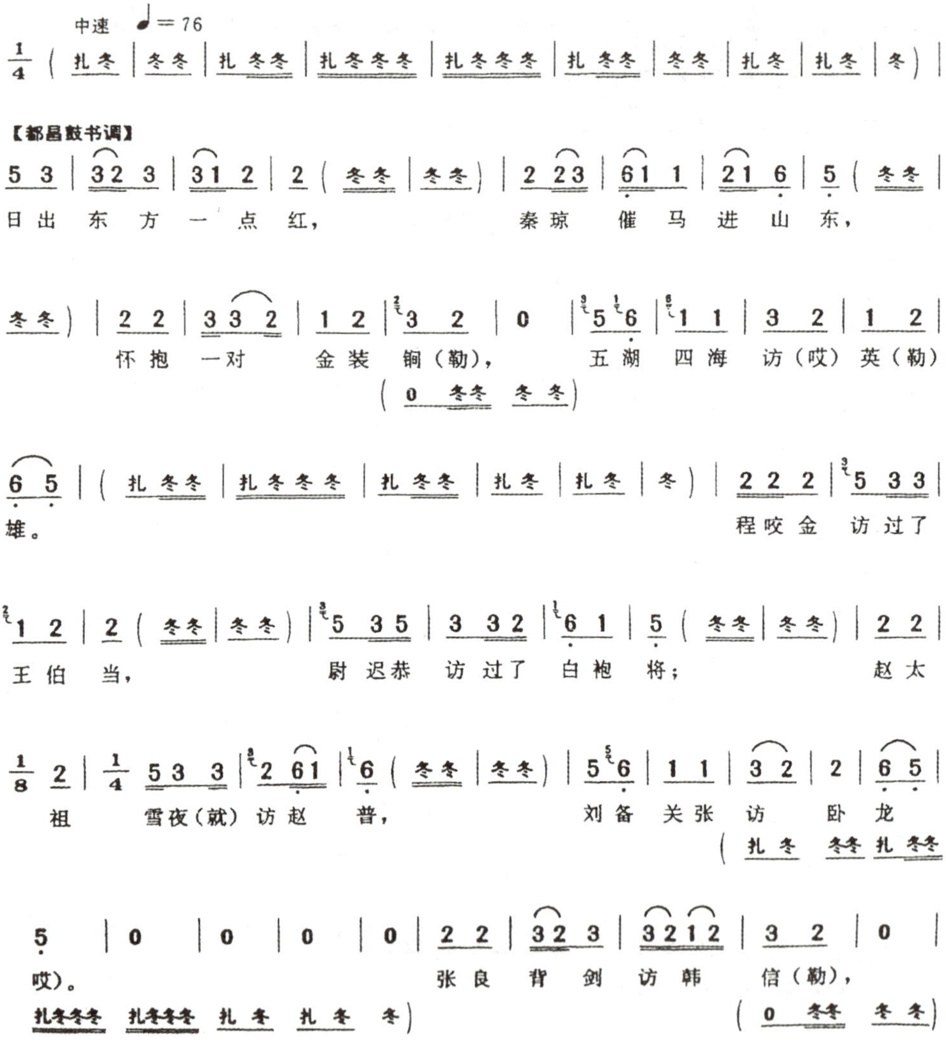

中速 ♩=76

1/4 (扎冬 | 冬冬 | 扎 冬冬 | 扎冬冬冬 | 扎冬冬冬 | 扎 冬冬 | 冬冬 | 扎冬 | 扎冬 | 冬) |

【都昌鼓书调】

5 3 | 32 3 | 31 2 | 2 (冬冬 | 冬冬) | 2 23 | 61 1 | 21 6 | 5 (冬冬 |
日出 东 方 一 点 红， 秦琼 催 马 进 山 东，

冬冬) | 2 2 | 3 3 2 | 1 2 | 3 2 | 0 | 5 6 | 1 1 | 3 2 | 1 2 |
怀抱 一对 金装 锏（勒）， 五湖 四海 访（哎）英（勒）
(0 冬冬 冬冬)

6 5 | (扎 冬冬 | 扎冬冬冬 | 扎 冬冬 | 扎冬 | 扎冬 | 冬) | 2 2 2 | 5 33 |
雄。 程咬金 访过了

1 2 | 2 (冬冬 | 冬冬) | 5 35 | 3 32 | 6 1 | 5 (冬冬 | 冬冬) | 2 2 |
王伯 当， 尉 迟恭 访过了 白袍 将； 赵太

1/8 2 | 1/4 53 3 | 2 61 | 6 (冬冬 | 冬冬) | 5 6 | 1 1 | 3 2 | 2 | 6 5 |
祖 雪夜（就）访赵 普， 刘备 关张 访 卧 龙
(扎冬 冬冬 扎 冬冬

5 | 0 | 0 | 0 | 0 | 2 2 | 323 3 | 3212 | 3 2 | 0 |
哎）。 张良 背 剑 访韩 信（勒），
扎冬冬冬 扎冬冬冬 扎冬 扎冬 冬) (0 冬冬 冬冬)

65 3 | 223 | 11 | 5 (冬冬 | 冬冬) | 22· | 53 3 | 3212 | 3 2 | 0 |

文王访过了姜太公。只有小弟（耶）无处访（呃），

(0 冬冬 冬冬)

突慢

61 1 | 52 | 2 1 65 | 5 | 55 33 | 1 2 3 3 | 2 11 | 6 (冬) | 6156 |

怀抱鼓板访（哎）宾朋，五湖（哪个）四（哎）海（就）皆兄弟，人到

6·11 1 | 2165 | 5 | 2 32 | 1 2 3 | 5 3 2 | 1 (冬) | 56 | 6·22 2 |

何处（喂）不相逢，山相逢（呃）来水相（呃）逢，朝朝暮暮（就）

1 65 | 5 (冬冬 | 冬冬) | 2 2 2 | 53 5 | 2 11 | 6 (冬冬 | 冬冬) | 1 2 3 3 |

在心中，有（喂）朝一日（就）心烦闷，提起了（喂）

5 2 | 32 1 | 6 5 | (扎冬冬冬 | 扎冬冬冬 | 扎冬冬 | 扎冬 | 扎冬 | 冬) |

鼓板响冬冬（哎）。

6 6 5 | 35 5 | 6 35 | 2 2 | 0 | 6556 | 612 2 | 2165 | 5 (冬冬 |

一为大家解忧愁（哇）二为自己（呀）度过春冬。

(0 冬冬 冬冬)

冬冬) | 2222 | 3 3 3 | 2 61 | 6 | 6556 | 1 2 | 3323 | 2 1 |

要问我们家财（耶）有多少，万贯家财都在这个鼓板

5 5 | (扎冬冬冬 | 扎冬冬冬 | 扎冬冬 | 冬冬 | 扎冬 | 冬) | 2 2 | 53 5 |

中（啊），千里不带（就）

1 2 | 2 6 | 0 | 56 | 1 2 2 | 2165 | 5 (冬冬 | 冬冬) | 2 2 3 |

柴和米（呀），万里不带（就）点灯油，一不怕

(0 冬冬 冬冬)

12 3 | 2 61 | 6 | 1.11 1 | 3 12 | 2165 | 5 (冬冬 | 冬冬) | 2 2 |
强 盗 把它来 抢，二不怕（就）小人 把它来 偷， 到了

53 3 | 2 61 | 6 | 5 32 | 1.23 3 | 1235 | 6 5 | (扎冬冬冬 | 扎冬冬冬 |
晚 上 歇饭 店，鼓板 还可以（就）当枕 头（哏）。

扎冬冬 | 冬冬 | 扎冬 | 冬) i | 5 3 | i 6 5 | 35 5 | 2 2 | 0 | 35 5 |
老 人家 喜欢（就）唐 朝 传（哪）， 年 轻
(0 冬冬 冬冬)

3 XX | 535 | 61 | 5 (冬冬 | 冬冬) | 65 3 | 53 3 | 12 | 3 2 | 0 |
人（哈哈）喜欢这 宋朝 文， 道士（就）喜欢（就）封神 榜（呃），
(0 冬冬 冬冬)

53 | 1/8 32 | 1/4 61 | 21 1 | 5 (冬冬 | 冬冬) | 5 5 | 3 33 | 2 3 | 2 61 |
和尚 喜欢 唐僧 去 取 经， 小孩 子喜欢 哪吒 去闹

6 (冬冬 | 冬冬) | 5 5 3 | 52 2 | 1 65 | 5 (冬冬 | 冬冬) | 222 | 2 2 | 5 532 |
海， 作法 人 喜欢（就）孙悟 空。 王金龙 喜欢 玉堂

1 1 | 0 | 55 53 | 3 2 3 | 2 21 | 5 5 | (扎冬冬冬 | 扎冬冬冬 | 冬 冬 | 扎冬 | 1/8 冬) |
春（勒）， 玉堂春 喜欢（就）王金 龙（哎）。

稍慢

1/4 2.22 | 25 | 5.53 2 | 1 1 | 0 | 21 6 | 61 2 | 2165 | 5 (冬) | 2 2 2 |
谈不尽 唐来 表不尽（咯）宋（呀）， 一脚 来 在 书房 中， 扯开了

3 2 3 | 1 2 | 2 (冬) | 6556 | 1 3 | 2 1 | 6 5 | (扎冬冬冬 | 扎冬 | 冬) ‖
书头（就）来观 看， 从头 至尾 表从 容（哎）。

据1995年都昌县文化馆的采风录音记谱。

智取敌碉堡

（节选）

朱毛仔演唱
袁其昌记谱

1 = G

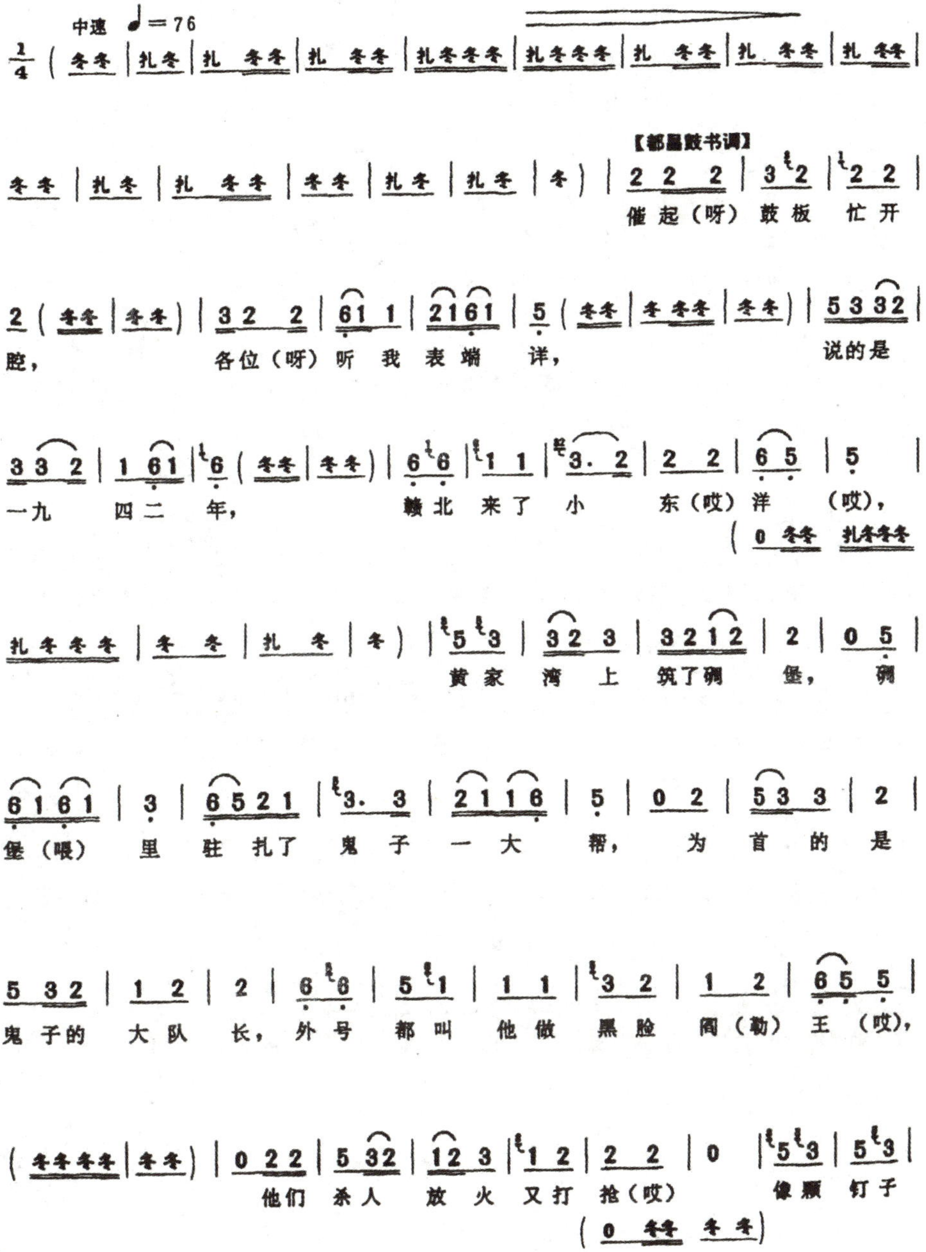

中速 ♩= 76

【都昌鼓书调】

催起（呀）鼓板　忙开腔，各位（呀）听我表端详，说的是一九四二年，赣北来了小东（哎）洋（哎），

黄家湾上筑了碉堡，碉堡（哦）里驻扎了鬼子一大帮，为首的是鬼子的大队长，外号都叫他做黑脸阎（勒）王（哎），

他们杀人放火又打抢（哎）像颗钉子

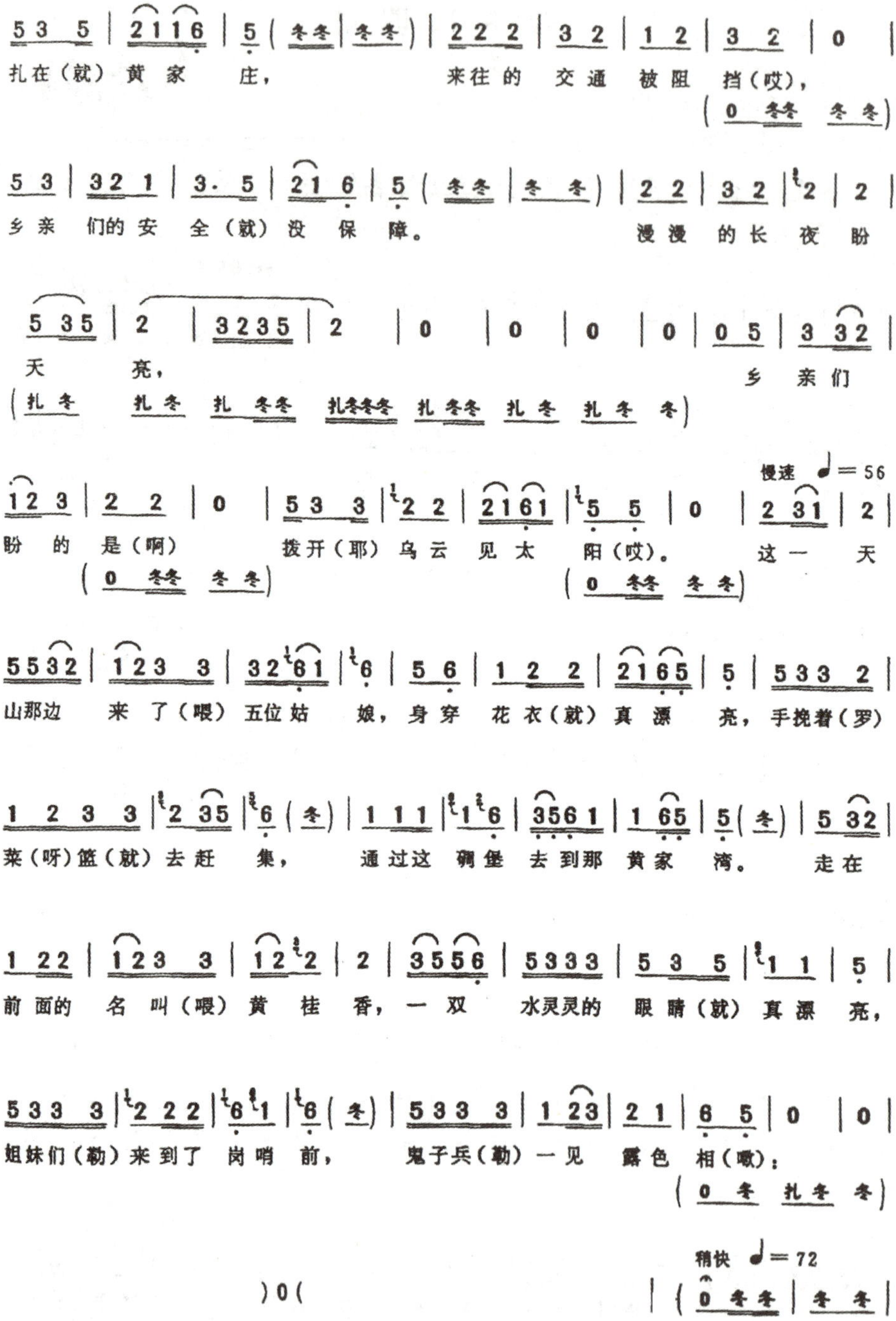

53 5 | 2116 | 5 (冬冬 | 冬冬) | 222 | 32 | 12 | 32 | 0 |

扎在（就）黄家庄，来往的交通被阻挡（哎），

(0 冬冬 冬冬)

53 | 321 | 3. 5 | 216 | 5 (冬冬 | 冬冬) | 22 | 32 | 2 | 2 |

乡亲们的安全（就）没保障。漫漫的长夜盼

535 | 2 | 3235 | 2 | 0 | 0 | 0 | 0 | 05 | 332 |

天亮，乡亲们

(扎冬 扎冬 扎 冬冬 扎冬冬冬 扎冬冬 扎冬 扎冬 冬)

慢速 ♩=56

123 | 22 | 0 | 53 3 | 22 | 2161 | 55 | 0 | 231 | 2 |

盼的是（啊）拨开（耶）乌云见太阳（哎）。这一天

(0 冬冬 冬冬) (0 冬冬 冬冬)

5532 | 123 3 | 3261 | 6 | 56 | 122 | 2165 | 5 | 533 2 |

山那边来了（喂）五位姑娘，身穿花衣（就）真漂亮，手挽着（罗）

1233 | 235 | 6 (冬) | 111 | 16 | 3561 | 165 | 5 (冬) | 532 |

菜（呀）篮（就）去赶集，通过这碉堡去到那黄家湾。走在

122 | 123 3 | 122 | 2 | 3556 | 5333 | 53 5 | 11 | 5 |

前面的名叫（喂）黄桂香，一双水灵灵的眼睛（就）真漂亮，

533 3 | 222 | 61 | 6 (冬) | 533 3 | 123 | 21 | 65 | 0 | 0 |

姐妹们（勒）来到了岗哨前，鬼子兵（勒）一见露色相（嗽）：

(0 冬 扎冬 冬)

稍快 ♩=72

) 0 (| (0 冬冬 | 冬 冬 |

（白）“嘿！花姑娘大大的有，开路的不行，统统的抓进碉堡。喝罗罗！”

冬） 6 i | 3 55 | 6655 | 6 35 | 2 2 | 0 | 5 5 | 5 2 | 22 6 |
（唱）日 本鬼子 唏哩哗啦 跑 上 前（哪）， 推的 推拉 的拉
（0 冬冬 冬冬）

原速
0 1 | 1 12 | 3 | 5. 3 | 2 1 | 6 5 | 0 | 0 | 0 ‖
（就） 抓 走 了 五 位 姑 娘。
（扎 冬 扎 冬 扎冬冬冬 扎 冬 冬）

（白） 话说，这一天正是到黄家湾赶集的日子，鬼子兵对来往的百姓都要进行搜查，搞得乡亲们心惊胆战，实不安宁，他们见了中国妇女，就像饿狼见了羊。你看，（冬 冬）今天五位年轻美丽的姑娘，自然就更逃不脱鬼子的魔掌。

稍快
（扎冬 | 扎冬 | 扎 冬冬 | 扎冬冬冬 | 扎冬冬冬 | 扎 冬冬 | 扎冬 | 扎冬 | 扎冬 | 冬）|

5 3 | 3 2 2 | 0 | 3 32 | 1 2 | 6 | 0 1 | 2 1 | 5 |
（唱）五 姐 妹 被 抓到了 碉 堡 上， 胸 藏 怒 火

0 5 | 5 1 | 1 65 | 5 5 | 0 | 21 1 | 65 1 | 1 1 | 11 5 |
四 下 去张 望（哎）， 只见 那 弹 药 箱子 （就）堆

1 65 | 3 3 | 0 31 | 6 6 | 1 66 | 6165 | 3 5 | 2 | 0 |
得（勒） 高（哇）， 楼 上还 摆着了 两 挺 机关 枪。（白）你看，

0 31 | 1 1 | 1 5 | 0 61 | 3. 5 | 6 6 | 0 31 | 6 6 | 1 35 |
（唱）楼 下的 鬼子 还 真不 少（哇）， 上 下都 摆 满

6 | 1 | 6. 5 | 5（冬冬 | 扎冬冬冬 | 扎冬冬冬 | 扎 冬冬 | 扎冬 | 冬）|
了 刀 和 枪。

（白） 这时候一个鬼子兵上楼，“报告！花姑娘抓来的有。”“嗯，你的顶好顶好的！”

……

(4)书目照片

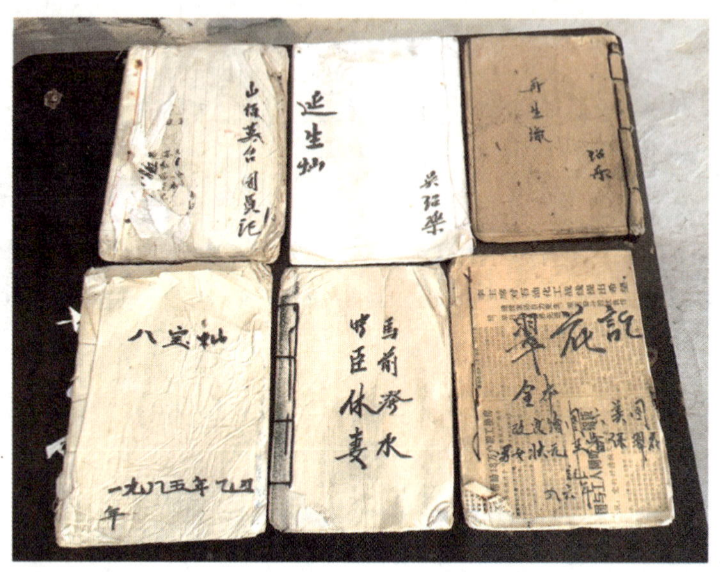

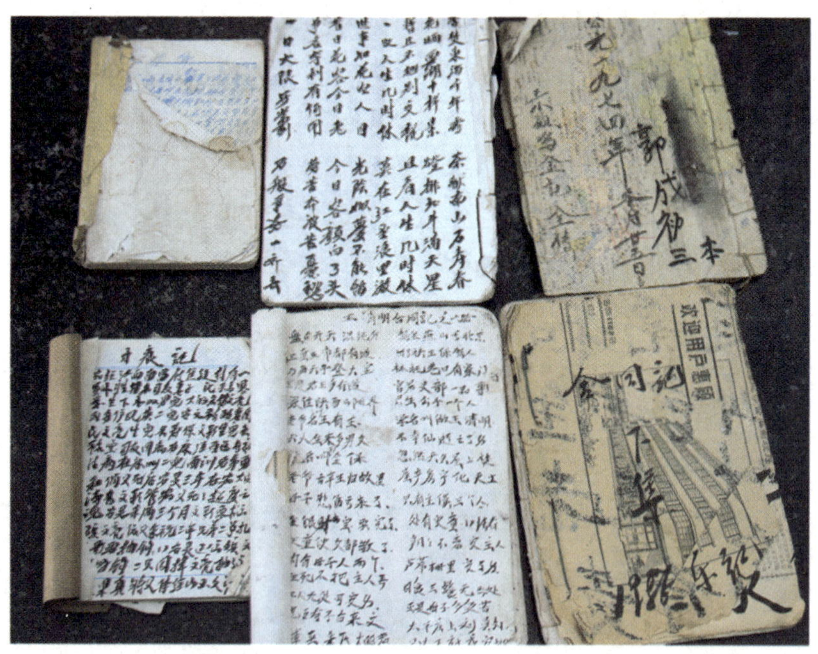

图3－1　上二图为北山乡吴华锋演唱书目。(余坚　摄　2017年10月)

(5)都昌鼓书演唱照片

图3－2　土塘镇潘垅村大鼓鼓书(余坚　摄)

图3－3　西源乡江伙军在赛场说书。(汪志勇　摄　2015年)

图 3－4　北山乡吴小玉在广场为群众说书。（余坚　摄　2017 年 10 月）

2. 都昌琴书

(1) 都昌琴书概述

都昌琴书是流行于江西北部都昌县境内的一种只唱不说的曲艺形式。琴书,系以二胡伴奏而得名,意为拉琴唱曲。最早以琴书为曲种名称的创始人是都昌县张岭乡蔡岭镇的艺人王纯清,二十世纪五十年代,他以民间小调为基础,采用说唱的形式,自己拉二胡自己演唱,编唱了几十个长短不一的曲目,行艺于都昌县东部各乡镇,深受群众欢迎。1964 年,段兴椿向王纯清学唱琴书,由于他勤学苦练,因而掌握了数十个琴书曲目。不久,王纯清病故(时年 34 岁),段兴椿便成为都昌琴书的传人,后来曾亲自授徒许贵水。

都昌琴书的基本唱腔为琴书调,其基本结构为上下句,曲调音位密集,字多腔少,一般只在下句句尾处用短拖腔,是一种长于叙事的唱腔。其旋律质朴流畅,近似于民间小调,多为五声徵调式或徵宫混合调式,也有不少宫调式的唱腔。徵调式的唱腔上句落音较自由,不管长短腔句一般多落 2、6 或 1,短腔句还有落 3 或 5 的;下句落音则较有规律,短腔句多落 5 或 1,长腔句则落 5. 宫调式的唱腔每句都落 1,但每句唱腔均分为两个腔节,第一腔节的落音为 2 或 5。长腔句的句尾有的还使用帮腔。

琴书调的音域不宽,大多只有一个 8 度左右,少数唱腔达到 11 度。其节拍很灵活,在 2/4 或 4/4 基本拍子中常出现 3/4 或 5/4 拍子。

都昌琴书的唱词以七字句或十字句为主。十字句的唱词有三、三、四和五、五两种结构,前者如"在娘家做女儿何等快乐,到婆家做媳妇受尽折磨";后者如"有一个婆娘打坐在厅堂,骂一声杂种胆大的王八"。但每句唱词的字数较自由,短句子只有 5 字,长句子则像散文一样达到 17 字。押韵也较宽松,有的唱段中韵脚经常更换。唱词中常插用衬字,并运用了很多方言俚语,使唱腔更为生动活泼、通俗易懂。

都昌琴书在演唱时还吸收了都昌文词真假嗓结合的方法(艺人称之为平仄结合的唱法),用以模仿男女不同的音色,使音乐色彩更为丰富。演唱悲苦情节时,艺人还常在唱腔中插入抽泣声,使之更真切感人。

都昌琴书的伴奏乐器为二胡。艺人在使用二胡伴奏时各有特点。如段兴椿在《卖花记》唱段中,于每句唱腔之间用固定音型式的短过门相衔接,每一小段之后则以较长的过门进行情绪调剂。刘天保在《苦媳妇》唱段中,二胡只在落韵长腔中加入,中间的短腔句只用板击节,使唱腔浓淡对比突出,清唱与伴奏交替,颇具感染力。

都昌琴书的演唱形式,既可由一人操琴自拉自唱,也可由一人演唱,另一人为其操琴伴奏或击板、帮唱。演唱地点不固定,艺人们常常是走村串户走唱或在村舍堂院以及茶馆饭庄坐唱。

都昌琴书的曲目内容,既有长篇历史故事、民间传说,又有短篇笑话、趣闻逸事,题材非常广泛。代表性曲目有《卖花记》《苦媳妇》《怕老婆的笑话》《新旧婚姻对比》等。吸收民间小调的曲目则有《十二月想郎》《时辰调》《寡妇叫坟》《杀阉鸡》等。

在都昌县西北各乡所流行的琴书,其艺术特征及演唱曲目等,与东部各乡镇所演唱的大同小异。由于都昌琴书的演唱形式灵活简便,因而一直受到群众的欢迎。

(陈发科)

(2)都昌琴书曲目

传统曲目有:《卖花记》《卖水记》《玉带记》《二度梅》《八宝山》《卖油郎》《时辰调》《杀阉鸡》《苦媳妇》《岳母刺字》《四姐下凡》《寡妇叫坟》《杨令婆挂帅》《穆桂英挂帅》《孟姜女哭长城》《十二月想郎》《老婆嫌老公》《怕老婆的笑话》等二十多个曲目。

现代曲目有:《新旧婚姻对比》《大脚婆娘》等。

(3)都昌琴书唱本

基本唱腔

琴书调(一)

1＝A　　（选自《卖花记》唱段）

段兴椿演唱
陈发科记谱

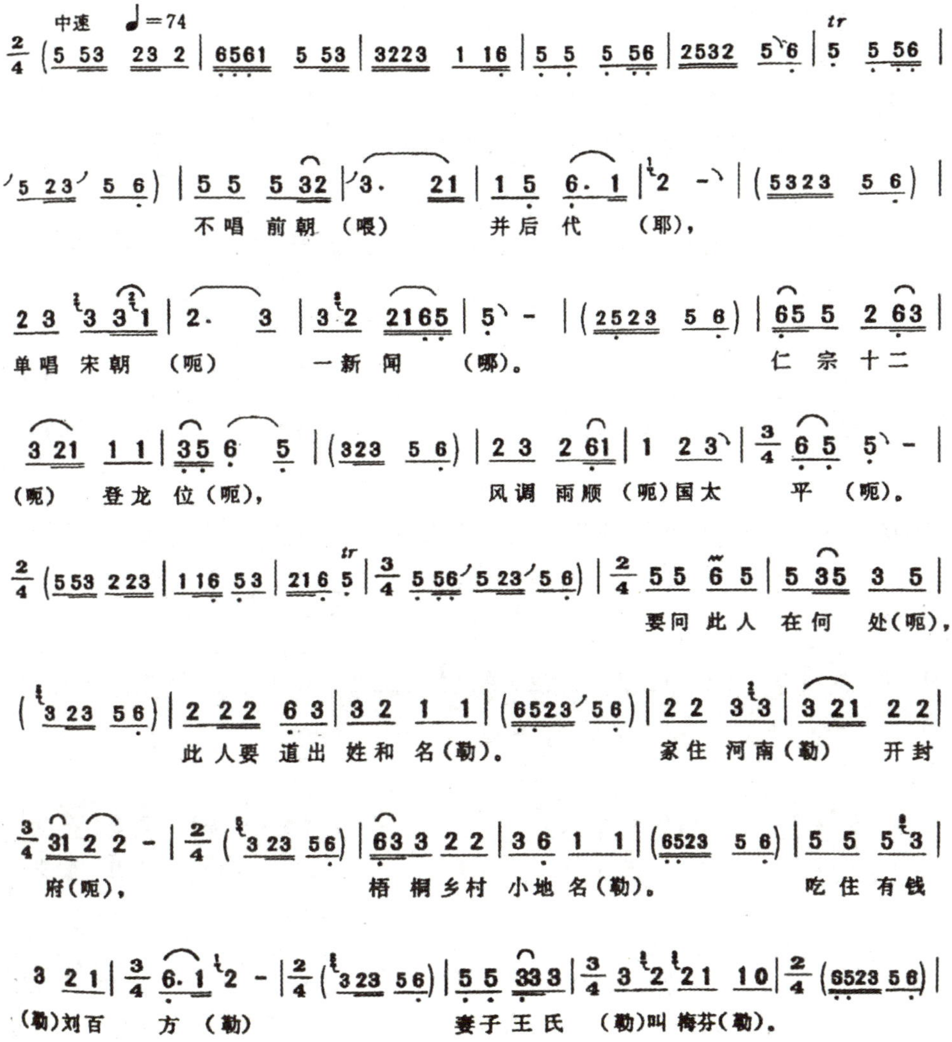

中速 ♩＝74

2/4 (5 53 23 2 | 6561 5 53 | 3223 1 16 | 5 5 5 56 | 2532 5 6 | 5 5 56 |

5 23 5 6) | 5 5 5 32 | 3. 21 | 1 5 6. 1 | 2 - | (5323 5 6) |
不唱 前朝 (喂) 并后 代 (耶),

2 3 3 3 1 | 2. 3 | 3 2 2165 | 5 - | (2523 5 6) | 65 5 2 63 |
单唱 宋朝 (呃) 一新 闻 (哪)。 仁 宗 十二

3 21 1 1 | 35 6 5 | (323 5 6) | 2 3 2 61 | 1 2 3 | 3/4 6 5 5 - |
(呃) 登龙 位(呃), 风调 雨顺 (呃)国太 平 (呃)。

2/4 (553 223 | 116 53 | 216 5 | 3/4 5 56 5 23 5 6) | 2/4 5 5 6 5 | 5 35 3 5 |
要问 此人 在何 处(呃),

(3 23 56) | 2 22 6 3 | 3 2 1 1 | (6523 56) | 2 2 3 3 | 3 21 2 2 |
此人要 道出 姓和 名(勒)。 家住 河南(勒) 开封

3/4 31 2 2 - | 2/4 (3 23 56) | 63 3 2 2 | 3 6 1 1 | (6523 5 6) | 5 5 5 3 |
府(呃), 梧 桐乡村 小地 名(勒)。 吃住 有钱

3 2 1 | 3/4 6. 1 2 - | 2/4 (323 56) | 5 5 333 | 3/4 3 2 21 10 | 2/4 (6523 5 6) |
(勒)刘百 方 (勒) 妻子 王氏 (勒)叫 梅芬(勒)。

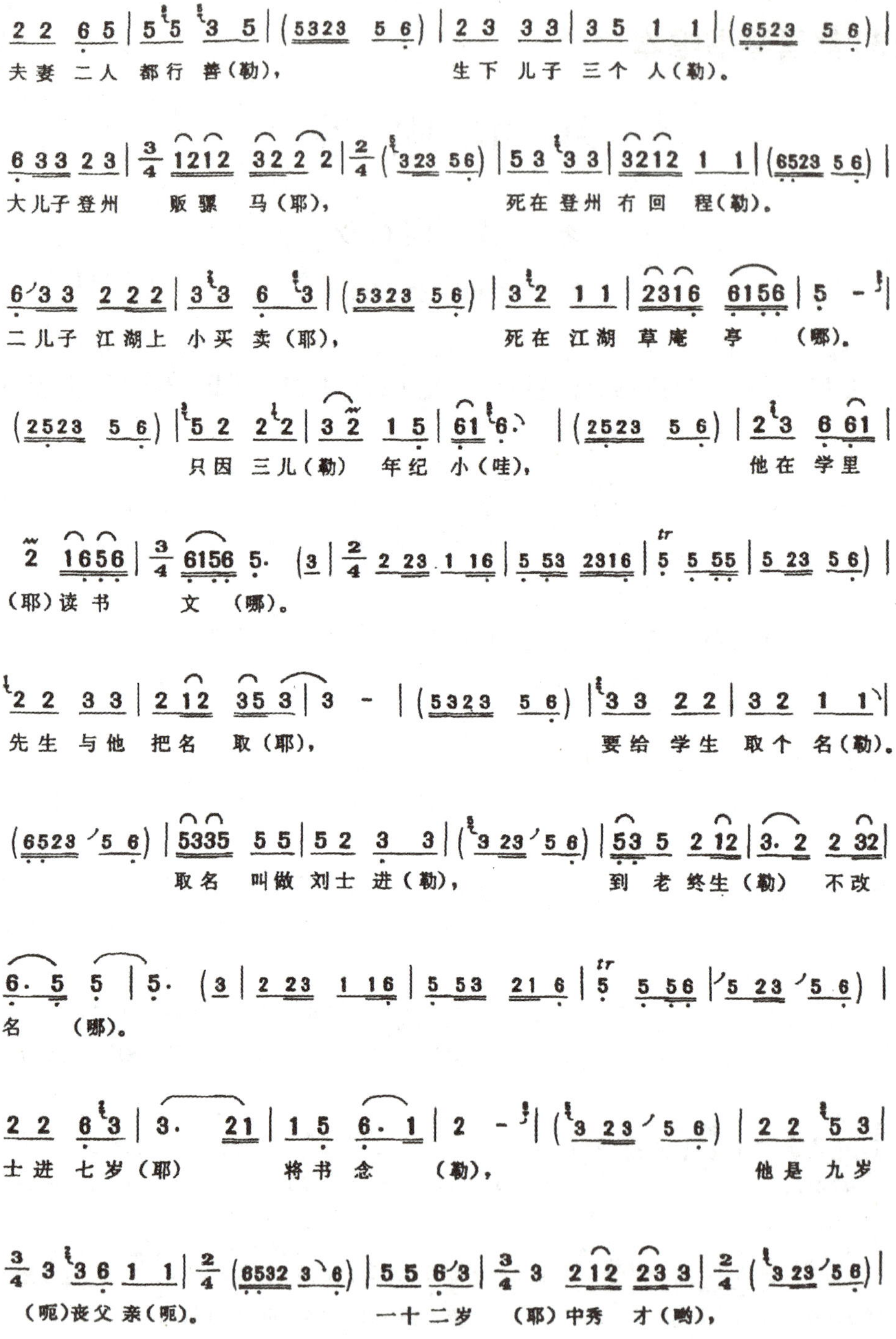

2 2 6 5 | 5 5 3 5 | (5323 5 6) | 2 3 3 3 | 3 5 1 1 | (6523 5 6) |

夫妻 二人 都行 善(勒)， 生下 儿子 三个 人(勒)。

6 33 2 3 | 3/4 1212 3 2 2 2 | 2/4 (323 56) | 5 3 3 3 | 3212 1 1 | (6523 5 6) |

大儿子登州 贩骡 马(耶)， 死在登州右回 程(勒)。

6 33 2 2 2 | 3 3 6 3 | (5323 5 6) | 3 2 1 1 | 2316 6156 | 5 - |

二儿子 江湖上 小买 卖(耶)， 死在 江湖 草庵 亭 (哪)。

(2523 5 6) | 5 2 2 2 | 3 2 1 5 | 61 6 | (2523 5 6) | 2 3 6 61 |

只因 三儿(勒) 年纪 小(哇)， 他在 学里

2 1656 | 3/4 6156 5· (3 | 2/4 2 23 1 16 | 5 53 2316 | 5 5 55 | 5 23 5 6) |

(耶)读书 文 (哪)。

2 2 3 3 | 2 12 35 3 | 3 - | (5323 5 6) | 3 3 2 2 | 3 2 1 1 |

先生 与他 把名 取(耶)， 要给 学生 取个 名(勒)。

(6523 5 6) | 5335 5 5 | 5 2 3 3 | (3 23 5 6) | 53 5 2 12 | 3· 2 2 32 |

取名 叫做 刘士 进(勒)， 到 老 终生(勒) 不改

6· 5 5 | 5· (3 | 2 23 1 16 | 5 53 21 6 | 5 5 56 | 5 23 5 6) |

名 (哪)。

2 2 6 3 | 3· 21 | 1 5 6· 1 | 2 - | (3 23 5 6) | 2 2 5 3 |

士进 七岁(耶) 将书 念 (勒)， 他是 九岁

3/4 3 3 6 1 1 | 2/4 (6532 3 6) | 5 5 6 3 | 3/4 3 2 12 23 3 | 2/4 (3 23 5 6) |

(呃)丧父亲(呃)。 一十二岁 (耶)中秀 才(哟)，

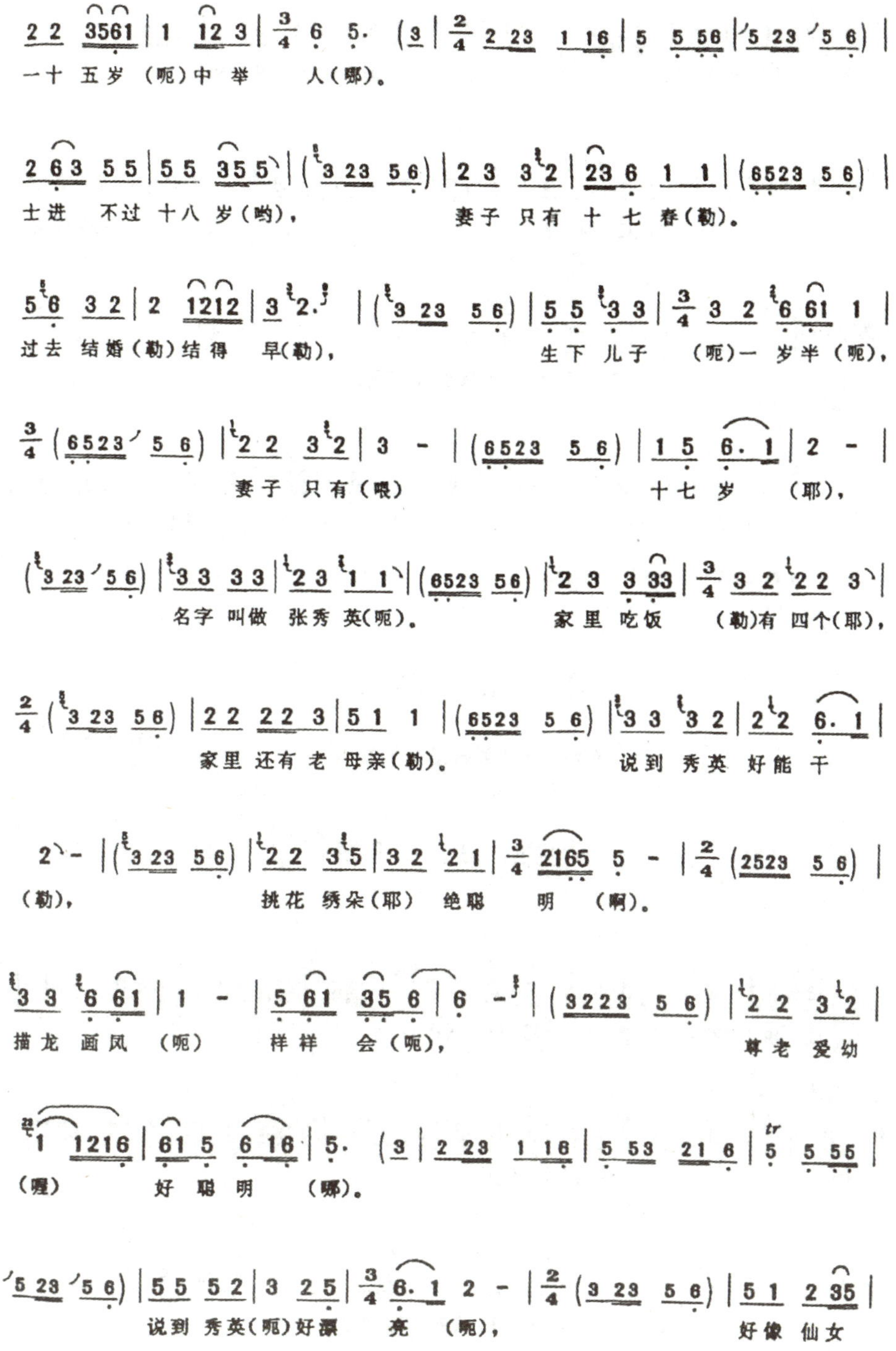

一十五岁（呃）中举人（哪）。

士进不过十八岁（哟），妻子只有十七春（勒）。

过去结婚（勒）结得早（勒），生下儿子（呃）一岁半（呃），

妻子只有（哏）十七岁（耶），

名字叫做张秀英（呃）。家里吃饭（勒）有四个（耶），

家里还有老母亲（勒）。说到秀英好能干

（勒），挑花绣朵（耶）绝聪明（啊）。

描龙画凤（呃）样样会（呃），尊老爱幼

（喔）好聪明（哪）。

说到秀英（呃）好漂亮（呃），好像仙女

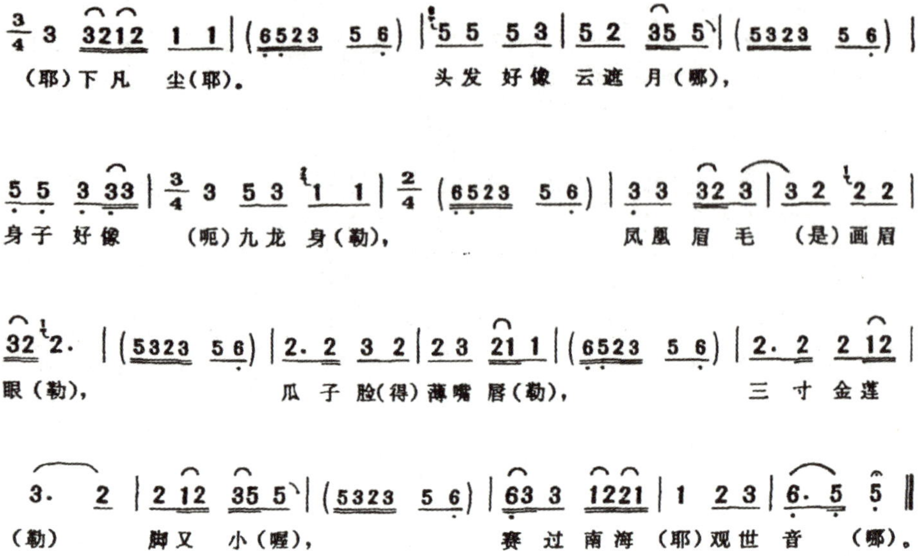

3/4 3 3212 1 1 | (6523 5 6) | 5 5 5 3 | 5 2 35 5 | (5323 5 6) |

(耶)下凡 尘(耶)。 头发好像 云遮 月(哪),

5 5 3 33 | 3/4 3 5 3 1 1 | 2/4 (6523 5 6) | 3 3 32 3 | 3 2 2 2 |

身子 好像 (呃)九龙 身(勒), 凤凰 眉 毛 (是)画眉

32 2. | (5323 5 6) | 2. 2 3 2 | 2 3 21 1 | (6523 5 6) | 2. 2 2 12 |

眼(勒), 瓜 子 脸(得)薄嘴 唇(勒), 三 寸 金莲

3. 2 | 2 12 35 5 | (5323 5 6) | 63 3 1221 | 1 2 3 | 6. 5 5 ‖

(勒) 脚又 小(喔), 赛 过 南海 (耶)观世 音 (哪)。

据1980年都昌县文化馆的采风录音记谱。

琴书调(二)

1 = A

(选自《老婆嫌老公》唱段)

许贵水[①] 演唱
陈发科 记谱

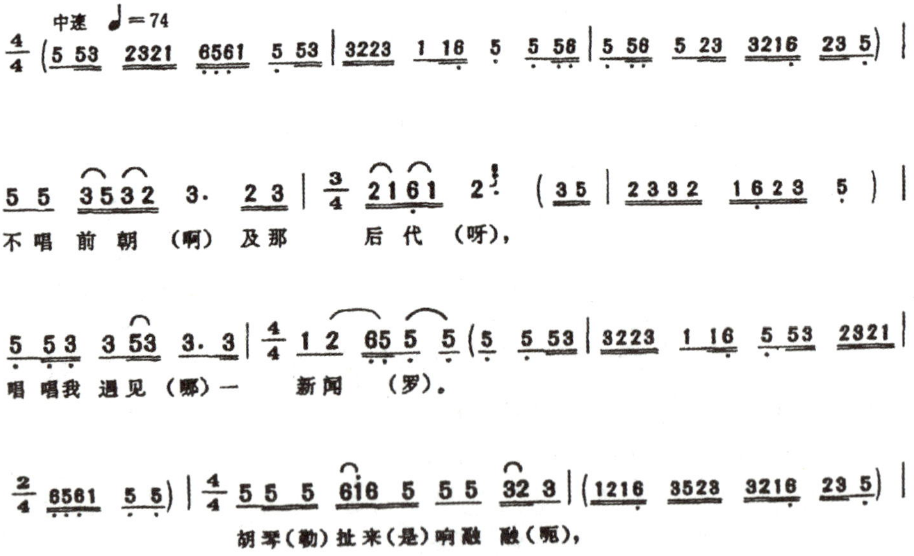

中速 ♩=74

4/4 (5 53 2321 6561 5 53 | 3223 1 16 5 5 56 | 5 56 5 23 3216 23 5) |

5 5 3532 3. 2 3 | 3/4 2161 2 (35 | 2332 1623 5) |

不唱 前朝 (啊) 及那 后 代 (呀),

5 53 3 53 3. 3 | 4/4 1 2 65 5 5 (5 5 53 | 3223 1 16 5 53 2321 |

唱唱我 遇见 (哪)一 新闻 (罗)。

2/4 6561 5 5) | 4/4 5 5 5 616 5 5 5 32 3 | (1216 3523 3216 23 5) |

胡琴(勒)扯来(是)响融 融(呃),

5 55 5 3 2 3 2 1 1 | 1 (56 116 553 2321 | $\frac{2}{4}$ 6561 55) | $\frac{4}{4}$ 0 2 2 5 5 5 3235 3 |

唱一个老婆(来)嫌老公(呐)。 一十八岁(咯)大姐(呀)

$\frac{3}{4}$ 2 2 1 61 2 (35 | 2332 1623 5) | $\frac{4}{4}$ 3 3 2361 2· 3 6 5 | $\frac{2}{4}$ 6 5 |

九岁(咯)郎(啊), 把尿 把尿 (呀 就)抱上 床(啊)。

$\frac{3}{4}$ (553 3223 116 | $\frac{4}{4}$ 553 2321 6561 55) | 2 2 2 3 3 2 1 1 61 2 | 2 (35 2332 1623 5) |

要不是 看着 公婆(咯)面(哪),

2 2 5 3 3 2 1 1 | 1 (656 1 16 5 53 2321 | $\frac{3}{4}$ 65 5 2 53 3223 | $\frac{2}{4}$ 1 16 5 5) |

一脚踩下②绣花床(呀)。

$\frac{4}{4}$ 555 5 5 5 32 5 32 3 | $\frac{3}{4}$ (5323 3216 25) | $\frac{4}{4}$ 2 2 5 2 3 3 2 | $\frac{3}{4}$ 1 1 (56 116 |

婆婆在后面听得清(哪), 当年只把(呀)我来 迎③(哪)。

$\frac{4}{4}$ 5 53 2321 6561 55) | 2 2 2 3532 3· 3 2 1 | 61 2 (35 2332 1623 | $\frac{3}{4}$ 5) 5 5 3 3 3223 |

请你(呀)媳妇(啊)你莫多 言(哪), 你要耐烦等过

$\frac{4}{4}$ 1 23 2165 5 (53 | 3223 1 16 5 53 2321 | $\frac{2}{4}$ 6561 55) | $\frac{4}{4}$ 555 5 6 5 35 2 5 3 |

三五 年 (哪)。 我儿(来)不是半 边月(罗),

$\frac{3}{4}$ (5323 3216 25) | $\frac{2}{4}$ 2 2 2 3 | $\frac{4}{4}$ 3 2 1 1 (56 116 | 5 53 2321 6561 5 5) |

月到十五 正团 圆(勒),

555 5 32 2 35 2 3 | (1216 3523 3216 23) 5 3 | 5 3 3 3 2 2 6 1 2165 |

婆 婆说话 真带 痴(哎), 你把 饱人(就)不知(则)饿肚 饥

$\frac{2}{4}$ 5. (53 | $\frac{3}{4}$ 2 23 1 16 5 5) | $\frac{4}{4}$ 2 2 2 2 3· 2 1 1 | $\frac{2}{4}$ 35 6 5 |

(哩)。 等到 花开(啊 是)花已 谢(呀 啊),

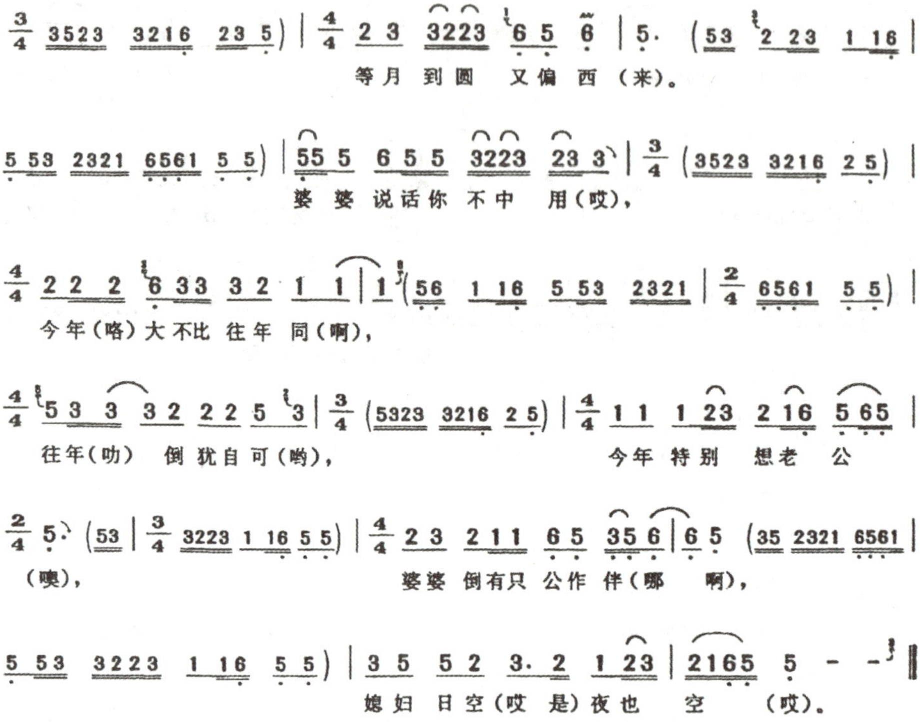

3/4 3523 3216 23 5) | 4/4 2 3 3223 6 5 6 | 5· (53 2 23 1 16 |

等月到圆 又偏西（来）。

5 53 2321 6561 5 5) | 55 5 6 5 5 3223 23 3 | 3/4 (3523 3216 2 5) |

婆婆说话你不中 用（哎），

4/4 2 2 2 6 33 3 2 1 1 | 1 (56 1 16 5 53 2321 | 2/4 6561 5 5) |

今年（咯）大不比 往年 同（啊），

4/4 5 3 3 3 2 2 2 5 3 | 3/4 (5323 3216 2 5) | 4/4 1 1 1 23 2 16 5 65 |

往年（叻） 倒犹自可（哟）， 今年 特别 想老 公

2/4 5· (53 | 3/4 3223 1 16 5 5) | 4/4 2 3 2 1 1 6 5 3 5 6 | 6 5 (35 2321 6561 |

（噢）， 婆婆 倒有只 公作 伴（哪 啊），

5 53 3223 1 16 5 5) | 3 5 5 2 3· 2 1 23 | 2165 5 - - ‖

媳妇 日空（哎 是）夜也 空 （哎）。

---

① 许贵水（1955—），都昌县盐田乡人，师从段兴榜学习琴书，会自拉自唱《老婆嫌老公》《大脚婆娘》等曲目。

② 踩下：即用脚踢下。

③ 迎：此处指娶到丈夫家。

据1980年都昌县文化馆的采风录音记谱。

琴书调（三）

1＝F

（选自《怕老婆的笑话》唱段）

但传仙[①] 演唱

陈发科 江德法 记谱

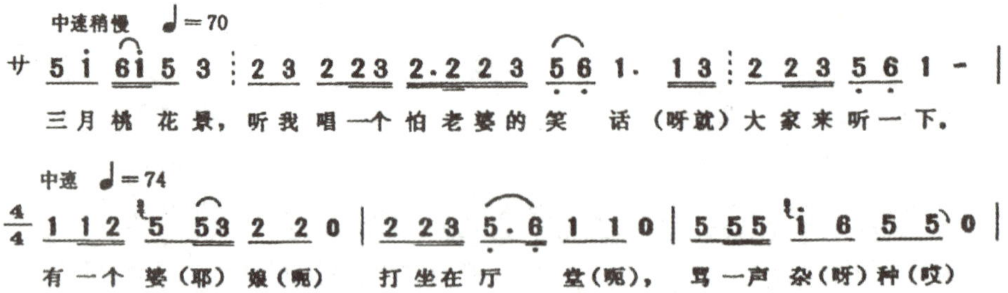

中速稍慢 ♩＝70

サ 5 i 6i 5 3 : 2 3 2 23 2·2 2 3 56 1· 13 : 2 2 3 5 6 1 - |

三月桃花景，听我唱一个怕老婆的笑 话（呀就）大家来听一下。

中速 ♩＝74

4/4 1 1 2 5 53 2 2 0 | 2 23 5·6 1 1 0 | 5 55 i 6 5 5 0 |

有一个婆（耶）娘（呢） 打坐在厅 堂（呢），骂一声杂（呀）种（哎）

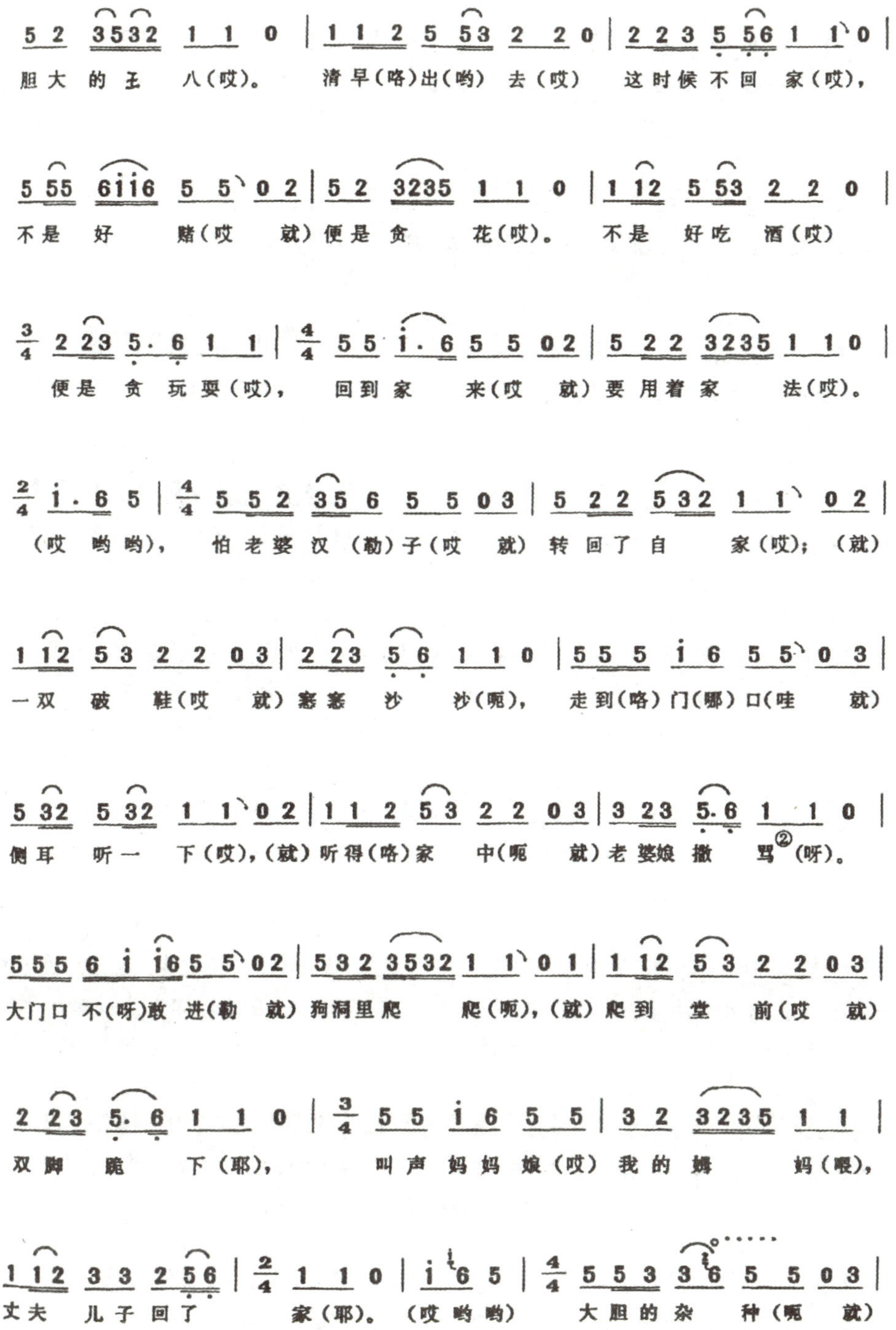

5 2 3532 1 1 0 | 1 1 2 5 53 2 2 0 | 2 2 3 5 56 1 1 0 |
胆大的王 八(哎)。 清早(咯)出(哟) 去(哎) 这时候不回 家(哎),

5 55 6116 5 5 0 2 | 5 2 3235 1 1 0 | 1 12 5 53 2 2 0 |
不是 好 赌(哎 就)便是 贪 花(哎)。 不是 好吃 酒(哎)

3/4 2 23 5·6 1 1 | 4/4 5 5 1·6 5 5 0 2 | 5 2 2 3235 1 1 0 |
便是 贪 玩耍(哎), 回到家 来(哎 就)要用着家 法(哎)。

2/4 1·6 5 | 4/4 5 5 2 35 6 5 5 0 3 | 5 2 2 532 1 1 0 2 |
(哎 哟哟), 怕老婆汉 (勒)子(哎 就) 转回了自 家(哎); (就)

1 12 5 3 2 2 0 3 | 2 23 5 6 1 1 0 | 5 5 5 1 6 5 5 0 3 |
一双 破 鞋(哎 就)窸窸 沙 沙(呃), 走到(咯)门(哪)口(哇 就)

5 32 5 32 1 1 0 2 | 1 1 2 53 2 2 0 3 | 3 23 5·6 1 1 0 |
侧耳 听一 下(哎),(就)听得(咯)家 中(呃 就)老婆娘撒 骂[②](呀)。

5 5 5 6 1 16 5 5 0 2 | 5 3 2 3532 1 1 0 1 | 1 12 5 3 2 2 0 3 |
大门口 不(呀)敢 进(勒 就)狗洞里爬 爬(呃),(就)爬到 堂 前(哎 就)

2 23 5·6 1 1 0 | 3/4 5 5 1 6 5 5 | 3 2 3235 1 1 |
双脚 跪 下(耶), 叫声 妈妈 娘(哎) 我的 妈 妈(喂),

1 12 3 3 2 56 | 2/4 1 1 0 | 1 6 5 | 4/4 5 5 3 3 6 5 5 0 3 |
丈夫 儿子 回了 家(耶)。(哎 哟 哟) 大胆的杂 种(呃 就)

352 3 5 32 1 6 02 | 112 53 2 2 03 | 335 556 1 1 0 |
胆 大 的（耶）王 八（耶），你 清早（咯）出 去（呃 就）这时候不回 家（耶），

5 5 5 i 6 5 5 0 22 | 5 2 3535 1 1 0 | 2/4 i 6 5 |
回 得（咯）家 来（耶） 我要 用着 家 法（耶）。 （哎 哟 哟）

4/4 633 3561 5 5 02 | 3/4 32 2 532 1 1 | 4/4 1 12 323 323 2 56 |
老婆婆 息（耶）怒（喂 就） 休要（这）打 骂（耶）， 细听 丈 夫儿 子说根

2/4 1 6 0 | 4/4 5 55 i 6 5 5 02 | 532 3235 1 1 02 |
芽（耶）， 走到这 街 上（呃 就） 撞到这亲（勒）家（呀），就

112 53 2 2 03 | 323 5·6 1 1 0 | 555 6i i6 5 3 02 |
拖拖（咯）扯 扯（耶 就） 扯到了他 家（耶）， 亲家母看（勒）到（喂 就）

5/4 532 3235 1 1 6 5 i6 5 3 | 4/4 6i i6 532 52 3532 | 2/4 1 1 0 |
打几个 哈 哈（耶），我 亲家 公（哎） 这几 年都冇到过 我 家（耶）。

4/4 112 355 3 2 2 03 | 223 5·6 1 1 0 | 55 i i6 5 5 03 |
亲家母 到 厨（喂）房（呃 就）烧一碗香 茶（耶）， 一碗 点（勒）心（哪 就）

52 3235 1 1 0 1 | 1 1 2 3553 2 2 03 | 323 5 56 1 6 0 |
两只腿 巴③（耶），（就）三 盘（哪）皿（啊）碗（呃 就）摆在 桌（喂）上（耶），

55 5 i i6 5 5 03 | 352 2 3235 1 1 01 | 11 2 3235 2 2 03 |
一盘（勒）猪（喂）肚（喂 就）一 盘（勒）腰 花（耶），（就）一盘（勒）猪（喂）肉（喂 就）

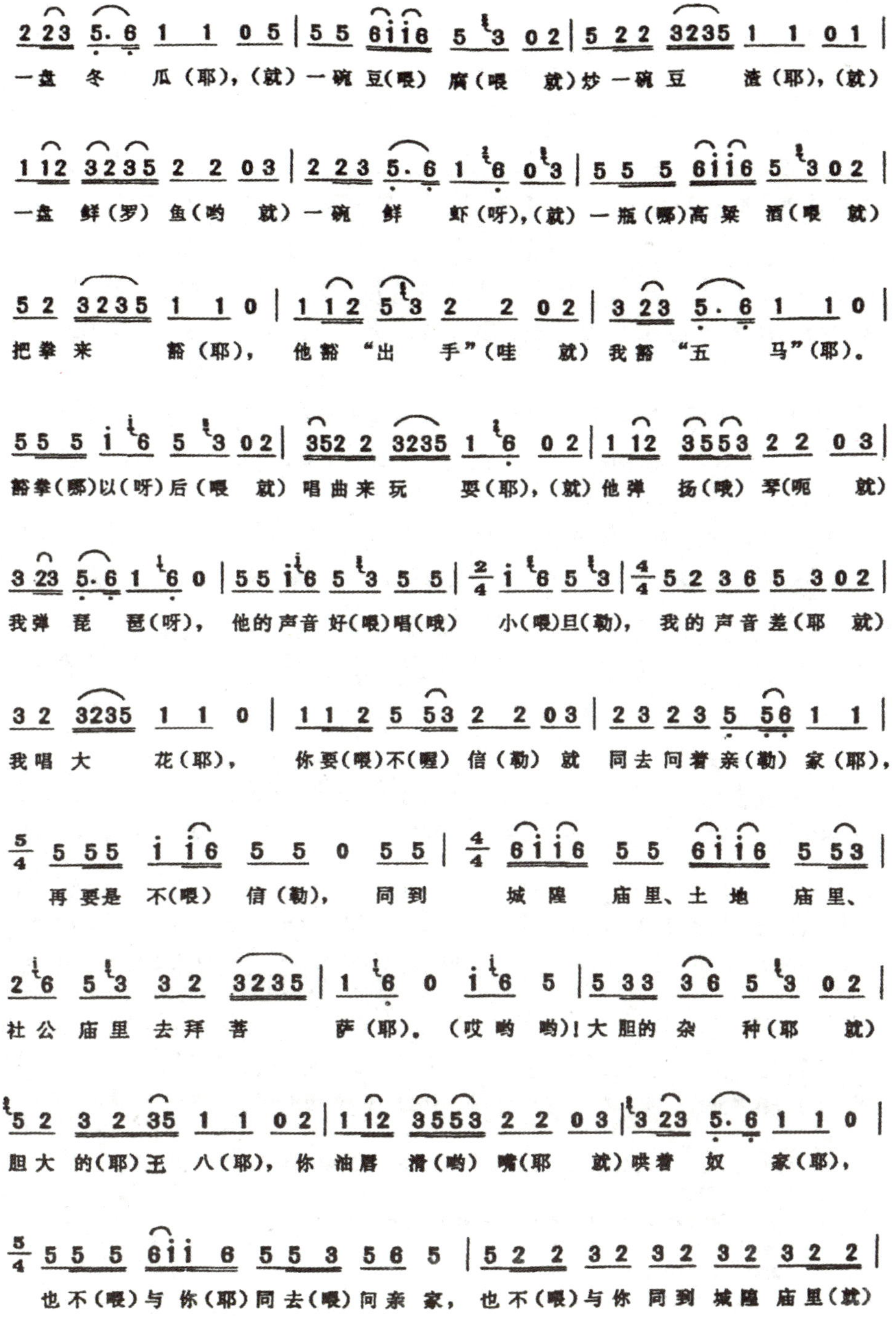

2 23 5.6 1 1 0 5 | 5 5 6i i6 5 3 0 2 | 5 2 2 3235 1 1 0 1 |

一盘冬瓜（耶），（就）一碗豆（喂）腐（喂就）炒一碗豆渣（耶），（就）

1 12 3235 2 2 0 3 | 2 2 3 5.6 1 6 0 3 | 5 5 5 6i i6 5 3 0 2 |

一盘鲜（罗）鱼（哟就）一碗鲜虾（呀），（就）一瓶（哪）高粱酒（喂就）

5 2 3235 1 1 0 | 1 1 2 5 3 2 2 0 2 | 3 23 5.6 1 1 0 |

把拳来豁（耶），他豁“出手”（哇就）我豁“五马”（耶）。

5 5 5 i 6 5 3 0 2 | 352 2 3235 1 6 0 2 | 1 12 3553 2 2 0 3 |

豁拳（哪）以（呀）后（喂就）唱曲来玩耍（耶），（就）他弹扬（哦）琴（呃就）

3 23 5.6 1 6 0 | 5 5 i 6 5 3 5 5 | 2/4 i 6 5 3 | 4/4 5 2 3 6 5 3 0 2 |

我弹琵琶（呀），他的声音好（喂）唱（哦）小（喂）旦（勒），我的声音差（耶就）

3 2 3235 1 1 0 | 1 1 2 5 53 2 2 0 3 | 2 3 2 3 5 56 1 1 |

我唱大花（耶），你要（喂）不（喔）信（勒）就同去问着亲（勒）家（耶），

5/4 5 55 i i6 5 5 0 5 5 | 4/4 6i i6 5 5 6i i6 5 53 |

再要是不（喂）信（勒），同到城隍庙里、土地庙里、

2 6 5 3 3 2 3235 | 1 6 0 i 6 5 | 5 33 36 5 3 0 2 |

社公庙里去拜菩萨（耶）。（哎哟哟）！大胆的杂种（耶就）

5 2 3 2 35 1 1 0 2 | 1 12 3553 2 2 0 3 | 3 23 5.6 1 1 0 |

胆大的（耶）王八（耶），你油唇滑（哟）嘴（耶就）哄着奴家（耶），

5/4 5 5 5 6i i 6 5 5 3 5 6 5 | 5 2 2 3 2 3 2 3 2 3 2 2 |

也不（喂）与你（耶）同去（喂）问亲家，也不（喂）与你同到城隍庙里（就）

去拜菩萨（耶），（就）走到（咯）厨（呃）房（呃就）芒槌（哎）拿拿（呀），

格到只耳（喂）朵④（喂就）嘟格⑤几下（耶），打得丈夫（喂）儿子（就）

滚的滚（耶就）爬的爬，爬爬滚滚、滚滚爬爬的就像一只冬瓜（耶）。

（哎哟哟）！老婆娘息怒（喂就）休要着打骂（耶），细听

丈夫儿子说根芽（耶），从今（哪）以后（喂就）紧记在心下（耶），（就）

也不（喂）好吃酒（喂就）也不好贪花（耶），也不（喂）好赌钱（勒就）

也不（喂）好玩耍（耶），清早（咯）起（耶）来（耶）与老婆娘子烧烧火（得）

抹抹桌子（就）扫扫地下（耶），到（哇）晚（勒）来（耶）与老婆娘子倒倒

稍慢

马子桶（得就）、带带娃（耶）娃（耶），这就是怕老婆的人一场笑话。

---

① 但仙传（1925—），江西都昌县人，精通琴书、赣剧等，是当地较有名气的教戏师傅。

② “撒骂”：即撒泼似的骂。

③ “腿巴”：即鸡腿。

④ “格到只耳朵”：即揪住一只耳朵。

⑤ “嘟格”：即用芒槌敲打。

据1980年都昌县文化馆的采风录音记谱。

(4) 演唱照片

图 3－5　都昌县多宝乡盲艺人刘天宝在表演都昌琴书。
（汪志勇　摄　2006 年 6 月）

3. 都昌渔鼓

(1) 都昌渔鼓概述

明代,安徽灾民带道情筒入都昌行艺乞讨,边敲边唱小调,以求米钱。这种艺术形式被都昌民间艺人吸收,有乞讨者走村串弄唱道:“各位不要笑哈哈,我只肚里饿得细鸡嘚抓——哟……”至清代中期,都昌敲道情筒唱生活情调的众多曲目产生。这些曲目风行于鄱阳湖区,衍生成渔鼓说唱。晚清民间艺人高道理(徐埠人,1899—1972),成为红极一时的都昌渔鼓名艺人。民国初期,他带着袁银茹(1927—1987)等众多弟子唱道情筒。中华人民共和国成立后,都昌渔鼓表演成为歌唱新时代、新生活的艺术形式,在都昌各地迅速流行开来。二十世纪五六十年代被搬上舞台后,《都昌渔鼓》《十绣都昌》曾参加全省民间文艺会演获奖;二十一世纪初创新编排的都昌渔鼓《倡廉谣》,获九江市创作、表演一等奖。

(刘章高)

(2) 都昌渔鼓曲目

传统曲目有:《卖油郎》《打花鼓》《孟姜女》《单身汉》《叫花子唱菜》《卖杂货》等二十多个。

现代曲目有:《新旧婚姻对比》《苦媳妇》《怕老婆的笑话》《十绣都昌》《唐老长》《倡廉谣》等十多个。

(3)都昌渔鼓唱本

都昌渔鼓（开篇词）

1=G 2/4

（道情调）

鼓儿敲起咚咚响哎哎哎哟。

叫我唱支道情歌哎哎哎哟，

今天不把别的表

别的表哎，哎！哎！哎哟呀嗬咳，单唱我们

村里的好事多哟哪么依呀咳依呀咳。

（袁银茹 唱 李大志 记）

唐老长

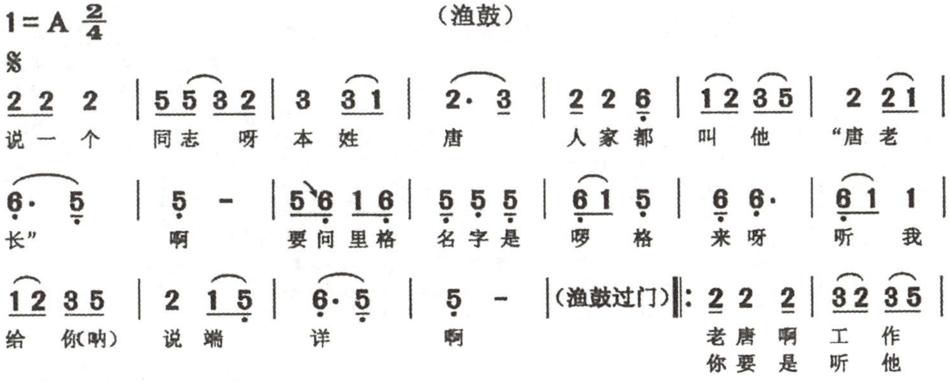

1=A 2/4

（渔鼓）

说一个同志呀本姓唐人家都叫他“唐老

长”啊要问里格名字是啰格来呀听我

给你(呐)说端详啊（渔鼓过门）老唐啊工作

你要是听他

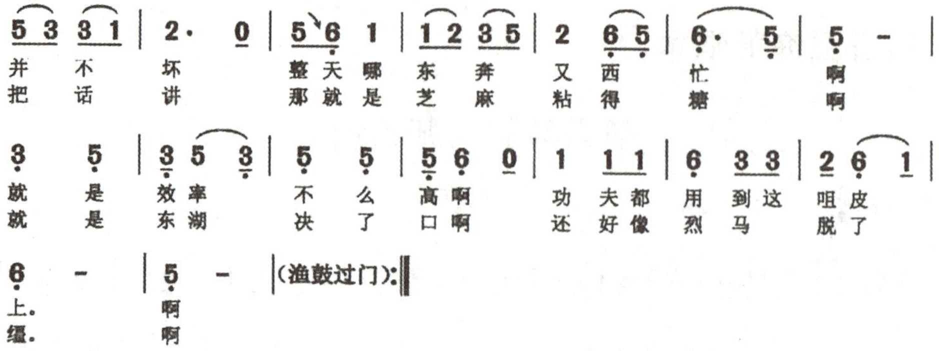

5 3 3 1 | 2· 0 | 5 6 1 | 1 2 3 5 | 2 6 5 | 6· 5 | 5 - |
并 不 坏 整 天 哪 东 奔 又 西 忙 啊
把 话 讲 那 就 是 芝 麻 粘 得 糖 啊

3 5 | 3 5 3 | 5 5 | 5 6 0 | 1 1 1 | 6 3 3 | 2 6 1 |
就 是 效 率 不 么 高 啊 功 夫 都 用 到 这 咀 皮
就 是 东 湖 决 了 口 啊 还 好 像 烈 马 脱 了

6 - | 5 - |（渔鼓过门）:‖
上。 啊
缰。 啊

（袁荣 唱 陈忱 记）

打花鼓

1=G $\frac{2}{4}$ 都昌

稍快、活泼地

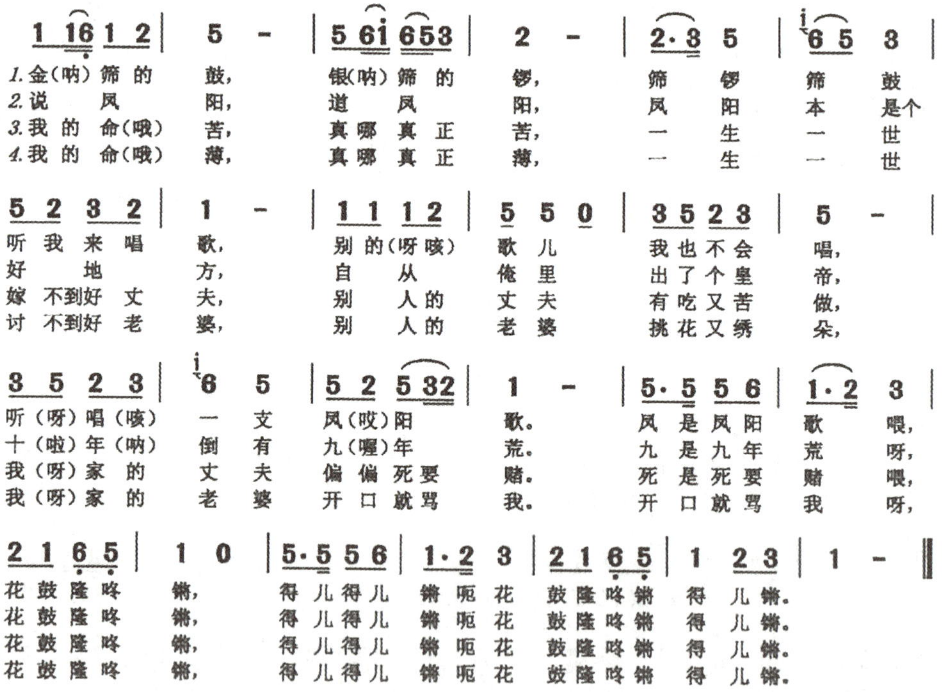

1 16 1 2 | 5 - | 5 6i 653 | 2 - | 2·3 5 | i6 5 3 |
1.金(呐) 筛 的 鼓, 银(呐) 筛 的 锣, 筛 锣 筛 鼓
2.说 凤 阳, 道 凤 阳, 凤 阳 本 是个
3.我 的 命(哦) 苦, 真 哪 真 正 苦, 一 生 一 世
4.我 的 命(哦) 薄, 真 哪 真 正 薄, 一 生 一 世

5 2 3 2 | 1 - | 1 1 1 2 | 5 5 0 | 3 5 2 3 | 5 - |
听 我 来 唱 歌, 别 的(呀 咳) 歌 儿 我 也 不 会 唱,
好 地 方, 自 从 俺 里 出 了 个 皇 帝,
嫁 不到好 丈 夫, 别 人的 丈 夫 有 吃 又 苦 做,
讨 不到好 老 婆, 别 人的 老 婆 挑 花 又 绣 朵,

3 5 2 3 | i6 5 | 5 2 5 32 | 1 - | 5·5 5 6 | 1·2 3 |
听 (呀) 唱 (咳) 一 支 凤(哎)阳 歌。 凤 是 凤 阳 歌 喂,
十 (啦) 年 (呐) 倒 有 九(喔)年 荒。 九 是 九 年 荒 呀,
我 (呀) 家 的 丈 夫 偏 偏 死 要 赌。 死 是 死 要 赌 喂,
我 (呀) 家 的 老 婆 开 口 就 骂 我。 开 口 就 骂 我 呀,

2 1 6 5 | 1 0 | 5·5 5 6 | 1·2 3 | 2 1 6 5 | 1 2 3 | 1 - ‖
花 鼓 隆 咚 锵, 得 儿 得 儿 锵 呃 花 鼓 隆 咚 锵 得 儿 锵。
花 鼓 隆 咚 锵, 得 儿 得 儿 锵 呃 花 鼓 隆 咚 锵 得 儿 锵。
花 鼓 隆 咚 锵, 得 儿 得 儿 锵 呃 花 鼓 隆 咚 锵 得 儿 锵。
花 鼓 隆 咚 锵, 得 儿 得 儿 锵 呃 花 鼓 隆 咚 锵 得 儿 锵。

（曹英仙 唱 刘章高 记）

(4)都昌渔鼓演唱照片

图 3－6　2006 年,都昌县文化馆演出《都昌渔鼓》。

四、都昌器乐曲

1. 花操台

《花操台》原系赣剧开演前招徕观众演奏的开台曲，俗称“闹台”，清代中期由鄱阳县传入都昌中馆等乡镇。此后，逢迎亲、闹洞房、拜寿、做屋上梁、闹元宵等喜庆节日时演奏。《花操台》分坐奏和行奏两种形式，以民族管弦乐器加打击乐器演奏，气势磅礴，热烈欢快，深受大众喜爱，是都昌传统器乐中的优秀代表作。

管弦乐器：赣胡、笛子、大小唢呐、二胡等。

打击乐器：堂鼓、板鼓、大锣、小锣、铙钹、小水镲等。

花操台

（合奏曲、吹打乐）

都昌

$\frac{1}{4}$ $\frac{2}{4}$ $\frac{3}{4}$

♩=96

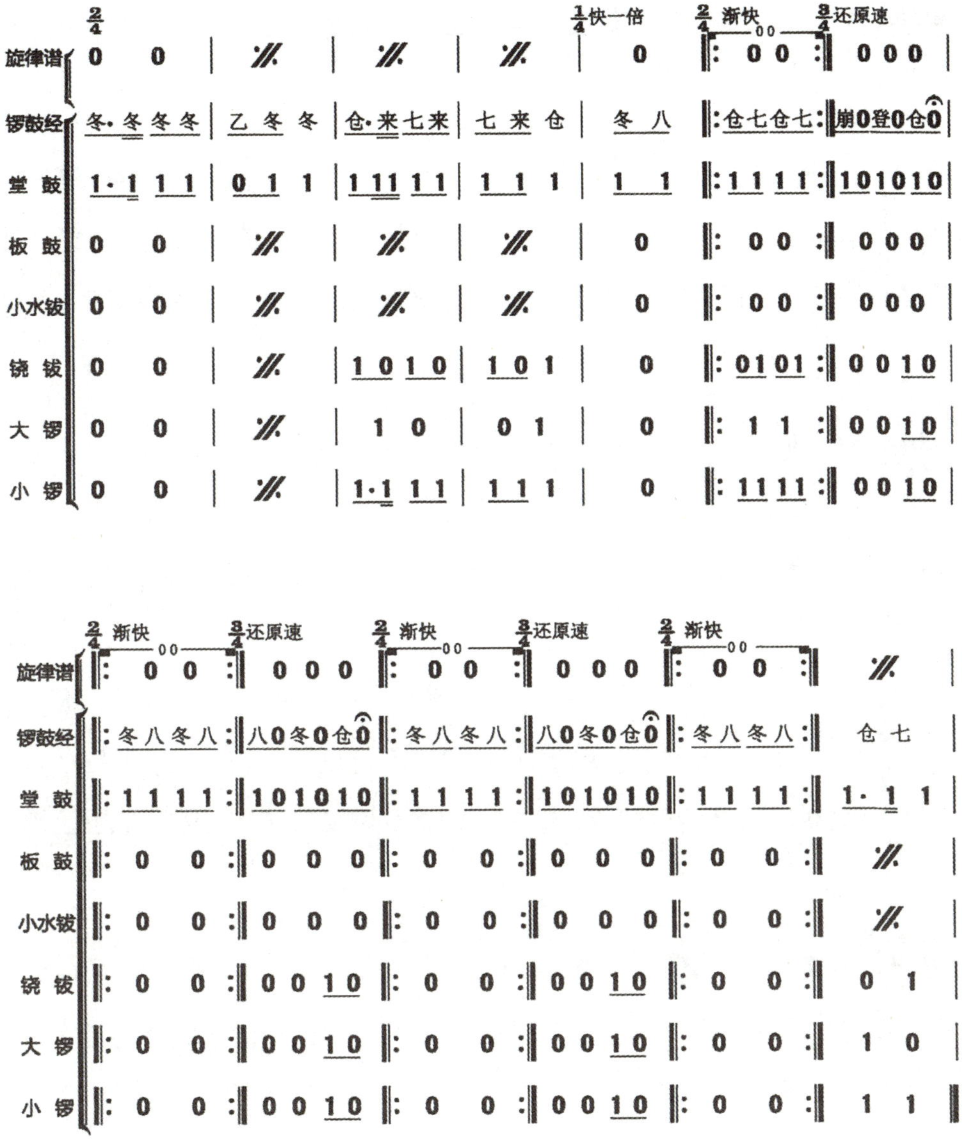

	$\frac{2}{4}$				$\frac{1}{4}$快一倍	$\frac{2}{4}$ 渐快	$\frac{3}{4}$还原速
旋律谱	0 0	∕∕.	∕∕.	∕∕.	0	‖: 0 0 :‖	0 0 0
锣鼓经	冬· 冬 冬 冬	乙 冬 冬	仓· 来 七 来	七 来 仓	冬 八	‖: 仓 七 仓 七 :‖	崩 0 登 0 仓 0
堂鼓	1· 1 1 1	0 1 1	1 11 1 1	1 1 1	1 1	‖: 1 1 1 1 :‖	1 0 1 0 1 0
板鼓	0 0	∕∕.	∕∕.	∕∕.	0	‖: 0 0 :‖	0 0 0
小水钹	0 0	∕∕.	∕∕.	∕∕.	0	‖: 0 0 :‖	0 0 0
铙钹	0 0	∕∕.	1 0 1 0	1 0 1	0	‖: 0 1 0 1 :‖	0 0 1 0
大锣	0 0	∕∕.	1 0	0 1	0	‖: 1 1 :‖	0 0 1 0
小锣	0 0	∕∕.	1·1 1 1	1 1 1	0	‖: 1 1 1 1 :‖	0 0 1 0

	$\frac{2}{4}$ 渐快	$\frac{3}{4}$还原速	$\frac{2}{4}$ 渐快	$\frac{3}{4}$还原速	$\frac{2}{4}$ 渐快	
旋律谱	‖: 0 0 :‖	0 0 0	‖: 0 0 :‖	0 0 0	‖: 0 0 :‖	∕∕.
锣鼓经	‖: 冬 八 冬 八 :‖	八 0 冬 0 仓 0	‖: 冬 八 冬 八 :‖	八 0 冬 0 仓 0	‖: 冬 八 冬 八 :‖	仓 七
堂鼓	‖: 1 1 1 1 :‖	1 0 1 0 1 0	‖: 1 1 1 1 :‖	1 0 1 0 1 0	‖: 1 1 1 1 :‖	1· 1 1
板鼓	‖: 0 0 :‖	0 0 0	‖: 0 0 :‖	0 0 0	‖: 0 0 :‖	∕∕.
小水钹	‖: 0 0 :‖	0 0 0	‖: 0 0 :‖	0 0 0	‖: 0 0 :‖	∕∕.
铙钹	‖: 0 0 :‖	0 0 1 0	‖: 0 0 :‖	0 0 1 0	‖: 0 0 :‖	0 1
大锣	‖: 0 0 :‖	0 0 1 0	‖: 0 0 :‖	0 0 1 0	‖: 0 0 :‖	1 0
小锣	‖: 0 0 :‖	0 0 1 0	‖: 0 0 :‖	0 0 1 0	‖: 0 0 :‖	1 1 ‖

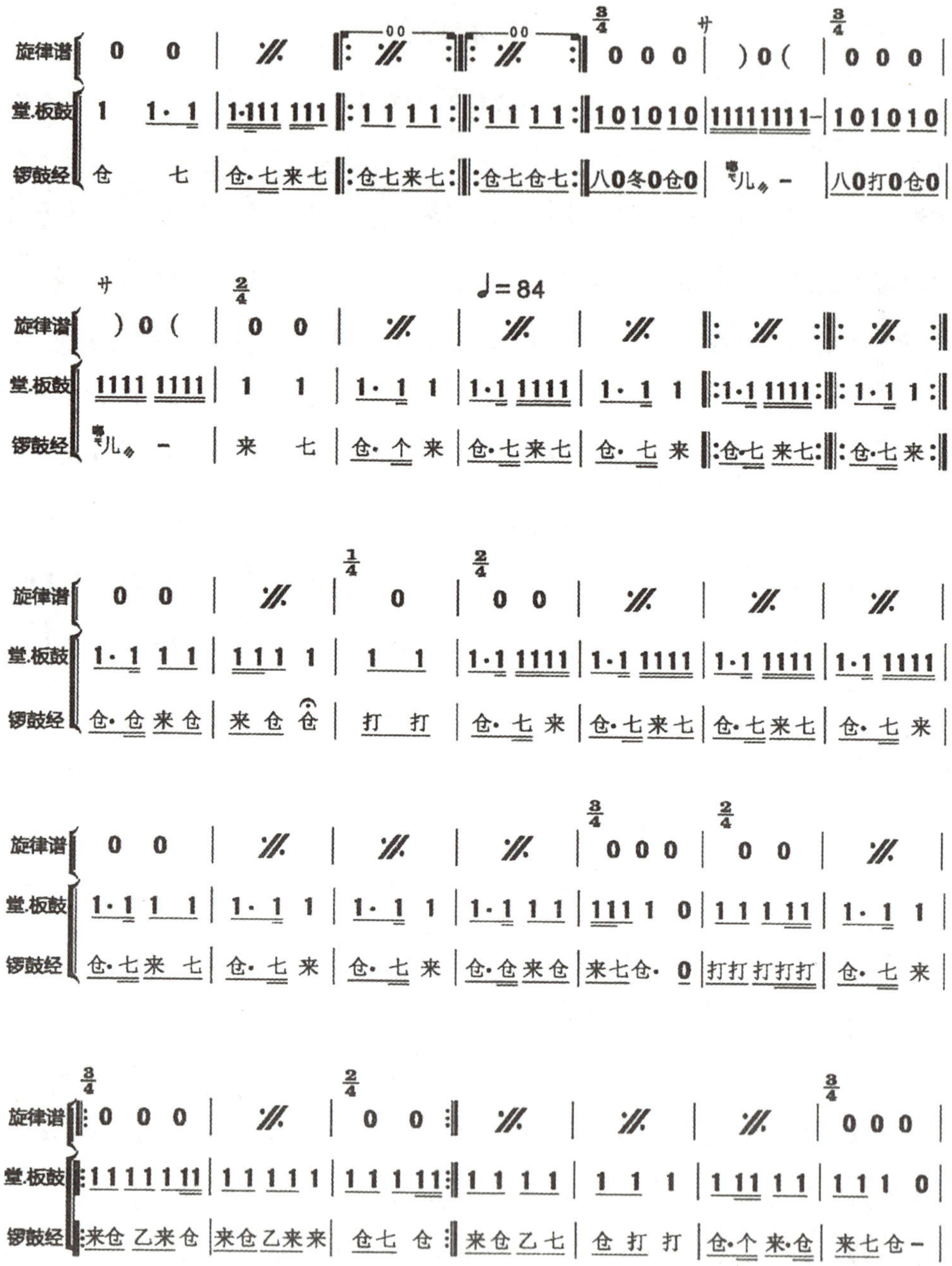

					3/4	サ	3/4
旋律谱	0 0	%	‖: % :‖ (00)	‖: % :‖ (00)	0 0 0	)0(	0 0 0
堂.板鼓	1 1·1	1·111 111	‖: 1 1 1 1 :‖	‖: 1 1 1 1 :‖	1 0 1 0 1 0	11111111 –	1 0 1 0 1 0
锣鼓经	仓 七	仓·七来七	‖: 仓七来七 :‖	‖: 仓七仓七 :‖	八0冬0仓0	嘟儿 –	八0打0仓0

	サ	2/4		♩=84			
旋律谱	)0(	0 0	%	%	%	‖: % :‖	‖: % :‖
堂.板鼓	1111 1111	1 1	1· 1 1	1·1 1111	1· 1 1	‖: 1·1 1111 :‖	‖: 1·1 1 :‖
锣鼓经	嘟儿 –	来 七	仓· 个 来	仓·七来七	仓· 七 来	‖: 仓·七 来七 :‖	‖: 仓·七 来 :‖

			1/4	2/4			
旋律谱	0 0	%	0	0 0	%	%	%
堂.板鼓	1·1 1 1	111 1	1 1	1·1 1111	1·1 1111	1·1 1111	1·1 1111
锣鼓经	仓·仓来仓	来 仓 仓	打 打	仓· 七 来	仓·七来七	仓·七来七	仓· 七 来

					3/4	2/4	
旋律谱	0 0	%	%	%	0 0 0	0 0	%
堂.板鼓	1·1 1 1	1· 1 1	1· 1 1	1·1 1 1	111 1 0	1 1 1 11	1· 1 1
锣鼓经	仓·七来 七	仓· 七 来	仓· 七 来	仓·仓来仓	来七仓· 0	打打 打打打	仓· 七 来

	3/4		2/4				3/4
旋律谱	‖: 0 0 0	%	0 0 :‖	%	%	%	0 0 0
堂.板鼓	‖: 1 1 1 1 1 11	1 1 1 1 1	1 1 1 11 :‖	1 1 1 1	1 1 1	1 11 1 1	1 1 1 0
锣鼓经	‖: 来仓 乙来仓	来仓 乙来来	仓七 仓 :‖	来仓 乙七	仓 打 打	仓·个 来·仓	来七仓 –

	2/4		1/4	2/4		3/4
旋律谱	0 0	𝄎	0	‖: 0 0	𝄎 :‖	0 0 0
堂.板鼓	1 11 1 1	1 1 1111	1	‖: 1 1 1 1	1111 1 :‖	1 1 0 1 1
锣鼓经	打 打打 打 打	打 打 打打打打	仓	‖: 来 仓 乙 来	来仓乙来 仓 :‖	来 仓 0 乙 来

	2/4			快一倍 1=♭E	笛子 筒音作5		
旋律谱	0 0	𝄎	𝄎	𝄎	6 5	1 61	2 -
堂.板鼓	1· 1 1 1	1 11 1	1 1 1	1 1	1 1	1 1	1 1
锣鼓经	仓· 仓 来 仓	来 七 仓	七 仓 七	冬 冬	冬 冬	冬 冬	冬 冬

	回原速	较自由		1/4 还原速	2/4		
旋律谱	3 ³2	i 6	5 -	0	‖: 0 0 :‖	𝄎	𝄎
堂.板鼓	1 1 1 1	1 1 1 1	1111 1110	1 1 1	‖: 1 1 1 :‖	1 1 1 11	1·111 1·111
锣鼓经	冬 八 冬 八	冬 八 冬 八	冬冬八 冬冬0	冬 八 冬	‖: 仓 来 :‖	仓 来	仓 来

旋律谱	0 0	𝄎	𝄎	𝄎	𝄎	𝄎	𝄎
堂.板鼓	1 1 1 1	1 1 1 11	1·111 1·111	1· 1 1 1	0· 1 1	1· 1 1 1	1 11 1
锣鼓经	仓 来	仓 来	仓 来	仓· 七 来 七	仓· 七 来	仓· 七 来 七	仓 七 仓

		♩=72					
旋律谱	0 0	5 3 3 2	1· 6 5	2 3 i 6	5 6 5	0 0	2 3 2 1
堂.板鼓	1 1 1	1 1 1 1	1 11 1	1 1 1 11	1 1 1 11	1 1 1	1 11 1 11
锣鼓经	七 仓 七	打 打 打 打	冬 冬冬 仓	打打 打打打	打打 冬冬冬	仓 七 仓	打打打 打打打

		1/4	2/4				
旋律谱	2 i6 5 6	5	2·3 5	1 6 5	5 6 5	5 6 5	|: 3 2 3 2
堂.板鼓	1 11 1 11	1 11	1 11 1	1 11 1	1 1 1	1 1 1	|: 1 1 1 1
锣鼓经	打打打打打打	打 打打	打 打打 打	冬 冬冬 仓	来 七 仓	来 七 仓	|: 来七七来

旋律谱	3 i6 5 :|	3·2 3 2	3 i6 5	5 6 5	2·3 2	5 6 565	3235 2
堂.板鼓	1 1 1 :|	1·1 1 1	111 1	1 1 1	1 1 1 11	1 11 1 11	1111 1 11
锣鼓经	来 七 仓 :|	仓·仓 来仓	来 七 仓	来 仓 来	打 打 打打	打打打 打打打	打打打打 打打打

渐慢

						3/4
旋律谱	|: 6 7 5 7 :|	6 7 5 7	6 –	|: 0 0	𝄎 :|	0 0 0
堂.板鼓	|: 1 11 1 11 :|	1 1 1 1	1111 1	|: 1·1 0 1	1101 1 :|	1 1 1111 1
锣鼓经	|: 打打打打打打 :|	打 打 打 打	打打打打 仓	|: 来·仓 乙来	来仓乙来 仓 :|	来仓来仓来

	2/4						
旋律谱	0 0	0 0	0 0	5 3 3 2	1 61 5	2 3 i 6	5 6 i 6
堂.板鼓	1 1 1 1	111 1	1 1 1	1 1 1 1	1 11 1	1 11 1 11	1 1 1 11
锣鼓经	仓 仓 来 仓	来 七 仓	七 仓 七	打 打 打 打	冬 冬冬 仓	打打打 打打打	打打 冬冬冬

旋律谱	5 0	|: 5 6 5 :|	5 6 565	3236 5	5 6 5	2 3 2	5 6 565
堂.板鼓	1 1 1	|: 1 1 1 :|	1 1 1 1	111 1	1 1 1	1 11 1 11	1 11 1 11
锣鼓经	仓 七 仓	|: 仓七仓 :|	仓七仓七	仓 七 仓	冬 冬 冬	打打打 打打打	打打打 打打打

旋律谱 | 3235 2 | i 6 6 i | $\frac{1}{4}$ 2 | $\frac{2}{4}$ 6 2 i 6 | 5 6 5 | 2 3 2 1 |
堂.板鼓 | 1111 1 11 | 1 11 1 1 | 1 1 1 | 1 1 1 11 | 1 1 1 | 1 11 1 11 |
锣鼓经 | 打打打打 打打打 | 打打打 打 打 | 打 打 打 | 打 打 冬 冬冬 | 仓 七 仓 | 打打打打打打 |

旋律谱 | $\frac{1}{4}$ 2 i 6 | 5 6 5 | 2· 3 5 | 1 61 5 |: 3 i6 5 :|: 3 2 3 2 |
堂.板鼓 | 1 1 1 | 1 11 1 11 | 1 11 1 11 | 1 1 1 |: 1 1 1 :|: 1 1 1 1 |
锣鼓经 | 打 打 打 | 打打打打打打 | 打打打打打打 | 冬 冬 仓 |: 冬 冬 仓 :|: 来仓来仓 |

旋律谱 | 3 6 5 :| 3 2 3 2 | 3 6 5 | 3 6 5 | 2· 3 2 | 5·6 565 |
堂.板鼓 | 1 1 1 :| 1 1 1 1 | 111 1 | 1 1 1 | 1 11 1 11 | 1 11 1 11 |
锣鼓经 | 来 七 仓 :| 仓 仓 来 仓 | 来 七 仓 | 七 仓 七 | 打打打打打打 | 打打打打打打 |

旋律谱 | 3235 2 | 6 7 5 7 | 6 7 5 7 | 6 7 5 7 | 6 - | $\frac{1}{4}$ 0 |
堂.板鼓 | 1111 1 11 | 1 11 1 1 | 0 1 1 | 1 1 1 1 | 0 1 1 | 1 1 |
锣鼓经 | 打打打打打打打 | 打打打 打 打 | 乙 冬 冬 | 仓 仓 七 仓 | 乙 七 仓 | 冬 冬 |

旋律谱 | $\frac{2}{4}$ 渐快 |: 0 0 :| $\frac{3}{4}$ 0 0 0 | $\frac{1}{4}$ 0 | $\frac{2}{4}$ 0 0 | 𝄎 | 𝄎 | 𝄎 |
堂.板鼓 |: 1 1 1 1 :| 101010 | 1 1 | 1 1·11 | 1·1 1 1 | 1·1 1111 | 1 11 1 1 |
锣鼓经 |: 仓七仓七 :| 八0冬0仓0 | 冬 冬 | 仓 七 | 仓·个来七 | 仓 七 | 仓·个来七 |

旋律谱 | 0 0 | 𝄎 | 𝄎 | 𝄎 | 𝄎 | 𝄎 | 𝄎 |
堂.板鼓 | 1·1 1 1 | 1·1 1111 | 1 11 1 1 | 1 1 1 | 1·1 1 1 | 111 1 | 1 1 1 |
锣鼓经 | 仓·七 来 七 | 仓 七 | 仓·七 来 七 | 仓 七 | 仓·仓 七 仓 | 乙 七 仓 | 七 仓 七 |

1=♭E 赣胡（6 3弦） 二胡（5 2弦）
サ 节奏较自由　　　　$\frac{2}{4}$ ♩=84

旋律谱 | 6 5 5 5 5 5 3 2 2 2 2 2 2 6 1 1 111 | 0 0 | 𝄎 |
堂.板鼓 | 1 1 1 1 ------------------ 1 1 | 1 1 | 1 1 1 |
锣鼓经 | 打 打 打 打 ------------------ 八 答 | 仓 七 | 仓 七 |

旋律谱 | 0 0 | 𝄎 | 𝄎 | 𝄎 | 𝄎 | 𝄎 | 𝄎 |
堂.板鼓 | 1 1 1 11 | 1111 1 11 | 1 1 1 1 | 1 1 1 | 1 11 1 1 | 1 11 1 | 1 1 1 |
锣鼓经 | 仓 七 | 仓 七 | 仓 七 | 仓 七 来 | 仓 仓 七 仓 | 七 七 仓 | 七 仓 七 |

旋律谱 | 1 1 2 | 7 3235 | $\frac{1}{4}$ i 5 | $\frac{2}{4}$ 0 i 6 5 | 3 6 5 35 | 2 5 32 | $\frac{1}{4}$ 1 | $\frac{2}{4}$ 5 6 1 6 |
堂.板鼓 | 1 0 1 | 1 1111 | 1 | 0 1 1 1 | 1 0 1 | 1 0 11 | 1 | 1 1 1 1 |
锣鼓经 | 冬 0 冬 | 仓 打打打打 | 打 | 0 打 打 打 | 打 0 冬 | 冬 0 冬冬 | 仓 | 打 打 打 打 |

旋律谱 | i i 0 3 5 | 6 7 6 3 5 |: 6·7 6 5 :|: 6 7 6 5 :| $\frac{3}{4}$ 6 7 6 5 6 |
堂.板鼓 | 1 1 0 1 1 | 1111 1 11 |: 1111 1 11 :|: 1111 1 11 :| 1 1 0 1 0 11 |
锣鼓经 | 打 打 0 打 打 | 打打打打 打 打打 |: 打打打打 打打打 :|: 打打打打 打打打 :| 打 打 0 打 0 打 打 |

旋律谱 2/4 ‖: 0 0 :‖ 𝄎 | 𝄎 | 𝄎 | 𝄎 | 3/4 33 523 | 3 5321 |
堂.板鼓 ‖: 1111 :‖ 11 1 | 1111 | 01 1 | 11 1 | 0 011 | 0 0111 |
锣鼓经 ‖: 仓七来七 :‖ 仓七 来 | 仓仓 七仓 | 0 乙 七 | 仓七 仓 | 0 0七冬 | 0 0仓冬冬 |

旋律谱 2/4 2 35 2 2 | i i 6 6 | 5 35 6 6 | i i 6 5 | 3 6 5 35 ‖: 2 2 2 35 |
堂.板鼓 1 1 11 | 1 11 1 11 | 1·1 1111 | 1 11 1 11 | 1 11 1 11 ‖: 1111 1 11 |
锣鼓经 打 打 打打 | 打打打 打打打 | 打·打 打打打打 | 打打打 打打打 | 打打打 打打打 ‖: 打打打打 打打打 |

旋律谱 2 2 2 61 :‖ 2 2 2 35 ‖: 0 0 | 𝄎 :‖ 3/4 0 0 0 | 2/4 0 0 |
堂.板鼓 1111 1 11 :‖ 1111 1 11 ‖: 1 1 1 1 | 1111 1 :‖ 1 1 111 1 | 1 1 1 1 |
锣鼓经 打打打打 打打打 :‖ 打打打打 仓 ‖: 来 仓 乙 来 | 来仓乙来 仓 :‖ 来仓来 仓 来 | 仓 仓 七 仓 |

旋律谱 0 0 | 𝄎 | 3/4 5 3 0 61 2 | 3 5 0 61 2 | 3 5 3 2 1 1 |
堂.板鼓 1 1 1 1 | 1 1 1 | 1 1 0 1 1 | 1 1 1 1 | 111 111 111 |
锣鼓经 七 七 仓 | 七 仓 七 | 打 打 乙 冬 仓 | 打 打 冬 仓 | 打打打 打打打 打打打 |

旋律谱 2/4 6 5 6 6 | i i 6 6 | 5 35 6 6 | i i 6 5 | 36 53 | 3/4 23 53 2 16 |
堂.板鼓 1 11 1 11 | 1111 1 | 1111 1 | 1111 1 | 1111 1 | 11111111 |
锣鼓经 打打打 打打打 | 打打打打 打 | 打打打打 打 | 打打打打 打 | 𝄎 | 打打打 打打 打打打 |

2/4

旋律谱	i i 0 35	6 7 6 3/5	6 7 6 5	6 7 6 3/5	6 7 6 5
堂.板鼓	1 11 1 11	1111 1 11	1 11 1 1	1 11 1 1	0 1 0 11
锣鼓经	打 打打 打 打打	打打打打 打打打	打 打打 打 打	打 打打 打 打	0 打 0 打打

旋律谱	‖: 0 0 :‖	%	%	%	%	%	%
堂.板鼓	‖: 1 1 1 1 :‖	1 1 1111	1·1 1 1	1 1 1	1 1 1 1	111 1	1 1 1
锣鼓经	‖: 仓七来七 :‖	仓 七 来 七	仓 七 来 七	仓 七 来	仓 仓 另 仓	乙 七 仓	七 仓 七

旋律谱	‖: i 65 3	3235 6 :‖	i i 6 5	3 6 5 35	2 2 2 35	‖: 2 2 2 61
堂.板鼓	‖: 1 1 1	1111 1 :‖	1 11 1 11	1 11 1 11	1 11 1 11	‖: 1 11 1 11
锣鼓经	‖: 打 打 打	冬冬冬冬 仓 :‖	打打打 打打打	打打打 打打打	%	‖: 打打打 打打打

旋律谱	2 2 2 35 :‖	‖: 2 61 2 35 :‖	2 61 2	‖: 0 0	% :‖
堂.板鼓	1 1 1 11 :‖	‖: 1 11 1111 :‖	1111 1	‖: 1 1 1 1	1111 1 :‖
锣鼓经	打 打 打 打打 :‖	‖: 打打打 打打打打 :‖	打打打打 仓	‖: 来 仓 七 仓	来仓七来 仓 :‖

3/4 … 2/4

旋律谱	0 0 0	0 0	%	%	‖: 6166	16123 3 :‖	5 2 3
堂.板鼓	11111	11 11	1 1 1	1 1 1	‖: 1 1 1	1111 1 :‖	1 11 1
锣鼓经	来仓来仓来	仓 仓 另 仓	另 另 仓	七 仓 七	‖: 打 打 打	冬冬冬冬 仓 :‖	答 答答 仓

旋律谱	2321 6̣1	0 2 3̂	6565	6·i 65	36 5 32	1 5 32
堂.板鼓	1111 11	0 1 1	1111	0 11 111	11 1 11	1 1 11
锣鼓经	打打打打 打打	0 答 仓	打打打打	0打打 打打打	打打 打答答	仓 打答答

旋律谱	1 5 6̣	1 5 32	1 5 6̣	1 0	0 0	%	1/4 0
堂.板鼓	1 1 11	1 1 11	1 1 11	1 0 11	1111	0 1 1	1 1
锣鼓经	仓 打答答	仓 打答答	仓 打答答	仓 0打打	仓仓七仓	乙 七 仓	打 打

旋律谱	‖: 0 :‖	3/4 0 0 0	1/4 0	2/4 0 0	%	%	%
堂.板鼓	‖: 1111 :‖	1 1 1	1 1	1 1·1	1·1 11	1·111 1111	1 11 11
锣鼓经	‖: 仓七仓七 :‖	崩 登 仓	八 打	仓 七	仓·七来七	仓 七	仓·七来七

旋律谱	0 0	%	%	%	%	%	%
堂.板鼓	11 11	1·1 1111	11 11	1·1 1	11 11	11 1	11 1
锣鼓经	仓·七来七	仓·七来七	仓·七来七	仓 七 来	仓仓来七	来 七 仓	七 仓 七

唢呐 1=♭B （筒音作1）

廿 节奏较自由　　1/4　　2/4 慢起　　渐快　　1/4

旋律谱	6̣5 32 123 2 2 - 0 0	1/4 0	2/4 3321	‖: 3·5 3212 :‖	1/4 3 0
堂.板鼓	1 p11 11 1111 11 0·1	11	1111	‖: 1 11 1111 :‖	1 0
锣鼓经	冬 0 p冬冬 冬冬 冬冬 冬冬 顷·仓	冬冬	冬冬冬冬	‖: 冬冬冬 冬冬冬冬 :‖	仓 0

旋律谱	2/4 3 3 5 6	1 23 1 65	1 23 1 65	1 23 1 65	3/4 1 23 1 65 1 23
堂.板鼓	1111 1 11	1 11 1 11	1 11 1111	1 11 1111	1 11 1 0 1
锣鼓经	打打打打 打 打打	冬 冬冬 冬 冬冬	冬 冬冬 冬冬冬冬	冬 冬冬 冬冬冬冬	冬 冬冬 冬 0 冬

旋律谱	2/4 1 6 5 1	1·2 3 5	6 5 3 5	‖: 321235 :‖ (00)	321235	1/4 3 2 1 2	2/4 3·2 3
堂.板鼓	1111	111 111	1111 111	‖: 1111 111 :‖	0 1 1	1 1	01 1
锣鼓经	仓七七仓	冬冬冬 冬冬冬	冬冬冬冬 冬冬冬	‖: 冬冬冬冬 冬冬冬 :‖	0 冬 仓	七 仓	乙七 仓

	较慢	渐快		还原速		
旋律谱	3 3 5 6	‖: 123 165 :‖ (00)	123 165	1 23 1·6	1 23 1	1/4 5 3 5
堂.板鼓	1 11 1 11	‖: 1111 111 :‖	0 1	1 1 1	0 1 1	1 1 1
锣鼓经	答 答答 答 答答	‖: 答答答答 答答答 :‖	0 仓	仓 七 仓	乙 七 仓	答 答答

旋律谱	2/4 ‖: 2 3 2 1 :‖	03 21	2 3 2 1	03 21	2 3 2 1	2·3 2	1·2 3 5
堂.板鼓	‖: 1111 111 :‖	0 0	0 1 1	1 1 0 1	1 1 1	0·1 1	1111 111
锣鼓经	‖: 答答答答 答答答 :‖	0 0	0 仓仓	七仓 乙七	仓 七 仓	乙·七 仓	答答答答 答答答

旋律谱	6 5 3 5	‖: 3212 3 5 :‖	3212 3 5	3212 3 5	3212 3 5
堂.板鼓	1 11 1 11	‖: 1111 1 11 :‖	0 1	1 1 1	0 1 1
锣鼓经	答 答答 答 答答	‖: 答答答答 答 答答 :‖	0 仓	仓 七 仓	乙 七 仓

1/4 2/4 还原速 渐快

旋律谱 | 3 2 1 2 | 3· 2 3 | 3· 3 5 6 ‖: 123 165 :‖ 123 165 | 123 165 |
堂.板鼓 | 1 1 | 1 1 1 | 1111 111 ‖: 1111 111 :‖ 0 1 | 1 1 0 1 |
锣鼓经 | 七 仓 | 乙 七 仓 | 冬冬冬冬 冬冬冬 ‖: 冬冬冬冬 冬冬冬 :‖ 0 仓 | 七仓 乙七 |

1/4 2/4

旋律谱 | 123 165 | 1 0 0 | 1 2 | 1· 2 3 5 | 6 5 3 5 ‖: 3212 35 :‖
堂.板鼓 | 1 1 1 | 11 11 | 1 | 1111 111 | 1111 111 ‖: 1111 111 :‖
锣鼓经 | 仓 仓 仓 | 七仓 乙七 | 仓 | 答答答答 答答答 | 答答答答 答答答 ‖: 答答答答 答答答 :‖

旋律谱 | 321235 | 3212 35 | 0 0 | 𝄎 | 𝄎 | 5 3 3 5 6 ‖: 123 165 :‖
堂.板鼓 | 0 1 | 11 11 | 0 1 1 | 11 11 | 0 1 1 | 111 111 ‖: 111 111 :‖
锣鼓经 | 0 仓 | 仓仓 七仓 | 乙 七 仓 | 仓仓 七仓 | 乙 七 仓 | 答答答 答答答 ‖: 𝄎 :‖

旋律谱 | 1 23 1 65 | 1 23 1 65 | 1 23 1 65 | 1 23 1 65 | 1 23 1 65 | 1 2 1 | 0 0 |
堂.板鼓 | 1 1 1 | 1 1 1 | 1 1 0 1 | 1 1 1 | 1 1 0 1 | 1 0 | 1 0 |
锣鼓经 | 仓 另 仓 | 乙 另 仓 | 另仓 乙另 | 仓 仓 仓 | 另仓 乙个 | 仓 0 | 仓 - |

旋律谱 | 0 0 | 艹 3 2· 2 3 2· 2 2 3 1 2 1 6 5 6 5 5 5 2 2532 | 6125 32· 1 - |
堂.板鼓 | 1 0 | *p* 1 1 1 — — — — — — — — — — — — |
锣鼓经 | 仓 - | *p* 打 打 打 — — — — — — — — — — — — |

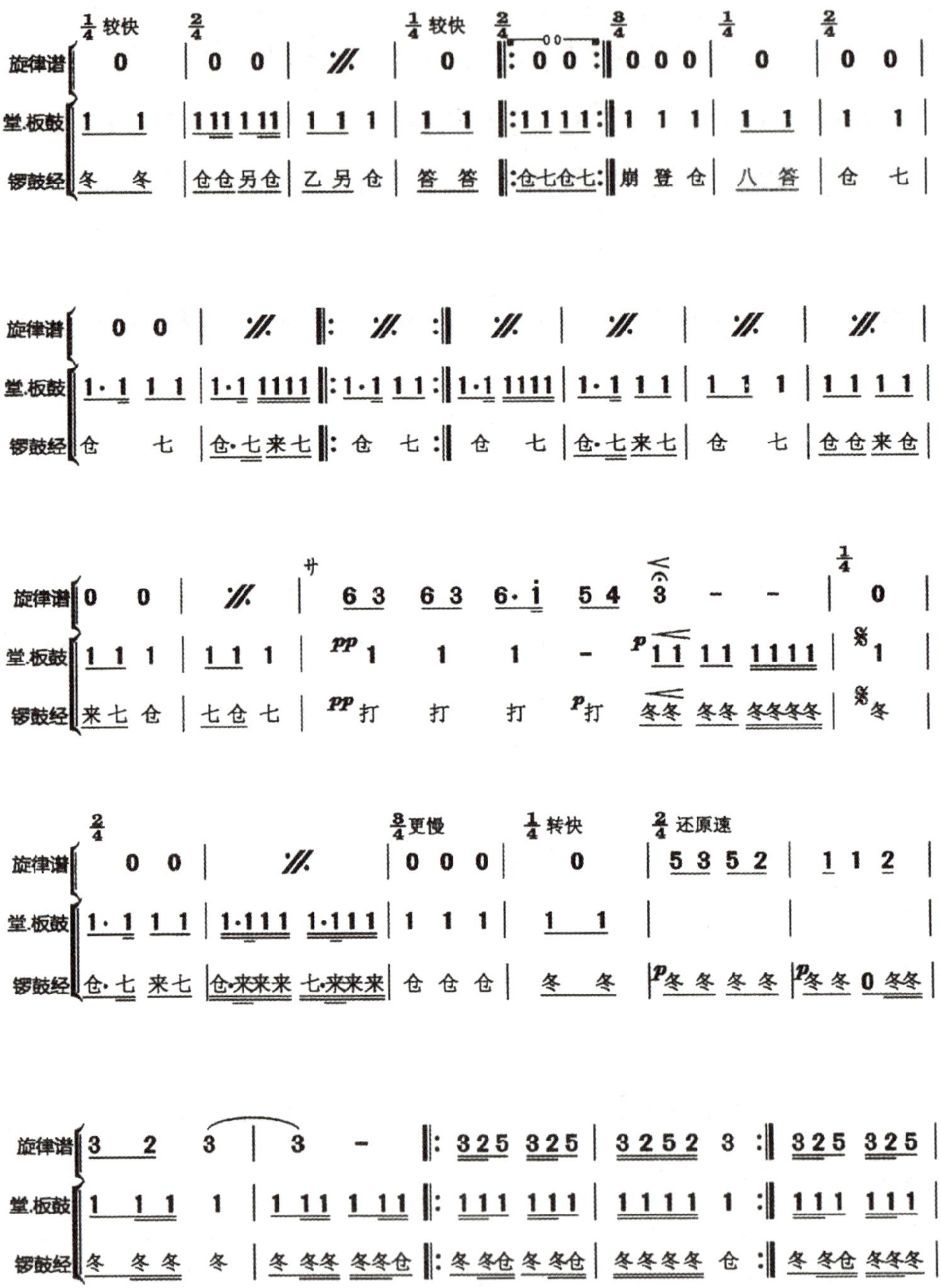

	1/4 较快	2/4		1/4 较快	2/4	3/4	1/4	2/4
旋律谱	0	0 0	𝄎	0	‖: 0 0 :‖	0 0 0	0	0 0
堂.板鼓	1 1	111 111	1 1 1	1 1	‖: 1 1 1 1 :‖	1 1 1	1 1	1 1
锣鼓经	冬 冬	仓仓另仓	乙另仓	答 答	‖: 仓七仓七 :‖	崩 登 仓	八 答	仓 七

旋律谱	0 0	𝄎	‖: 𝄎 :‖	𝄎	𝄎	𝄎	𝄎
堂.板鼓	1·1 1 1	1·1 1111	‖: 1·1 1 1 :‖	1·1 1111	1·1 1 1	1 1 1	1 1 1 1
锣鼓经	仓 七	仓·七来七	‖: 仓 七 :‖	仓 七	仓·七来七	仓 七	仓仓来仓

			廿	1/4
旋律谱	0 0	𝄎	6 3 6 3 6·i 5 4 3 — —	0
堂.板鼓	1 1 1	1 1 1	*pp* 1 1 1 — *p* 11 11 1111	𝄋 1
锣鼓经	来七仓	七仓七	*pp* 打 打 打 *p* 打 冬冬 冬冬 冬冬冬冬	𝄋 冬

	2/4		3/4 更慢	1/4 转快	2/4 还原速	
旋律谱	0 0	𝄎	0 0 0	0	5 3 5 2	1 1 2
堂.板鼓	1·1 1 1	1·111 1·111	1 1 1	1 1		
锣鼓经	仓·七 来七	仓·来来来 七·来来来	仓 仓 仓	冬 冬	*p* 冬 冬 冬 冬	*p* 冬 冬 0 冬冬

旋律谱	3 2 3	3 —	‖: 325 325	3252 3 :‖	325 325
堂.板鼓	1 1 1 1	111 111	‖: 111 111	1111 1 :‖	111 111
锣鼓经	冬 冬冬 冬	冬 冬冬 冬冬仓	‖: 冬 冬仓 冬 冬仓	冬冬冬冬 仓 :‖	冬 冬仓 冬冬冬

旋律谱 | 3252 3 | 3 - | 1/4 0 | 2/4 0 0 | 3535 | 356 i | 6535 |
堂板鼓 | 1111 11 | 11 1111 | 1 | 11 1 | 1111 | 1111 | 11 1111 |
锣鼓经 | 冬冬冬冬仓仓 | 另仓乙仓 | 仓 | 七仓七 | 冬冬冬冬 | 冬冬冬冬 | 冬冬冬冬冬冬 |

旋律谱 | 3/4 2 1 3 - | 2/4 |: 3 2 5 2 :| 3 2 3 | 3 - | 0 0 | ∕∕. |
堂板鼓 | 11 111 11 |: 1·1 11 :| 11 1 | 11 11 | 11 1 | 11 1 |
锣鼓经 | 冬冬 冬冬冬 冬冬 |: 仓·冬 冬冬 :| 仓冬 冬 | 仓仓 另仓 | 乙七 仓 | 七仓 七 |

稍自由　　1/4 较快　　2/4

旋律谱 | 2·3 2 3 | 2 1 3 | 2121 | 76 567∨ | 6 - | 0 | 0 0 |
堂板鼓 | 1·1 11 | 1·1 11 | 1·1 11 | p 11 1111 | 1 | 11 | 1·1 11 |
锣鼓经 | 冬·冬冬冬 | 冬·冬冬冬 | 冬·冬冬冬 | p 冬冬 冬冬冬冬 | 冬 | 冬 冬 | 仓·仓另仓 |

旋律谱 | 2/4 0 0 | 1/4 0 | 2/4 |: 0 0 :| 3/4 0 0 0 ‖
堂板鼓 | 0 1 1 | 1 1 |: 11 11 :| 10 10 >10 ‖
锣鼓经 | 乙 七 仓 | 冬 冬 |: 仓七仓七 :| 八0 冬0 >仓0 ‖

段怀义、段元勋等　演奏
程功起、陈发科　记谱
一九九九年元月二日

铜鼓字谱说明

打	鼓单槌击
八	鼓双槌同击
乙、个	休止
打八	鼓双槌分击
嘟儿	鼓双槌滚击
崩	鼓双槌同时重击
登	鼓单槌重击
答	鼓单槌击笃鼓（又称广东板）
冬	鼓单槌击堂鼓
仓	大锣单击或大锣、小锣、铙钹同击
七	铙钹与小锣同击或铙钹单击
卜	小水钹单击
来、台	小锣单击
另	小锣轻击
顷	大锣轻击或大锣、小锣、铙钹同时轻击

图 4－1　都昌县中馆镇银宝湖段家村农民在表演《花操台》。
（汪志勇　摄　2006 年 7 月）

2. 打十番

《打十番》与《花操台》《大过场》同为赣剧中的器乐曲，以民族管弦乐器加打击乐器演奏，气氛热烈，用于民间喜事庆典，分坐奏和行奏两种形式，均为都昌传统器乐中的优秀代表作。

演奏乐器与《花操台》相同。

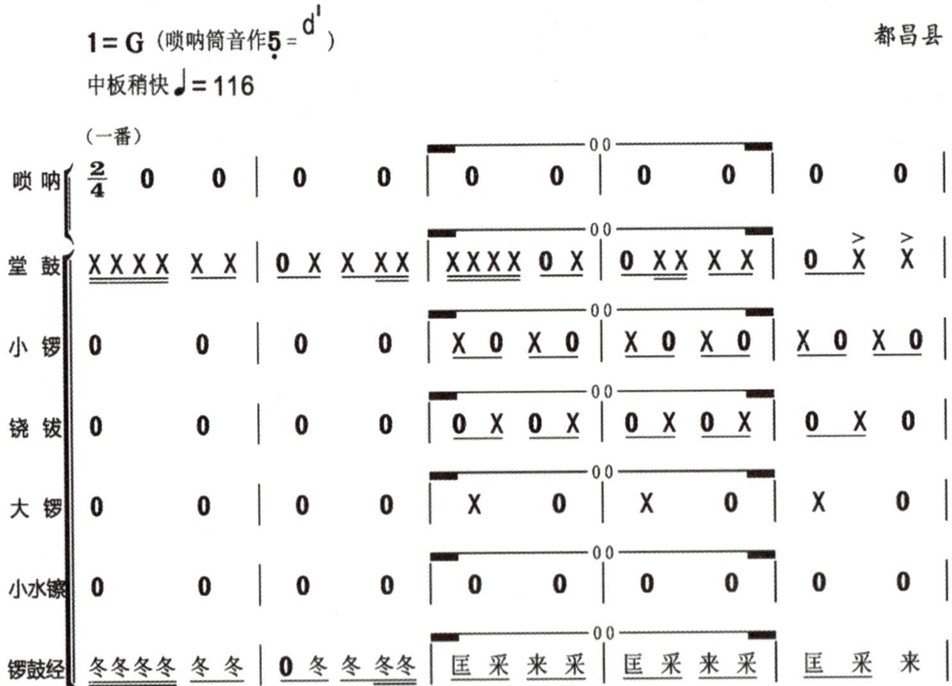

0 0	0 0	1 1 6165	3 2 3	(3/4) 3 - 0	(2/4) 5 1 6165	3 2 3
X X 0 X	X X X	0 0	0 0	0 X 0 X X	0 0	0 0
X X 0 X	X 0 X	0 0	0 0	0 0 X	0 0	0 0
0 X 0	0 X X 0	0 0	0 0	0 0 X	0 0	0 0
X X 0 X	0 X	0 0	0 0	0 0 X	0 0	0 0
0 0	0 0	X X	X X	X X X	X X	X X
匡匡采匡	来采匡	卜 卜	卜 卜	卜冬卜冬匡	卜 卜	卜 卜

唢呐 | 3 0 0 | (3/4) 0 0 0 | 1 1 6 5 3 | 5 1 1 65 3 | (2/4) 2 1 2 3 |
堂鼓 | 0 X X | X X X X X | 0 0 0 | 0 0 0 | X X X X |
锣鼓经 | 0 冬 冬 | 匡采来采匡 | 卜 卜 卜 | 卜 卜 卜 | 冬 冬冬 匡 |

2 1 2 3	5 3 2 3	2 6 1	6· 1 2 3	2 6 1
X X X X X	0 0	0 0	0 0	0 0
冬冬冬冬 匡	卜 卜	卜 卜	卜 卜	卜 卜

(3/4) 6· 1 2 3 1	(2/4) 6· 1 2 3	5 6 5	(3/4) 5 6 5 3 2· 3
0 0 0	0 0	0 0	0 X 0 X X
卜 卜 卜	卜 卜	卜 卜	0 冬 0 冬 匡

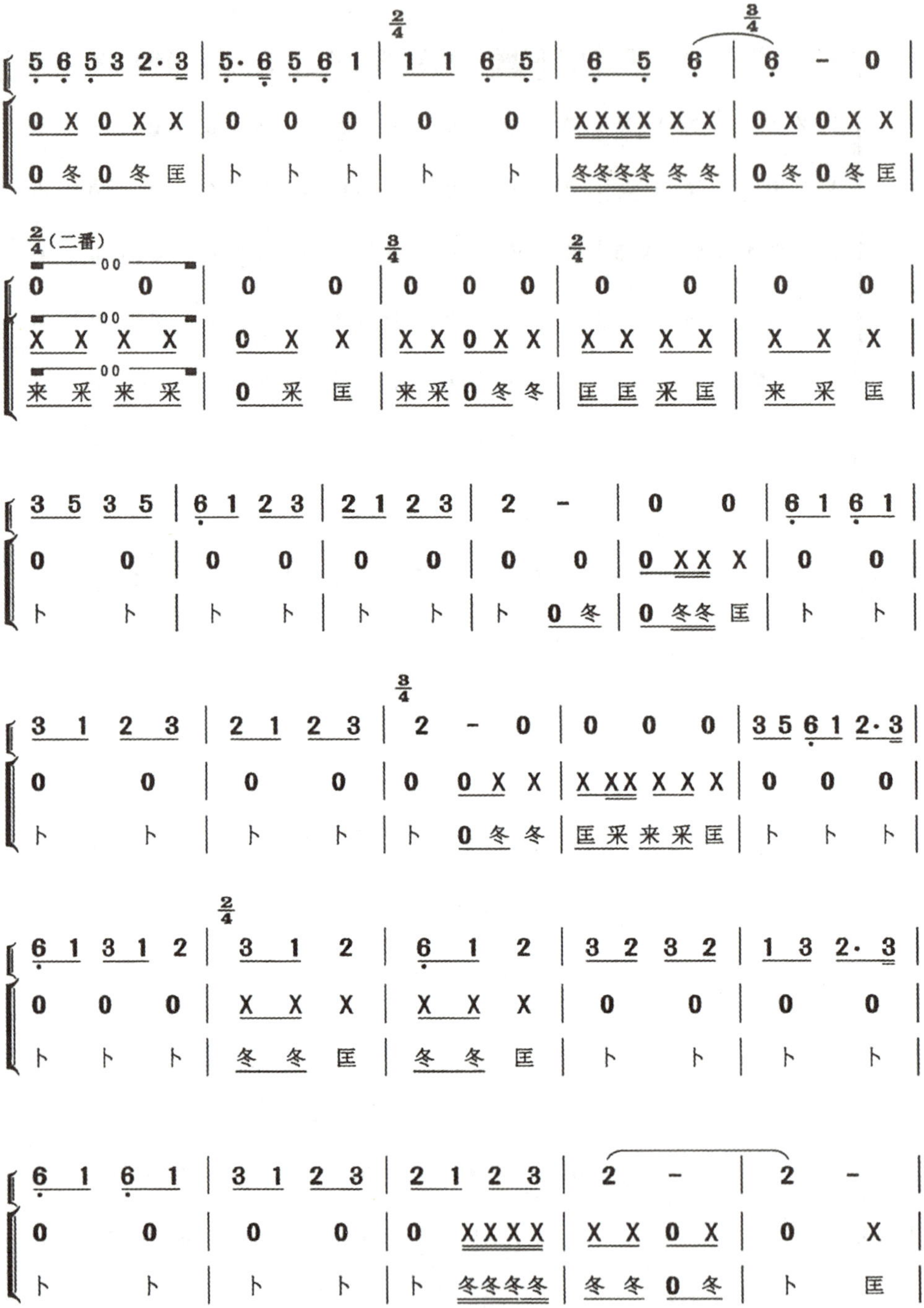

5 6 5 3 2·3 | 5·6 5 6 1 | 2/4 1 1 6 5 | 6 5 6 | 3/4 6 - 0 |
0 X 0 X X | 0 0 0 | 0 0 | XXXX X X | 0 X 0 X X |
0 冬 0 冬 匡 | 卜 卜 卜 | 卜 卜 | 冬冬冬冬 冬 冬 | 0 冬 0 冬 匡 |

2/4（二番）
0 0 | 0 0 | 3/4 0 0 0 | 2/4 0 0 | 0 0 |
X X X X | 0 X X | X X 0 X X | X X X X | X X X |
来 采 来 采 | 0 采 匡 | 来 采 0 冬 冬 | 匡 匡 采 匡 | 来 采 匡 |

3 5 3 5 | 6 1 2 3 | 2 1 2 3 | 2 - | 0 0 | 6 1 6 1 |
0 0 | 0 0 | 0 0 | 0 0 | 0 XX X | 0 0 |
卜 卜 | 卜 卜 | 卜 卜 | 卜 0 冬 | 0 冬冬 匡 | 卜 卜 |

3 1 2 3 | 2 1 2 3 | 3/4 2 - 0 | 0 0 0 | 3 5 6 1 2·3 |
0 0 | 0 0 | 0 0 X X | X XX X X X | 0 0 0 |
卜 卜 | 卜 卜 | 卜 0 冬 冬 | 匡 采 来 采 匡 | 卜 卜 卜 |

6 1 3 1 2 | 2/4 3 1 2 | 6 1 2 | 3 2 3 2 | 1 3 2·3 |
0 0 0 | X X X | X X X | 0 0 | 0 0 |
卜 卜 卜 | 冬 冬 匡 | 冬 冬 匡 | 卜 卜 | 卜 卜 |

6 1 6 1 | 3 1 2 3 | 2 1 2 3 | 2 - | 2 - |
0 0 | 0 0 | 0 XXXX | X X 0 X | 0 X |
卜 卜 | 卜 卜 | 卜 冬冬冬冬 | 冬 冬 0 冬 | 卜 匡 |

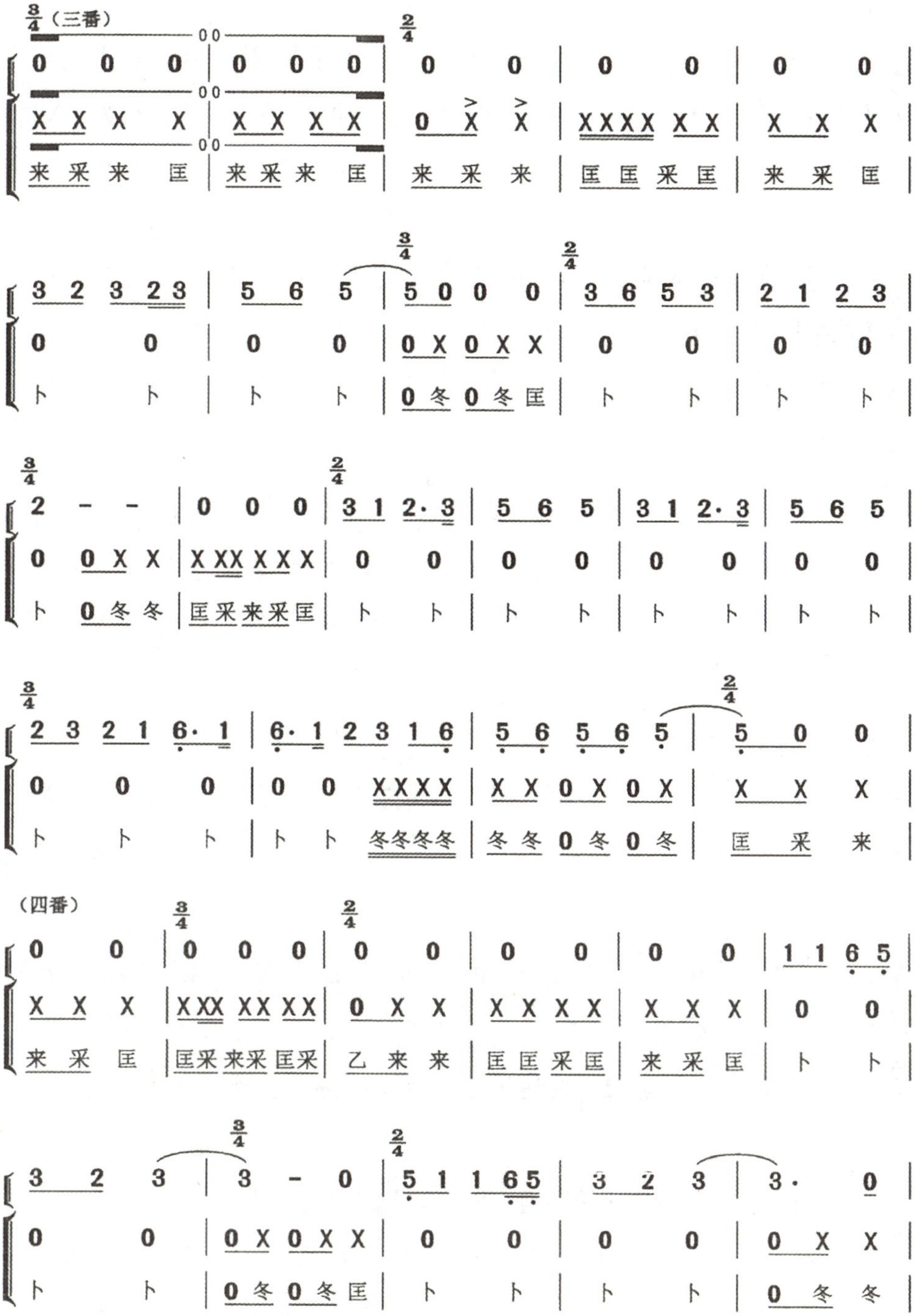

3/4（三番） 2/4

0 0 0 | 0 0 0 | 0 0 | 0 0 | 0 0 |
X X X X | X X X X | 0 X X | XXXX X X | X X X |
来 采 来 匡 | 来 采 来 匡 | 来 采 来 | 匡 匡 采 匡 | 来 采 匡 |

3 2 3 2 3 | 5 6 5 | 3/4 5 0 0 0 | 2/4 3 6 5 3 | 2 1 2 3 |
0 0 | 0 0 | 0 X 0 X X | 0 0 | 0 0 |
卜 卜 | 卜 卜 | 0 冬 0 冬 匡 | 卜 卜 | 卜 卜 |

3/4 2 – – | 0 0 0 | 2/4 3 1 2· 3 | 5 6 5 | 3 1 2· 3 | 5 6 5 |
0 0 X X | X XX X X X | 0 0 | 0 0 | 0 0 | 0 0 |
卜 0 冬 冬 | 匡采来采匡 | 卜 卜 | 卜 卜 | 卜 卜 | 卜 卜 |

3/4 2 3 2 1 6· 1 | 6· 1 2 3 1 6 | 5 6 5 6 5 | 2/4 5 0 0 |
0 0 0 | 0 0 XXXX | X X 0 X 0 X | X X X |
卜 卜 卜 | 卜 卜 冬冬冬冬 | 冬 冬 0 冬 0 冬 | 匡 采 来 |

（四番）

0 0 | 3/4 0 0 0 | 2/4 0 0 | 0 0 | 0 0 | 1 1 6 5 |
X X X | X XX XX XX | 0 X X | X X X X | X X X | 0 0 |
来 采 匡 | 匡采来采匡采 | 乙 来 来 | 匡 匡 采 匡 | 来 采 匡 | 卜 卜 |

3 2 3 | 3/4 3 – 0 | 2/4 5 1 1 6 5 | 3 2 3 | 3· 0 |
0 0 | 0 X 0 X X | 0 0 | 0 0 | 0 X X |
卜 卜 | 0 冬 0 冬 匡 | 卜 卜 | 卜 卜 | 0 冬 冬 |

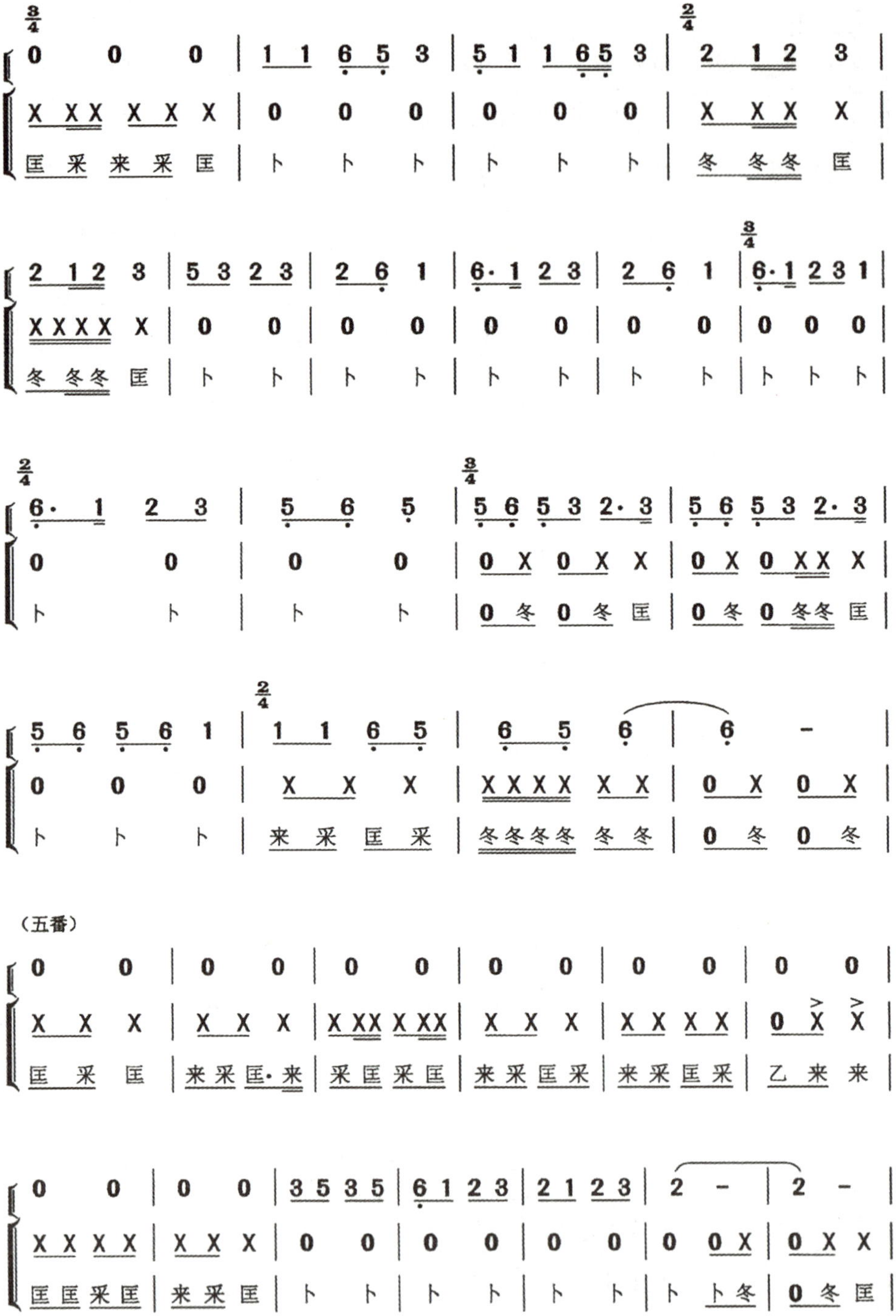

3/4 0 0 0 | 1 1 6 5 3 | 5 1 1 65 3 | 2/4 2 1 2 3 |
X XX X X X | 0 0 0 | 0 0 0 | X XX X |
匡 采 来 采 匡 | 卜 卜 卜 | 卜 卜 卜 | 冬 冬冬 匡 |

2 1 2 3 | 5 3 2 3 | 2 6 1 | 6· 1 2 3 | 2 6 1 | 3/4 6· 1 2 3 1 |
XXXX X | 0 0 | 0 0 | 0 0 | 0 0 | 0 0 0 |
冬 冬冬 匡 | 卜 卜 | 卜 卜 | 卜 卜 | 卜 卜 | 卜 卜 卜 |

2/4 6· 1 2 3 | 5 6 5 | 3/4 5 6 5 3 2· 3 | 5 6 5 3 2· 3 |
0 0 | 0 0 | 0 X 0 X X | 0 X 0 XX X |
卜 卜 | 卜 卜 | 0 冬 0 冬 匡 | 0 冬 0 冬冬 匡 |

5 6 5 6 1 | 2/4 1 1 6 5 | 6 5 6 | 6 - |
0 0 0 | X X X | XXXX X X | 0 X 0 X |
卜 卜 卜 | 来 采 匡 采 | 冬冬冬冬 冬 冬 | 0 冬 0 冬 |

（五番）

0 0 | 0 0 | 0 0 | 0 0 | 0 0 | 0 0 |
X X X | X X X | X XX X XX | X X X | X X X X | 0 >X >X |
匡 采 匡 | 来 采 匡·来 | 采 匡 采 匡 | 来 采 匡 采 | 来 采 匡 采 | 乙 来 来 |

0 0 | 0 0 | 3 5 3 5 | 6 1 2 3 | 2 1 2 3 | 2 - | 2 - |
X X X X | X X X | 0 0 | 0 0 | 0 0 | 0 0 X | 0 X X |
匡 匡 采 匡 | 来 采 匡 | 卜 卜 | 卜 卜 | 卜 卜 | 卜 卜冬 | 0 冬 匡 |

3/8 5 6 1 | 3/4 6 1 3 1 2 3 | 2/4 2 1 2 3 | 3/4 2 - 0 | 0 0 0 |
0 · 0 | 0 0 0 | 0 0 | 0 0 X X | X X X X X |
卜 · 0 | 卜 卜 卜 | 卜 卜 | 卜 卜冬 冬 | 匡采来采匡 |

3 5 6 1 2· 3 | 6 1 3 1 2 | 2/4 3 1 2· 3 | 6 1 2 | 3 2 3· 2 |
0 0 0 | 0 0 0 | X X X X X | X X X X X | 0 0 |
卜 卜 卜 | 卜 卜 卜 | 冬冬冬冬 匡 | 冬冬冬冬 匡 | 卜 卜 |

1 3 2 3 | 6 1 6 1 | 3 1 2 3 | 2 1 2 3 | 2 - | 2 - |
0 0 | 0 0 | 0 0 | XXXX X X | 0 X 0 X | X X X |
卜 卜 | 卜 卜 | 卜 卜 | 冬冬冬冬 冬冬 | 0 冬 0 冬 | 匡 采 匡 |

（六番）

0 0 | 0 0 | 0 0 | 0 0 | 0 0 |
X X X | X X X | X X X | X XX X X | X X X X X |
来 来 来 | 匡 采 匡 | 来 来 来 | 匡 匡 采 匡 | 来 采 匡 采 |

0 0 | 0 0 | 0 0 | 0 0 | 3 2 3 2 3 |
X· X X X | 0 X X | X XX X X | X X X | 0 0 |
来 采 匡 采 | 乙 来 来 | 匡 匡 采 匡 | 来 采 匡 | 卜 卜 |

5 6 5 | 3/4 5 0 0 0 | 2/4 3 6 5 3 | 2 1 2 3 |
0 0 | 0 X 0 X X | 0 0 | 0 0 |
卜 卜 | 乙 冬 乙 冬 匡 | 卜 卜 | 卜 卜 |

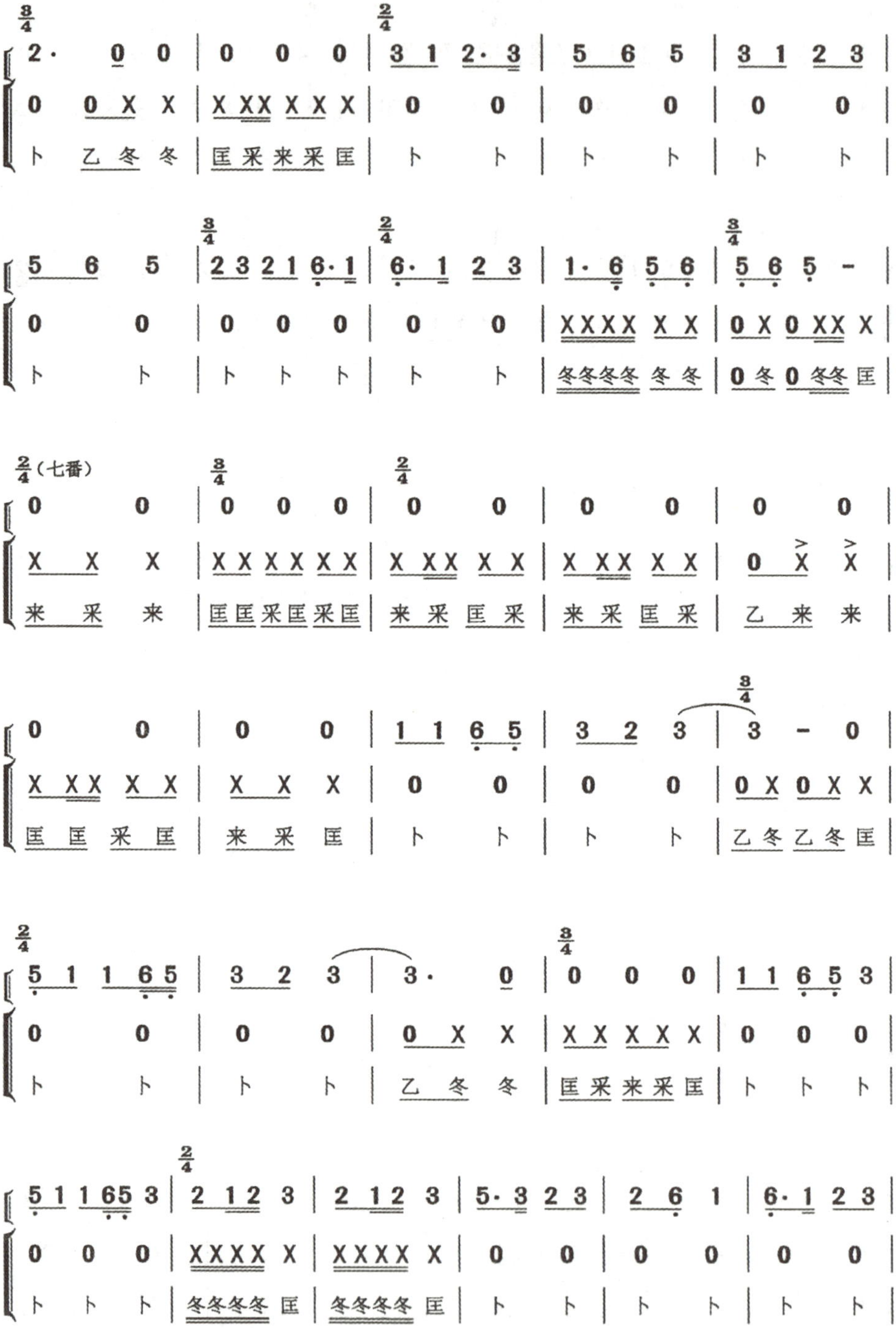

3/4 2· 0 0 | 0 0 0 | 2/4 3 1 2· 3 | 5 6 5 | 3 1 2 3 |
0 0 X X | X XX X X X | 0 0 | 0 0 | 0 0 |
卜 乙 冬 冬 | 匡 采 来 采 匡 | 卜 卜 | 卜 卜 | 卜 卜 |

5 6 5 | 3/4 2 3 2 1 6·1 | 2/4 6·1 2 3 | 1·6 5 6 | 3/4 5 6 5 - |
0 0 | 0 0 0 | 0 0 | XXXX X X | 0 X 0 XX X |
卜 卜 | 卜 卜 卜 | 卜 卜 | 冬冬冬冬 冬 冬 | 0 冬 0 冬冬 匡 |

2/4（七番）0 0 | 3/4 0 0 0 | 2/4 0 0 | 0 0 | 0 0 |
X X X | X X X X X X | X XX X X | X XX X X | 0 X X |
来 采 来 | 匡匡采匡采匡 | 来 采 匡 采 | 来 采 匡 采 | 乙 来 来 |

0 0 | 0 0 | 1 1 6 5 | 3 2 3 | 3/4 3 - 0 |
X XX X X | X X X | 0 0 | 0 0 | 0 X 0 X X |
匡 匡 采 匡 | 来 采 匡 | 卜 卜 | 卜 卜 | 乙 冬 乙 冬 匡 |

2/4 5 1 1 65 | 3 2 3 | 3· 0 | 3/4 0 0 0 | 1 1 6 5 3 |
0 0 | 0 0 | 0 X X | X X X X X | 0 0 0 |
卜 卜 | 卜 卜 | 乙 冬 冬 | 匡 采 来 采 匡 | 卜 卜 卜 |

5 1 1 65 3 | 2/4 2 12 3 | 2 12 3 | 5·3 2 3 | 2 6 1 | 6·1 2 3 |
0 0 0 | XXXX X | XXXX X | 0 0 | 0 0 | 0 0 |
卜 卜 卜 | 冬冬冬冬 匡 | 冬冬冬冬 匡 | 卜 卜 | 卜 卜 | 卜 卜 |

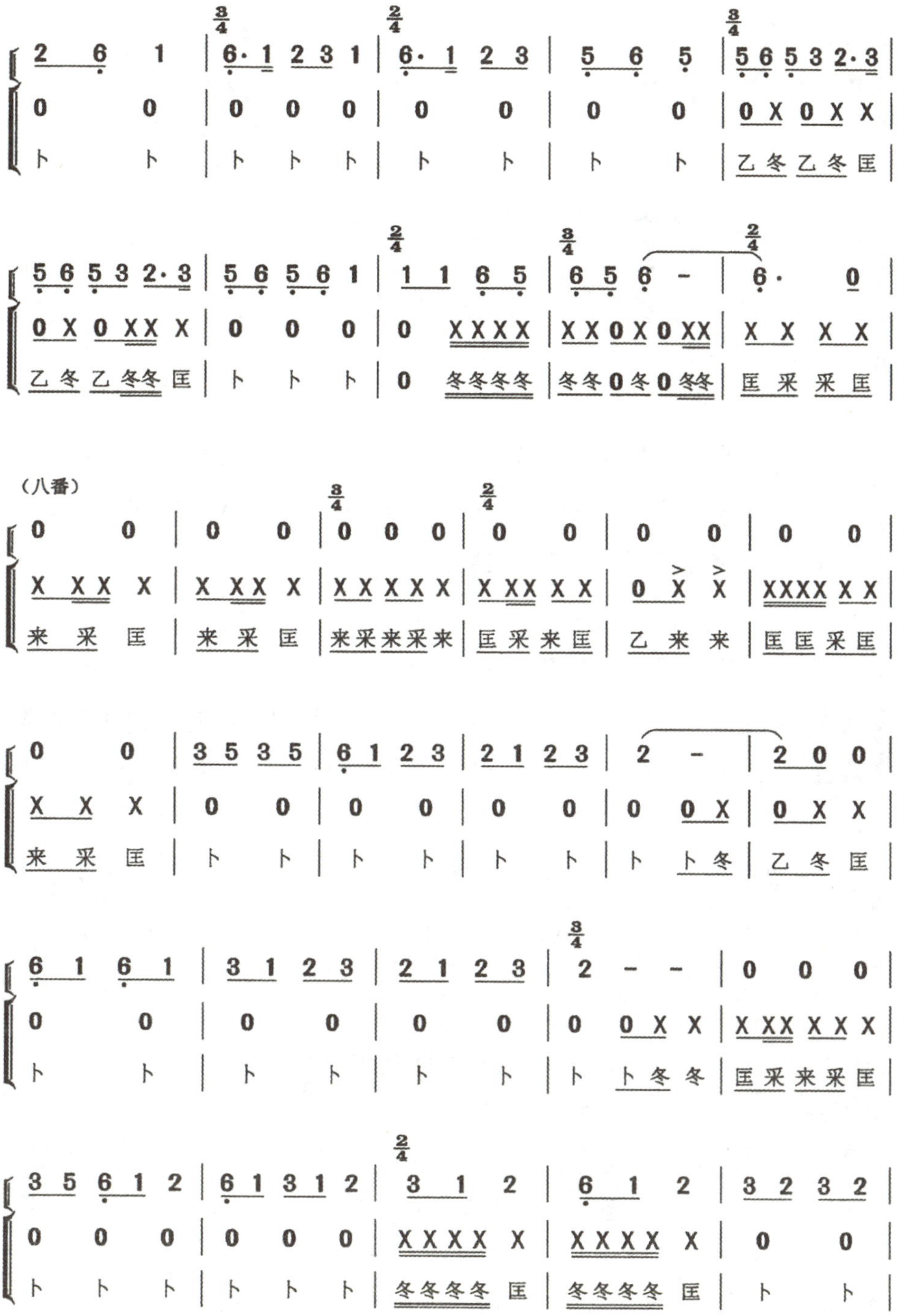

2 6 1 | 3/4 6· 1 2 3 1 | 2/4 6· 1 2 3 | 5 6 5 | 3/4 5 6 5 3 2· 3 |
0 0 | 0 0 0 | 0 0 | 0 0 | 0 X 0 X X |
卜 卜 | 卜 卜 卜 | 卜 卜 | 卜 卜 | 乙冬乙冬匡 |

5 6 5 3 2· 3 | 5 6 5 6 1 | 2/4 1 1 6 5 | 3/4 6 5 6 - | 2/4 6· 0 |
0 X 0 XX X | 0 0 0 | 0 XXXX | X X 0 X 0 XX | X X X X |
乙冬乙冬冬匡 | 卜 卜 卜 | 0 冬冬冬冬 | 冬冬0冬0冬冬 | 匡采采匡 |

（八番）

0 0 | 0 0 | 3/4 0 0 0 | 2/4 0 0 | 0 0 | 0 0 |
X XX X | X XX X | X X X X X | X XX X X | 0 X X | XXXX X X |
来采匡 | 来采匡 | 来采来采来 | 匡采来匡 | 乙来来 | 匡匡采匡 |

0 0 | 3 5 3 5 | 6 1 2 3 | 2 1 2 3 | 2 - | 2 0 0 |
X X X | 0 0 | 0 0 | 0 0 | 0 0 X | 0 X X |
来采匡 | 卜 卜 | 卜 卜 | 卜 卜 | 卜 卜冬 | 乙冬匡 |

6 1 6 1 | 3 1 2 3 | 2 1 2 3 | 3/4 2 - - | 0 0 0 |
0 0 | 0 0 | 0 0 | 0 0 X X | X XX X X X |
卜 卜 | 卜 卜 | 卜 卜 | 卜 卜冬冬 | 匡采来采匡 |

3 5 6 1 2 | 6 1 3 1 2 | 2/4 3 1 2 | 6 1 2 | 3 2 3 2 |
0 0 0 | 0 0 0 | XXXX X | XXXX X | 0 0 |
卜 卜 卜 | 卜 卜 卜 | 冬冬冬冬匡 | 冬冬冬冬匡 | 卜 卜 |

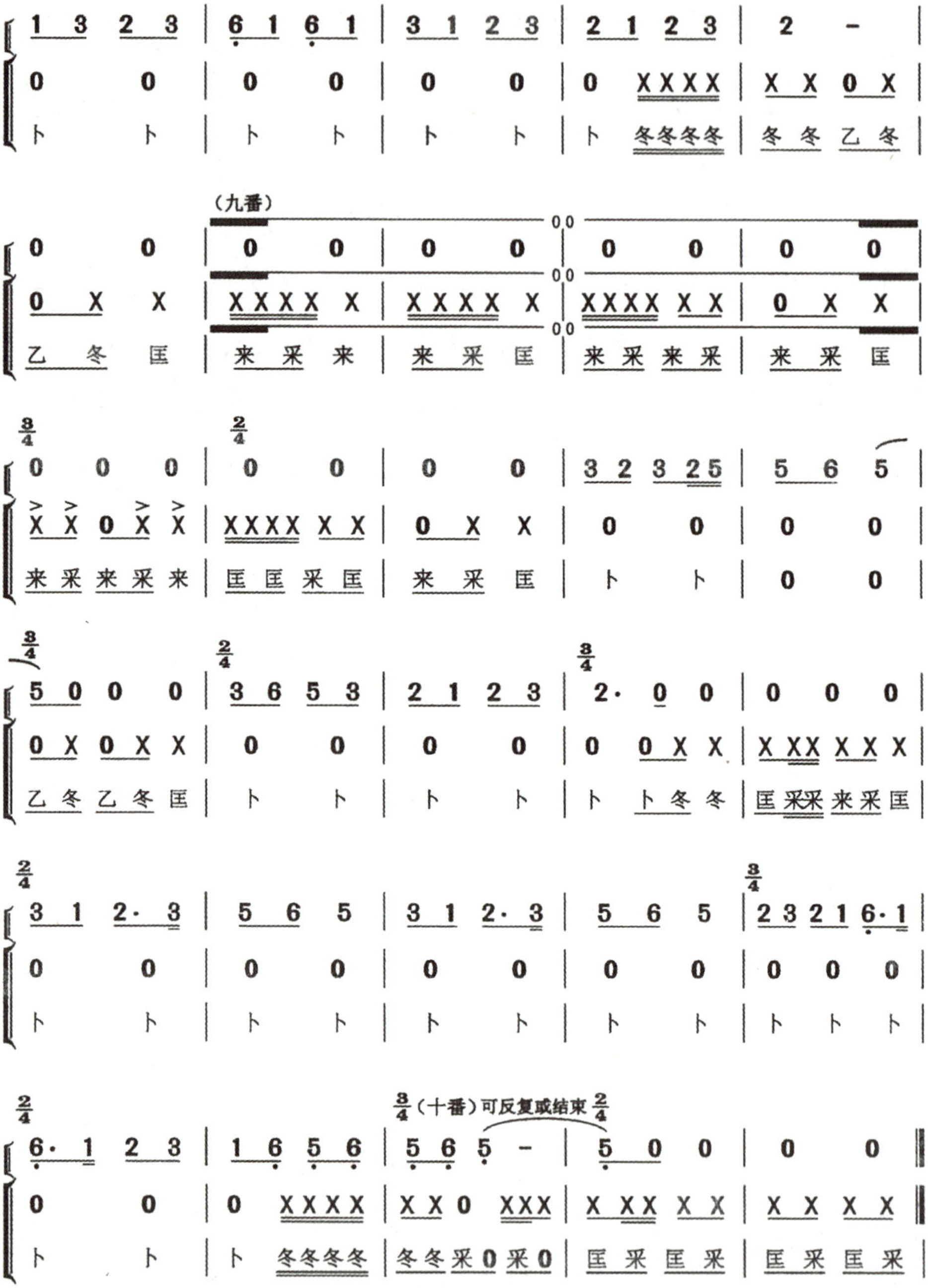

1 3 2 3	6 1 6 1	3 1 2 3	2 1 2 3	2 -
0 0	0 0	0 0	0 XXXX	X X 0 X
卜 卜	卜 卜	卜 卜	卜 冬冬冬冬	冬 冬 乙 冬

（九番）

0 0	0 0	0 0	0 0	0 0
0 X X	XXXX X	XXXX X	XXXX X X	0 X X
乙 冬 匡	来 采 来	来 采 匡	来 采 来 采	来 采 匡

3/4 0 0 0	2/4 0 0	0 0	3 2 3 25	5 6 5
X X 0 X X	XXXX X X	0 X X	0 0	0 0
来 采 来 采 来	匡 匡 采 匡	来 采 匡	卜 卜	0 0

3/4 5 0 0 0	2/4 3 6 5 3	2 1 2 3	3/4 2· 0 0	0 0 0
0 X 0 X X	0 0	0 0	0 0 X X	X XX X X X
乙 冬 乙 冬 匡	卜 卜	卜 卜	卜 卜 冬 冬	匡 采采 来 采 匡

2/4 3 1 2· 3	5 6 5	3 1 2· 3	5 6 5	3/4 2 3 2 1 6· 1
0 0	0 0	0 0	0 0	0 0 0
卜 卜	卜 卜	卜 卜	卜 卜	卜 卜 卜

3/4（十番）可反复或结束 2/4

| 2/4 6· 1 2 3 | 1 6 5 6 | 5 6 5 - | 5 0 0 | 0 0 ‖
| 0 0 | 0 XXXX | X X 0 XXX | X XX X X | X X X X ‖
| 卜 卜 | 卜 冬冬冬冬 | 冬 冬 采 0 采 0 | 匡 采 匡 采 | 匡 采 匡 采 ‖

（王实椿、袁其昌、程功起等　演奏　江新农、袁其昌　采录　袁其昌　记谱）

锣鼓经：冬——堂鼓；匡——大锣；采——铙钹；来——小锣；卜——小水镲；乙——休止。

图4－2　都昌县大港镇繁荣但前道村的农民在演奏《打十番》。
（汪志勇　摄　2006年7月）

3. 小桃红

《小桃红》全县流行，广泛运用于婚嫁迎亲行进中，旋律流畅，节奏明快，以民族管弦乐器和打击乐演奏，富有浓郁的民间特色，是都昌传统器乐中的优秀代表作之一。

管弦乐器：笛子、小唢呐、二胡等。

打击乐器：大鼓、小鼓、小钹等。

1＝F $\frac{2}{4}$

中速

5· 6 1̇ 2̇ | 6 1̇ 5 32 | 3 - ‖: 2 32 1 2 | 3 32 3 |

5 61̇ 6 5 | 3 35 6 1̇ | 5 61̇ 5 3 | 2 - | 5 61̇ 5 3 |

2 23 2 1 | 6 61̇ 2̇ 3̇ | 1̇ - | 1̇ 61̇ 2̇ 3̇ | 1̇ 61̇ 2̇ 3̇ |

1̇ 3̇3̇ 2̇ 3̇2̇ | 1̇ - | 1̇ 61̇ 2̇ 3̇ | 1̇ 2̇3̇ 1̇ 6 | 5 53 5 6 |

1̇ - | 2̇ 2̇3̇ 2̇ 1̇ | 6 61̇ 2̇ 3̇ | 1̇ 2̇3̇ 1̇ 6 | 5 - |

3 35 2 3 | 5 56 5 | 5 61̇ 6 5 | 3 32 3 :‖

（刘章高　记谱）

五、民间舞蹈

1. 扎化子

(1) 概述

《扎化子》流传于九江市都昌县徐埠、苏山、春桥、北炎、张岭等乡镇，表演人数不限，一般为九人，左手执瓜瓢，右手执竹棒，载歌载舞。

据徐埠乡民间艺人袁银茹（1927—1987）介绍，他的师傅高道理（著名艺人，1899—1972，徐埠乡人）说过，很早以前，当地有一帮“叫化子”，他们手拿葫芦瓢，沿街挨户讨食。其中一些人，讨食时边敲葫芦边唱：“一脚高来一脚低，脚脚踩在水潭里，东边嫂子西边婶，无饭有米也可以……”若逢人家造屋、红白喜事，就跟着“化子头”结伙去“吃大户”。化子们为表示对主人的谢意，常边敲瓢边唱“化子歌”。后来，民间艺人借用了化子们的表演形式，加以美化，并将他们随意而唱的四言八句，加工改编成了雅俗共赏的“化子歌”。当地有“扎戏名”的俗语，“扎”即是“装”或“扮”，“扎化子”就是装化子的意思。就这样，在民间艺人代代相传中，《扎化子》成了逢年过节灯彩演出的节目，也成了逢喜庆、闹洞房时的表演节目了。

演出《扎化子》要在喜炮中进行，先由领舞人唱彩，唢呐声中众人敲击瓜瓢，走着“撇步”“屈膝步”“躬腰步”等步法，变换着各种击瓢动作，时而肩上、头上，时而站立、蹲下轮番敲击，动作夸张，充分地表现了“屈、拧、摆、撇、敲、晃”的动作风格，幽默、风趣。当地艺人们表演此舞时，都是丑扮，别有一番情趣。“头戴瓜瓢帽，一敲一晃脑，两腿屈又蹲，撇脚又弯腰”是当地群众给《扎化子》表演最形象的评语。

化子手中的道具瓢、竹棒，保留了生活原型，穿的羊皮背褡却是从生活中演变来的，因为化子的衣服破烂无袖、领，棉絮飘挂在外面，酷似羊毛挂在背褡上，所以，表演时反穿羊皮背褡，就成了表演者的统一服装了。

《扎化子》的音乐主要是一首《十字歌》。全曲共十段，每一段都是根据段首的数字来数列赞颂历史名人或传说中的英雄。如“一字写来一横长，三国出了个刘、关、张……”唱词工整、押韵，每段结尾都加了衬词“哪么依呀哪么哟”。音乐节拍与舞蹈击瓢紧密配合，节奏感强，动作整齐。当表演快结束时，领舞人（化子头）就要高声领白：“我今好话表不尽，生个儿子状元郎。”这时，在一片“啊，啊”声中，击瓢的节奏更为明快，使舞蹈进入高潮，热闹非常。

1986 年，都昌县民舞搜集组在徐埠乡将《扎化子》收集整理好资料报省；翌年 7 月，《江西省民舞集成》编辑部来大港乡录像。此舞收录于《中国民族民间舞蹈集成》。

(2)音乐

说　明

该舞采用民间的"化子调",只用哱筒(即唢呐)伴奏,无其他乐器。

演员在表演过程中随强拍击瓢。如

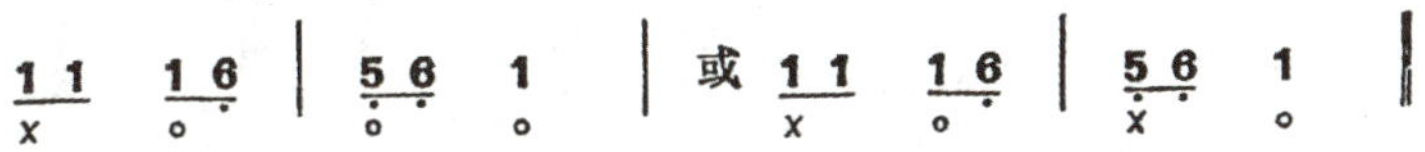

11 16 | 56 1 | 或 11 16 | 56 1 ‖

x　o　o　o　　x　o　x　o

歌词不定,根据需要不断更改内容。现在选录的《十字歌》,每段都唱有古代名人、故事。

曲　谱

传授　袁银茹
记谱　李大志

十　字　歌

1=A $\frac{2}{4}$

稍快　热烈、欢快地

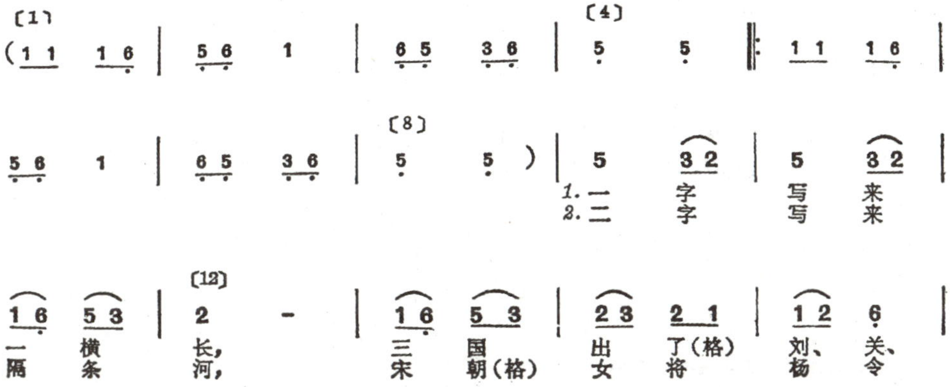

〔1〕(11 16 | 56 1 | 65 36 | 〔4〕5 5 ‖: 11 16 |

56 1 | 65 36 | 〔8〕5 5) | 5 32 | 5 32 |

1.一 字 写 来
2.二 字 写 来

16 53 | 〔12〕2 - | 16 53 | 23 21 | 12 6 |

一 横 长, 三 国 出 了(格) 刘、关、
隔 条 河, 宋 朝(格) 女 将 杨 令

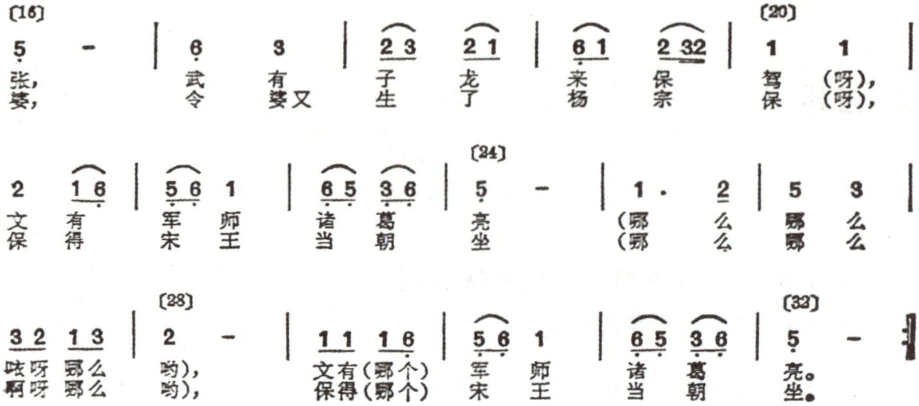

〔16〕 5 - | 6 3 | 23 21 | 61 2 32 | 〔20〕 1 1 |
张， 武 有 子 龙 来 保 驾 （呀），
娄， 令 娄又 生 了 杨 宗 保 （呀），

2 16 | 56 1 | 65 36 | 〔24〕 5 - | 1 · 2 | 5 3 |
文 有 军 师 诸 葛 亮 （郧 么 郧 么
保 得 宋 王 当 朝 坐 （郧 么 郧 么

32 13 | 〔28〕 2 - | 11 16 | 56 1 | 65 36 | 〔32〕 5 - :||
哎呀 郧么 哟）， 文有（郧个） 军 师 诸 葛 亮。
啊呀 郧么 哟）， 保得（郧个） 宋 王 当 朝 坐。

3．三字写来三层楼，
三姐打扮上彩楼，
王孙公子千百万（郧），
彩球单打平贵头。

4．四字写来四四方，
磨房受苦李三娘，
青州做官的刘志远（郧），
磨房生下的咬脐郎。

5．五字写来半边稀，
列国出了伍子胥，
未曾逃到边关去（呀），
一时三刻急白了须。

6．六字写来满天星，
杨家出了个杨总兵，
登台拜师杨宗保（呀），
阵阵不离穆桂英。

7．七字写来拐棍弯，
仁贵挂帅到寒关，
移山倒海樊梨花（呀），
子顶父职薛丁山。

8．八字写来两边排，
梁山伯与祝英台，
同窗攻读年三载（呀），
化蝶成双上天台。

9．九字写来象条龙，
万花楼上出英雄，
文官自有包文拯（郧），
武官更有狄将军。

10．十字写来坐中堂，
刘秀逃难走四方，
姚期、马武双救驾（呀），
二十八宿上天堂。

道 白

之 一

一进门来喜洋洋啊，（众：好哇！）
看我化郎闹新房，（众：好哇！）
今夜夫妻来相会吔，（众：好哇！）
生下个儿子状元郎。（众：好哇！）
我今好话都不说吻，（众：好哇！）
要把《十字歌》表一场，（众：好哇！）
徒子们呦，（众：有！）
快快闹将起来！（众：嗬——咳！）

之　　二（用在表演结束处）

我个好话表不尽啊，（众：嘿一嘿！）
生个儿子状元郎。（众：嘿一嘿！）
合：嘿——嘿！嘿——嘿！

（3）造型、服饰、道具

造　型

丑　头

女　丑

男　丑

服　饰(除附图外，均见"统一图")

1．丑头　头戴黑色瓜皮帽。眉心至鼻梁处用白粉画一倒三角。穿黑色对襟上衣，翻毛白羊皮背褡，黄绸灯笼裤。扎红绸腰带。穿黑布便鞋。

丑头脸谱

翻毛羊皮背褡

2．男丑　服饰均同丑头，但不勾脸。上衣为米黄色，裤子为淡绿色，腰带为黄色。

3．女丑　梳一根长辫，上扎红头绳，辫梢用红绸带扎一个蝴蝶结。穿淡绿色女便衣，翻毛白羊皮背褡，红绸便裤，裤脚镶黄边。扎水红绸腰带。穿水红绣花鞋。

道　具

1．葫芦瓢　将大个的老葫芦晒干，然后对半锯开而成。凸面为瓢背。

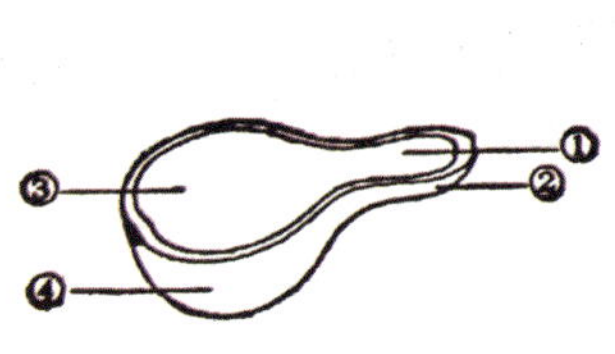

葫芦瓢

① 瓢把勺　② 瓢把　③ 瓢勺　④ 瓢背

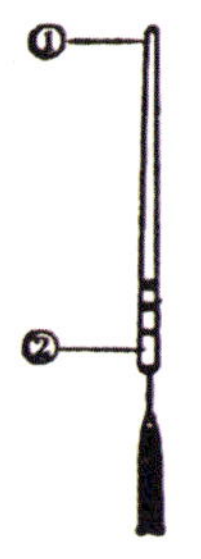

敲瓢棒

① 棒尖　② 棒尾

2．敲瓢棒　长约30厘米，上细下粗的圆木棒，下端系一条10厘米的红色丝穗。

(4)动作说明

道具的执法

1．戴瓢　将瓢扣在头上(见图一)。

图　一

2. 握瓢　左手握瓢把，瓢背向右(见图二)。

3. 握瓢边　瓢把向左，瓢背向上，拇指从瓢把勺里抵住，其余四指按住瓢把背一侧(见图三)。

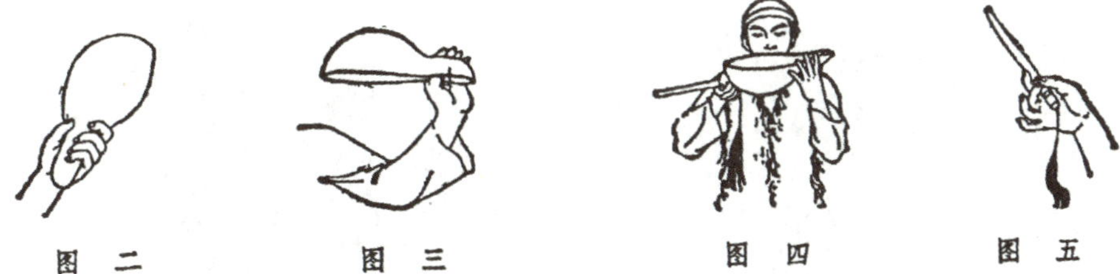

图　二　　图　三　　图　四　　图　五

4. 托瓢　瓢勺朝上，瓢柄朝左，左手五指张开从下抓住瓢柄；右手“捏棒”抵住瓢背(见图四)。

5. 捏棒　如图(见图五)。

基本动作

1. 戴瓢小跑步

做法　“戴瓢”，右手捏棒尖，在棒穗上吊一挂点燃的鞭炮，左手置身前挡住爆起的纸屑，小跑步行进(见图六)。

2. 撇步

第一拍　站“八字步”。左脚上一步屈膝为重心，顺势向左前顶胯，右腿随之屈膝后抬，小腿外撇，上身右倾，眼视脚后跟，左手拉至右肋前，右手甩至右下方(见图七)。

图　六　　图　七　　图　八

第二拍　做第一拍对称动作。

步距、手摆动的幅度较小时称“小撇步”。

3. 屈膝步

做法　左脚起，双膝稍屈，一拍一步向前行走，双手随之柔和地前后摆动(见图八)。

4. 头上敲瓢

准备　“戴瓢”，右手“捏棒”，左手叉腰，站“八字步”。

第一～二拍　右手在头右侧敲瓢一下，同时头、上身稍向左摆。

第三～四拍　右手划至右侧，同时上身稍向右摆（见图九）。

图　九

图　十

5．高低敲瓢

准备　女右"踏步全蹲"，男"八字步"并肩站于女左侧。均左手"握瓢"屈肘抬于头左侧，瓢背向前，右手"捏棒"。

第一～二拍　男右手用棒尖敲女瓢一下，同时右脚稍旁抬外撇，向左顶胯；女上身右摆，右手自胸前划向右侧，手心朝前。均眼视棒尖（见图十）。

第三～四拍　男、女右手用棒尖各敲自己的瓢一下，同时男右脚落回原位，左脚及上身做第一至二拍对称动作。

6．左右敲瓢

准备　站"八字步"，左手"握瓢"，右手"捏棒"。

第一拍　双臂屈肘抬至左前，敲一下瓢，同时上身稍左倾（见图十一）。

图　十一

第二拍　双手划下弧线甩至右前，上身随之稍右倾。

第三～四拍　做第一至二拍对称动作。

7．对面敲瓢

准备　男、女"八字步"面相对站立，左手"握瓢"于胸前，瓢背向上，右手"捏棒"。

第一拍　敲对方的瓢一下。

第二～四拍　右手经上向右后划一圈后收至胸前准备击瓢(见图十二)。

第五～八拍　同第一至四拍。

8. 肩上敲瓢

准备　左手“握瓢边”，瓢背向上，瓢柄朝左抬至左肩上方，右手“捏棒”于“山膀”位。

第一～二拍　右手至左肩前敲瓢一下，左脚做“撇步”的第一拍动作(见图十三)。

图　十二　　图　十三　　图　十四

第三～四拍　右手向右划上弧线至右侧，脚做“撇步”的第二拍动作，眼随右手(见图十四)。

9. 头上互敲瓢

准备　众人并排“戴瓢”站“八字步”，左手叉腰，右手“捏棒”。

第一～二拍　右手旁抬用棒敲身右侧人的瓢一下，重心随之右移成左“旁点步”(见图十五)。

图　十五

第三～四拍　右手用棒敲自己的瓢一下，重心随之左移成右“旁点步”。

10. 高位敲瓢

准备　左手“握瓢”于头左前上方，瓢背向右。

第一～二拍　左脚向前一步，右手“捏棒”敲瓢一下（女做“屈膝步”，男做“撇步”），眼视正前。

第三～四拍　右手划上弧线至“山膀”位，步法同第一至二拍，眼视右侧。

11．背后敲瓢

准备　站“八字步”，左手“握瓢”，右手“捏棒”。

第一～二拍　双手经旁上划至头顶上方敲瓢一下，眼视正前。

第三～四拍　上左脚成右“踏步全蹲”（男成“踏步半蹲”），上身稍前俯，双手顺势划至背后敲瓢一下（见图十六）。

图　十六

图　十七

12．新人拉手

准备　男左女右并排“八字步”站立，女将棒交于左手。

第一～二拍　男右手带动上臂顺时针方向划一圈将棒穗甩向女右手，女右手接住轻拉一下作害羞状（见图十七）。

第三～四拍　男轻拉一下棒，眼看女作挑逗状。

13．新人并行

准备　接“新人拉手”。

做法　二人同时左脚起“屈膝步”前行，女右侧上另一女，男左侧上另一男，二人手挽“新人”胳膊，随之前行。

图　十八

14．躬腰步

准备　站“正步”，左手“握瓢”，右手“捏棒”。

第一～六拍　上身向前深躬，双手自然下垂，左脚起每拍一步向前走六步。

第七～八拍　“大八字步半蹲”，双手经胸前“下分掌”至“山膀”位，抬头先看左手、再看右手（见图十八）。

15．逗羞

准备　接“躬腰步”。

第一～二拍　脸扭向左上方，上身稍左拧、右倾，右手用食指向下点脸左侧两下，作羞女状(见图十九)。

第三～四拍　右手向右划下弧线至脸右侧。

第五～六拍　眼视右上方，右手伸食指在脸右侧向前点两下。

16．捧酒

做法　“托瓢”于胸前，眼看瓢，左脚起，每拍一步便步前行。

17．讨酒

准备　“托瓢”于胸前，站“八字步”。

做法　上身稍前俯，双手和脖子每拍一次前后伸缩(作乞讨状)，走“撇步”(见图二十)。女做此动作时走“屈膝步”。

图　十九

图　二十

图　二十一

18．跪、蹲敲瓢

准备　女右“踏步全蹲”，男右膝跪地，左手“托瓢”搭于左肩上，右手自然下垂。

第一拍　右手“捏棒”敲瓢弦一下，眼视右手。

第二～四拍　右手微划下弧线至右侧。

第五～八拍　同第一至四拍。

19．斟酒

做法　接“捧酒”。将瓢向左倾倒，作从瓢把处向下倒酒状。

20．饮酒

做法　右膝跪地，仰头张嘴，双手捧瓢至头上方，做向口中徐徐倒酒状(见图二十一)。

21．双手敲瓢

做法　“戴瓢”，走“撇步”或“屈膝步”。双臂屈肘旁抬至头两侧，右手用棒，左手用食指，每两拍敲瓢一下。

22．喝彩敲瓢

准备　左手“握瓢”，右手“捏棒”，站“八字步”。

做法　高喝一声“喔——喔!”，随即重心移至左脚，双手至左前上方连敲三下瓢。

再喝一声"喔——喔!",随即重心移至右脚,双手经下划至右前上方连敲三下瓢。喝第三声"喔——喔!喔—嘿!",随即成"八字步"站立,双手收至胸前连敲六下瓢。

(5)场记说明

角　色

男丑(1～3)　三人,简称"男1、2、3",1号为丑头,均左手执瓢,右手执棒。

女丑(①、②)　二人,简称"女1、2",左手执瓢,右手执棒。

1.

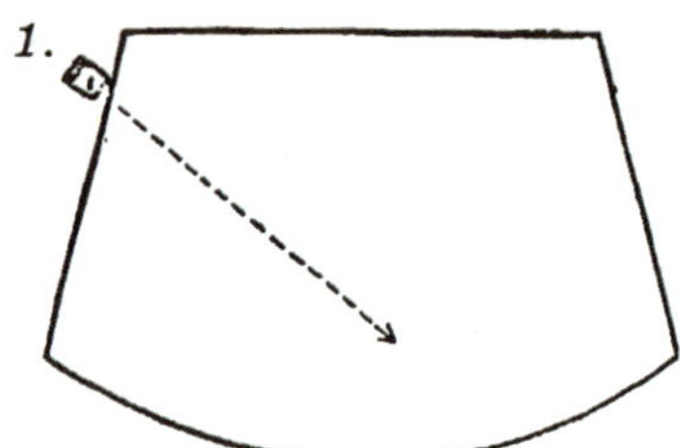

无伴奏　男1做"戴瓢小跑步",从台右后出场至台前,面向1点念"道白之一"(众在后台附和)。

2.

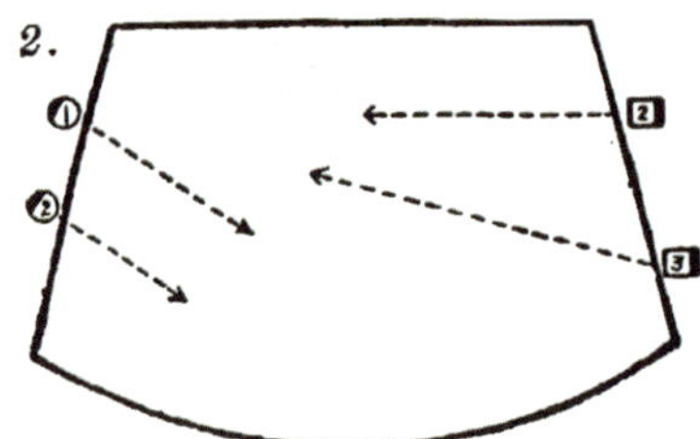

《十字歌》第一遍

〔1〕～〔8〕　众"戴瓢",男左手虚握拳,女左手"兰花手"。男1做"撇步",二女做"屈膝步",男2、3做"小撇步",各按图示路线分别至箭头处成下图位置。

3.

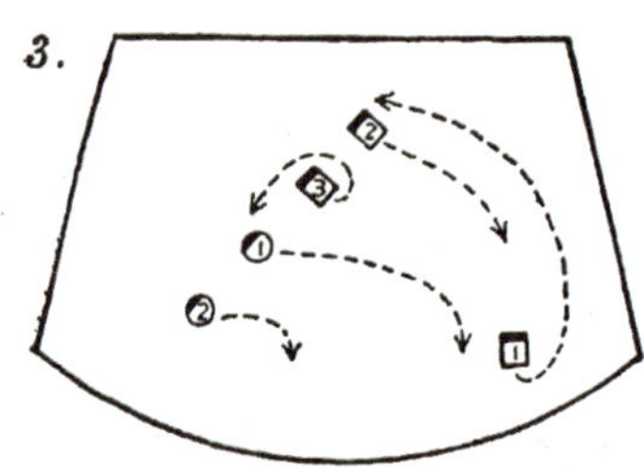

〔9〕～〔32〕(唱第一段词)　众原位做"头上敲瓢"。

第二遍

〔1〕～〔4〕不奏(以下第〔1〕至〔4〕均不奏,下文略)

〔5〕～〔8〕　动作同"场记2"各至箭头处成下图位置。

4.

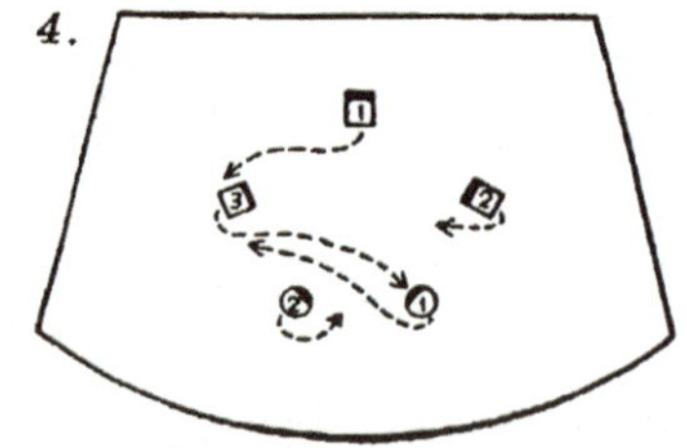

〔9〕～〔32〕(唱第二段词)　众同时从头上取下瓢,右手从腰间拔出棒。男1面向1点做"左右敲瓢"。男2与女1面向8点做"高低敲瓢",男3与女2面向2点做对称动作。

第三遍

〔5〕～〔8〕　全体均右手"捏棒",左手"握瓢",步法

同"场记 2",各按图示路线走至下图位置。

5.
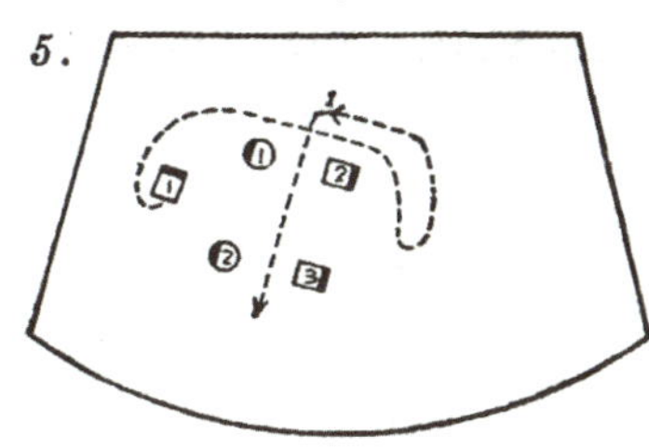

〔9〕~〔28〕(唱第三段词) 男 2 与女 1,男 3 与女 2 各为一组面相对做"对面敲瓢"。同时男 1 走"撇步",右手敲自己的瓢做"对面敲瓢"中男的动作按图示路线走至箭头 1 处。

〔29〕~〔32〕 女 1、2,男 2、3 动作同上。男 1 面向 1 点做"躬腰步"从四瓢底下钻出至台前,面向 1 点。最后一拍时,中间 4 人各退后一步。

6.
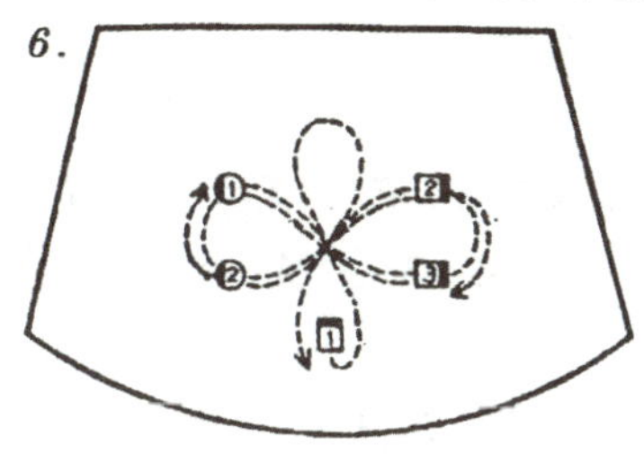

第四遍

〔5〕~〔32〕(唱第四段词) 全体做"肩上敲瓢"。男 1 左转身按图示路线经台后向台前走"8"形,其他四人按图示路线(见分解场记图一、二)各走"∞"形

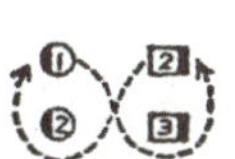

分解场记图一

分解场记图二

第五遍

〔5〕~〔8〕 动作同上。各择近距至下图位置,到位后左手将瓢扣在头上成"戴瓢"。

7.
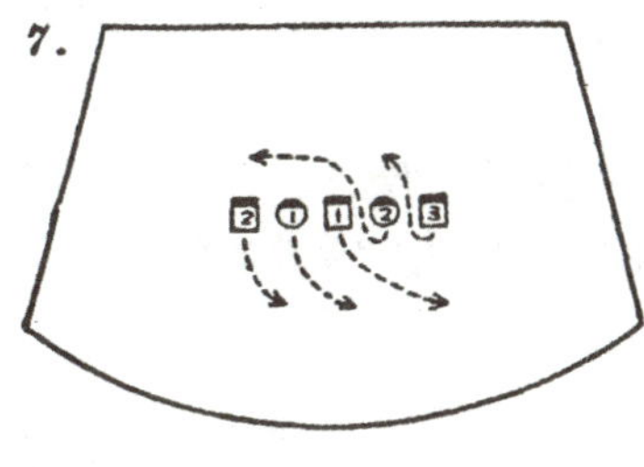

〔9〕~〔32〕(唱第五段词) 众原位面向 1 点做"头上互敲瓢"(男 2 做此动作的第一至二拍时右手棒向右上方点一下)。

第六遍

〔5〕~〔8〕 男 1 做"撇步",二女做"屈膝步",男 2、3 做"小撇步"各走至箭头处成圆圈。

8.
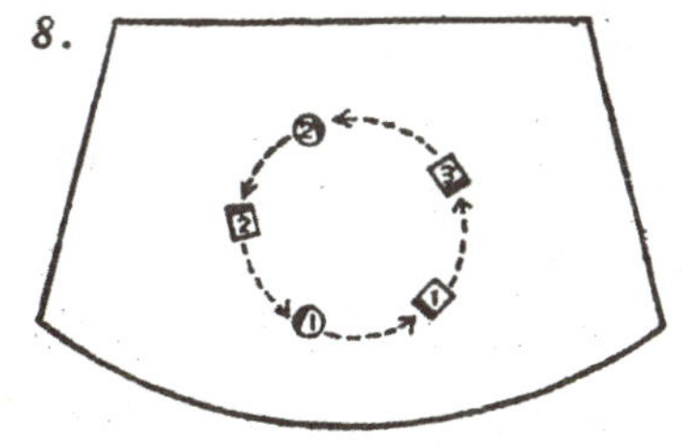

〔9〕~〔32〕(唱第六段词) 众做"高位敲瓢",按逆时针方向走"圆场"一圈回原位。

9.

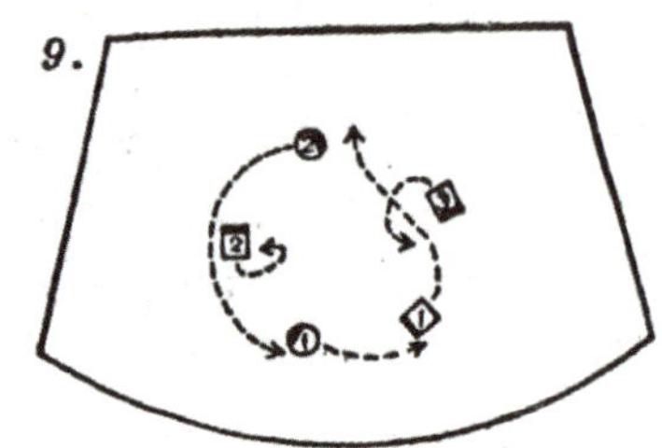

第七遍

〔5〕~〔8〕 动作同“场记 7”，按图示路线各至箭头处成下图位置。

10.

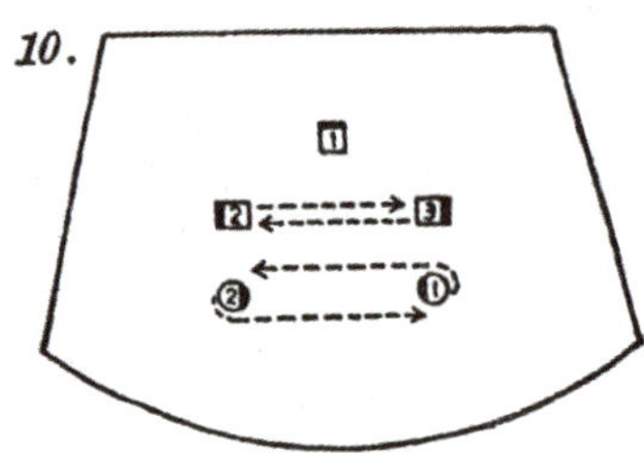

〔9〕~〔32〕(唱第七段词) 女 1 和男 1、3 做“背后敲瓢”，女 2 和男 2 做对称动作。

第八遍

〔5〕~〔8〕 男 1 原位面向 1 点做“撇步”，其他人动作同上。按图示路线交换位置，均成面向 1 点。

11.

〔9〕~〔20〕(唱第八段词) 全体原地做“左右敲瓢”。

〔21〕~〔24〕 男 1 动作同上，其他人做“左右敲瓢”，女走“屈膝步”、男走“小撇步”，均两拍进一步，按图示路线转身各走至箭头处，〔24〕时男 1 退后两步。

12.

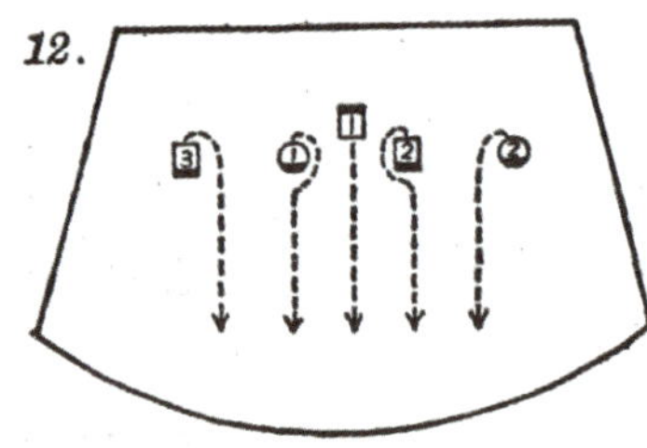

〔25〕~〔28〕 男 1 原位做“左右敲瓢”，其他人同时向里转身成面向 1 点的一排，然后女 1 和男 2 做“新人拉手”，女 2 和男 3 侧身对“新人”做“左右敲瓢”。

〔29〕~〔32〕 一横排的四人做“新人并行”按图示路线向台前走，男 1 做“躬腰步”从男 2 和女 1（简称“新人”）棒下钻过，然后全体一齐走至台前至下图位置。

13.

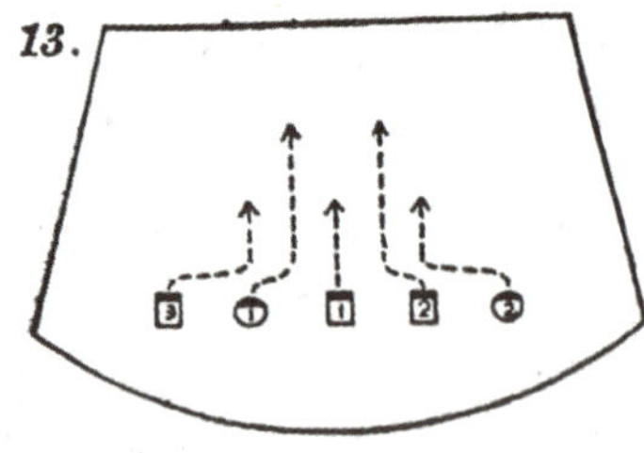

第九遍

〔5〕~〔7〕 男 1 向“新人”做“逗羞”，（“新人”及另二人即兴表演）。

〔8〕 “新人”退后一步，其他人以左脚为轴左转半圈成面向 5 点的一横排。

〔9〕~〔12〕(唱第九段词) “新人”做“捧酒”后退，其他三人做“讨酒”前进，女走“屈膝步”，男走“小撇步”，按图示路线各至下图位置。

14.

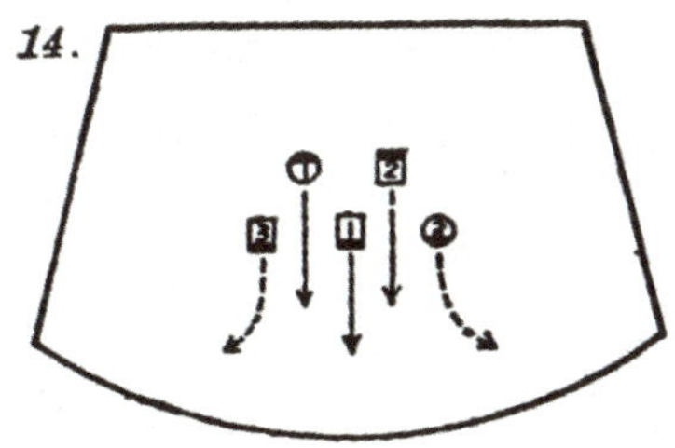

〔13〕～〔16〕 “新人”做“捧酒”向1点踏小步各至箭头处。女2走“屈膝步”，男1、3走“小撤步”，每两拍敲瓢一下。三人并排各按图示路线退至箭头处，均面向7点。

15.

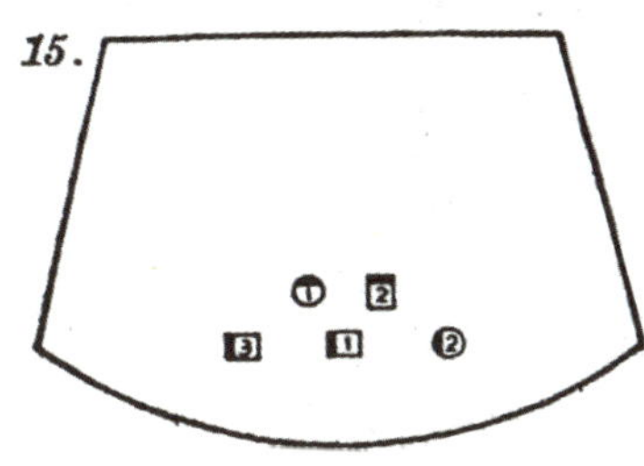

〔17〕～〔31〕 前排三人面向7点做“跪蹲敲瓢”，“新人”做“捧酒”各依次在男3、男1、女2背后向其瓢中做“斟酒”（见分解场记图一、二）交换位置。

〔32〕 “新人”原地面向1点做“捧酒”，前排三人原地做“饮酒”。

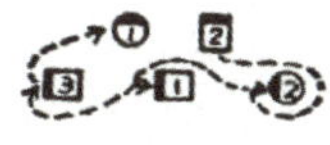

分解场记图一

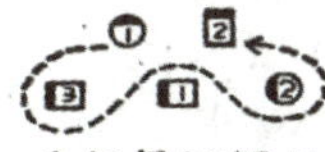

分解场记图二

16.

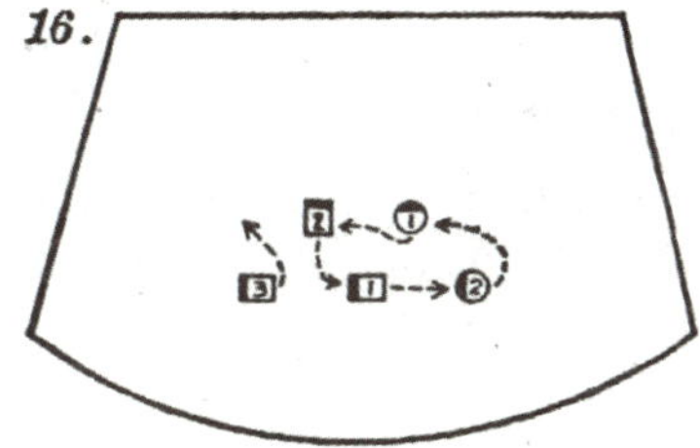

第十遍

〔5〕～〔8〕 男1做“撤步”，男2、3做“小撤步”，女1、2做“屈膝步”，各按图示路线走至下图位置。

17.

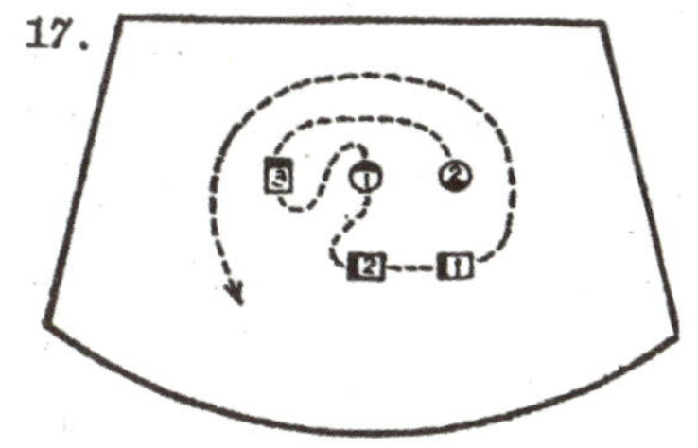

〔9〕～〔20〕（唱第十段词） 全体做“双手敲瓢”，由男1领头按图示路线各走至下图位置。

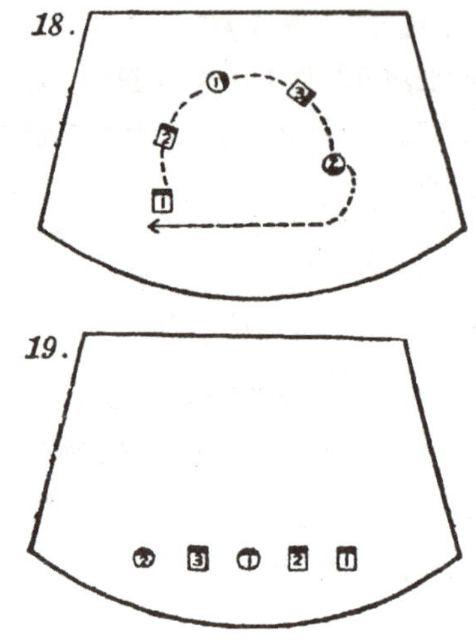

〔21〕～〔32〕至第十一遍〔5〕～〔8〕 动作同上。全体同时猛然右转半圈，由女2领头按图示路线走向向台前成面向1点的一横排。

念"道白之二" 做"喝彩敲瓢"，念第四句时重复第三句动作(全舞完)。

传　　授　袁银茹
舞蹈编写　刘章高
概　　述　郭普庆
绘　　图　陈冬生、高潮峰、周升林
　　　　　揭小华
资料提供　袁德芳、李谷生、刘少芳
执行编辑　郑湘纯、康玉岩

(6)演出剧照

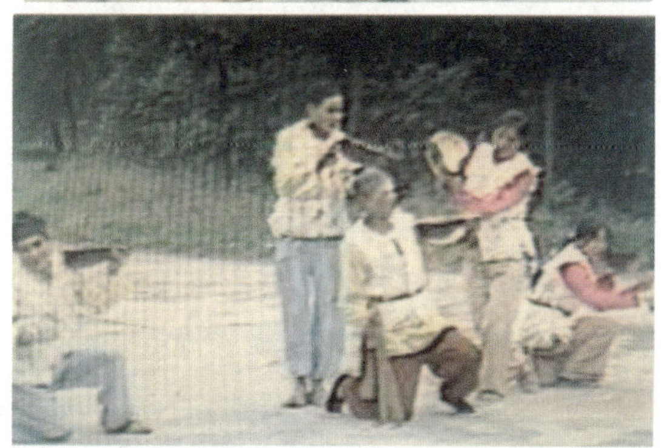

图5-1　上二图为1987年7月省卷录像照。
（刘少芳　摄于大港水库招待所）

图5-2　都昌县徐埠镇白果村的农民在表演《扎化子》。
（汪志勇　摄　2006年6月）

2. 打岔伞

(1)概述

《打岔伞》流传于九江市都昌县，由九人表演。领舞（主伞）一名，男、女伴舞各四名，主伞为丑行打扮。

据大港乡大田村艺人彭积华（1919 年生）介绍，《打岔伞》原流传于河南商丘一带。相传，隋末李世民率部在商丘一带作战。一次战斗失利，李世民遭敌兵围追，正走投无路之时，突然急中生智，令兵将化装成花鼓娘和花鼓腿（男）。刚改扮停当，追兵就到了。李因指挥部下而忘了自己化装，忙乱中抓起一把白粉往脸上一抹，扮成丑角，然后手执盖伞以各种巧妙的手法，与追兵进行周旋，终于骗过了追兵，脱离了险境。当地百姓为了纪念这一事件，便编成了《打岔伞》，每年上元灯节必演这个节目。

清顺治年间，淮河泛滥，大批商丘难民逃荒南徙，有一部分流落到都昌县边远山区的大港乡大田、小埠村一带（据大港乡王竹里、坎下村王、陈两姓族谱记载）。商丘难民自移居异乡后，每年灯节仍要跳《打岔伞》，以表达他们难忘故土的心情。从此河南的传统民间舞蹈《打岔伞》在大田、小埠等地扎了根，为当地群众喜闻乐见已有三百多年的历史了。

《打岔伞》顾名思义就是“打岔”。表演时，主伞要针对伴舞或观众的说唱内容，故意岔开话题，逗趣取乐。念白和唱词都无固定内容，全是临场即兴编唱。如：伴舞唱：“……四时安康福寿绵”，主伞就接唱“绵呀绵，泼瓢水，撒把盐，我跟乡亲们唱一遍，唱得风调雨又顺，荣华宝贵万万年”。表演全凭主伞灵敏的头脑和伶俐的口齿，配上敲板，舞蹈情绪诙谐幽默，气氛活跃，深受群众的喜爱。

《打岔伞》主要用打击乐伴奏，常用的锣鼓节奏是‖: 匡冬冬 冬冬 | 匡冬 冬冬 :‖另配以演员的竹片敲击声，更加显得舞蹈气氛热烈，富有浓郁的乡土气息。

1987 年，都昌县民舞搜集组在大港乡将《打岔伞》收集整理好资料报省，《江西省民舞集成》编辑部来大港乡录像。该舞收录于《中国民族民间舞蹈集成》。

(2)音乐

说　明

该舞在表演时一般只用打击乐伴奏，乐队由鼓一面、大锣一面，小锣一面，小钹一副组成，鼓（遇“答”字敲鼓边）、小锣、小钹在演奏时每字必打，大锣则遇“匡”字打一下。

演员的竹片在每小节的强拍上击一下。

整个表演时间的长短由主伞掌握，表演时可随意由一人领众合唱任何一首歌。另外，主伞必须熟悉每首歌曲与打击乐曲的长短，以便在它的尾声中“打岔”，“打岔”时音乐即止，但演员有节奏的竹板敲击声自始至终不停，因此，“打岔”必须有节拍地进行。

过门锣鼓指《绣广东》一曲的〔13〕至〔18〕小节。

曲　谱

传授　彭积华
记谱　李大志

打　击　乐　一

2/4

中速

	〔1〕			〔4〕		
锣鼓字谱	冬 冬冬	匡冬冬冬冬	匡冬冬冬	匡冬冬冬冬	匡冬冬冬	匡冬匡冬
鼓	X XX	XXXXX	XXXX	XXXXX	XXXX	XXXX
大锣	0 0	X 0	X 0	X 0	X 0	X X
小锣	0 0	XXXXX	XXXX	XXXXX	XXXX	XXXX
小钹	0 0	XX XX	XXXX	XX XX	XXXX	XXXX

		〔8〕				〔12〕
锣鼓字谱	匡冬冬冬冬	匡冬冬冬	匡冬冬冬冬	匡冬冬冬	匡匡冬匡	冬冬匡冬
鼓	XXXXX	XXXX	XXXXX	XXXX	X XX	XXXX
大锣	X 0	X 0	X 0	X 0	XX0X	0 X0
小锣	XX XX	XXXX	XXXXX	XXXX	XX0X	XXXX
小钹	XX XX	XXXX	XX XX	XXXX	XXXX	XXX0

				〔16〕		
锣鼓字谱	匡冬冬冬冬	匡冬冬冬	匡匡冬匡	冬冬匡冬	冬匡冬匡	匡冬匡
鼓	X X X X X	X X X X	X X X X	X X X X	X X X X	X X X
大锣	X 0	X 0	X X 0 X	0 X 0	0 X 0 X	X 0 X
小锣	X X X X X	X X X X	X X X X	X X X X	X X X X	X X X
小钹	X X X X	X X X X	X X X X	X X X X	X X X X	X X X

		〔20〕			
锣鼓字谱	匡匡 匡匡	冬冬 匡	匡冬冬冬冬	匡冬 冬冬	匡冬冬冬冬
鼓	X X X X	X X X	X X X X X	X X X X	X X X X X
大锣	X X X X	0 X	X 0	X 0	X 0
小锣	X X X X	X X X	X X X X X	X X X X	X X X X X
小钹	X X X X	X X X	X X X X	X X X X	X X X X X

	〔24〕				〔28〕
锣鼓字谱	匡冬 冬冬	匡匡 冬匡	冬冬 匡冬	匡冬冬冬冬	匡冬 冬冬
鼓	X X X X	X X X X	X X X X	X X X X X	X X X X
大锣	X 0	X X 0 X	0 X 0	X 0	X 0
小锣	X X X X	X X X X	X X X X	X X X X X	X X X X
小钹	X X X X	X X X X	X X X X	X X X X	X X X X

				〔32〕	
锣鼓字谱	匡冬冬冬冬	匡冬 冬冬	匡冬冬冬冬	匡冬 匡冬	匡冬冬冬冬
鼓	X X X X X	X X X X	X X X X X	X X X X	X X X X X
大锣	X 0 0	X 0	X 0	X 0 X 0	X 0 X 0
小锣	X X X X	X X X X X	X X X X	X X X X	X X X X X
小钹	X X X X	X X X X	X X X X	X X X X	X X X X

			〔36〕		
锣鼓字谱	匡冬 冬冬	匡冬 匡冬	匡冬 匡冬	匡匡 冬匡	冬冬 匡
鼓	X X X X	X X X X	X X X X	X X X X	X X >X
大锣	X 0	X 0 X 0	X 0 X 0	X X 0 X	0 >X
小锣	X X X X	X X X X	X X X X	X X X X	X X >X
小钹	X X X X	X X X X	X X X X	X X X X	X X >X

打击乐二

2/4

中速

	〔1〕			〔4〕	
锣鼓字谱	答冬冬冬冬	匡冬冬冬冬	匡冬 冬冬	匡冬冬冬冬	匡冬 冬冬
鼓	X X X X X	X X X X X	X X X X	X X X X X	X X X X
大锣	0 0	X 0	X 0	X 0	X 0
小锣	0 0	X X X X X	X X X X	X X X X X	X X X X
小钹	0 0	X X X X	X X X X	X X X X	X X X X

			〔8〕		
锣鼓字谱	匡冬 冬冬	匡冬冬冬冬	匡冬 冬冬	匡冬冬冬冬	匡冬 冬冬
鼓	X X X X	X X X X X	X X X X	X X X X X	X X X X
大锣	X 0	X 0	X 0	X 0	X 0
小锣	X X X X	X X X X X	X X X X	X X X X X	X X X X
小钹	X X X X	X X X X	X X X X	X X X X	X X X X

		〔12〕				〔16〕
锣鼓字谱	匡冬冬冬冬	匡冬冬冬	匡匡冬匡	冬冬匡	匡匡冬匡	匡冬匡
鼓	X X X X X	X X X X	X X X X	X X X	X X X X	X X >X
大锣	X 0	X 0	X X 0 X	0 X	X X 0 X	X 0 >X
小锣	X X X X X	X X X X	X X X X	X X X	X X X X	X X >X
小钹	X X X X	X X X X	X X X X	X X X	X X X X	X X >X

打击乐三

$\frac{2}{4}\frac{3}{4}$

稍快

	〔1〕			〔4〕	
锣鼓字谱	答冬答冬	匡冬冬冬冬	匡冬冬冬冬	匡匡冬匡	$\frac{3}{4}$ 冬匡冬冬匡
鼓	X X X X	X X X X X	X X X X X	X X X X	$\frac{3}{4}$ X X X X >X
大锣	0 0	X 0	X 0	X X 0 X	$\frac{3}{4}$ 0 X 0 >X
小锣	0 0	X X X X X	X X X X X	X X X X	$\frac{3}{4}$ X X X X >X
小钹	0 0	X X X X	X X X X	X X X X	$\frac{3}{4}$ X X X X >X

绣 广 东

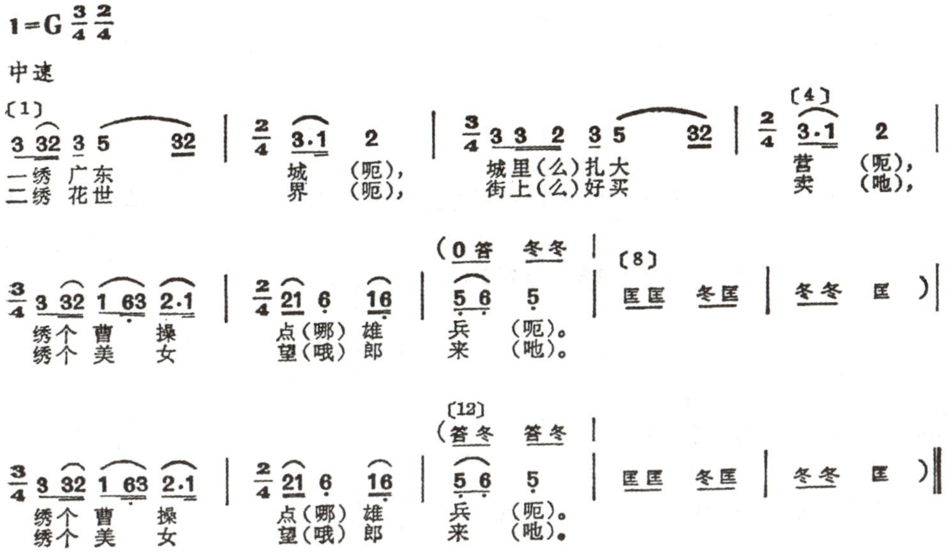

1=G $\frac{3}{4}$ $\frac{2}{4}$

中速

〔1〕 3 32 3 5 32 | $\frac{2}{4}$ 3·1 2 | $\frac{3}{4}$ 3 3 2 3 5 32 | $\frac{2}{4}$ 〔4〕 3·1 2 |

一绣 广东 城 （呃），城里（么）扎大 营 （呃），
二绣 花世 界 （呃），街上（么）好买 卖 （吔），

$\frac{3}{4}$ 3 32 1 63 2·1 | $\frac{2}{4}$ 21 6 16 | 5 6 5 （0 答 冬冬 | 〔8〕 匡匡 冬匡 | 冬冬 匡 ）|

绣个 曹 操 点（哪）雄 兵 （呃）。
绣个 美 女 望（哦）郎 来 （吔）。

$\frac{3}{4}$ 3 32 1 63 2·1 | $\frac{2}{4}$ 21 6 16 | 5 6 5 〔12〕（答冬 答冬 | 匡匡 冬匡 | 冬冬 匡 ）‖

绣个 曹 操 点（哪）雄 兵 （呃）。
绣个 美 女 望（哦）郎 来 （吔）。

数 板

之 一

领：嘿 一 | 青铜（格）锣鼓， | 慢·些 敲 | 胡·子 老倌 | 要打 搅。 |

众：好· 喂 | 真不 错， | 胡子 老倌 | 要打 搅 。 |

领：咳 一 | 我来 说， | 朱洪 武 | 奉命 坐南 | 京 。 |

众：好· 喂 | 真不 错， | 朱洪武 奉命 | 坐南 京 。 |

领：云顶 跨下个 | 胡大 海， | 保驾个 英雄 | 常遇 春 。 |

众：好· 喂 | 真不 错， | 保驾个 英雄 | 常遇 春 。 |

领：尽尽地 说 | 尽尽的 有， | 说·到 哪里 | 去收 兜， |

呼呀 呼 | 撒一把 沙， | 唱唱 还靠 | 小辣 花 。‖

之　二

领：嘿　一 | 青铜(格)锣鼓 | 慢些　敲， | 胡子　老倌 | 又打　搅　。|

众：好·　喂 | 真不　错， | 胡子　老倌 | 又打　搅　。|

领：尽尽地说 | 尽尽的　有， | 河南出了(格) | 包文　拯， | 日断　阳来 |

夜断　阴， | 阳间的　老鼠 | 没断　清　。|

众：好·　喂 | 真不　错， | 阳间的　老鼠 | 没断　清　。|

领：0　咳 | 尽尽地　说 | 尽尽地　有， | 说到　哪里 | 去收　兜， |

呼呀　呼 | 撒一把　沙， | 唱唱　全靠 | 小辣　花　。‖

之　三

领：咳　一 | 青铜(格)锣鼓 | 慢些　敲， | 胡子　老倌 | 又打　搅　。|

众：好·　喂 | 真不　错， | 胡子　老倌 | 又打　搅　。|

领：程咬　金 | 长得　丑， | 他是　天上 | 一星　斗。 | 三十　六林 |

他为　王， | 瓦岗　寨上 | 他为　首， | 他临　死 | 呵呵　一大 |

笑，0 | 哭死了　儿子 | 程铁　牛　。|

众：好·　喂 | 真不　错， | 哭死了　儿子 | 程铁　牛　。|

领：尽尽地说 | 尽尽的　有， | 说到　哪里 | 去收　兜， | 呼呀　呼 |

撒一把盐， | 红灯　一走 | 荣华　富贵 | 万万　年　。‖

（3）造型、服饰、道具

造 型

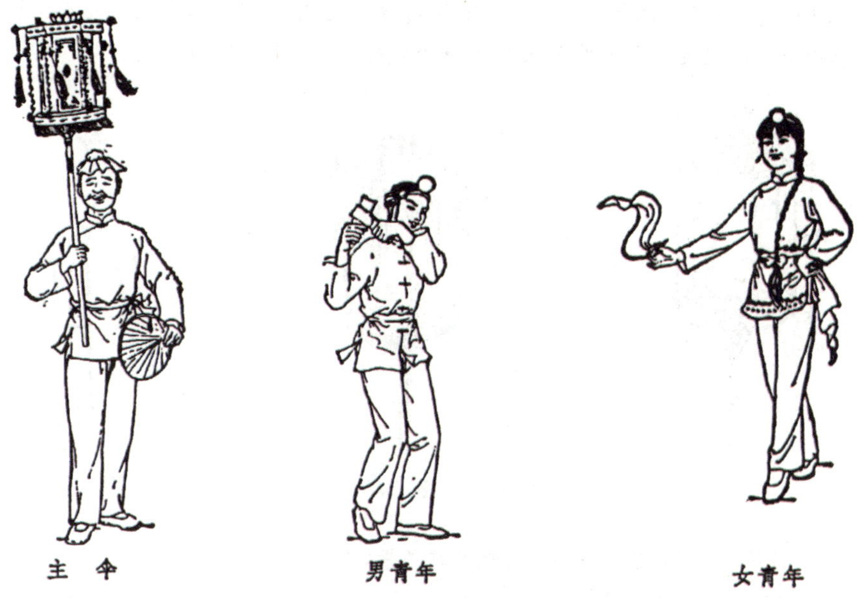

主 伞　　男青年　　女青年

服　饰（除附图外，均见“统一图”）。

1．主伞　头戴抓巾，穿铁灰色布大襟便衣、绿布灯笼裤，扎黄布腰带，蹬黑布便鞋。

2．男青年　头缠黑皱纱（表示长发盘在头上），前额上插一个红绒球。穿白绸料对襟上衣、黄绸料便裤，裤脚镶咖啡色布边。系红绸腰带，蹬黑布便鞋。

主伞头饰

男青年头饰

女青年头饰

3．女青年　梳一条长辫，头扎黑色皱纱，上插一朵红绒花、一个红绒球。穿红绸大襟女便衣，绿绸便裤，裤脚镶深黄色边。系黑色短围兜，缀金色花边，蹬黑布便鞋。

道　具

1．伞灯　竹木扎架，彩纸裱糊。伞柄长1米，缠红绿纸条。伞的下圈为深黄绸料，镶黑色图纹，红色丝缘下摆；六角形伞心每面分别为大红、玫瑰红、绿、蓝、黄、黑色底，上贴彩纸拼的各样图案；四周细柱上为纸缠金龙；伞上圈六角吊黄丝穗，穗上扎水红色小花；伞顶面为黄色，圆心处为水红色莲花瓣，每个花瓣尖为红色，边沿为绿色。

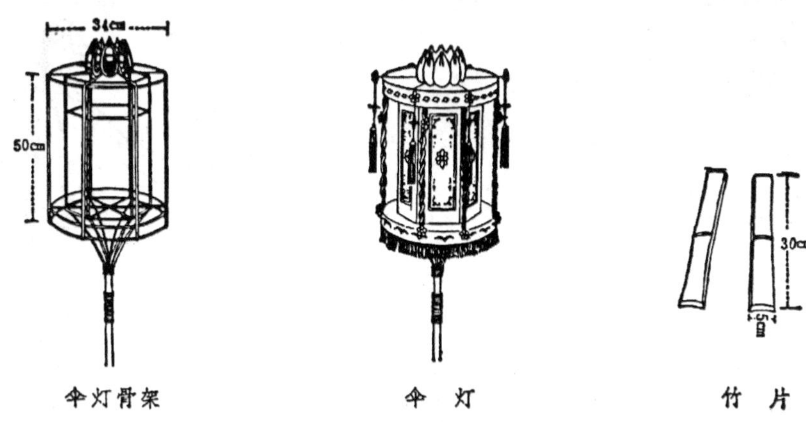

伞灯骨架　　伞　灯　　竹　片

2．竹片　长30厘米、宽5厘米的两块竹板。

3．蒲扇　（见“统一图”）。

4．彩帕　即手帕（见“统一图”）。

（4）动作说明

道具的执法

1．握伞，握蒲扇　如图（见图一）。

图　一

2．握竹片　双手各握一竹片，握法如图（见图二）。

3．捏帕　如图（见图三）。

图　二

图　三

基本动作

1．颠脚步

做法　右脚起，脚跟踮起，稍屈膝，每拍一小步前进或后退。不同角色的上身动作分别如下：

主伞右手“握伞”随步法稍上下颤动；左手“握蒲扇”，上右脚时向腹前扇一下，上左脚时向“提襟”位打开（见图四）。

图　四

男青年双手各握一竹片，女青年双手各捏一方彩帕，均于“提襟”位随步法前后甩动。甩动时以手带动上臂，幅度不要太大。

2．拱手

准备　站“正步”。男“握竹片”，女“捏帕”，均双手下垂。

第一～二拍　屈双膝成“正步半蹲”，同时两臂屈肘抬于胸前，作抱拳拱手行礼状。

第三～四拍　直双膝，双手自然下垂仍成“正步”。

3．跑场步

准备　男前女后均站“正步”。男双臂屈肘双手靠近抬于头右前；女左手略低于“山膀”

位，右手于左腋前。

第一拍　男左脚向左前跳一步，同时双手划上弧线至头左前向下击一下竹片(见图五)。女动作与男对称，向前甩帕(见图六)。

图　五

图　六

第二拍　男右脚靠在左脚旁轻踏地，双膝随之稍屈，双臂顺势左划。女动作与之对称。

第三～四拍　做第一至二拍对称动作。

4．相对甩手

准备　男女面相对一步距“正步”站立。

第一拍　右脚向左前跳一步，稍屈膝为重心，左小腿随之后抬，成二人右肩相对。双手动作男同“跑场步”的第一拍，女同“跑场步”的第四拍(见图七)。

第二拍　上肢姿态不变，左脚落回原位为重心，右脚随之稍离地。

第三拍　右脚撤回原位仍成二人面相对，双手做第一拍对称动作。

第四拍　上肢姿态不变，左脚收至右脚旁成“正步”。

图　七

5．扬手跳

准备　右手“握伞”，左手“握蒲扇”，站“八字步”。

第一～二拍　屈膝向下成全蹲，脚跟离地，收腹、夹肘，同时深呼一口气。

第三～四拍　猛提气，双脚跳起，右脚踩地，同时左腿旁吸，右手不动，左手向左上方扬起，同时大喝一声“嘿！”（见图八）。

6．旋伞点扇

准备　同“扬手跳”的准备动作。

第一～二拍　左脚向右上一步，同时右手原位向左拧腕旋伞一下，左手向左前下方点一下，脸向左前，眼看左下方（见图九）。

第三～四拍　右脚向右上一步，右手腕拧回。

以上动作如向左横走，脚要做对称动作，手动作不变。

图　八

图　九

图　十

7．犀牛望月

准备　同“相对甩手”的准备动作。

第一～二拍　男、女左腿各向右前跨一步，右转半圈，上身右拧、稍后仰，同时男双手至脸右前击一下竹片，女抖一下彩帕，二人对视（见图十）。

第三～四拍　下肢姿态不变，手做第一至二拍的对称动作。

第五～六拍　下肢姿态不变，手动作同第一至二拍。

第七～八拍　左脚为重心，右脚后撤右转半圈，二人换位仍成面相对“正步”站立，手动作同第三至四拍。

（5）场记说明

角　色

主伞（▼）　男，简称“伞”，右手“握伞”，左手“握蒲扇”。

男青年（①～④）　四人，均双手各执一竹片，简称“男”。

女青年(①~④) 四人，双手各捏一彩帕，简称“女”。

时　间　春节期间。

地　点　广场。

1.

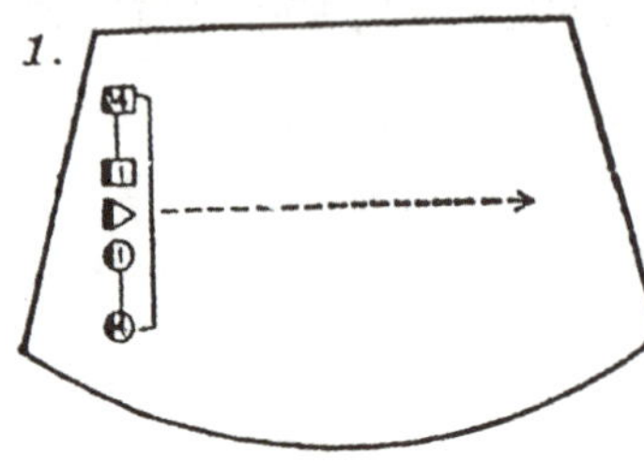

打击乐一

〔1〕~〔12〕 前奏。各按图示位置于台左侧候场。

〔13〕~〔14〕无限反复　全体成面向7点的一排走“颠脚步”(以下除注明外，步法均为“颠脚步”)，从台右侧出场走至台左侧。

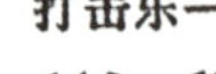

2.

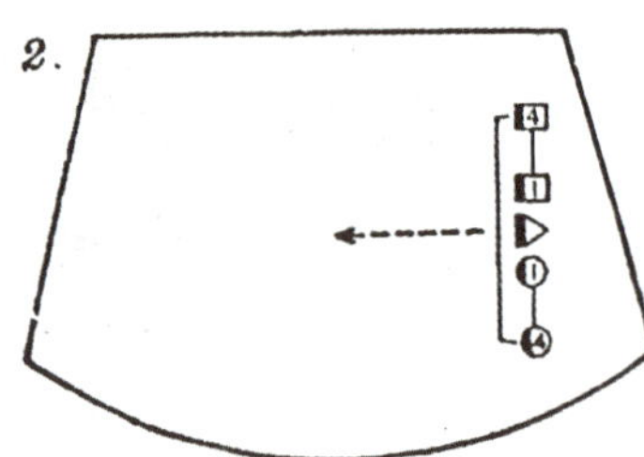

全体同时做一次“拱手”，然后退至台中。

3.

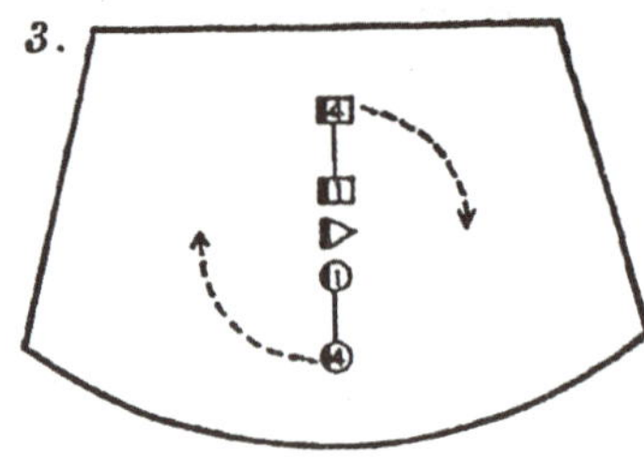

以伞为轴，女退男进，全体保持一横排顺时针方向走成面向1点的一横排，然后走至台前。

4.

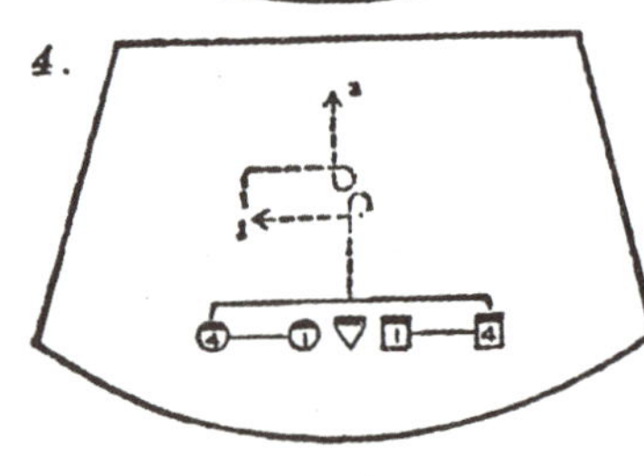

面向1点做一次“拱手”。然后按场记3的方法走至台右侧箭头1处成面向3点的一横排，做一次“拱手”。依上述方法退经台中，转成在台后箭头2处面向5点的一横排，做一次“拱手”(舞完曲止)。

5.

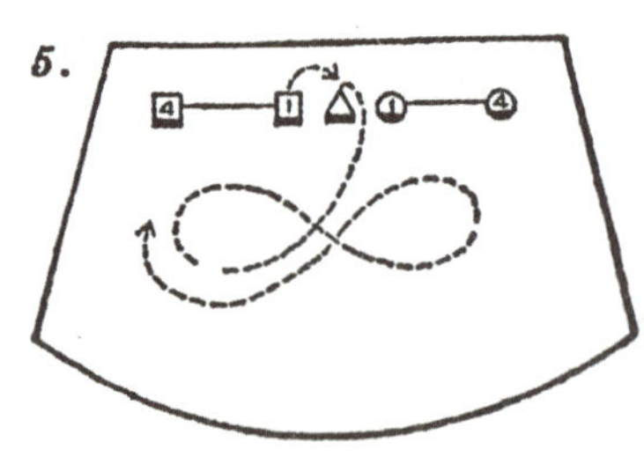

〔15〕~〔33〕 主伞领队，男1、女1、男2、女2……依次向里转身随其后做“跑场步”，按图示路线至台中时开始走“∞”形两次，最后主伞走至台右箭头处。

6.

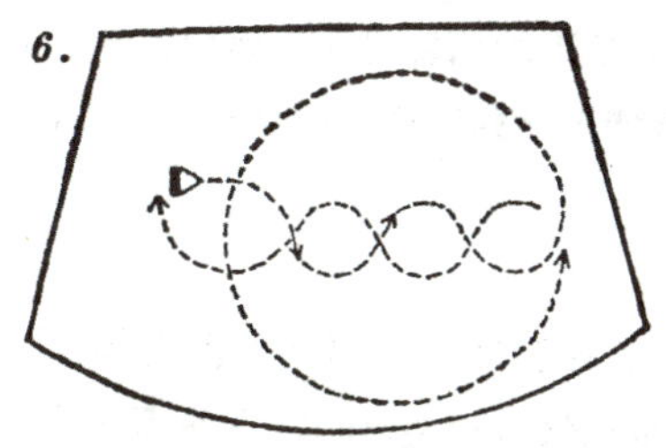

〔34〕无限反复　动作同上。按图示路线，由主伞领头依次穿插，伞走至台左侧时，领队走成一个大圆圈，伞至台左侧。

7.

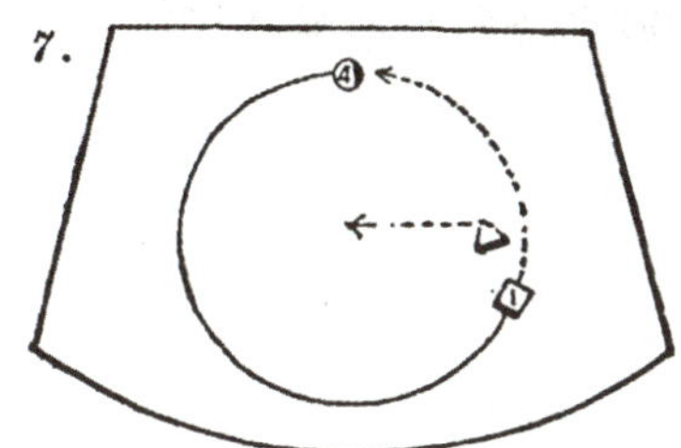

动作同上。伞走至台中成面向1点，男1号继续领众走圈，各至下图位置（舞完曲止）。

8.

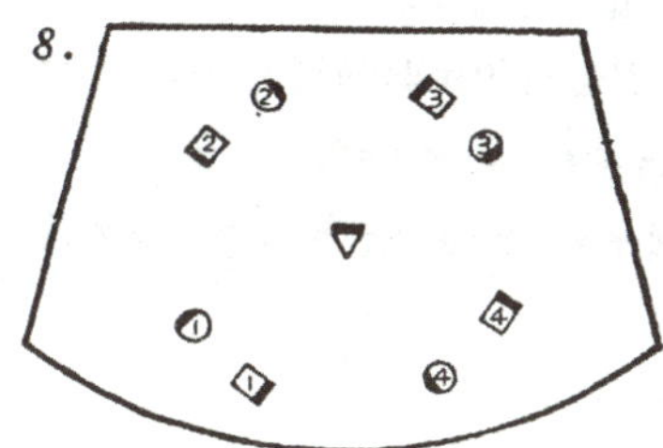

〔35〕～〔36〕　伞原地做“颠脚步”，众做“相对甩手”。

〔37〕～〔38〕　伞做“扬手跳”，最后一拍时喊一声“嘿！”。其他人动作同上。

9.

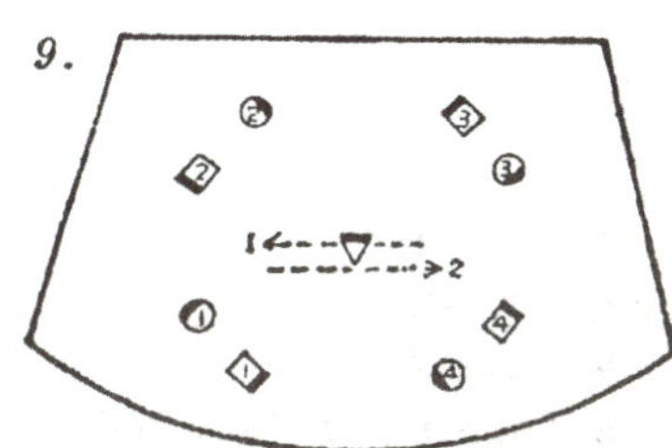

数板之一　众男、女动作同上，边念边舞。伞做“旋伞点扇”，先面向2点、脸向1点至箭头1处，然后面向8点、脸向1点走至箭头2处，再面向1点向右走，数板结束时回原位。

10.

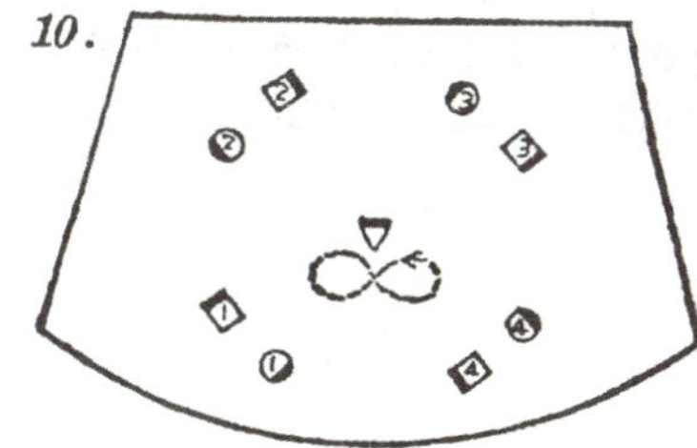

打击乐二　伞在台中做“旋伞点扇”按图示路线走“∞”形，同时众男、女二人一组做“犀牛望月”。

《绣广东》

唱第一段词　男、女二人一组做“相对甩手”。伞动作同上，继续走“∞”形路线。

反复打击乐二〔11〕～〔16〕　众男、女做“犀牛望月”。伞动作同上，最后两小节走至台中做“扬手跳”，同时吆喊：“嘿！”。

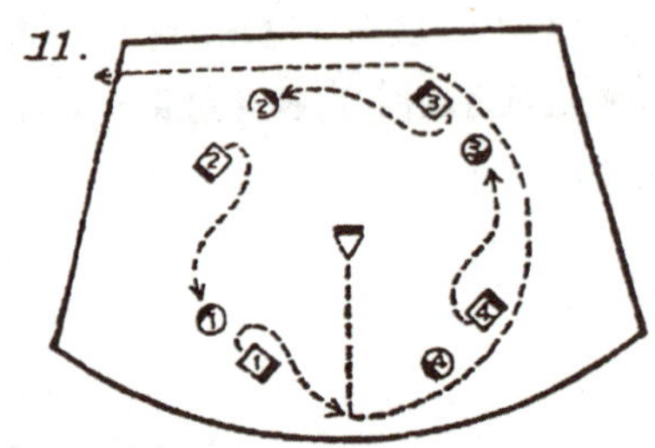

数板之二　动作和队形均同场记9。然后再重复一遍场记10接场记9的动作、路线(唱第二段词、数板之三)。

打击乐三

〔1〕～〔3〕　伞做"颠脚步"，众男、女做"跑场步"。按图示路线由伞领至台左后时，左转身面向7点退下场；男右转身，全体成男女相间的一队做"跑场步"(面向主伞)随同下场。

〔4〕～〔5〕　全舞完。

(6) 艺人简介

彭积华　男，1919年生，都昌县大港乡大田村人。祖籍河南商丘。

彭积华从十二岁就跟着父亲学习民间歌舞，不但掌握了当地的民间舞蹈《划旱船》《打莲湘》，还特别喜爱祖籍河南商丘地区的传统舞蹈，如《打岔伞》《玩春牛》等。

为了使这些民间舞蹈流传，他亲自授艺给凌灶期、周从非、陈运贵、陈宝贵、凌雪莲(女)、周贵娥(女)等年轻一代。

传　　授　彭积华
舞蹈编写　李谷生
概　　述　郭普庆
绘　　图　陈冬生、周升林、揭小华
　　　　　高潮峰
资料提供　袁德芳、刘桂萍、刘少芳
执行编辑　郑湘纯、康玉岩

3. 玩春牛

(1)概述

传统舞蹈《玩春牛》,系都昌县大港镇大田村河南商丘移民,九百多年前因躲避战乱,“由商迁赣”而传入的民间舞蹈。据老艺人彭积华(1919—1998)介绍:清光绪年间开始,彭氏家族每年上元灯节扎牛头,缝披风,由三人表演,展示春耕繁忙时节,农夫在田间辛苦劳作以及与水牛嬉戏的场景。

《玩春牛》属情景生活化传统舞蹈,以“犁田”“牛困地”“牛挠痒”“翻跟斗”等生产化舞蹈词汇,把“玩”春牛演得惟妙惟肖,富有浓郁的乡土气息。

都昌县大港镇大田村《彭氏六修宗谱》首卷记载:“我彭氏由商(河南商丘)迁赣以来,迄今已有九百六十一年矣。”彭氏二十一世殿元公(清嘉庆年间)的简介中,记有“子嗣承袭,先人奇艺”。老艺人彭积华(1919—1998)曾介绍:“彭氏祖上就有跳《玩春牛》等民间舞蹈的传统,宗谱中的‘先人奇艺’就包括《玩春牛》等民间艺术,须是本族子嗣承袭,不外传。”

随着时代的变迁和社会的进步,老艺人逐步吸收外姓人参与其中,形成大港当地的风格特点。

1987 年,都昌县民舞搜集组在大港乡将《玩春牛》收集整理好资料报省,《江西省民舞集成》编辑部来大港乡录像并收藏,同期收录于《中国民舞集成·九江卷》。

2007 年,都昌县人民政府把《玩春牛》列为全县第一批非物质文化遗产保护名录。

(2)音乐

玩春牛

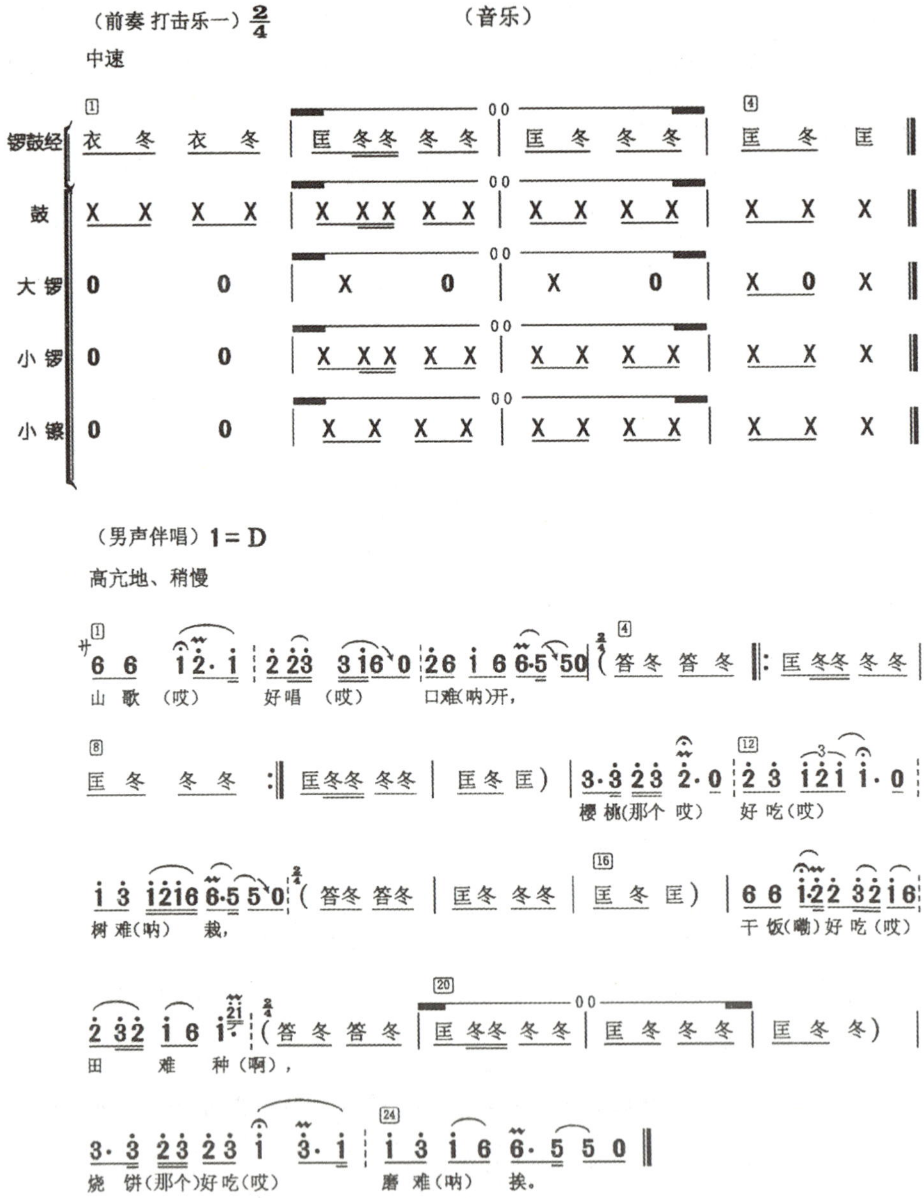

（前奏 打击乐一）$\frac{2}{4}$ （音乐）

中速

锣鼓经：衣 冬 衣 冬 | 匡 冬冬 冬 冬 | 匡 冬 冬 冬 | 匡 冬 匡 ‖

鼓：X X X X | X XX X X | X X X X | X X X ‖

大锣：0 0 | X 0 | X 0 | X 0 X ‖

小锣：0 0 | X XX X X | X X X X | X X X ‖

小镲：0 0 | X X X X | X X X X | X X X ‖

（男声伴唱）1＝D

高亢地、稍慢

山歌（哎）好唱（哎）口难（呐）开，（答冬 答冬 ‖: 匡 冬冬 冬冬 | 匡 冬 冬冬 :‖ 匡冬冬 冬冬 | 匡冬 匡）

樱桃（那个 哎）好吃（哎）树难（呐）栽，（答冬 答冬 | 匡冬 冬冬 | 匡 冬 匡）

干饭（嘞）好吃（哎）田难种（啊），（答冬 答冬 | 匡 冬冬 冬 冬 | 匡 冬 冬 冬 | 匡 冬 冬）

烧饼（那个）好吃（哎）磨难（呐）挨。

（打击乐二）$\frac{2}{4}$

中速

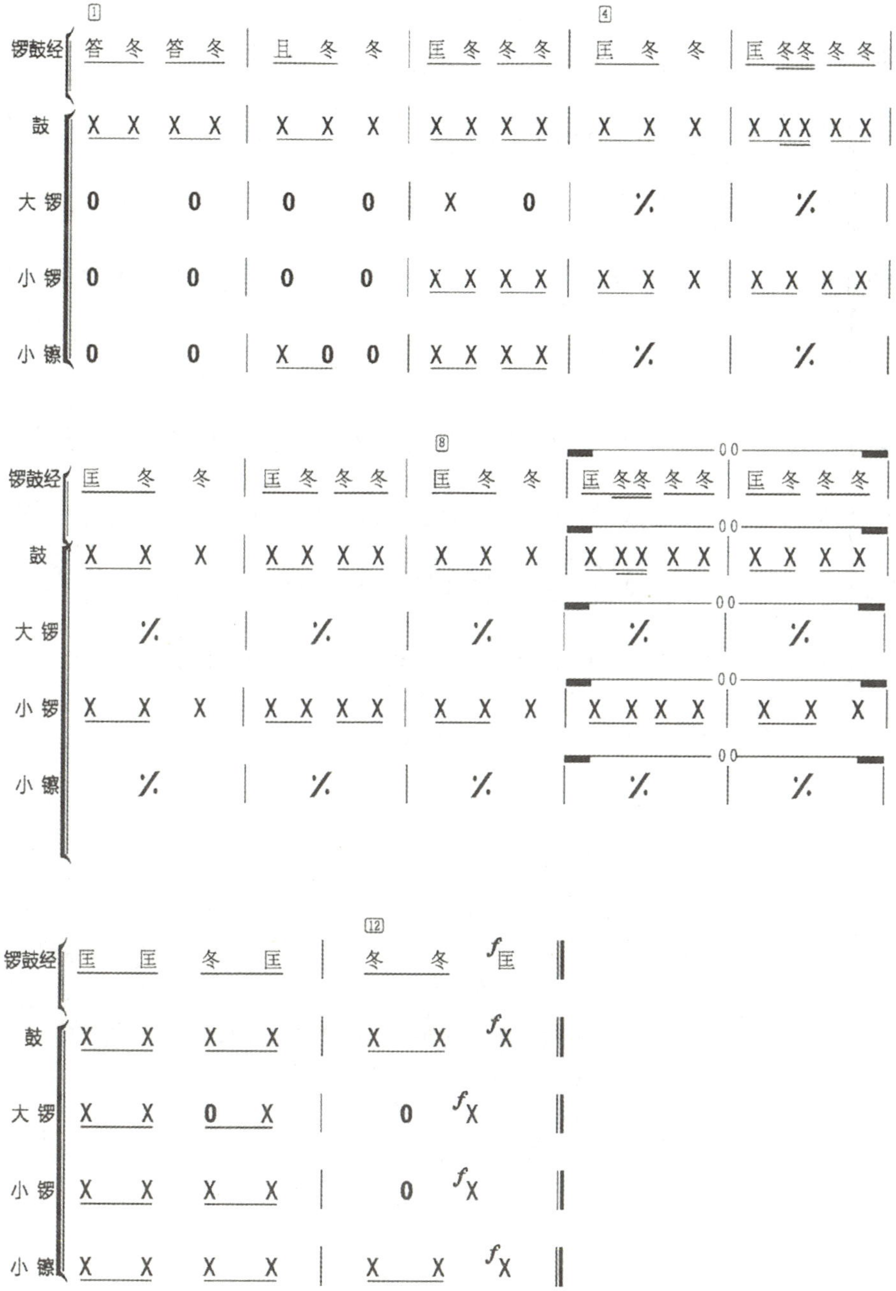

	[1]			[4]	
锣鼓经	答 冬 答 冬	且 冬 冬	匡 冬 冬 冬	匡 冬 冬	匡 冬冬 冬 冬
鼓	X X X X	X X X	X X X X	X X X	X XX X X
大锣	0 0	0 0	X 0	%	%
小锣	0 0	0 0	X X X X	X X X	X X X X
小镲	0 0	X 0 0	X X X X	%	%

			[8]	00	
锣鼓经	匡 冬 冬	匡 冬 冬 冬	匡 冬 冬	匡 冬冬 冬 冬	匡 冬 冬 冬
鼓	X X X	X X X X	X X X	X XX X X	X X X X
大锣	%	%	%	%	%
小锣	X X X	X X X X	X X X	X X X X	X X X
小镲	%	%	%	%	%

		[12]
锣鼓经	匡 匡 冬 匡	冬 冬 *f*匡 ‖
鼓	X X X X	X X *f*X ‖
大锣	X X 0 X	0 *f*X ‖
小锣	X X X X	0 *f*X ‖
小镲	X X X X	X X *f*X ‖

（尾声 打击乐）$\frac{2}{4}$

中速略快

	①			④	
锣鼓经	0 答 答	答 冬 冬 冬	答 冬 冬 冬	匡 冬 冬 冬	匡 匡 冬 匡
鼓	0 X X	X X X X	X X X X	X X X X	X X X X
大锣	0 0	0 0	0 0	X 0	X X 0 X
小锣	0 0	0 0	0 0	X X X X	X X X X
小镲	0 0	0 0	0 0	X X X X	X X X X

			⑧		⑩
锣鼓经	冬 冬 匡	冬 匡 冬 匡	冬 冬 匡	匡 匡 冬 匡	冬 冬 *f* 匡 ‖
鼓	X X X	X X X X	X X X	X X X X	X X *f* X ‖
大锣	0 X	0 X 0 X	0 X	X X 0 X	0 *f* X ‖
小锣	X X X	X X X X	X X X	X X X X	X X *f* X ‖
小镲	X X X	X X X X	X X X	X X X X	X X *f* X ‖

锣鼓经说明

鼓　　字谱上的每个字都打，遇“衣”“答”则打鼓边

大锣　　凡遇“匡”字都打

小锣　　字谱上的每个字都打

小镲　　字谱上的每个字都打，遇“且”时则轻击

(3)造型、服饰、道具

①青年农民形象

服装:白色中式衬衫,蓝色长裤,腰间系一条黄色腰巾,头戴一顶草帽,右手扶犁尾,左手拿鞭子,赤脚,挽袖裤,化装成丑角小花脸。

道具:木制犁一副(图5-3)、鞭子一根。

图5-3　青年农民装扮示意图

②"牛"的形象

"牛"以一个牛头模型和一块黑色的布,由两人藏匿其中来扮演。"牛头"留有可视的"眼睛",便于表演。在黑色装饰布与"牛头"连接处,用红色的布连接。表演者要统一着黑色下装,穿黑鞋袜,系黑绑腿。(图5－4)

图5－4 "牛"装扮示意图

（4）动作说明

基本动作一　犁田

扮牛前身者双手执“牛头”于正前，向前 90 度俯身，左脚始，前行。扮牛后身者伸双手搭在前者腰带上，向前 90 度俯身，右脚始，随节奏前行，脚踏在前者脚后跟，仿“牛步”。

扮丑青年戴草帽，左手握鞭于左前，右手握犁尾，身稍俯，步随犁行，自由节奏，仿“犁田”状。

基本动作二　牛困地

扮牛前身者双膝跪地，双手执“牛头”贴地。扮牛后身者伸双脚于前者左、右侧坐地，双手于大腿内侧撑地，向前大弓腰。

扮丑青年右手放犁向右倒地，左手握鞭于左前。

（5）场记说明

角色

青年——

牛（前身、后身）——

整个表演，节奏自由，仿生产式。

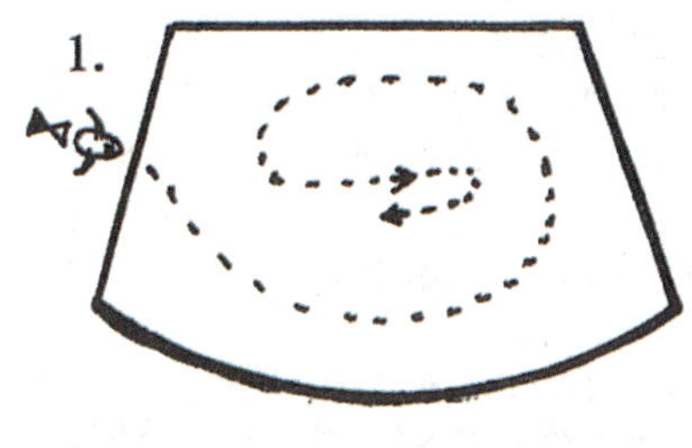

出场前在台右侧，青年扶犁，“嘿”一声，牛角“挠痒”：向左膀三四下，右膀一下。

出场，三人做“动作一”逆时针方向圆场一圈后至台中；青年鞭牛一下，左手摘帽，抬头向左、右上方看一下太阳，戴帽，右手提犁尾至台左；青年、牛右转至台中，面向3点。

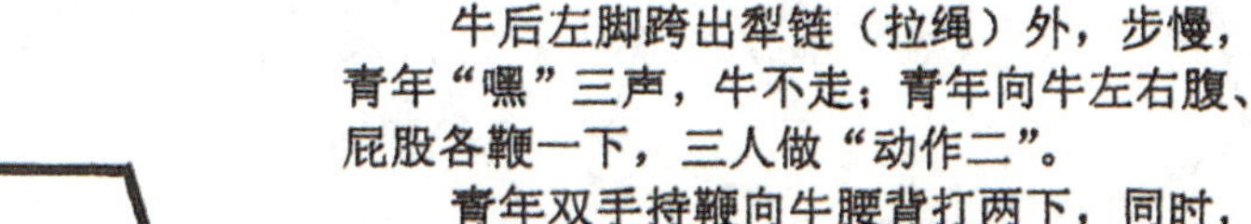

牛后左脚跨出犁链（拉绳）外，步慢，青年“嘿”三声，牛不走；青年向牛左右腹、屁股各鞭一下，三人做“动作二”。

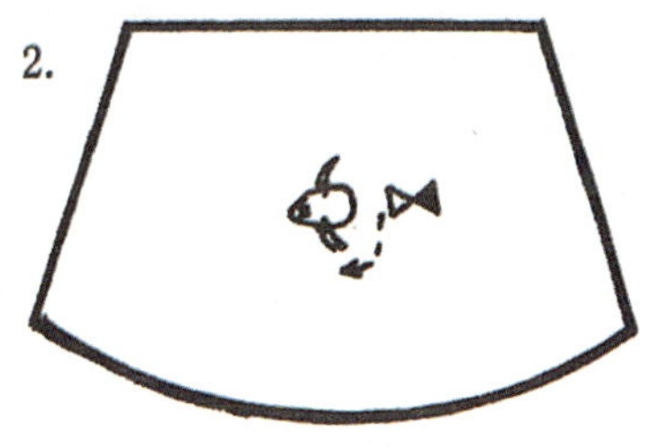

青年双手持鞭向牛腰背打两下，同时，牛左角向左膀挠痒六七下，后左脚向后耳根挠痒四五下。牛右角、后右脚做上动作的对称动作；同时，青年丢鞭于犁后作焦急状，右手摘帽扇风五六下。走至左牛角处，左手叉腰，戴帽，左手扶牛角，右手摸牛肩一下，牛左角顶青年倒地（左、右脚跳立后仰，左转俯身，双手叉地）向 8 点。右手捡帽，立

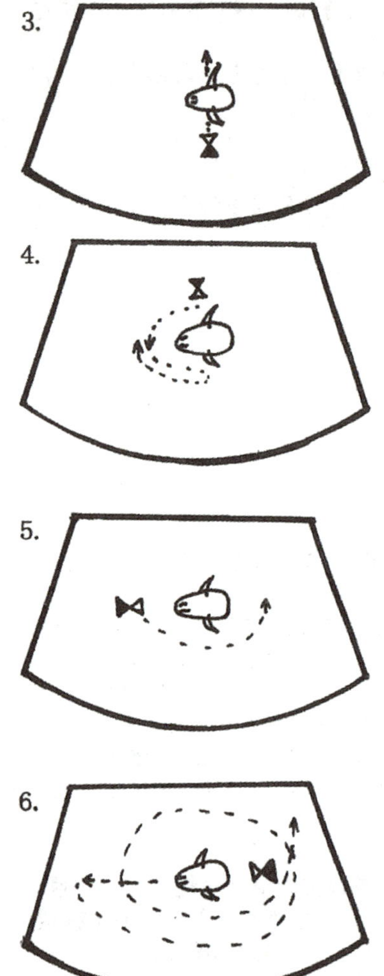

向牛腰，牛喘气……青年右手持帽扇风二三下，双手戴帽，至牛嘴左侧，稍俯看牛，双手摊掌至大腿前。

牛持伏地状，青年走至牛左腹侧，“虎跳”过牛背。

牛持伏地状。青年于牛头右一米，双手取帽，右手扇风二三下。从牛右腹侧，双手捏帽向牛浇水(大外八字步半蹲，横跨步，每步浇一下)，经牛嘴前绕至牛左腹侧，又返回牛嘴前。双手摸牛嘴，牛嘴拱人，青年右转侧身，向2点双手叉地。

牛持伏地状。青年走至牛头左，双手取帽向牛浇水三四下，牛角向左膀挠痒三下。青年走至犁后，右手捡鞭交左手，右手扶起犁，连“嘿”两声，牛后身起，后右脚跨出犁链（拉绳）外。青年扬鞭两下，打牛屁股两下，牛复伏，喘气……

青年将犁向右倒地，焦急状，双手同时分拍大腿一下，右手摘帽扇风一下，戴帽，双手扎紧裤腰带，大外八字步立，双手握鞭向牛屁股横打两下，牛起身。

三人做“动作一”，从台中至台右，逆时针方向圆场：至台前时，青年左手摘帽，抬头朝左上看太阳，帽扇风二三下，戴帽，步不停；至台右后，青年双手扶犁尾至台右，扬鞭一下，“嘿”一声，向6点下。

(6)演出照片

图5-5　上图为都昌县大港镇大田村的农民在表演《玩春牛》,下图为大港镇大田村民舞队展示《玩春牛》的道具——牛头。(汪志勇　摄　2013年4月)

传　　授　彭积华
舞蹈编写　刘章高
概　　述　郭普庆
场 记 图　李谷生
绘　　图　邵爱琴
摄　　影　汪志勇
资料提供　袁德芳、刘少芳

4. 瑜伽焰口手印

(1)概　述

《瑜伽焰口手印》属道教传统舞蹈，主要特征为：运用手指变化表现道教的文化特征和艺术特征，又将佛教思想交叉其中，在众多的道教文化中颇为鲜见。

据老艺人徐良相(1928—2003)介绍：《瑜伽焰口手印》是民间办丧事做道场时由道士唱经表演。其祖辈从事道士职业，在明末清初由本家传承下来。因徐良相已逝，唯一的传承人徐卖春(徐良相之子)多年不从事道士职业，加之唱经系口传，无文字记录。虽1986年都昌县民舞搜集组采风时有音乐记谱，但大多吐词不清，无法释出文字。该传统舞蹈处于濒危状态。

《瑜伽焰口手印》在都昌县左里镇等毗邻乡村流传。

1986年，都昌县民舞搜集组在左里乡收集整理《瑜伽焰口手印》；翌年7月，《江西省民舞集成》编辑部来大港乡录像并存档，此舞收录于《中国民舞集成·九江卷》。

2007年，都昌县人民政府把《瑜伽焰口手印》列为全县第一批非物质文化遗产保护名录。

(2)音　乐

瑜伽焰口手印

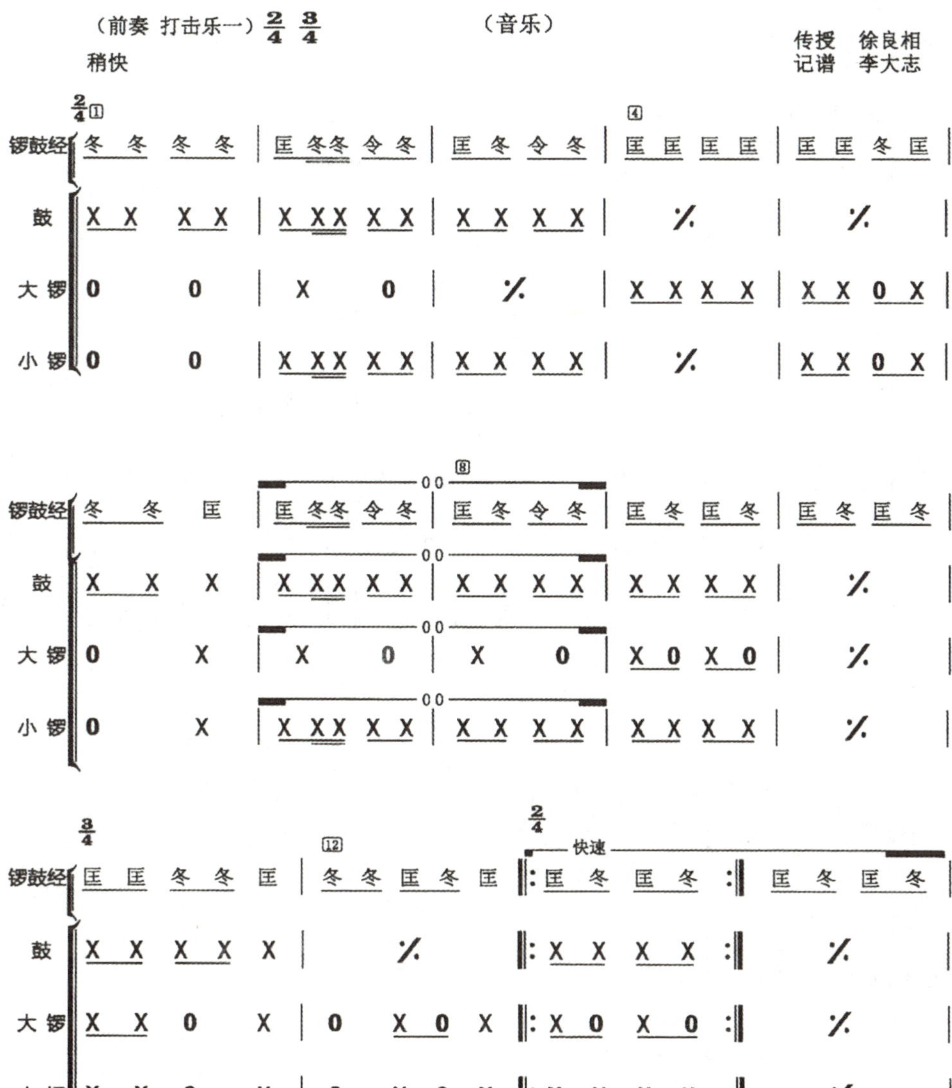

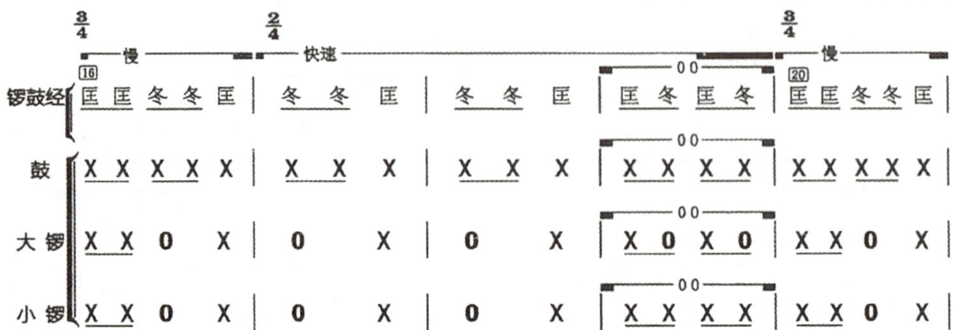
慢
快速
慢
锣鼓经
鼓
大锣
小锣

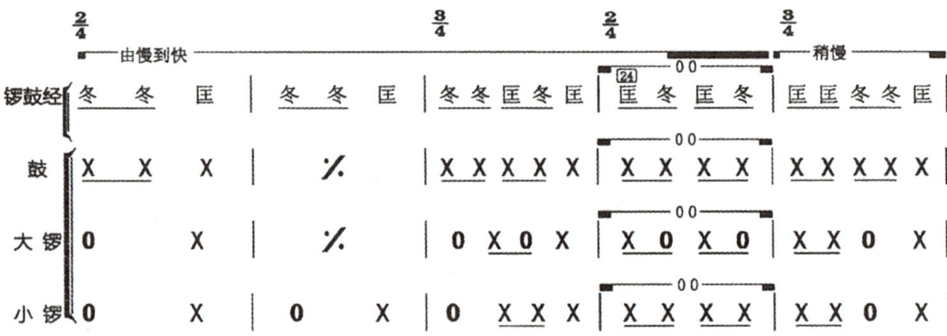
由慢到快
稍慢
锣鼓经
鼓
大锣
小锣

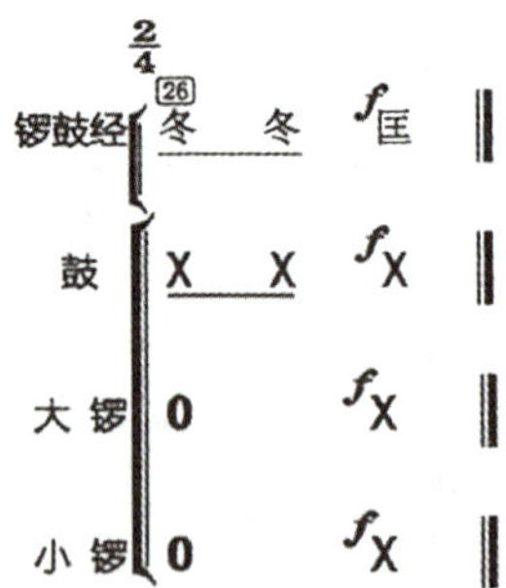
锣鼓经
鼓
大锣
小锣

（曲一）[①] 1＝C $\frac{2}{4}$ $\frac{3}{4}$

稍慢

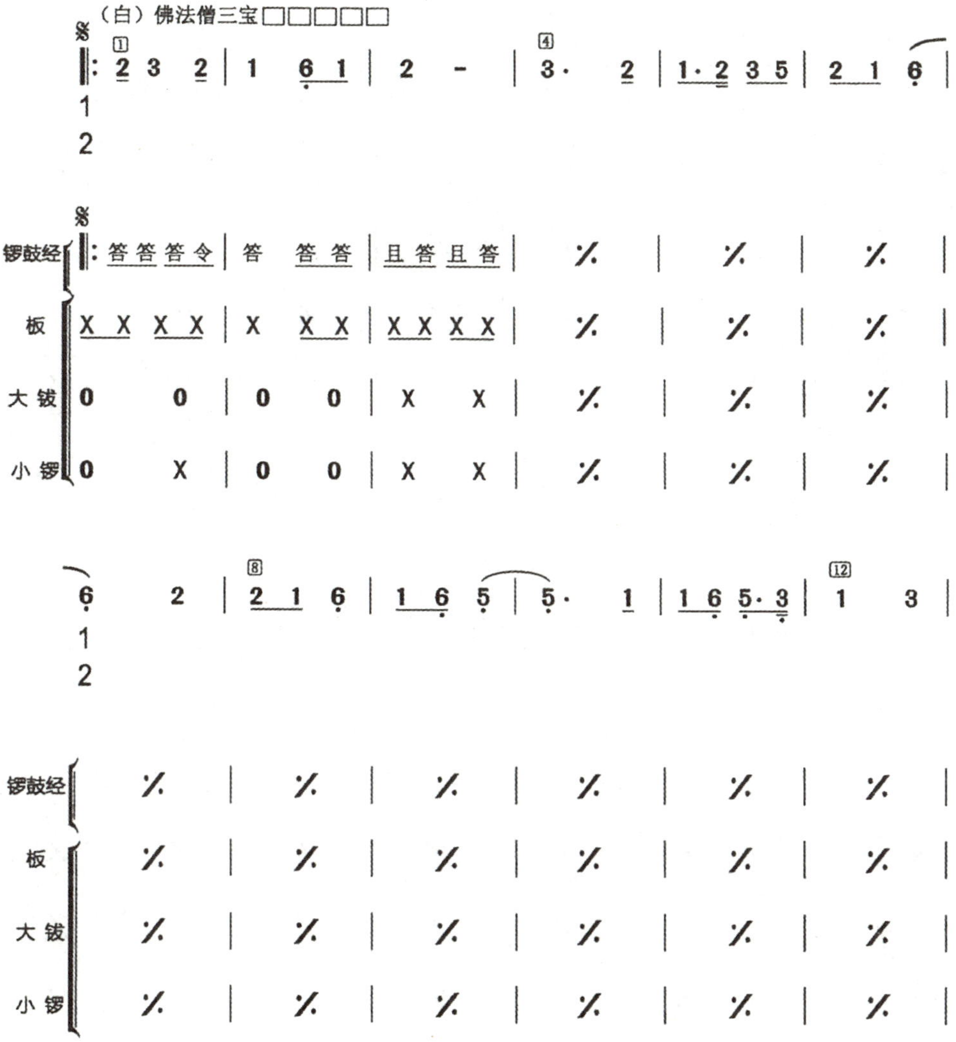

（白）佛法僧三宝□□□□□

𝄋 [1] |: 2 3 2 | 1 6 1 | 2 - | [4] 3· 2 | 1·2 3 5 | 2 1 6 |

1

2

锣鼓经 𝄋 |: 答答答令 | 答 答答 | 且答且答 | ⁒ | ⁒ | ⁒ |

板 |: X X X X | X X X | X X X X | ⁒ | ⁒ | ⁒ |

大钹 0 0 | 0 0 | X X | ⁒ | ⁒ | ⁒ |

小锣 0 X | 0 0 | X X | ⁒ | ⁒ | ⁒ |

6 2 | [8] 2 1 6 | 1 6 5 | 5· 1 | 1 6 5·3 | [12] 1 3 |

1

2

锣鼓经 ⁒ | ⁒ | ⁒ | ⁒ | ⁒ | ⁒ |

板 ⁒ | ⁒ | ⁒ | ⁒ | ⁒ | ⁒ |

大钹 ⁒ | ⁒ | ⁒ | ⁒ | ⁒ | ⁒ |

小锣 ⁒ | ⁒ | ⁒ | ⁒ | ⁒ | ⁒ |

[16]

2 –	2 1 6	1 6 5	6 1 6 5	3 –	3· 0	3· 2
1.						
2.						

锣鼓经	⁒	⁒	⁒	⁒	⁒	⁒	⁒
板	⁒	⁒	⁒	⁒	⁒	⁒	⁒
大钹	⁒	⁒	⁒	⁒	⁒	⁒	⁒
小锣	⁒	⁒	⁒	⁒	⁒	⁒	⁒

[20] [24]

2 1 6	1 6 5	6 1 6 5	⁵3 –	3 2	2 1 6	1·2 3 5
1.						
2.						

锣鼓经	⁒	⁒	⁒	⁒	⁒	⁒	⁒
板	⁒	⁒	⁒	⁒	⁒	⁒	⁒
大钹	⁒	⁒	⁒	⁒	⁒	⁒	⁒
小锣	⁒	⁒	⁒	⁒	⁒	⁒	⁒

[32]

2 1 2 6 | 6 - | 2 - | 2 1 1 6 | 1 6 5 | 6 1 6 5 | 5· 6 | 5 5 5 |

1.

2.

锣鼓经 | ⁒ | ⁒ | ⁒ | ⁒ | ⁒ | ⁒ | ⁒ | ⁒ |

板 | ⁒ | ⁒ | ⁒ | ⁒ | ⁒ | ⁒ | ⁒ | ⁒ |

大钹 | ⁒ | ⁒ | ⁒ | ⁒ | ⁒ | ⁒ | ⁒ | ⁒ |

小锣 | ⁒ | ⁒ | ⁒ | ⁒ | ⁒ | ⁒ | ⁒ | ⁒ |

3/4 6 1 2 - | 2/4 [36] 2 1 6 | 3/4 1 6 5· 0 | 2/4 3 2 | 2 1 6 | [40] 1· 2 |

1.

2.

锣鼓经 | 3/4 且答且答且 | 2/4 且答且答 | 3/4 且答且答且 | 2/4 且答且答 | ⁒ | ⁒ |

板 | X X X X X | X X X X | X X X X X | X X X X | ⁒ | ⁒ |

大钹 | X X X X X | X X X X | X X X X X | X X X X | ⁒ | ⁒ |

小锣 | X X X X X | X X X X | X X X X X | X X X X | ⁒ | ⁒ |

				44			47
	1 6 5	6 -	6 1 2	1 6 5	5· 1	6 5 3	5 - :‖
	1						
	2						
锣鼓经	⁒	⁒	⁒	⁒	⁒	⁒	匡 - :‖
板	⁒	⁒	⁒	⁒	⁒	⁒	X - :‖
大钹	⁒	⁒	⁒	⁒	⁒	⁒	X - :‖
小锣	⁒	⁒	⁒	⁒	⁒	⁒	X - :‖

注：① 此曲的唱词听不清听不懂，无法填入曲谱内。

（过门一[①] 打击乐二）

	1	4			7
锣鼓经	‖: 匡 冬冬 且 冬	匡 冬 且 冬 :‖	匡 匡 冬 匡	冬 冬 匡	匡 冬 匡 ‖
板	‖: X XX X X	X X X X :‖	X X X X	X X X	X X X ‖
大锣	‖: X 0	⁒ :‖	X X 0 X	0 X	X 0 X ‖
大钹	‖: X X	X X :‖	X X 0 X	0 X	X X ‖

注：① 此过门打击乐，用在曲一结尾处。

（曲二）1＝C $\frac{2}{4}$ $\frac{3}{4}$

稍慢

（匡 匡）

[1] 3· 2 | 3· 2 | 3 5 6 | [4] 3 2 1 6 | 2 – | 匡匡且匡 |

琵 琶 缭 绕 满 虚 空，

且且 匡） | [8] 3· 2 | 5 3 2 | 3 2 |（匡且匡且）| [12] 5 3 2 |

佛 面 犹

1 2 1 6 | 5· 1 | 6 5 3 | [16] 5· 6 | 1 – | 6 5 6 |

如 净 满 月，

（匡匡且匡 | [20] 匡且匡）6 6 | 5 1 5 | 1 6 1 | 2 – | [24] 1 2 1 6 |

亦 如 千

5· 1 | 6 5 3 | 5· 6 | [28] 1 – | 6 5 6 | 5 – |

日 千 日 放 光 明。

（匡 匡 | [32] 且匡且）| 1· 6 | 5 1 5 | 6· 1 | [36] 2· 1 |

佛 光 普

6 2 1 6 | 5· 1 | 6 5 3 | [40] 6 5· | 5· 6 | 1 2 1 |

照， 普 照 于 十

匡）

6 5 6 |（匡 匡 | [44] 且匡且且 | 1· 6 | 5 1 5 | 6· 1 |

方 喜 舍

[48] 2 3 1 | 6 2 1 6 | 5· 1 | 6 5 3 | [52] 6 5· | 5· 6 |

慈 悲， 慈 悲 皆

(匡 匡

56

1 2 1 | 6 5 6 | 5 - | 匡 匡 | 匡冬冬冬冬 | 匡冬冬冬 |

俱 足。

60 64

匡冬冬冬冬 | 匡匡冬匡 | 匡答答答 | 匡匡冬匡 | 冬冬匡) ‖

（曲三）1=C 2/4

稍快

1 4

‖: 6· i | 2 i 6 | 5 65 | 3 35 | 6· 5 | 3553 | 2· 3 |

1.天 上 天 下，天下 无 如 佛，

2.世 间 所 有，所有 我 尽 见，

8 12

2 3 2 | 0 5 | 2· 3 | 2 3 5 | 5 35 | 6· 5 | 3 2 3 |

吽 呢 嘛 唵。

吽 呢 嘛 唵。

16 20

(冬 冬 | 匡匡且冬 | 且) 6 i | 5· 6 | i· 6 | 5 i 6 | 5 - |

十 方 世 界

一 场 无 有

24 28

5 35 | 6· 5 | 3 2 3 | (匡 匡 | 且匡且匡 | 且且匡) | 6· i |

吽 耶 唵， 一

吽 耶 唵， 如

32 33

5· 6 | i· 6 | 5 i 6 | 5 - | 3· 0 ‖

无 比。

佛 者。

（过门二　打击乐三）$\frac{3}{4}$ $\frac{2}{4}$

（用在曲三之后）

	$\frac{3}{4}$ [1]	$\frac{2}{4}$	$\frac{3}{4}$	$\frac{2}{4}$ [4]	
锣鼓经	匡 且 匡	且冬 匡	匡匡 且匡 且	匡令 冬冬	且令 冬冬
鼓	X X X	XX X	XX XX X	XX XX	X XX
大锣	X 0 X	0 X	XX 0X 0	X 0	X 0
大钹	X X X	X X	XX XX X	X 0	X 0
小锣	X 0 X	0 X	XX XX 0	XX 0	XX 0

			[8]	‖:	[12] :‖
锣鼓经	匡匡 且匡	且且 匡	冬令 冬令	匡匡 且匡	且且 匡
鼓	XX XX	XX X	XX XX	XX XX	XX X
大锣	XX 0X	0 X	0 0	XX 0X	0 X
大钹	XX XX	XX X	0 0	XX XX	XX X
小锣	XX 0X	0 X	0X 0X	XX 0X	0 X

（曲四）1=C $\frac{2}{4}$

慢板

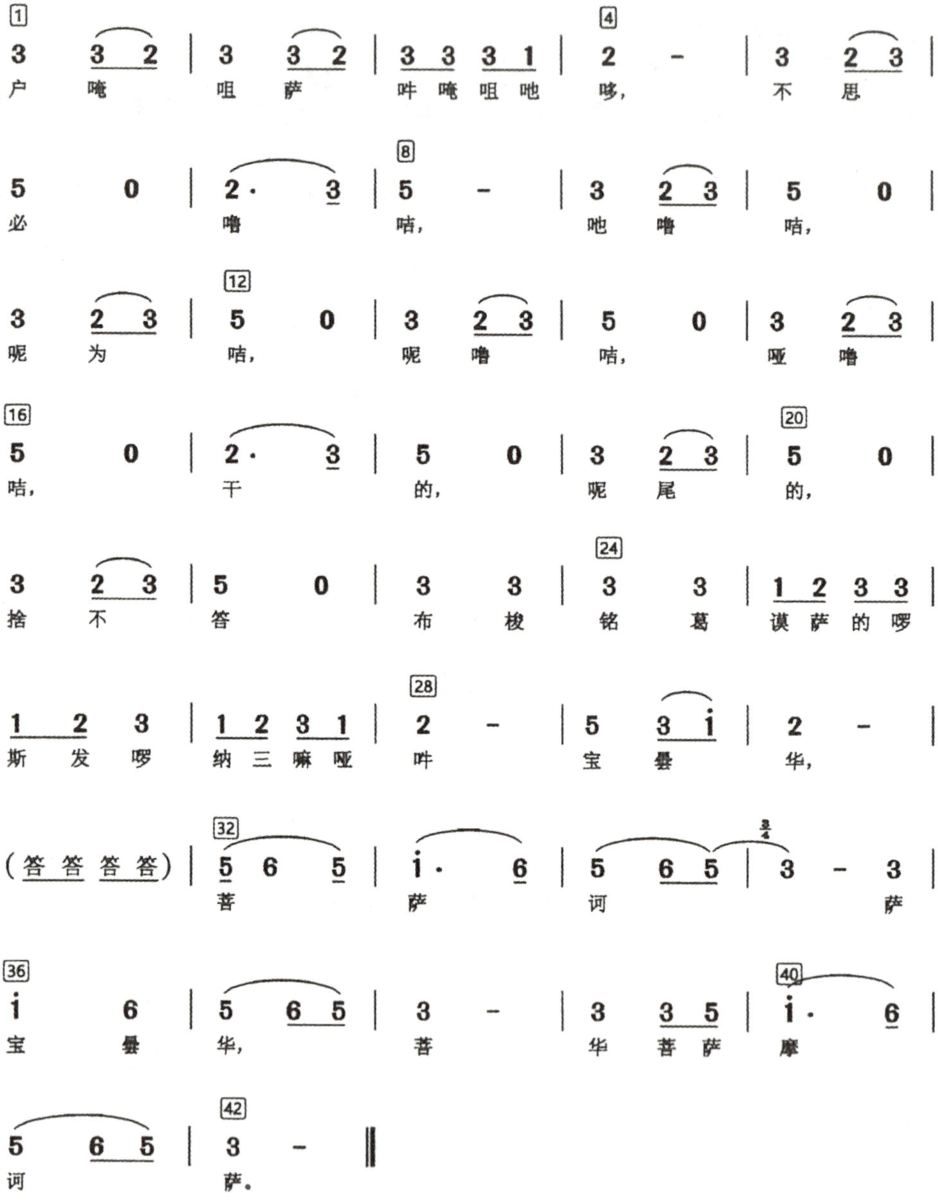

[1] 3 32 | 3 32 | 3 3 3 1 | [4] 2 - | 3 23 |

户 唵 咀 萨 吽 唵 咀 吔 哆， 不 思

5 0 | 2· 3 | [8] 5 - | 3 23 | 5 0 |

必 噜 咕， 吔 噜 咕，

3 23 | [12] 5 0 | 3 23 | 5 0 | 3 23 |

呢 为 咕， 呢 噜 咕， 哑 噜

[16] 5 0 | 2· 3 | 5 0 | 3 23 | [20] 5 0 |

咕， 干 的， 呢 尾 的，

3 23 | 5 0 | 3 3 | [24] 3 3 | 1 2 3 3 |

捨 不 答 布 梭 铭 葛 谟 萨 的 啰

1 2 3 | 1 2 3 1 | [28] 2 - | 5 3 1̇ | 2 - |

斯 发 啰 纳 三 嘛 哑 吽 宝 昙 华，

（答 答 答 答） | [32] 5 6 5 | 1̇· 6 | 5 6 5 | $\frac{3}{4}$ 3 - 3 |

菩 萨 诃 萨

[36] 1̇ 6 | 5 6 5 | 3 - | 3 3 5 | [40] 1̇· 6 |

宝 昙 华， 菩 华 菩 萨 摩

5 6 5 | [42] 3 - ‖

诃 萨。

（尾声 打击乐四）$\frac{2}{4}$ $\frac{3}{4}$

稍快

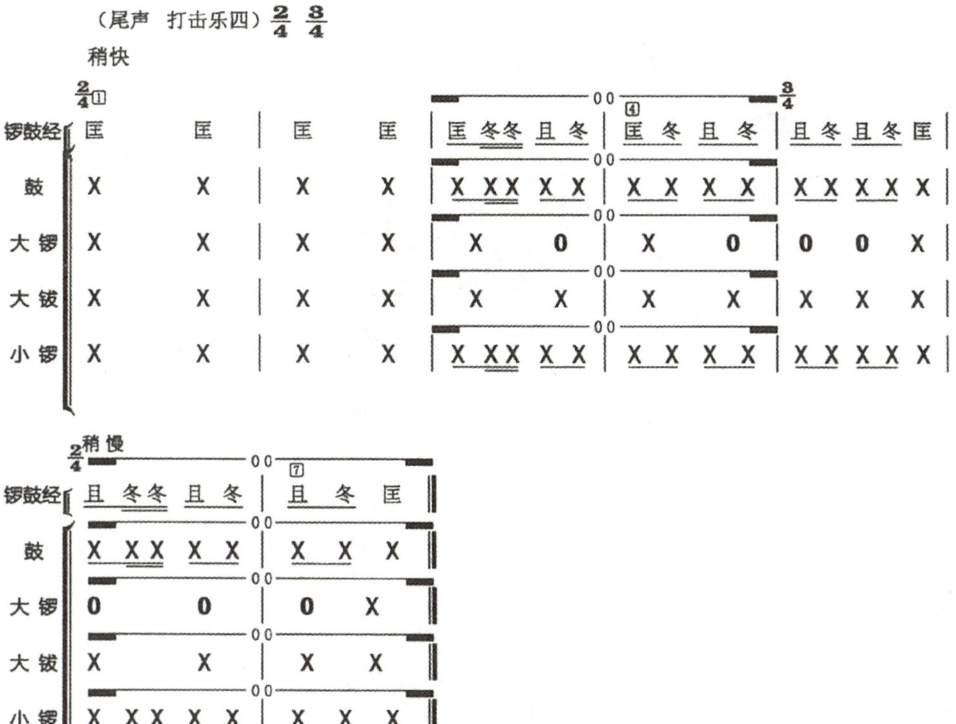

附：曲三 3 — 4 段唱词

3. 东方世界阿弥佛，
叶呢嘛唵，
其身青色，
叶耶唵，
放光明。

4. 西方世界阿弥佛，
叶呢嘛唵，
其身白色，
叶耶唵，
放光明。

(3)造型、服饰、道具

表演者外套一件红色有图案的袈裟,内穿青蓝色褶子,头戴毗卢帽,近似《西游记》中唐僧的装束。

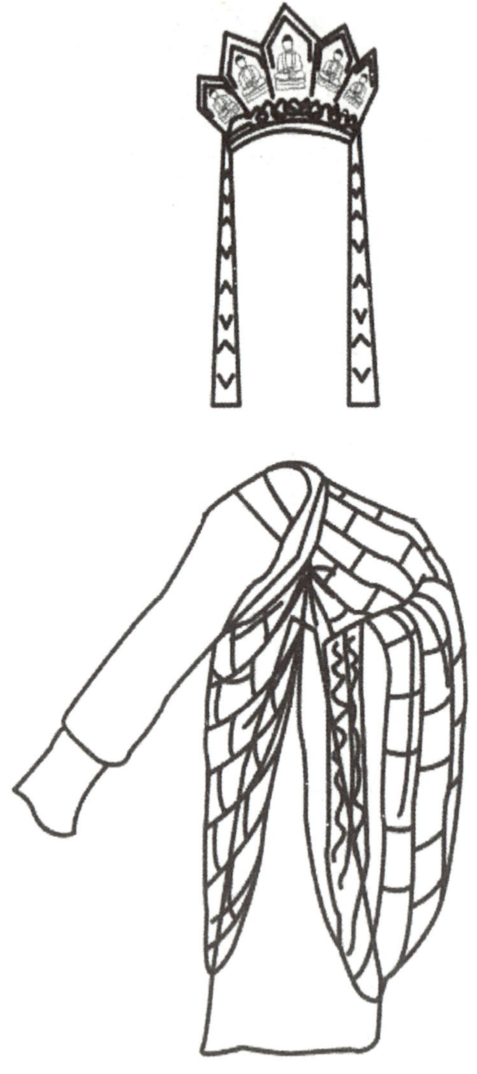

图5－6 《瑜伽焰口手印》表演装束

(4)动作说明

动作一　走堂　共2拍

全身虔诚端正,目视正前;左手五指并拢,侧掌竖至鼻尖高,离胸二十厘米;右手自然下垂,手指挽住水袖,随脚步节奏前后自然摆动;先左脚后右脚,每拍走一步。

动作二　立拜

全身虔诚端正,目视正前;合掌竖至鼻尖高,离胸二十厘米,朝正前叩拜俯身九十度,同时头随叩拜节奏下点三十度;双脚小外八字步站立。

动作三　跪拜

做"动作二"后,双手重复"动作一"定位;左脚上前一步,右脚经左脚前向左横伸膝以下贴地,左脚同时下蹲;手做"动作二"一次;拜后,起身,右脚退一步,重复做"动作二"一次。

(5)场记说明

上场八步,面向1点三拜:立拜、跪拜、立拜各一下,反复三次。

右手从案台取戒尺,在案台前顺时针方向绕两圈,再面向5点在案台上拍两下。合掌念白前半句,右手复持戒尺,念白后半句,右手戒尺再在案台上拍一下。立唱……边唱边从案台前经案台左侧绕至案台后,面向1点登上案台,右脚前左脚后盘坐;续唱不断,边唱边做手指舞……

舞毕,下案台,经案台右侧绕至案台前,立拜两下,跪拜一下,起立,顺时针方向走几步,面向7点,立拜三下;向6点做"动作一"下场。

(6)手印、剧照

图5－7 《瑜伽焰口手印》手指图

图 5－8

图 5－9

图 5－10

图 5－11

图 5－8 至图 5－11　1987 年 7 月,《江西省民舞集成》编辑部对《瑜伽焰口手印》录像。(刘少芳　摄于大港水库招待所)

传　　授　徐良相

舞蹈编写　刘章高

概　　述　郭普庆

绘　　图　邵爱琴

摄　　影　刘少芳

资料提供　李谷生、袁德芳

5. 其他

都昌有着两千多年的历史，居鄱阳湖滨，四通八达的水道带来了丰富多彩的文化艺术。1986—1987 年，县文化馆民舞搜集组李谷生、刘章高、郭普庆、袁德芳、李大志、刘少芳等六人，深入重点乡村，共搜集整理八个民舞：《扎化子》《撒帐》《猴舞》《瑜伽焰口手印》《魁星点斗》《打岔伞》《玩春牛》《秧大麦》。1987 年 7 月，全体演职人员集中于大港水库招待所，《江西省民舞集成》编辑部来此全部录像并编集。其中，《扎化子》《打岔伞》录入国家艺术科研重点项目《中国民族民间舞蹈集成》。其他如："跑布马""划旱船""夹蚌壳""打莲湘"等舞蹈因遍布都昌，而未收录。也因经费问题，诸如独具都昌特色的民舞"陶菩萨降马脚""荡子踢球""跳加官""摆八仙"等抱憾未及，寄望后人做得更加完美。

（刘章高）

梦满梅枝总迎春

——代后记

转眼又是一年花落尽，片片纷飞的叶子残骸落入泥土，化作一缕生命的暗香。寂然辗转的时光把我们带进了浅浅的冬天。在这寒冷的冬天，追梦的脚步并没有停留。其实我们是同路人，都是追梦者。我们有一个共同的梦：竭尽全力编写、出版好《文化都昌丛书》。为了心中的目标，我们一样地义无反顾，一样地燃烧激情。如今，《文化都昌丛书》的编辑、校对工作已近尾声，丛书即将付梓与广大读者见面。这让我们心头涌起一阵阵温暖，仿佛春风拂面，梦满梅枝。

其实，出版《文化都昌丛书》是我们酝酿已久的事了。都昌是江西十大文明古县之一，受赣文化和鄱湖文化的影响，文化底蕴十分厚重。早在2017年的全县文化普查工作中，全县各乡镇就花了大力气，凝聚全力挖掘、搜集了大量有价值的文化资料，积累的素材数以万计，为编写《文化都昌丛书》打下了坚实的基础。在这里，我们对在文化普查工作中付出辛勤劳动和给予大力支持、配合的各级领导以及参与文化普查的工作者表示衷心的感谢，你们是梦满梅枝的奉献者。

编写《文化都昌丛书》是个系统工程，县委、县政府领导非常重视和支持，各部门、各单位全力配合，编写人员则呕心沥血地采访、编写，还有方方面面的人员提供相关稿件和精美图片。我们在丛书中采用的大量精美的彩色图片，一部分是本县摄影爱好者提供的，尤其是朱彼得、黄勇、杨帆等同志提供了很多有价值的照片；县政协、县档案局、县旅游局、县文化馆、县党史办、县志办等单位也为本丛书提供了大量的书稿资料和图片底片。特别值得一提的是，都昌文化界老前辈董晋同志把自己编写的历代名人歌咏都昌的诗词无私奉献给了本丛书，我们深表谢意。还有很多热心人对丛书的出版给予了关心和帮助。江西高校出版社从总编辑到责任编辑则对丛书进行了精细的编审，勘误了不少难以细说的误漏和差错。在此，我们郑重地对各位说一声："谢谢了！"

为了表达谢意，我们唯有尽量将丛书做得完美、厚重。我们采纳了一些同志的正确建议，在文字的组织上，尽量做到内容翔实、生动、鲜活，使其具有传承的价值；在图片的选择上，尽量选用有视觉冲击力、构图新颖、富有动感、色彩鲜明的图片；在素材的选择上，尽力保证素材典型、真实、不虚幻；在丛书的结构上，尽力做到严谨、完美。整体而言，我们尽力使本丛书达到图文并茂、设计新颖、包装精美的要求，从而使其具有长久的传承价值。

编书的过程是孕育的过程，犹如十月怀胎，出书则像一朝分娩。梅花香自苦寒来，梦满梅枝总迎春。回顾《文化都昌丛书》面世的过程，我们永远不会忘记付出辛勤汗水的追梦人和鼎力相助的筑梦者。是你们用最美的语言书写生活的点滴，谱写出最美的音符，留下光阴故事里最寻常的足迹。

《文化都昌丛书》编辑委员会

二〇一九年一月八日